Kunersdorf
Schwiebus
1526/1695 österr.
Hochkirch
Breslau
Hzm. Schlesien
West-Galizien
Weichsel
Krakau
Tarnow
Lemberg
Przemysl
Gorlice
Kgr. Galizien u. Lodomerien
Reichenberg
Leitmeritz
Weißer Berg
Prag
Kolin
Königgrätz
Hzm. (Österr.) Schlesien
Böhmen
Mgft. Mähren
Brünn
Kremsier
Nikolsburg
Erzhzm.
Linz
Wien
Kahlenberg
Österreich
Eisenstadt
Gran
Budapest
K g r . U n g a r n
Munkács
Theiß
Czernowitz
Hzm. Bukowina
Donau
Großwardein
Klausenburg
Grfsm. Siebenbürgen
Mediasch
Kronstadt
Hermannstadt
Mur
Graz
St. Gotthard
Klagenfurt
Fünfkirchen
Mohacs
Zenta
Temesvár
Drau
Banat
Agram
Fiume
Peterwardein
Karlowitz
Slankamen
Belgrad
Kleine Walachei
Nordserbien
Bosnien-Herzegowina
Sarajewo
Kgr. Dalmatien
Sandschak-Novipasar
Donau
Kgr. Neapel
Neapel
Österr. Erwerbungen bzw. Verluste
Im Reichsrat vertr. Kgr. und Länder (Zisleithanien)
Länder der Ung. Krone (Transleithanien)
Österr.-Ungar. Monarchie 1815–1918
Kondominium beider Reichsteile

Ferdinand I. (1503–1564), der zweite Sohn aus der Ehe Philipps des Schönen mit Johanna der Wahnsinnigen, wurde in Spanien geboren und erzogen. Nach dem Regierungsantritt seines älteren Bruders Karl (Karl V.) ging er zunächst in die Niederlande. 1521 erhielt er im Wormser Vertrag die fünf Herzogtümer Österreich ober und unter der Enns, Steiermark, Kärnten und Krain – 1522 kamen noch Tirol und Vorderösterreich sowie Württemberg zur selbständigen Regierung hinzu.
Während der Abwesenheit seines Bruders im Deutschen Reich vertrat Ferdinand diesen und versuchte die Ausbreitung des Luthertums zu verhindern.
Nach der Schlacht bei Mohács im Jahre 1526, in der die Türken einen entscheidenden Sieg über die Ungarn errangen (König Ludwig II. ertrank auf der Flucht), fielen Böhmen und Ungarn an das Haus Habsburg (Vertrag von 1515), damit begann Österreichs Aufstieg zur Großmacht in Europa.
In Ungarn mußte sich Ferdinand die Krone gegen die national-ungarische Partei unter Johann Zápolya erkämpfen. Der Kampf gegen die Türken unter Suleiman II. und gegen den sich immer mehr ausbreitenden Protestantismus stand fortan im Mittelpunkt seiner Regierung.
1531 wurde er zum römischen König gewählt. Mit seiner Verwaltungsordnung (1. Januar 1527) schuf er die Grundlagen der Zentralverwaltung der österreichischen, böhmischen und ungarischen Länder, die bis 1848 Gültigkeit hatte (Geheimer Rat, Hofrat, Hofkanzlei, Allgemeine Hofkammer, Hofkriegsrat).
Ferdinand I. verfolgte zeitlebens das Ziel der konfessionellen Wiedervereinigung, zumindest aber des friedlichen Nebeneinanders der Konfessionen. Immer wieder war er gezwungen, Kompromisse zu schließen, um die Hilfe des Reiches gegen die wiederholten Türkeneinfälle an seinen Grenzen zu erlangen. Ferdinand I. leitete 1555 den Augsburger Reichstag und ermöglichte den Augsburger Religionsfrieden (»cuius regio, eius religio«).
Als Karl V. sich aus der deutschen Politik zurückzog und die Kaiserkrone niederlegte, folgte ihm Ferdinand I. 1558 auch in dieser höchsten Würde. Durch die Förderung des Konzils von Trient (1545–1563) und die Berufung der Jesuiten bereitete Ferdinand entscheidend die Gegenreformation vor.

Paula Sutter Fichtner verfaßte die erste moderne Biographie Ferdinands I. unter Verwendung zahlreicher spanischer, belgischer und österreichischer Quellen. Gleichzeitig wird damit ein Jahrhundert geschildert, das zu den aufregendsten der europäischen Geschichte gehört. Ein Jahrhundert, das geprägt war von Reformation und Gegenreformation, vom Abwehrkampf gegen die Türken und vom Werden und Entstehen einer Großmacht, die für Jahrhunderte hindurch die Geschichte Mittel- und Osteuropas bestimmen sollte – der Habsburgermonarchie.

Paula Sutter Fichtner Ferdinand I.

Paula Sutter Fichtner

FERDINAND I.

Wider Türken
und Glaubensspaltung

Verlag Styria

Ins Deutsche übertragen von Uta Szyszkowitz.
Der Titel der amerikanischen Originalausgabe lautet
Ferdinand I. of Austria
The Politics of Dynasticism in the Age of the Reformation
und erschien bei University of Colorado Press, © 1982.
Umschlagbild:
Das Porträt Ferdinands I. wurde freundlicherweise
vom Kunsthistorischen Museum, Wien, zur Verfügung gestellt.

CIP-Kurztitelaufnahme der Deutschen Bibliothek

Sutter Fichtner, Paula:
[Ferdinand der Erste]
Ferdinand I.: wider Türken u. Glaubensspaltung /
Paula Sutter Fichtner. [Ins Dt. übertr. von Uta Szyszkowitz]. –
Graz; Wien; Köln: Verlag Styria, 1986.
Einheitssacht.: Ferdinand the First of Austria <dt.>
ISBN 3-222-11670-9

1986 Verlag Styria Graz Wien Köln

Printed in Austria
Umschlaggestaltung: Christoph Albrecht
Satz und Druck:
Druck- und Verlagshaus Styria, Graz
Bindung: Wiener Verlag, Himberg
ISBN 3-222-11670-9

Inhalt

Einführung

Beschäftigt man sich genauer mit der Geschichte des Hauses Habsburg, so fällt auf, wie zielstrebig diese Familie ihre Interessen durch die Jahrhunderte verfolgt hat. Auch wenn sie durch die Umstände oftmals gezwungen war, ihre Politik nach außen hin zu revidieren, das eigentliche Ziel blieb immer dasselbe: das Weiterbestehen des Hauses Habsburg als Herrscherdynastie. Selbst für jene Habsburger, die auch von anderen Idealen erfüllt waren, blieb dies der oberste Leitsatz. Die realistische Einschätzung der eigentlichen Interessen der Dynastie dämpfte nicht nur die hochfliegenden Pläne Karls V., sondern ebenso den katholischen Fanatismus Ferdinands II. (1619–1637) und den enthusiastischen Rationalismus eines Josefs II. (1780–1790) und Leopolds II. (1790–1792). Nur wenigen Herrschern der Dynastie ging diese Eigenschaft ab, und diese wenigen waren, wie zum Beispiel Rudolf II. (1576–1612) und Kaiser Ferdinand I. von Österreich (1835–1848), entweder Neurotiker oder schwachsinnig.

Aus dynastischen Erwägungen sicherte denn auch Ferdinand I. als erster Habsburger seiner Familie die Herrschaft über die osteuropäischen Königreiche. Zusammen mit den österreichischen Erbländern sollten sie das Herz des Reiches bis 1918 bilden. Die Hartnäckigkeit aber, mit der dieser Mann sein Leben lang die Interessen seiner Familie verfolgte, prägte so sehr seine Persönlichkeit, daß die Biographen, besonders die modernen, wenig Interessantes an ihm entdecken. Auch die Prophezeiungen des Haubenreich von Hirschhorn, eines Genealogen des späten 16. Jahrhunderts, Ferdinands Leben, seine Ethik und Ritterlichkeit würden dereinst viele Bücher füllen, haben sich nicht erfüllt, zweifellos weil Rittertum und moralisches Verhalten als Themen ernsthafter Geschichtsschreibung sehr bald aus der Mode kamen. Die einzige ausführlichere Arbeit, die je erschienen ist, nämlich die *Geschichte der Regierung Ferdinands I.* von Franz Bernhard von Bucholtz, ist weniger ein Porträt Ferdinands als seiner Epoche, womit der Autor klar zu erkennen gibt, daß er mehr die Zeit, in der Ferdinand lebte, als den Mann selbst einer Darstellung wert erachtete.

Es war Ferdinands Schicksal, daß er als jüngerer Bruder eines Mannes zur Welt gekommen war, der in seiner Ambition und Machtfülle alle anderen Herrscher seiner Zeit weit übertraf. Im Vergleich mit Karl V. mußte Ferdinand als ein ziemlich unbedeutender Spieler auf der politischen Bühne des 16. Jahrhunderts erscheinen. Selbst die Zeitgenossen dachten so. Ein Vergleich der Ikonographie der beiden Brüder sagt viel aus über die Wertschätzung, die ihnen innerhalb der Familie und der Welt bezeugt wurde. Seiseneggers berühmtestes Porträt stellt bezeichnenderweise nicht Ferdinand I., sondern Karl V. dar. Es wurde 1532 gemalt und zeigt einen Mann, der mit der Macht auf gutem Fuße steht. Die eine Hand des Kaisers ruht auf einem Dolch mit verziertem Knopf, die andere hat das Halsband eines Hundes fest im Griff, der vertrauensvoll und ehrerbietig zu seinem Herrn aufschaut. Die steife Haltung und die breit ausladenden Schultern lassen den Kaiser kräftiger erscheinen, als er in Wirklichkeit war, und der vorgewölbte Hosenlatz betont eindrucksvoll seine Männlichkeit. Kurz, das Bild zeigt uns einen Mann, der fähig und willens war, die enormen Aufgaben, die vor ihm lagen, zu meistern. Das weit bekanntere Porträt von 1548, das Tizian nach Karls Sieg über die deutschen Protestanten im Schmalkaldischen Krieg von ihm gemalt hat, betont die gleichen Eigenschaften. Karl V. wirkt jedoch hier weniger gespannt, sondern nachdenklicher und reifer als auf dem sechzehn Jahre früher entstandenen Seisenegger-Porträt.

Auf den beiden Porträts, die Seisenegger von Ferdinand gemalt hat, wird dagegen mehr der Mensch als sein Stand dargestellt. Auf beiden Bildern dominiert die persönliche Physiognomie des jüngeren Habsburgers. Die wohlbekannten habsburgischen Charakteristika betonen zusammen mit den Insignien des Goldenen Vlieses die familiäre Herkunft. Das Schwert als Symbol der Macht nimmt auf diesem Bild keinen besonders prominenten Platz ein. Auch andere Maler hielten offenbar den politischen Status von Ferdinand nicht für wichtig. Waffen sind ebenso selten wie herrscherliche Attribute, und auch die Kleidung ist oft wenig fürstlich, wie zum Beispiel auf dem Bild Cranachs von 1548. So ist es vor allem das Gesicht dieses Mannes, das den Betrachter beeindruckt, ein Gesicht voller Trauer, auf dem die Zeit ihre Kerben eingegraben hat. Das Porträt von 1548, das Tizian zugeschrieben wird und das sich wesentlich von seinem Porträt Karls V. unterscheidet, zeigt Ferdinand zwar in eleganter Ritterrüstung, aber sein Status als deutscher König und König von Böhmen und Ungarn bleibt unerwähnt. Das aus dem Jahr 1556 stammende Porträt von Hans Sebald Lautensack, welches die am häufigsten reproduzierte Darstellung Ferdinands I. ist, zeigt Ferdinand kurz vor Antritt seines kaiserlichen Amtes. Die Kirchtürme Wiens bilden den Hintergrund des Bildes, nichts läßt die Größe seines Reiches ahnen. Erst die nach seinem Tod im späten 16. Jahrhundert und frühen 17. Jahrhundert gemalten Porträts bezeugen ihm die Achtung, die ihm als König und Kaiser zustand.

Tatsächlich hat er seinen Biographen nicht viel Stoff geliefert. Die religiösen und politischen Unruhen, mit denen er sich sein ganzes Leben lang herumschlagen mußte, scheinen sein innerstes Selbst unberührt gelassen zu haben. Seine äußere Erscheinung blieb denn auch erstaunlich unverändert. Als junger Mann war er klein und dünn, nichts Auffälliges zeichnete ihn aus. Die Rüstung, die er sich in mittleren Jahren anfertigen ließ, mißt knapp 165 cm. Und gegen Ende seines Lebens schien er eher noch magerer geworden zu sein. Die einzige Veränderung, die an seinem Gesicht festzustellen ist, ist um 1530 ein dünner Schnurrbart, den er nach dem Tod seiner Frau Anna von Ungarn 1547 zu einem Vollbart auswachsen ließ.[1] Beide Zutaten wirkten sich positiv auf seine Erscheinung aus, halfen sie doch, sein hervorspringendes Kinn mit der mächtigen Unterlippe zu verbergen. Dennoch konnte man ihn beim besten Willen nicht schön, ja nicht einmal eindrucksvoll nennen. Rund um seinen 50. Geburtstag zeigen sich in seinem Gesicht erste Alterserscheinungen. Über den eingefallenen Wangen treten die Knochen deutlich hervor und sein einst dunkelblondes, rötlich schimmerndes Haar ist schütter und grau geworden. Sogar ein Jahr vor seinem Tod, der 1564 eintrat, zeigt seine Erscheinung keine Anzeichen ernster Krankheit, während Karl V. schon verhältnismäßig früh ein durch Gicht und Arthritis gezeichneter Mensch war. Ferdinands Gesundheit ist zweifellos seinem sonnigen Temperament zuzuschreiben. Obwohl er mehr als die normale Ration an Niederlagen und Frustrationen zu erleiden hatte, gab er sich nie lange der Verzweiflung hin.

Ebenso konsequent hielt er an seinem bescheidenen, ja asketischen Lebensstil fest. Er stand gewöhnlich um fünf Uhr auf, ging zur Messe und widmete sich dann bis zum Abend den Regierungsgeschäften. Nach dem Tod seiner Frau kam er offensichtlich mit einer, allerdings reichlichen Mahlzeit zu Mittag aus. Welch ein Gegensatz zu der Unmäßigkeit Karls V. oder zu den Fressereien zahlreicher deutscher Fürsten, mit denen Ferdinand doch viel Zeit verbrachte.[2] Er hatte nur eine Leidenschaft: die Jagd. Hierin unterschied er sich nicht von den Standesgenossen seiner Zeit. Bezeichnenderweise blieb er dieser Passion sein Leben lang treu. Sie lenkte ihn von seinen Sorgen ab und war eine willkommene Unterbrechung seiner anstrengenden Reisen durch seine Länder. Litt er unter Unpäßlichkeiten, dann schrieb er sie dem länger nicht mehr ausgeübten Sport zu, wie er auch die Krankheiten, die ihm in seinem letzten Lebensjahr zusetzten, hauptsächlich deshalb beklagte, weil sie ihn daran hinderten, seiner Leidenschaft zu frönen.[3]

Seiner Umwelt stand er mit derselben unbefangenen *Bonhomie* gegenüber, die seinen Großvater, Kaiser Maximilian I., ausgezeichnet hatte. Es machte ihm auch absolut nichts aus, wenn ihn die Wahrsager, die man des Morgens in sein Zimmer führte, noch mit Schlafmütze und barfüßig erblickten.[4] Mehr als andere Herrscher seiner Zeit war er um das leibliche Wohl seiner Diener und Ratgeber besorgt, und die Großzügigkeit, die er ihnen erwies, grenzte nicht selten an Verschwendung. Als die österreichischen Stände ihn zu Anfang seiner Laufbahn zwangen, seinen spanischen Vertrauten Gabriel Salamanca zu entlassen, erlaubte Ferdinand seinem Exberater, zollfreien Wein auf seine Schlösser in Österreich einzuführen und Schießpulver aus oberösterreichischen Pulvermagazinen zu entnehmen. Noch 1561, drei Jahre vor seinem Tod, als seine Schulden katastrophal angewachsen waren, war er bereit, sich 1000 Gulden zu achteinhalb Prozent auszuleihen, um Jakob Seisenegger zu bezahlen.[5] Seine Gutmütigkeit ging jedoch nie so weit, auf irgend etwas zu verzichten, das ihm wichtig schien. So zogen sich gewisse Finanzstreitereien innerhalb der Familie über Jahrzehnte hin, weil Ferdinand nicht nachgeben wollte.

Überhaupt unterschied er sich in seinen politischen Vorstellungen nicht von anderen Herrschern seiner Zeit. Seine Ansichten über die Struktur und Handhabung der königlichen Herrschaft entsprachen dem damals Üblichen. In seinen Augen waren gute Berater unerläßlich für jede gute Regierung. Welche Rolle sie damals spielten, beweist die Tatsache, daß es Ferdinand manchmal möglich war, die politischen Entscheidungen anderer Herrscher aufgrund der politischen Einstellung ihrer Berater zu erraten.[6] Sein eigenes Verhältnis zu den Menschen seiner Umgebung beschrieb er des öfteren mit den Worten „natürlich“ und „vernünftig“. „Natürlich“ war alles, was der Gewohnheit entsprach, was normal und durch die Erfahrung und Tradition bekräftigt war. „Vernünftig“ war ein Verhalten, das sich nach diesen Normen richtete. So wandte sich Ferdinand 1522 mit der Bitte an Kaiser Karl, ihm die Herrschaft über Tirol und Württemberg zu übertragen, damit die habsburgischen Untertanen dort einen „natürlichen Herrn“ hätten und weniger rebellisch seien. Und wenn er Karl versicherte, er werde dessen Tochter als seine Schwiegertochter freundlich behandeln, dann hieß das, er werde sie wie seine eigene Tochter behandeln, was in dieser Situation ein Gebot der „Vernunft“ sei.[7]

Die mittelalterliche Vorstellung, den Staat mit dem menschlichen Körper zu vergleichen, bestimmte auch Ferdinands Verhältnis zu seinen Untertanen. Infolgedessen mußten ihm seine Interessen und die seiner Völker als identisch erscheinen. Als 1546 die ersten Vorgeplänkel zum Schmalkaldischen Krieg in Böhmen begannen, ließ Ferdinand Truppen aus Mähren einmarschieren „zu unserem und dem Wohl dieses Königreichs“. Die Angriffe gegen den König von Böhmen waren ja in seinen Augen gegen das ganze böhmische Volk gerichtet.[8] In Spanien hatte man ihn gelehrt, daß die Herrschaft ein göttlicher Auftrag sei, und er war sein ganzes Leben davon überzeugt, daß ihm das Königtum und das Amt des Heiligen Römischen Kaisers von Gott übertragen worden sei, um „Seinen Willen“ zu erfüllen. Schon allein deshalb mußte er den religiösen Pluralismus, zu dem die Reformation in Deutschland den Samen gelegt hatte, zutiefst verabscheuen, auch wenn er oft gezwungen war, mit den Protestanten Kompromisse zu schließen.[9]

Eine solche Amtsauffassung zog gewisse Pflichten nach sich: Ferdinand betrachtete es als seine besondere Aufgabe, seine christlichen Untertanen zu schützen und ihre Länder von Fremdherrschaft freizuhalten. Ein Eroberer wie der türkische Sultan erschien in dieser Sicht als Zerstörer einer von Gott und den Menschen erschaffenen Ordnung, und Ferdinands Widerstandsgeist erfuhr durch diesen Glauben eine unerhörte Festigkeit.[10] Die bedingungslose Pflichterfüllung seinerseits zog allerdings in seinen Augen auch den bedingungslosen Gehorsam seiner Untertanen nach sich. Wenn seine Untertanen bockten, konnte Ferdinand höchst ungnädig und autokratisch reagieren. Nachdem ihn die niederösterreichischen Stände 1521 mit ihrem Widerstand über Gebühr gereizt hatten, äußerte er ärgerlich: „Ihr wollt es also haben und nicht anders . . .“ Wenige Monate vor seinem Tod warnte er die steirischen Stände, es stände ihnen nicht an, seine Entscheidungen zu lange zu diskutieren.[11] Im allgemeinen aber ließ er seinem königlichen Zorn nur bei äußerster Gereiztheit freie Bahn. Normalerweise löste er politische und menschliche Probleme durch sein maßvolles Auftreten, durch Flexibilität und Überredungskunst. So riet er auch Karl V. dringend zu Milde, als jener 1522 mit Gewalt gegen die *comuneros* vorging. Zwar hatte er selber gerade Martin Siebenbürger, den Anführer eines Aufstands gegen seine Herrschaft in Wien und Niederösterreich, hinrichten lassen, aber dann setzte er sich doch persönlich für das Leben von Siebenbürgers Kindern ein. Er sollte noch erleben, daß einer der Söhne Siebenbürgers 1560/61 Bürgermeister von Wien wurde.

Obwohl Ferdinand durch seine Kriege mit den Türken ständig neue Erfahrungen auf militärischem Gebiet und in der Diplomatie sammeln konnte, galten für ihn nach wie vor die Kategorien des spätmittelalterlichen Rittertums. Das Zeitalter, das Zeuge des Schauspiels auf dem „Güldenen Feld“ wurde, brachte einen Mann hervor, der seiner Schwester Maria 1549 gegenüber betonte, daß „Ehre und Ansehen das sei, was einen Menschen (. . .) am deutlichsten kennzeichne“. „Ehre“ hatte damals meistens die Bedeutung vom Besitz hochgeschätzter Dinge, „Ansehen“, ein Wort, das Ferdinand häufig als junger Mensch benutzte, besaß ein Mensch, der seines Amtes würdig befunden wurde. An diesen Begriffen maß Ferdinand seine eigenen Gewinne und Verluste und die der Familie.[12] Sehr viel Sorgfalt verwandte er auf sein Image in der Öffentlichkeit. So weigerte er sich, 1544 an einer Zusammenkunft des Ordens des Goldenen Vlieses teilzunehmen, dieser höchsten Institution der burgundischen Ritterschaft, weil er in der kurzen Zeit kein angemessenes Gefolge zusammenbringen konnte. Und mit pedantischer Genauigkeit befolgte er stets die Formalitäten eines Krieges, damit zu allen Zeiten kein Zweifel darüber bestünde, wer der Angreifer sei und wer sich nur in Verteidigung befände.[13] Das soll aber nicht heißen, daß er in militärischen Dingen ein Träumer war. Obgleich er nicht als großer Stratege galt, besaß er einen scharfen Blick für die Qualität seiner Soldaten und konnte sehr genau zwischen deutschen, italienischen, spanischen, polnischen und ungarischen Truppen unterscheiden und ihren genauen Geldwert abschätzen. Als es darum ging, Markgraf Alkibiades von Brandenburg-Kulmbach, der 1552 marodierend durchs Reich zog, einen Denkzettel zu verpassen und ins habsburgische Lager zu ziehen, waren sich Ferdinand und Karl V. einig, daß man den Hohenzollern mit einer lebenslänglichen Pension kaufen können werde. Denn er war arm, und Arme waren leicht käuflich.[14] Ein solcher Zynismus war jedoch bei Ferdinand lediglich ein strategisches Mittel, ohne daß je daraus ein Grundsatz wurde. Zuweilen kam ihn seine Ritterlichkeit teuer zu stehen. Als ihn zum Beispiel einer seiner Befehlshaber, Hans Katzianer, 1537 verriet, ließ Ferdinand ihn vor ein Gericht stellen und versprach ihm freies Geleit für die Dauer von drei Monaten. Nach seiner Verurteilung ließ Ferdinand ihn ins Gefängnis werfen. Da jedoch die Frist noch nicht abgelaufen war, konnte er ihn nicht hinrichten lassen, wie er es gerne getan hätte, um ein Exempel zu statuieren. Und Katzianer machte sich die Gelegenheit zunutze und entfloh. Da er sich weit weniger Illusionen als sein Herr hingab, ging er auch nicht auf Ferdinands zweites Angebot ein, ihm freies Geleit zu gewähren.[15]

Wie in anderen europäischen Ländern kam die höfische Prachtentfaltung der Architektur und den schönen Künsten zugute. Den Künstlern gegenüber kannte Ferdinands Großzügigkeit keine Grenzen. Seisenegger, der 1530 in seine Dienste trat, wurde 1558 geadelt und bekam samt seinen legitimen Nachkommen die Steuerimmunität gewährt. Eine besondere Rolle spielte aber die Musik in seinem Leben. Die Zahl der Musiker an seinem Hof nahm ständig zu, und er hielt in ganz Europa Ausschau nach qualifizierten Musikern. Sein Kapellmeister von 1543 bis zu seinem Tod kam aus den Niederlanden, wo schon im frühen 16. Jahrhundert die Vokalmusik gepflegt worden war.

In seinem qualitätsbewußten Mäzenatentum war Ferdinand genauso beständig wie in seinem sonstigen Tun und Denken. Obwohl er den vollen Ruhm erst am Prager Hof Rudolfs II. erreichte, war es die Einladung Ferdinands I., die den bedeutenden manieristischen Maler Giuseppe Arcimboldo 1562 dazu brachte, Mailand zu verlassen und sich in den habsburgischen Ländern niederzulassen. Ferdinands verzierte Rüstung war eine der schönsten, die es damals gab, und Ferdinands Liebe zur Architektur schenkte Mitteleuropa zwei seiner bemerkenswertesten Renaissancebauten. Es ist Ferdinand zu verdanken, daß das von Maximilian I. in Auftrag gegebene Grabmal in Innsbruck vollendet wurde, und auf Ferdinands Auftrag entstand das sogenannte Belvedere in Prag, eines der reinsten italienischen Renaissancebauwerke nördlich der Alpen, das er für seine Frau, Anna von Ungarn, erbauen ließ. Und schließlich war er es, der den Umbau der in Verfall geratenen Hofburg in Wien begann.

Bemerkenswerter war jedoch zweifellos sein Engagement für die großen geistigen Strömungen seiner Zeit. Von früh an beschäftigte er sich intensiv mit dem Humanismus und der Reformation der katholischen Kirche. Immer wieder versuchte er, Erasmus von Rotterdam an die Universität Wien zu locken und, als ihm das nicht gelang, den berühmten Humanisten zu überreden, wenigstens Wohnsitz in Freiburg zu nehmen, das damals habsburgischer Besitz war. Ferdinand schrieb seinetwegen an den Stadtrat von Freiburg und empfahl dem Gelehrten, sein Quartier im Haus „Zum Walfisch" aufzuschlagen, das schon für Maximilian I. als eventueller Alterssitz auserwählt worden war. Trotz aller Bemühungen sollte Erasmus nie nach Wien kommen; Ferdinand mußte nach anderen Männern Ausschau halten, die für ihn die humanistischen Ideale der Gelehrsamkeit und der Frömmigkeit verkörperten.

Seine Reform der philosophischen Fakultät der Universität von Wien, die er in drei Stadien (1533, 1537, 1554) vollendete, zeigt, wie sehr er sich tatsächlich für die humanistischen Ansichten engagierte. 1537 ordnete er entscheidende Änderungen an. Für den Abschluß an der philosophischen Fakultät mußten die Kandidaten eine festgesetzte Folge von Vorlesungen besuchen. Die Basis des Lehrplans waren philosophische Fächer: Latein, Griechisch und Hebräisch. Und schon 1523, kaum zwei Jahre nachdem Ferdinand Wien zu seiner Residenz erklärt hatte, wurde ein Lehrstuhl für Griechisch gegründet. Auf seine Anordnung erfolgte 1535 die Gründung eines Lehrstuhls für Hebräisch. Bei seinen Bemühungen um eine Fakultät von hohem intellektuellen Niveau stützte er sich wieder auf Niederländer. Ein wesentlicher Punkt seines Reformprogramms sollte die Analyse von Texten der bedeutendsten zeitgenössischen Gelehrten sein. Also nicht nur mit Priscianus und Diomedes sollten die Studenten bekannt gemacht werden, sondern auch mit dem viel umstritteneren Lorenzo Valla. Ferdinand ließ sich im Lauf der Jahre in seiner Religionspolitik zunehmend von der Mäßigkeitslehre des Erasmus leiten. Zwar ist seine Konzessionsbereitschaft in konfessionellen Fragen oftmals als Resultat eines politischen Kalküls gedeutet worden, zum Beispiel, daß es notwendig sei, sich nicht nur von katholischer Seite, sondern auch von protestantischer Seite militärisch unterstützen zu lassen, aber auch wenn einiges wahr daran ist, wäre es ein schwerer Fehler, Ferdinands Konzilianz lediglich als politische Strategie zu sehen. Er war davon überzeugt, daß nur eine reformierte katholische Kirche die Abtrünnigen wieder an sich binden könnte, und es gab keinen Zweifel für ihn, daß diese Reform sich auf die Lehren des Erasmus von Rotterdam stützen und auf der Basis von Brüderlichkeit, Friede, Liebe und einem fröhlichen Gottvertrauen durchgeführt werden müßte.[16]

Diesem Programm fühlte er sich so sehr verpflichtet, daß er die Anziehungskraft unterschätzte, welche die Ideen des niederländischen Humanisten und seiner Anhänger auf viele unzufriedene Geister ausübten. Und so kam es zu der seltsamen Situation, daß der untadelige Katholik Ferdinand Sympathisanten des Protestantismus an seinem Hof Zuflucht bot, Männern also, die einen beunruhigenden Einfluß auch auf Mitglieder seiner eigenen Familie gewannen. Für Ferdinand bestand jedoch kein Gegensatz zwischen Frömmigkeit und Wissen, das eine war für ihn die Ergänzung des anderen. Mörderischer Fanatismus paßte nicht zu seinem Stil, auch wenn er mit aller Härte gegen die Anabaptisten und die Böhmischen Brüder vorging. Seine Reaktion auf die überall aus dem Boden schießende Ketzerei war die des schieren Unverständnisses, eine Reaktion, die nur ein Mensch empfinden konnte, der sich seines Glaubens so sicher war, daß er jene nicht verstehen konnte, die ihn aufgeben wollten. Bis zu seinem Lebensende glaubte er, daß die Menschen die Verdienste der katholischen Kirche besser begreifen würden, wenn man mehr Sorgfalt auf die religiöse Erziehung verwendete. Für ihn selbst waren diese Verdienste über jeden Zweifel erhaben. Er fühlte sich durch ihre Gebote gefestigt und durch ihr Zeremoniell von seinen Ängsten befreit. Gegen Ende seines Lebens besuchte er zwei Messen täglich, eine zum Gedenken an seine verstorbene Frau. Den Tod verschiedener Kinder nahm er mit stoischer Ruhe auf, indem er sich in Demut vor Gott verneigte, für die Seele des jeweiligen Kindes betete und auf weiteren Nachwuchs hoffte.

Ferdinands idealistischer Humanismus aber ist immer mit einem Schuß Utilitarismus gepaart gewesen, ebenso wie auch in seiner Politik sich immer auch ein Hauch von Zynismus befand. So erhoffte er sich von der Anstellung des exzentrischen und geistig vielleicht sogar etwas gestörten Wilhelm Postel auf den Lehrstuhl für orientalische Sprachen an der Universität Wien, daß der begabte Gelehrte dazu beitragen würde, die christliche Botschaft in das Osmanische Reich zu tragen, um es damit von innen her zu schwächen. Er stand offenbar unter dem Zwang, keine Gelegenheit versäumen zu dürfen, der von Konstantinopel ausgehenden Gefahr entgegenzuwirken.[17] Auch ging sein Idealismus nie so weit, daß er bereit war, Kritik an der eigenen Position zu dulden. In Sebastian Francks *Chronica, Zeitbuch und Geschichtsbibel,* die 1531 erschien, standen für ihn Dinge, die er und „andere verständige Menschen" nicht akzeptieren wollten, am allerwenigsten eine Diskussion über die Zerstörung der weltlichen Autorität. So befahl er, daß Autor und Verleger samt allen Mitarbeitern zu bestrafen seien.[18]

Bei aller Aufgeschlossenheit für die geistigen Strömungen scheinen ihm einige Zeiterscheinungen entgangen zu sein, zumindest machte es nicht den Eindruck, als habe er ihre Bedeutung erkannt. Abgesehen von wenigen formellen Erwähnungen des habsburgischen Besitzes in der Neuen Welt, die er als ein Zeichen von Gottes Wohlwollen für sein Haus interpretierte, scheint Ferdinand wenig Verständnis für die Bedeutung der amerikanischen Entdeckungen gehabt zu haben. Darin unterschied er sich allerdings wenig von den meisten Europäern, die teilweise mit noch größerer Verzögerung als er diese gewaltige Erweiterung ihres Horizontes wahrnahmen.[19] Seine Sympathie für den Humanismus war aber keinen Schwankungen unterworfen. Das Studium der Sprachen bereitete ihm keine Mühe, und er konnte sich in Latein, Französisch, Spanisch und Italienisch bemerkenswert fließend ausdrücken. Deutsch lernte er viel später und weniger gründlich. Auch seine persönliche Korrespondenz führte er in all diesen Sprachen. Sein besonderes Interesse galt der griechischen und römischen Geschichte, und nicht selten benutzte er sie, um seine Argumente zu verdeutlichen. Nicht selten auch machte er auf seinen Reisen Umwege, um Stätten zu besuchen, die wegen ihrer christlichen und klassischen Relikte gerühmt wurden, zum Beispiel Trier 1540.[20] Seine Münzsammlung, die er so liebte, daß er 1554 testamentarisch anordnete, sie solle nicht aufgelöst werden, konzentrierte sich, einem zeitgenössischen Verzeichnis zufolge, auf das Römische Reich und seine Herrscher.[21] So erstaunt es nicht weiter, daß er sich mit Vorliebe humanistisch gebildete politische Ratgeber aussuchte, die, auch wenn sie nicht adelig waren, in seiner Politik oftmals eine Schlüsselrolle spielten.[22]

Im allgemeinen aber hielten sich seine Ausbrüche aus der Konvention in Grenzen. So erzählt man seine Geschichte wohl am besten, indem man ihn bei seiner Hauptbeschäftigung beobachtet. In einer Epoche, in der die dynastischen Rivalitäten Europa ständige Unruhen bescherten, mußten diesen Mann die Geschicke seines Hauses mit besonderer Sorge erfüllen. Und die Sorge für seine Kinder war immer identisch mit der Sorge für seine Länder und deren Bewohner. Bezeichnend für diesen Mann war auch, daß er die Interessen seiner verstorbenen Vorfahren genauso wie die der Lebenden respektierte. Kaum daß er die Herrschaft in Österreich angetreten hatte, befahl er schon die Vervollständigung verschiedener literarischer und künstlerischer Unternehmungen, mit denen sein Großvater Maximilian I. begonnen hatte. Darunter befand sich die *Ehrenpforte*, eine phantasievolle Genealogie des Hauses Österreich, und zwei autobiographische Epen Maximilians I., nämlich *Weißkunig* und *Teuerdank*. Das letztere ließ er, so wie es sich Maximilian gewünscht hatte, in allen österreichischen Ländern verteilen.

Die äußere Drapierung seiner dynastischen Interessen unterschied sich nur wenig von der seiner königlichen Kollegen in Europa. Auch an seinem Hof überlappten sich, wie an allen anderen Höfen jener Tage, ständig die öffentlichen und privaten Interessen. Alle seine Kinder hatten genauso wie seine Gattin und seine Verwandten gewisse Rollen zu übernehmen und ihm dabei zu helfen, den Besitzstand zu wahren. Selbst wenn die religiösen und ideologischen Überzeugungen einiger Mitglieder seines Hauses ihm nicht akzeptabel erschienen, benutzte er sie dennoch lieber als Außenstehende, um ihn in seinen Ländern zu vertreten. Denn es war zu beobachten, daß die Völker es vorzogen, von Mitgliedern des Herrscherhauses regiert zu werden, und zumindest in diesem Punkt wollte er, wie übrigens auch sein Bruder Karl V., alles tun, um die

Wünsche seiner Untertanen zu befriedigen.[23] Nach Ferdinands Vorstellung war die Familie dafür geboren, schwere Zeiten zu bewältigen und einander in Krisenzeiten beizustehen. Obgleich er sich in diesem Punkt oft enttäuscht sah, besonders wenn es um militärische Hilfe ging, hat sich Ferdinand selbst dieser Pflicht nie entzogen. Sogar für die Diener hatte man die kollektive Verantwortung zu übernehmen. Daher nahm man viele von ihnen von Spanien mit nach Wien und später wieder zurück.

Innerhalb der Familie herrschte eine starke hierarchische Ordnung. Wie am französischen Königshof waren auch bei den Habsburgern nicht nur die Schwestern, Kinder und Frauen dem König unterstellt, sondern auch die Brüder.[24] Obwohl Ferdinand schon relativ früh selber ein souveräner Herrscher wurde, fühlte er sich Karl gegenüber nicht nur als „Bruder", sondern auch als „Sohn"; denn Karl V. war bis zu seinem Tod für ihn der „Vater" und „Herr". Im Falle, daß ihm etwas zustöße, meinte Ferdinand 1538, würde das für seine Frau und Kinder insofern nicht so schlimm sein, als Karl V. ihr „Vater" bliebe. Karls frühzeitiger Tod dagegen wäre als vernichtender Schlag für ihn selbst, seine Kinder und die ganze Christenheit anzusehen. Karls Ratschlag wurde als „väterlich" angesehen und geschätzt. Aber auch der brüderlichen Beziehung kam eine große Bedeutung zu. Und er überschätzte manchmal den Stellenwert dieser Beziehung bei seinen politischen Gegnern. So glaubte er, daß Franz I. von Frankreich seinen Rivalen Johann Zápolya nur deshalb unterstützte, weil er der Bruder von Karl V. war, gegen den er ja gerade Krieg führte. Dabei handelte es sich hierbei aber vielmehr um die logische Reaktion auf den geopolitischen Zangengriff, in den die Habsburger den französischen König genommen hatten. Mit einiger Berechtigung konnte er dagegen annehmen, daß andere von dem gleichen Verantwortungsgefühl der Familie gegenüber erfüllt waren wie er. So versuchte er 1555 auf dem Augsburger Reichstag, die Fürsten und Kurfürsten dazu zu bringen, die Anträge der Reichsritter, die bei der Versammlung nicht vertreten waren, unberücksichtigt zu lassen, indem er die Anwesenden aufforderte, sie sollten sich in die Situation versetzen, daß jemand anderer ihnen und ihren Kindern Vorschreibungen machen wolle.[25]

Die Unterordnung unter seinen Bruder ist ihm aber, stolz und ehrgeizig wie er war, durchaus nicht immer leicht gefallen, besonders nicht, wenn ihre Interessen kollidierten. Manchmal konnte er Karls Anordnungen nur mit äußerster Selbstüberwindung befolgen. Als Karl V. im Herbst 1546 entlang der Donau mit den deutschen Protestanten Krieg führte, mußte Ferdinand den österreichischen Ländern und Tirol den Außenhandel verbieten. Nicht nur daß sich die einzelnen Länder bitter beklagten, weil sie mit Recht eine Verlegung der Handelsstraßen, besonders nach Italien durch die Schweiz, befürchteten, auch Ferdinand selbst mußte durch den Rückgang des Tiroler Salzhandels spürbare Einkommensverluste hinnehmen. Schon hatte er sich entschlossen, die

Beschränkungen aufzuheben, als er erfuhr, daß Karl V. auch die niederländischen Grenzen für den Handel geschlossen hatte, worauf er sich gleichfalls zum Durchhalten entschloß.[26] Das Vorhandensein dieser Spannungen erklärt auch den ins Auge springenden Mangel an Herzlichkeit in der Korrespondenz der beiden Brüder und ihrer Schwestern. Persönliche Kommentare sind selten, nur gelegentlich läßt sich Ferdinand zu einem Ausbruch spontaner Sympathie für seinen Bruder hinreißen. Aber angesichts des ausgeprägten Pflichtgefühls, von dem Ferdinand und alle seine Geschwister erfüllt waren, und angesichts der Tatsache, daß sie einander nur höchst selten zu Gesicht bekamen, ist es ohnehin erstaunlich, daß sie überhaupt noch Gefühle füreinander aufbrachten.

Andererseits wurde Ferdinand für die vielen Unannehmlichkeiten, die ihm die Zweitplazierung in der Rangfolge der Dynastie einbrachte, reichlich entschädigt. Ohne das Entgegenkommen seines Bruders wäre er nie zum Herrscher über die österreichischen Länder geworden. Und er wußte es zu schätzen, daß ein wenig von dem kaiserlichen Glanz auch immer ihm zugute kam. Nachdem die Brüder ihre Kinder miteinander verheiratet hatten, konnte er sich rühmen, mit dem Kaiser eine „gemeinsame Tochter" zu haben, was seinen Status ja beträchtlich erhöhte. Außerdem war er der Meinung, daß ein älterer Bruder in gewisser Hinsicht für den jüngeren zu sorgen hatte.[27] Und schließlich stand er durchaus nicht ganz wehrlos da, wenn es darum ging, sich eine gewisse Unabhängigkeit gegenüber dem Chef des Hauses zu bewahren. So konnte er zuweilen energisch auf seine Rechte pochen, die ihm seine zahlreichen Titel einbrachten, ein Grund, warum er sich diese so eifrig zu beschaffen suchte.

Karl hatte somit einen erheblichen Anteil an dem Wohlergehen seines Bruders und dessen Kinder. Diese Kinder aber waren für Ferdinand ein ständiger Anlaß zur Sorge. Schon während der Schwangerschaft sorgte er sich, ob sie überhaupt geboren werden würden, dann, daß sie einen guten Unterricht erhielten, und schließlich, daß sie gut verheiratet würden. Immerhin hatte er fünfzehn Kinder gezeugt, darunter auch drei Söhne. Zwar erfüllten gerade diese nicht alle Hoffnungen, die er in sie gesetzt hatte, aber er gab nicht auf, sie nach seinen Vorstellungen zu formen, besonders seinen Ältesten, nämlich Maximilian.

Mit so reichhaltigem Nachwuchs gesegnet, war Ferdinand einer der aktivsten Heiratsvermittler seiner Zeit. Mit dieser Tätigkeit verbanden sich aber für ihn gleich mehrere Funktionen: Heiraten konnten Freundschaften stützen, einen politischen und sozialen Status bestätigen oder auch erhöhen und verhindern, daß die Ressourcen der Familie zerstreut wurden.[28] Über den politischen Aspekt dieser Verbindungen ließ Ferdinand jedoch die persönliche Komponente nie ganz außer acht. Wenn möglich, versicherte er sich stets, sollten die Ehepartner im Temperament zusammenpassen, und nahm sich auch die Mühe, die Einwilligung seiner Töchter zu den Verbindungen einzuholen, die er für sie ausgehandelt hatte. Er war vor allem der Meinung, daß es den Ehen schlecht bekomme, wenn die Partner zu früh verheiratet würden, nämlich in einem Alter, da sie noch nicht wüßten, was sie wollten.[29] Jene Töchter, die allem Anschein nach nicht für die Mutterschaft geeignet waren, verheiratete er nicht, wie zum Beispiel die Erzherzogin Helene, die er selbst als reizlos, klein, bucklig und, wie er es ausdrückte, „platt" beschrieb.[30] Ob er sich auch bei weniger Töchtern so viele Gedanken gemacht hätte, ist eine andere Frage. Und wo die politischen Interessen wirklich zwingend waren, wurden die väterlichen Skrupel auch kurzerhand zur Seite geschoben. Nachdem bereits eine seiner Töchter, nämlich Elisabeth, eine unglückliche Ehe mit Sigismund II. August von Polen geführt hatte, verspürte Ferdinand verständlicherweise wenig Lust, mit diesem Hof weitere Eheverhandlungen zu führen. Aber angesichts der Bedeutung dieses Königreichs gab Ferdinand dann doch noch eine zweite Tochter (Katharina) an den polnischen Hof ab. Wie vorauszusehen war, wurde die Ehe eine Katastrophe. Er selbst nahm seine Schwiegertöchter sehr freundlich in seine Familie auf, vorausgesetzt, sie waren von angemessenem Rang. Die Ehe seines Sohnes Ferdinand mit Philippine Welser aus einer Augsburger Bankiersfamilie war eine offenkundige Mesalliance und wurde als abnorme Situation angesehen. Dagegen liebte er seine spanische Nichte Maria, die Frau Maximilians II., über alles, und als sie 1552 eines ihrer Kinder verlor, fand Ferdinand es schwerer, ihren Schmerz zu ertragen als den Verlust des Kindes.

Während seines ganzen Lebens entkam Ferdinand nicht dem Druck der dynastischen Beziehungen und dem Stachel des dynastischen Ehrgeizes. Sein Erwerb der böhmischen und der ungarischen Krone, seine endlosen Konflikte mit den Türken sowie seine Reaktion auf die protestantische Herausforderung sind immer in diesem Bezug zu sehen. Daher geht es auch im folgenden nicht nur um das Porträt einer einzelnen Persönlichkeit, so wichtig und zu Unrecht vernachlässigt sie uns auch erscheint, sondern um das habsburgische Familienunternehmen als europäisches Konzept im 16. Jahrhundert.

I.
Ein Fürst braucht einen Thron

Für Kaiser Maximilian I. war 1515 ein besonders glückliches Jahr. Es gab wohl in ganz Europa kaum einen Thron, den er nicht in seine heiratspolitischen Pläne miteinbezogen hätte. Nicht alle diese Pläne hatten sich realisieren lassen. Und nicht alle Heiraten waren so erfolgreich gewesen wie seine erste Heirat mit Maria von Burgund, durch die er in den Besitz der Niederlande gekommen war. Der König von Frankreich hatte nicht untätig zugesehen, wie der habsburgische Einfluß an seiner Nordgrenze ständig zunahm, so daß der Besitz des burgundischen Erbes keineswegs als gesichert gelten konnte. Die zweite Verlobte des Kaisers, Anna von der Bretagne, mußte auf Druck der französischen Regierung Karl VIII. von Frankreich heiraten, und seine dritte Verlobte, Bianca Maria Sforza von Mailand, die seine zweite Frau wurde, brachte ihm nicht die Verbesserung seiner Position in Italien, die er sich erhofft hatte.

Dagegen erwies sich seine erste Ehe als in jeder Beziehung äußerst fruchtbar. Zwar blieben die Ehen seiner Tochter Margarete, die dreimal Witwe wurde, ohne Kinder, aber dafür gelang es seinem Sohn Philipp, die Unfruchtbarkeit seiner Schwester wieder auszugleichen. Philipps Kinder mit Johanna von Spanien, einer Tochter von Ferdinand und Isabella, wurden durch eine Serie von überraschenden Todesfällen die nächsten Anwärter auf den spanischen Thron. Philipp hatte mit Johanna sechs Kinder, zwei Knaben und vier Mädchen, und für zwei der Mädchen fand der österreichische Großvater im Jahr 1515 zwei mächtige Königreiche. Im Sommer 1515 verheiratete er seine älteste Enkeltochter mit König Christian von Dänemark und feierte im Juli desselben Jahres die Verlobung seiner Enkelin Maria mit dem Erben der böhmischen und ungarischen Krone, mit Ludwig aus dem polnisch-litauischen Haus der Jagellonen. Diese Verbindung war für Maximilian eindeutig die wichtigere, da damit sein Einflußbereich um Ungarn erweitert war. Man darf nicht vergessen, daß er schon 1490 zur Erlangung der Stephanskrone in den Krieg, allerdings vergeblich, gezogen war.

Und noch über eine weitere Verlobung wurde in Wien Einigkeit erzielt: Ferdinand, Maximilians zweiter Enkel, wurde mit Anna, Ludwigs Schwester, verlobt. Jedoch war nicht sicher, ob sich dieser Plan auch wirklich realisieren lassen würde. Überhaupt sollte Ferdinand seinem Großvater mütterlicherseits,

Ferdinand von Aragon, der ihn nach dem Tod seines Vaters 1506 erzog, und seinem Großvater väterlicherseits, Kaiser Maximilian, die größten Sorgen bereiten, was seine Heirat betraf. Bei seinem älteren Bruder Karl dagegen bestand die einzige Schwierigkeit darin, daß er als Heiratskandidat ein so kostbares Pfand war, daß man es nur nach sorgfältigster Abwägung der politischen Vorteile aus der Hand geben wollte. Schließlich war er der Erbe Burgunds, der spanischen Kronen, der habsburgischen Erbländer und besaß alle Chancen, Kaiser zu werden. Ferdinands Aussichten nahmen sich dagegen eher bescheiden aus, und demgemäß bescheiden nahm er sich auch als Heiratskandidat aus.

Dieses vierte Kind von Philipp und Johanna kam 1503 in der staubigen kastilischen Stadt Alcalá de Henares zur Welt. Es war eine Welt des Aufruhrs und der familiären Tragödien. Die ersten Jahre, die ihn erwarteten, standen unter dem Unstern der Krankheit seiner Mutter. Bei seiner Geburt fehlte sein Vater, der seit Ende 1502 quer durch Europa reiste und sich in Frankreich, Österreich, Deutschland und den Niederlanden vergnügte. Während seiner langen Abwesenheit hatte Johanna erste Zeichen geistiger Verwirrung gezeigt, die immer stärker wurden, bis ihr Leben ein einziger Alptraum war, der erst 1555 enden sollte. Ob sie schon 1503 geisteskrank war oder es erst unter dem Druck ihres rücksichtslosen Vaters wurde, bleibt eine offene Frage. Jedenfalls litt sie schon während der Schwangerschaft mit Ferdinand unter unkontrollierbaren Erregungszuständen und tiefen Depressionen, die wohl ihren Grund in Philipps angeblicher Untreue und der gleichgültigen Art hatten, mit der er sie zu behandeln pflegte. Oft lag sie stundenlang apathisch auf ihrem Bett und starrte bewegungslos ins Leere. Meistens folgten auf diese Stimmungen Weinkrämpfe schlimmster Art.

Ferdinands Großmutter, Isabella von Kastilien, starb 1504, worauf sich die Frage der Nachfolge in diesem aufrührerischen Königreich erhob, zumindest stellte sie sich ihr ehrgeiziger Ehemann. Ferdinands Vater wurde für kurze Zeit Philipp I. von Kastilien, bevor dieser viel zu früh verstarb. Er hinterließ seiner kranken Frau sechs Kinder, die sie bei fortschreitender Krankheit immer mehr als Bedrohung empfanden. Schließlich wurden ihr nur mehr zwei ihrer Kinder anvertraut, Ferdinand und eine jüngere Schwester Katharina. Die Geschwister wurden nun von ihr wie Gefangene behandelt und mußten erleben, wie sie in ihren Wutanfällen mit Töpfen und Schüsseln nach ihren Zimmermädchen warf. Wochenlang weigerte sie sich, ihre Kleider zu wechseln, so daß sie niemand mehr, der sie zu Gesicht bekam, für eine Königin halten konnte. Ihr Zustand bewog Ferdinand von Aragon endlich dazu, seinen Enkel der Obhut seiner Tochter 1507 zu entziehen. Er sollte unter Männern aufwachsen, war seine Begründung.[1]

Der kleine Ferdinand wechselte nun häufig seinen Wohnort. Da der König, sein Großvater, Gefallen an ihm fand, war er häufig bei ihm. Er scheint aber auch sonst allgemein beliebt und geachtet gewesen zu sein. So beschreibt ihn der Bischof von Astorga, Alvaro Osario, einer seiner ersten Lehrer, als einen hübschen, aufgeweckten Jungen, der sich durch ein exzellentes Gedächtnis und Zielstrebigkeit auszeichnete. Seinem Lehrer zufolge war der junge Prinz bereits mit neun Jahren in der Lage, politische Ratschläge zu erteilen. Er liebte es nicht, wenn andere Kinder sich ihm wegen seiner Position fügten, er malte gerne und begeisterte sich für die Kriegskunst. Zweifellos spielt bei dieser Schilderung der Stolz des Lehrers auf sich und seinen Schüler keine geringe Rolle. Als reifer Mann achtete Ferdinand nämlich streng darauf, daß man seine Privilegien achtete, und verübelte es jedem schwer, der seine Position bedrohte. Auch seine frühere Begeisterung für das Kriegshandwerk war an ihm nicht mehr erkennbar, und er war auf militärischem Gebiet durchaus kein Genie. Nur das vom Lehrer erwähnte gute Gedächtnis und seine ausgeprägten Interessen wurden auch später von Zeitgenossen lobend hervorgehoben.

Die wenigen Porträts, die es von ihm als Jugendlichen gibt, zeigen ein intelligentes, offenes Gesicht. Das typisch habsburgische vorgeschobene Kinn war bei ihm nicht so ausgeprägt wie bei seinem Bruder, dem zukünftigen Kaiser Karl V. In späteren Jahren freilich traten auch bei ihm die charakteristischen Züge immer stärker hervor. Sein längliches Gesicht bekam etwas seltsam Unharmonisches. War das der Einfluß seiner unharmonischen Umwelt? Seine Nase war dünn und etwas gekrümmt, seine großen Augen traten leicht hervor – Charakteristika, die er offensichtlich von seiner Mutter geerbt hatte –, sein Mund stand leicht offen, was durch die wulstige Unterlippe noch betont wurde.[2] Schon das Kind lebte in einer Welt, die vom Hofzeremoniell beherrscht wurde. Dieses ständige „Training" machte aus Ferdinand und Karl Vorbilder der Selbstbeherrschung. Einige Jahre vor seinem Tod erwähnte Ferdinand, daß er trotz der zahlreichen Enttäuschungen, die er in seinem Leben hinnehmen mußte, nur zweimal öffentlich geweint hatte: einmal, als seine Frau starb, und einmal, als der Vatikan nach einer Dissonanz Ende der fünfziger Jahre des 16. Jahrhunderts wieder die Beziehung zu ihm aufnahm.[3]

1516 starb Ferdinands Großvater mütterlicherseits, Ferdinand von Aragon. In den drei letzten Jahren vor seinem Tod hatten sich die beiden Großväter vorsichtig gegenseitig abtastend vielerlei Gedanken über die Zukunft ihres jüngsten Enkels gemacht. König Ferdinand scheint die Intention gehabt zu haben, seinen Namensvetter zu seinem Erben in den spanischen Königreichen zu ernennen, vermerkte dies jedoch nicht in seinem Testament. Vielleicht weil Maximilian schon 1507 mit der Idee spielte, das habsburgische Erbe zu teilen, eine Idee, die er anscheinend später wieder fallengelassen hat. Beide Herrscher zogen es offensichtlich doch vor, ihre Territorien dem Nachfolger ungeteilt zu übergeben. Eine Lösung, die beiden gleich gut zu gefallen schien, war der Plan, den jungen Ferdinand mit Renate von Valois zu verheiraten, der jüngsten Tochter Ludwigs XII. Sie würde nämlich Mailand, dieses Streitobjekt zwischen Spanien, dem Reich und Frankreich, in die Ehe bringen. König Ferdinand sah in Mailand mit den Grafschaften Pavia und Genua eine wirksame Barriere gegen die französische Infiltration. Auch Neapel würde durch den Besitz Mailands besser geschützt sein, ebenso wie man den Papst damit fest in der Zange hätte. Wenn Maximilian I. nun auch noch Tirol und die Besitzungen, die er Venedig abgenommen hatte, dem Enkel übergeben würde, dann würde dieser über einen massiven Block spanisch-habsburgischer Besitzungen entlang der wichtigsten Nord-Süd-Route Europas herrschen. Dieser Plan sollte sich jedoch als unrealisierbar erweisen. König und Kaiser waren sich nun zwar einig, daß etwas für Ferdinand in Italien getan werden mußte, aber was, blieb unklar.

Die 1515 in Wien zwischen Maximilian und Wladislaw II. von Böhmen getroffene Vereinbarung bestimmte entweder Karl oder Ferdinand zum Bräutigam der Anna von Ungarn. Nachdem noch im selben Jahr Maximilian I. das allerdings formlose Versprechen gegeben hatte, daß Ferdinand den Status eines Königs, wahrscheinlich von Neapel, bekommen würde, stand nun fest, daß Ferdinand der Bräutigam der jagellonischen Prinzessin werden würde. Aber der Tod Ferdinands von Aragon 1516 beendete die neapolitanischen Pläne. Karl übernahm die spanischen Kronen und unterzeichnete am 13. August desselben Jahres einen Vertrag mit Franz I. von Frankreich, in dem er die französischen Ansprüche auf italienisches Territorium anerkannte. Maximilian protestierte und ließ sogar Skizzen anfertigen, welche die Vision, die österreichischen Erbländer zu einem Königreich zu erheben, wieder aufleben ließen. Aber auch dies blieben Träume auf dem Papier.

Für den jungen Ferdinand war der Tod seines spanischen Großvaters ein so schwerer Schlag, daß er krank wurde. Sein Schmerz war verständlich. Denn Ferdinand von Aragon hatte sich zwar nie hundertprozentig für die Karriere seines Enkelsohnes eingesetzt, aber sie lag ihm zumindest am Herzen. Nun aber war der junge Mann ganz auf die Gnade des weltfremden Kaisers und seines Bruders Karl angewiesen. Der letztere hatte seine Jugend am Hof seiner Tante Margarete in Mechelen verbracht und umgab sich mit einer Reihe von burgundischen Beratern, deren einziges Interesse es war, seinen und damit ihren Besitz zu vergrößern. Dieser Gruppe nun schlug Maximilian 1517 bei einem Besuch in Brüssel vor, die österreichischen Erbländer zu einem Königreich zu erheben und Ferdinand zu seinem Herrscher zu machen. Karl und seine Berater hörten zwar höflich zu, aber sie lehnten es ab, die Idee auch nur zu erwägen.[4] Ferdinand war jedoch keineswegs mittellos. Sein Großvater, Ferdinand von Aragon, hatte ihm ein jährliches Einkommen von 60.000 Dukaten aus Neapel vermacht, und als Karls offizieller Regent in Spanien bekam er 50.000 Dukaten. Obwohl ihn Karl immer wieder seines Wohlwollens versicherte, blieb die

Beziehung der beiden Brüder äußerst gespannt, oder es blieben vielmehr die Spannungen zwischen den beiden Berater- und Anhängergruppen bestehen. Denn obwohl Karl in Spanien der offizielle Thronfolger war, gab es hier viele, die Ferdinand vorgezogen hätten. So war es symptomatisch für die Situation, daß die Diskussionen zwischen Spaniern und Burgundern über Karls Reise in seine neuen Königreiche damit endeten, daß man entschied, Ferdinand solle an den Abschiedszeremonien lieber nicht teilnehmen.[5]

So sahen sich die beiden Brüder zum ersten Mal im November 1517 in Mojados, einem von Wind gepeitschten Dorf am Zusammenfluß der Flüsse Eresma und Adaja westlich von Valladolid. Die Porträts zeitgenössischer Maler zeigen Karl als dicklippigen jungen Mann mit breitem Kinn und schläfrigen Augen, der nicht sehr begeistert zu sein schien über die Lasten, die man ihm aufbürden wollte. Was die untere Gesichtshälfte anging, so hätte Ferdinand seinem Bruder als Doppelgänger dienen können. Aber seine Augen waren viel lebendiger; allerdings ist schwer zu sagen, was den Blick so animiert erscheinen läßt: Lebensfreude oder nervöse Achtsamkeit? Karl jedenfalls tat alles, um bei diesem und den folgenden Treffen seine brüderliche Zuneigung für Ferdinand offen zu zeigen, und verlieh ihm am 18. November den Orden des Goldenen Vlieses. Von Anfang an jedoch war allen klar, daß Ferdinands Rolle eine untergeordnete sein würde. So reichte bei ihrem ersten Treffen Ferdinand dem Bruder das Handtuch, als dieser sich die Hände wusch. Und bei der Zeremonie am 7. Februar 1518, als der spanische Adel und Klerus Karl huldigten, war Ferdinand der erste, der dem neuen König von Spanien Treue schwor.[6]

Dies waren nur die ersten Anzeichen für radikale Veränderungen. Da Karls burgundische Räte und auch einige mächtige Spanier, vor allem Kardinal Francisco Jiménez de Cisneros, der die Staatsgeschäfte seit dem Tod Ferdinands von Aragon geführt hatte, befürchteten, Ferdinands spanische Anhänger könnten ihn als König akklamieren, befahl Karl im September 1517 noch vor seiner Abreise aus Brüssel, daß die wichtigsten Spanier an Ferdinands Hof auszuwechseln seien, so daß Ferdinand bereits 1518 fast nur noch von Französisch sprechenden Burgundern umgeben war. Und kaum waren der neue König und seine Berater in Spanien angelangt, als sie auch schon den Entschluß faßten, Ferdinand von der Iberischen Halbinsel zu entfernen. Dies ging wohl maßgeblich auf den Einfluß des ehrgeizigen Guillaume de Chièvres zurück. Gegen den Willen der kastilischen *cortes,* deren Mitglieder wünschten, Ferdinand möge zumindest so lange im Land bleiben, bis Karl einen Erben hervorgebracht hätte, wurde beschlossen, daß Ferdinand seine Residenz an den Hof seiner Tante in den Niederlanden verlegen sollte.

Noch vor Ende 1518 bezog er sein neues Quartier. Während der extrem rauhen Überfahrt war er gezwungen, in Kinsale, an der irischen Küste, notzulanden. Der Klimawechsel muß ihm merkbar schwergefallen sein, obwohl man schon vor seiner Abreise versucht hatte, ihn mit nördlichen Gewohnheiten vertraut zu machen. So wurde ihm, während er in Santander die letzten Vorbereitungen für die Seereise abwartete, das Fleisch bereits auf niederländische Art serviert, wobei ungesagt blieb, was das nun genau hieß.[7] Das Schloß seiner Tante in Mechelen, an dem bei seiner Ankunft noch gebaut wurde, machte jedenfalls einen so finsteren Eindruck, daß man sich sehr gut vorstellen kann, daß er sehnsüchtig an die filigrane isabellinische Gotik zurückdenken mußte. Er brach auch nie die Brücken zur alten Welt ganz hinter sich ab und blieb zumindest in den Augen anderer in Spanien immer ein potentieller Rivale seines Bruders.

Allerdings fand er die Niederlande und ihre Bewohner auch nicht gänzlich unattraktiv. Vom intellektuellen Standpunkt waren die wenigen Jahre, die er am Hof seiner Tante verbrachte, äußerst wichtig für seine Entwicklung. Hier bekam er zum ersten Mal einen Eindruck von den Werten des Humanismus des Erasmus von Rotterdam und widmete sich voller Eifer dem Sprachstudium, so daß er 1520 Flämisch, Französisch und Latein genauso beherrschte wie seine Muttersprache Spanisch. Italienisch konnte er nicht sprechen, aber verstehen, während er im Deutschen über Grundbegriffe nicht hinauskam. Auch auf seinen Charakter schien der burgundische Aufenthalt sich keineswegs negativ auszuwirken. In den Schilderungen seiner Vertrauten erscheint er weiter als liebenswert, intelligent, intellektuell neugierig und lebhaft. Anders als die Spanier entdeckten die Niederländer in ihm mehr Züge seines väterlichen als seines mütterlichen Großvaters. Unter anderem begann sich der junge Prinz für die Jagd und das Geschützwesen zu begeistern.

Die Frage, welche Position er einst einnehmen sollte, stellte sich erneut, als 1519 Maximilian I. starb und die Wahl eines neuen Heiligen Römischen Kaisers zur Diskussion stand. Es gab nicht wenige, darunter sogar einmal Maximilian selber, die Ferdinand für geeigneter als seinen Bruder hielten. Papst Leo X. erschien Ferdinand intelligenter als Karl („più spirito"), und im Lager der Intellektuellen äußerte Erasmus die Ansicht, Ferdinand würde mehr für die Wissenschaft tun als Karl. Auch die Tante der beiden Brüder, Margarete von Mechelen, muß Ähnliches gedacht haben, als sie Karl und seinen Beratern den Vorschlag machte, zugunsten Ferdinands auf die Wahl zum Kaiser zu verzichten.[8] Karl aber, der in seinem Kanzler Mercurino de Gattinara eine starke Stütze für seine Weltreichsvisionen und seine christlichen Reformpläne besaß, lehnte das Ansinnen rundweg ab. Seinen Bruder erinnerte er an seine Machtlosigkeit und gab ihm zu bedenken, daß ein schwacher Kaiser eine Gefahr sowohl für das Reich als auch für ihr Haus darstellen würde. Und nachdem er ihm versprochen hatte, er würde sich für seine Mitarbeit erkenntlich zeigen, ordnete sich Ferdinand seinem Bruder mit dem selbstlosen Satz unter, sein Platz sei da, wo ihm sein König einen zuweise.[9]

Kaiser Maximilian I.

Karls Bereitschaft, für seinen Bruder etwas zu tun, war nicht ganz freiwillig, hatte doch Kaiser Maximilian I. in seinem Testament eine Teilung des habsburgischen Erbes unter den beiden Brüdern vorgeschlagen, eine Praxis, die übrigens schon öfters von den Häuptern der Dynastie angewandt worden war. Das Motiv des Kaisers scheint weniger die Sorge um Ferdinands Zukunft gewesen zu sein, als der Wunsch, daß beide Enkelsöhne die Verantwortung für seine Schulden tragen sollten.[10]

Die Folge war, daß in den Erbländern niemand wußte, wer nun der nächste Herrscher sein würde und z. B. die Sänger von Maximilians Orchester ihre Beschwerde wegen Nichtbezahlung sowohl an König Karl von Spanien als auch an „König" Ferdinand richteten.[11] Und um diesen Anteil Ferdinands an der Erbmasse ging es, wenn Karl versprach, „etwas" für seinen Bruder zu tun, wenn erst die Wahlschlacht geschlagen war. Die Angelegenheit erschien auch umso dringender, als Ludwig von Ungarn, der seit dem Tod seines Vaters (1516) das Land regierte, Karl drängte, Ferdinands Status in politischer und territorialer Hinsicht zu definieren, bevor die Ehe mit seiner (Ludwigs) Schwester Anna vollzogen würde. Tatsächlich hatte Ludwig gleich nach dem Tod seines Vaters versucht, den Vertrag mit Ferdinand zu lösen, indem er darauf verwies, daß Ferdinand als Minderjähriger unterschrieben habe und daß sein Wort daher keine Gültigkeit besäße. Der König von Ungarn und Böhmen hoffte nämlich, daß vielleicht doch der Kaiser selbst und nicht sein jüngerer Bruder Anna ehelichen würde. Aber Karl war nicht dafür zu gewinnen, so daß seine Stellvertreter am 11. August 1520 den Ungarn versprachen, daß Ferdinand, mit welchem Titel auch immer, der Herrscher der österreichischen Erbländer sein würde.[12]

1521/22 arbeiteten daher die beiden Brüder und ihre Berater an einem Abkommen über Ferdinands Territorialbesitz. Die erste Fassung, die am 23. April 1521 unterschrieben wurde, galt noch als provisorisch, da sie die Rechte Ferdinands in den österreichischen Erbländern noch nicht genau definierte. Beiden Partnern wurde zugestanden, um eine Änderung ansuchen zu dürfen, wenn sie sich nicht zufriedenstellend behandelt fühlten. Ferdinand erhielt also nun die fünf österreichischen Herzogtümer – das heutige Ober- und Niederösterreich, Steiermark, Kärnten und Krain (heute Slowenien). Karl dagegen behielt das an Mineralienvorkommen reiche Tirol, einige Gebiete in Dalmatien sowie die habsburgischen Besitzungen in den westlichen Ausläufern des heutigen Österreich und in Südwestdeutschland. Man kam auch überein, daß Ferdinand und nicht Karl Anna von Ungarn heiraten sollte. Die junge Prinzessin wäre zwar lieber Kaiserin geworden, aber da sie schon so lange auf eine Entscheidung hatte warten müssen, war sie mürbe geworden und willigte ohne Widerspruch ein.

Nicht alle Betroffenen akzeptierten jedoch ihr Schicksal so stoisch wie sie.

Karl und seine Berater hatten gewiß strategisch bedeutsame Gründe für ihre Aufteilung des habsburgischen Erbes. Triest war zum Beispiel ein günstiger Punkt, um Venedig in Schach zu halten und Süditalien zu schützen. Aber so einleuchtend dies für den König von Spanien und den deutschen Kaiser auch sein mochte, mit den eigentlichen Interessen der österreichischen Erblande hatte dies wenig zu tun. Einige von ihnen reagierten denn auch prompt negativ.[13] Sowohl Krain als auch Kärnten protestierten gegen Karls Amputationen und drohten damit, ihm nicht gegen die Türken beizustehen, wenn ihre Beschwerden nicht beachtet würden. Diese Länder aber waren die, die gegen die Türken am schwersten zu verteidigen waren, so daß die Beschlüsse Karls und seiner Berater ausgesprochen kurzsichtig erscheinen, besonders angesichts der Tatsache, daß Gerüchten zufolge Konstantinopel sich auf einen neuen Feldzug vorbereitete. 1522 begab sich Ferdinand, besorgt über die Kriegslüsternheit des neuen Sultans Suleiman, nach Brüssel, um die Lage mit seinem Bruder zu besprechen. Chièvres war inzwischen ein Opfer der in Worms wütenden Pest geworden. Und lag es daran oder an anderen Gründen – die Beziehungen zwischen den beiden Brüdern hatten sich merkbar verbessert. Beiden war klar, daß die Ungarn mit dem, was Ferdinand in die Ehe einbrachte, nämlich den fünf relativ unbedeutenden östlichen Provinzen Österreichs, nicht zufrieden waren. Und auch der Kaiser selbst hatte Gründe, an der Qualität der ersten Fassung zu zweifeln. Er machte sich nämlich Sorgen, vielleicht auch aufgrund der Schwierigkeiten, die er bereits mit Ferdinand gehabt hatte, daß die jetzige Aufteilung Anlaß zu Streit zwischen seinen und den Nachkommen seines Bruders geben würde. So beschloß man eine definitive Teilung des Erbes: Ferdinand bekam die dalmatinischen Territorien ebenso wie Tirol und die westlichen habsburgischen Länder. Er verzichtete dafür auf alle politischen Ansprüche in Neapel und versprach auch, die Abmachung über Tirol geheimzuhalten. Karl machte ihn zu seinem Statthalter im Reich, damit er ihn in seiner Abwesenheit vertreten konnte. Und beide versprachen, je eine Hälfte der Schulden des Großvaters zu übernehmen. Allerdings sollte Ferdinand über Karls lässige Art, dieser Verpflichtung nachzukommen, sich sein Leben lang ärgern.

Der Brüssler Vertrag betonte Ferdinands Unabhängigkeit in den österreichischen Erbländern. Es ist immer wieder gesagt worden, daß dieses Abkommen die Spaltung der Familien des Hauses Österreich in einen deutschen und einen spanischen Flügel herbeigeführt hat, und in vieler Hinsicht ist das richtig.[14] Karls vielfache Verpflichtungen ließen ihn in den Jahren seiner kaiserlichen Amtsführung selten nach Mitteleuropa kommen, so daß die Position Ferdinands und seiner Nachkommen in diesem Gebiet immer dominierender wurde. Andererseits betonte der Vertrag auch die Zusammengehörigkeit des maximilianischen Erbes. So anerkannte Ferdinand ausdrücklich die Tatsache, daß

Karl die habsburgischen Länder ungeteilt übernommen und daß er nur aus Liebe zu Ferdinand einer solchen Umstrukturierung zugestimmt hatte. Und Karl meldete auch immer wieder seine Interessen als Besitzer an, wenn es um Österreich ging, was Ferdinand mit Unmut zur Kenntnis nahm, andererseits aber geschickt auszunutzen verstand.[15]

Nach der Übergabe der fünf österreichischen Herzogtümer an Ferdinand, die 1521 stattfand, gab Ludwig von Ungarn und Böhmen seine Einwilligung zu den Hochzeitsfeierlichkeiten seiner Schwester mit dem Habsburger Ferdinand. Da die Hochzeit in Linz stattfinden sollte, mußten Prinzessin Anna und Erzherzogin Maria von Tirol anreisen, wo sie sich seit dem Wiener Abkommen von 1515 aufhielten. Ferdinand kam aus Worms, das er am 30. April mit einem großen Gefolge verließ, und nahm seinen Weg über Heidelberg, Augsburg und Regensburg. Hier schiffte er sich ein und fuhr die Donau abwärts nach Oberösterreich. Zu „Trinitatis“ fand die Hochzeit statt.

Braut und Bräutigam waren beide achtzehn Jahre alt. Ferdinand war blond, grauäugig und zierlich und hatte „nichts von einem Herrscher“ an sich, wie ein Zeitgenosse notierte. Anna hatte noch ein kindliches Gesicht; die Zartheit ihrer Züge sollte sie im Laufe der Jahre verlieren, so wie sich die weiche Rundheit der Jugend in die gesetzte Korpulenz der Matrone verwandelte. Die Stadt war für den Anlaß, der den Adel aus Mittel- und Osteuropa anlockte, festlich geschmückt. Die beeindruckendsten Geschenke brachten die ungarischen Abgesandten aus dem Heimatland der Braut mit, allein das Geschenk des Bischofs von Raab (Györ) war 10.000 Dukaten wert. Die Feierlichkeiten zogen sich über drei Tage hin, und die Stadtväter mußten in Steyr 200 Schüsseln ausleihen, um die vielen Gäste adäquat bewirten zu können.

Alles in allem stellte diese Hochzeit den Beginn einer der glücklichsten Ehen jener Zeit dar. Obgleich die beiden Ehepartner sich vor dem Hochzeitstag nie gesehen hatten, gaben sie ein geradezu ideales Paar ab. Annas Briefe zeigen sie als eine tieffromme Frau, die die Ehe – ebenso wie Ferdinand – als Sakrament auffaßte. So beruhte auch Ferdinands spätere Entrüstung über Heinrichs VIII. Behandlung seiner Tante Katharina nicht nur auf dynastischen Erwägungen, sondern sicher auch auf moralischen Überzeugungen. Nicht nur, daß er in die Ehe offensichtlich ohne sexuelle Erfahrungen eintrat, was für einen Prinzen der damaligen Zeit absolut unüblich war, er suchte sein Vergnügen auch niemals außerhalb des ehelichen Lagers. Zeitgenössische Beobachter hoben die Zärtlichkeit der Beziehung zwischen Mann und Frau hervor. So hat Ferdinand auch in den bewegtesten Zeiten seines Lebens immer Rücksicht auf Annas Gefühle genommen und erlaubte ihr häufig, ihn auf seinen Reisen zu begleiten.[16]

Wenn man bedenkt, wie schlecht es um seine Aussichten zum Zeitpunkt des Todes seines Großvaters Ferdinand von Aragon 1516 stand, dann war Ferdinand bis zum Jahr 1522 in sechs Jahren ein bemerkenswerter Aufstieg gelungen. Er hatte eine Frau von bedeutendem Rang geheiratet: Immerhin war sie die Schwester eines regierenden Souveräns und die Tochter eines anderen. Und zum zweiten waren ihm Territorien übertragen worden, die ihm als Herrscher eine fast unumschränkte Unabhängigkeit garantierten. All dies waren jedoch Geschenke seines Bruders. Ferdinand hatte 1516 zugestimmt, daß sogar die Wahl seiner Frau der Zustimmung Maximilians und Karls bedürfe. Alles hing für ihn vom guten Willen und der Unterstützung des neuen Kaisers und Königs von Spanien ab. Symptomatisch für diese Situation waren die Spannungen, die zwischen Spaniern und Österreichern bei den Hochzeitsfeierlichkeiten auftraten. Einige Spanier in dem Gefolge des Erzherzogs konnten der Versuchung nicht widerstehen, sich über einige österreichische Adelige lustig zu machen. Es kam zu gegenseitigen Beleidigungen, die man schließlich durch einen Zweikampf zu entscheiden beschloß. Graf Sebastian von Losenstein verteidigte dabei die Ehre Österreichs mit solcher Vehemenz, daß er seinem spanischen Gegner fast den Kopf abgeschlagen hätte. Auch das Pferd Losensteins begriff, worum es ging und biß sein spanisches Gegenüber. Nur Ferdinands persönliche Intervention rettete den Spanier. Diese Affäre gelangte zu solcher Berühmtheit, daß im 18. Jahrhundert ein Stück darüber geschrieben wurde. Obwohl es sich nur um einen unbedeutenden Vorfall handelte, der zudem wegen des reichlich strömenden Alkohols vorauszusehen gewesen war, erschien es doch als ein schlechtes Vorzeichen für die spanisch-deutsche Zusammenarbeit, in die Ferdinand so viel Hoffnung setzen sollte.[17]

Von größerer Problematik war jedoch die Frage, wie hoch der Preis für die österreichische Erbschaft angesetzt war. Als der junge spanische Prinz 1521 mit Anna in Wien eintraf, wütete die Pest in der Stadt, und das war wahrhaftig kein sehr glücklicher Beginn für eine Regierung. Noch schlimmer war für einen Herrscher mit Geschmack und Ehrgeiz die äußerst katastrophale finanzielle Situation in den habsburgischen Ländern. Leider sind die Finanzberichte der österreichischen Verwaltung zu Ferdinands Zeiten mehr als lückenhaft. Es kann jedoch mit einiger Sicherheit gesagt werden, daß zumindest 1521 die Länder für ein adäquates Einkommen sorgten. In diesem Jahr betrug das Gesamteinkommen 191.680 Pfund (Silbermünzen), die Ausgaben 151.391 Pfund. 1523 gelang es Ferdinand, 150.000 Gulden aus dem Tiroler Landtag herauszupressen, eine Summe, die nicht einmal der beliebte Maximilian erhalten hatte. Aufgrund von jahrhundertealten Vereinbarungen mit Rom durften sich die österreichischen Erzherzöge auch einen kräftigen Anteil des Einkommens aus kirchlichem Besitz in ihren Ländern einverleiben. Das war auch einer der Gründe, warum Ferdinand sich immer große Mühe gab, gute Beziehungen mit dem Papst zu unterhalten.[18] Aber die Schwachstellen des Systems waren nicht zu übersehen, besonders wenn es auf irgendeine Art und Weise strapaziert wurde.

Am unangenehmsten aber waren im Moment Maximilians Schulden, die insgesamt 800.000 Gulden (rheinisch) ausmachten. Da die österreichischen Länder den Betrag nicht zurückzahlen konnten, belasteten diese Schulden die wertvollsten Geldquellen innerhalb der Länder. An erster Stelle sind hier die Silberminen von Tirol zu nennen. Diese waren, als Ferdinand nach Österreich kam, so stark an die Augsburger Fugger verpfändet, daß der neue Erzherzog noch nicht einmal genügend Münzen für sich und seine Völker prägen lassen konnte. Die Fugger dagegen erfreuten sich eines jährlichen Einkommens von 200.000 Gulden aus den Minen von Schwaz.[19] So hatte Ferdinand nach dem Tod seines Schwagers, des Königs von Ungarn (1526), nichts Eiligeres zu tun, als das Gold und Silber des königlichen Haushalts für die Münzprägung in Wien einzuschmelzen.[20] Zu der prekären Situation trug auch die Tatsache bei, daß die habsburgischen Länder, besonders die östlichen, den allgemeinen wirtschaftlichen Aufschwung der zweiten Hälfte des 15. Jahrhunderts nicht mitgemacht hatten. Ein Großteil des Kapitals der Stadt Wien war während des Bruderkriegs zwischen Ferdinands Urgroßvater, Kaiser Friedrich III., und seinem Bruder, Erzherzog Albrecht, zwischen 1450 und 1470 aufgebraucht worden. Aus machtpolitischen Gründen hatte der Kaiser versucht, die politische und militärische Macht seiner Hauptstadt zu mindern, und Matthias Corvinus von Ungarn, der ihn im letzten Drittel des Jahrhunderts aus der *Hofburg* vertrieb, setzte diese Politik fort. Damals schien durchaus die Möglichkeit gegeben, daß die Stadt dauernder Besitz des ungarischen Königs werden könnte. In dem durch den unerwarteten Tod des Corvinus geschaffenen Vakuum überredete Maximilian die Bürger Wiens, ihr Schicksal noch einmal an das der österreichischen Länder zu binden. Das hieß jedoch nicht, daß er ihre alten Privilegien auf wirtschaftlichem und politischem Gebiet respektieren wollte. Die allgemeinen wirtschaftlichen Trends der letzten Jahre begünstigten nämlich in Europa entschieden die Kaufleute in Deutschland vor denen im östlichen Reich. Mit dieser Entwicklung beschäftigten sich jedoch weder Maximilian noch Ferdinand, zumindest nicht konsequent genug. Brauchten sie Geld, dann wandten sich beide immer wieder an die großen Bankhäuser in Deutschland und ignorierten die Forderungen der Wiener, daß ausländischen Kaufleuten keine Niederlassungsrechte in Wien gewährt werden dürften und ihnen überhaupt der Zugang zur Stadt verwehrt werden müßte.[21] Ferdinand sollte allerdings das Fehlen einer soliden wirtschaftlichen Basis deutlich zu spüren bekommen; denn es waren ja nun einmal hauptsächlich die österreichischen Erbländer, die seine Kriege zu finanzieren hatten.

Ferdinands neue Untertanen aber waren nun nicht nur weniger reich, als er sie sich gewünscht hätte, sie waren auch weniger katholisch, als es ihm lieb war. Die lutherische Reformation hatte nach 1517 auch in Österreich schnell um sich gegriffen, und zwar mit Hilfe des Adels, der seine traditionellen Rechte als Beschützer der Kirche dazu benutzte, nun die lutherischen Prediger zu beschützen. Und wie viele ihrer deutschen Standesgenossen wollten sie dabei nicht auf die Chance verzichten, ihre eigene wirtschaftliche Situation zu verbessern, indem sie nämlich säkularisiertes Kirchenland ihrem Besitz einverleibten. Als 1521 die theologische Fakultät der Wiener Universität gegen die wittenbergische Reform protestieren wollte, bekam sie weder vom Wiener Stadtrat noch von den Wiener Bischöfen Schützenhilfe. Und schon ein Jahr später konnte im Stephansdom der evangelische Prediger Paul Speratus ein Plädoyer für die Priesterehe und die Rechtfertigung durch den Glauben halten.

Angespornt durch das Wormser Edikt seines Bruders, das während des Reichstags von 1521 erlassen wurde und das das Luthertum eigentlich für rechtswidrig erklärte, griff auch Ferdinand sogleich zu Maßnahmen, um die neue Sekte zu bekämpfen – allerdings mit nur mäßigem Erfolg. Wenn man überhaupt von einer Wirkung sprechen will, dann erhöhte sich durch seine Verbote nur das Interesse für die neue Lehre. So untersagte er 1522 in Tirol und im März 1523 in Niederösterreich durch Erlasse das Drucken lutherischer Bücher sowie die Predigten lutherischer und anderer evangelischer Pastoren. Aber schon kurz danach erschienen zahlreiche Ausgaben lutherischer Werke in Wien. Und als er 1524 die Hinrichtung eines lutherischen Kaufmanns in Wien anordnete, empörten sich die Bürger derartig, daß er nicht wagte, die Stadt zu verlassen, weil er befürchten mußte, die Kontrolle über die Unruhen zu verlieren.[22] Aber auch seine Bemühungen, die katholische Konfession für die Menschen wieder attraktiver zu gestalten, indem die Moral und Bildung der Geistlichen verstärkt wurde, blieben erfolglos. Gleich zu Anfang bemühte er sich, qualifizierte Laien und angesehene Geistliche auf wichtige Kirchenposten und in die Ausschüsse zu holen, die das Urteil über religiöse Abweichler zu fällen hatten. 1524 unterschrieb er zusammen mit anderen deutschen Fürsten den „Regensburger Konvent". Diese Vereinbarung verpflichtete die Unterzeichner, innerhalb ihrer Herrschaftsgebiete die neue Lehre zu unterdrücken, zugleich für eine bessere Ausbildung und Überwachung des katholischen Klerus zu sorgen und finanziellen Mißbrauch innerhalb kirchlicher Institutionen streng zu ahnden. Aber Ferdinand irrte, als er ein Jahr später behauptete, der lutherische Glaube breite sich in seinen Ländern nicht weiter aus. Der feierliche Aufruf des Regensburger Konvents, die Häresie zu unterdrücken, wurde, als er in Wien veröffentlicht wurde, von aufgebrachten Bürgern „besudelt".[23]

Ferdinands negative Haltung dem Luthertum gegenüber wurde durch zwei Faktoren wesentlich bestärkt. Erstens fürchtete er, daß die neue Bewegung weitere Abspaltungen nach sich ziehen würde, wie zum Beispiel den Anabaptismus.[24] Und zweitens fürchtete er die noch weit ernstere Gefahr, die durch die offensichtliche Verbindung der Bewegung mit den Bauernunruhen gegeben war. Diese Unruhen, eine Mischung aus politischer, sozialer, wirtschaftlicher und religiöser Unzufriedenheit, hatten 1519 in Tirol begonnen und schon bald auf die anderen habsburgischen Länder übergegriffen. Für Ferdinand stand nicht zur Diskussion, zwischen den verschiedenen Ursachen zu unterscheiden. Welche Begründungen die Bauern auch immer für ihre Forderungen anführen mochten, er war dagegen, schon allein wegen der Forderung der Bauern, selber die Höhe ihrer Abgaben bestimmen zu dürfen, und der anmaßenden Feststellung, vor Gott seien alle Menschen gleich und demnach die Bauern den Fürsten gleichgestellt. Daß die Bauernunruhen es auch auf höhere Autoritäten abgesehen hätten, war auch die Meinung seiner engsten Vertrauten, unter anderen des Bischofs von Trient, Bernhard von Cles.[25]

Zu besonders schweren Unruhen kam es in Tirol und im Erzbistum Salzburg. Dieses unterstand zwar nicht direkt habsburgischer Oberhoheit, war aber von strategischer Bedeutung, da es mit den Erbländern über gemeinsame Grenzen verfügte. Und die Berge erschwerten sowohl in Tirol als auch in Salzburg die schnelle Unterdrückung der Aufständischen. Denn Kavallerie war hier nicht einzusetzen und auf die Infanterie war, wie Ferdinand feststellen mußte, kein Verlaß, da sie ja genau aus dem Stand stammte, den sie nun bekämpfen sollte. Schließlich fand man sich auf beiden Seiten zu Kompromissen bereit, die aber Ferdinand nicht gefielen, da sie seiner Meinung nach den Bauern zu viele Vorteile einräumten. Auf die Forderung der Tiroler, daß der Bischofsitz Brixen säkularisiert werden sollte, antwortete Ferdinand mit dem Vorschlag, er würde die Verwaltung so lange übernehmen, bis ein allgemeiner Kirchenrat zusammengerufen würde. Weiters wurde eine Reihe von neuen Verordnungen zur Erleichterung der finanziellen Belastung der Bauernschaft durch den Adel erlassen. Die Zwangsarbeit, die ohnehin die letzten Jahrzehnte nicht mehr existiert hatte, wurde in aller Form abgeschafft und alle Geistlichen weltlicher Gerichtsbarkeit unterstellt. In Salzburg trafen die Bauern und der Erzbischof ihre eigene Vereinbarung. 1526 und 1527 wurde eine revidierte Regelung der bäuerlichen Abgabepflichten für alle österreichischen Provinzen herausgegeben. Allerdings schaffte Ferdinand schon fünf Jahre später alle Neuerungen wieder ab.

Ein ebensolches Chaos wie auf sozialem Gebiet fand Ferdinand 1521 auch in der Verwaltung vor, wo die rechtlichen und verwaltungsadministrativen Reformen, die Maximilian 1517 durchgeführt hatte, damit sein Enkel eine funktionierende Bürokratie und einen ständigen Hofrat vorfände, das Regieren für seinen Nachfolger nur noch komplizierter machten, als es ohnehin war. Maximilian hatte viel Mühe darauf verwandt, dem österreichischen Herrenstand die Kontrolle über die politischen Organe und die Gerichtsbarkeit zu entziehen. So hatte er versucht, die lokalen Gerichte durch Gerichtshöfe mit Männern seiner Wahl zu ersetzen, die nicht dort wohnten, wo sie Recht sprachen. Der Adel aber hatte nicht nur heftig gegen seine Entfernung von den Richterstühlen protestiert, sondern auch dagegen, daß er in eigenen Rechtsangelegenheiten nicht mehr direkt an den Kaiser appellieren konnte. Es war nicht leicht für Maximilian, diese Reformen als ständige Einrichtungen durchzusetzen.

Als Ferdinand 1521 die Herrschaft über die österreichischen Länder übernahm, wurden gerade Tirol und die habsburgischen Besitzungen in Südwestdeutschland der Innsbrucker Verwaltung unterstellt, während Niederösterreich, Steiermark, Kärnten und Krain separate Verwaltungen bekamen. In seinem Testament hatte Maximilian erklärt, daß diese Einrichtungen auch nach seinem Tod beibehalten werden sollten, er hatte dies allerdings den Provinzen nie schriftlich mitgeteilt. So ignorierten sie mehr oder weniger die Anordnung ihres ehemaligen Herrn. Die einzige Ausnahme bildete Tirol, und selbst hier benutzten die Bauern die Abwesenheit ihres Grafen zur Plünderung seiner Jagdgehege.[26] Solche Aktionen spiegelten nicht nur den allgemeinen Unmut über die widerrechtliche Aneignung lokaler Rechte und über die Korruptheit und Willkür, die besonders in der niederösterreichischen Verwaltung zutage traten. Sie entsprangen auch der Überzeugung, daß gemäß der Verfassung die Herrschaft in den einzelnen Provinzen nach dem Tod des Herrschers an sie zurückfiele und erst an seinen Nachfolger überginge, wenn dieser die Privilegien der einzelnen Länder bestätigt hatte und sie ihrerseits ihm Treue geschworen hatten. Die niederösterreichischen Stände errichteten denn auch ihre eigene Verwaltung und nahmen selbst so fürstliche Vorrechte wie die Münzprägung für sich in Anspruch.

Für eine weitere Komplikation sorgte in den österreichischen Ländern das tiefe Mißtrauen allem Spanischen gegenüber. Cyriak von Polheim, der als Mitglied einer Delegation von den niederösterreichischen Ständen 1519 zu Karl geschickt wurde, um die Modalitäten des Huldigungseides zu besprechen, beklagte sich in einem Brief über das, was er am spanischen Hof gesehen hatte. Nicht nur daß der König von Spanien ein Kind sei, er würde auch von Niederländern beherrscht, die weder Deutsch könnten noch ein Interesse an deutschen Angelegenheiten hätten. Während Polheim aber seine Ansichten nur seinem Briefpartner anvertraute, spielte ein anderes Mitglied der Delegation am spanischen Hof den Bauernlümmel, ob aus Verachtung für das Hofzeremoniell oder aus Unkenntnis, ist schwer zu sagen. Jedenfalls trug sein Benehmen nicht gerade zur Verbesserung der österreichisch-spanischen Beziehungen bei.[27]

Dazu kam, daß Ferdinand erstens erstaunlich wenig über die Gesetze und Bräuche seiner neuen Länder wußte, so daß ihn noch 1524 seine niederösterreichischen Räte belehren mußten, er brauche sich nicht an den Papst wegen der Verwendung von Kirchengeldern für den Krieg gegen die Türken zu wenden, da diese seit undenklichen Zeiten ein Teil des *Kammerguts* seien, über das die österreichischen Herrscher nach Belieben verfügen durften. Außerdem hielt sich Ferdinand von 1520 bis 1522 nur zeitweise in Österreich auf, da die Teilung der habsburgischen Länder zahlreiche Zusammenkünfte mit Karl V. erforderlich machte. Und schließlich ließ Ferdinand von Anfang an keinen Zweifel daran, daß er dem Beispiel seines Großvaters zu folgen gedachte und die Ernennungen in die verschiedenen administrativen, gesetzgeberischen und beratenden Körperschaften ohne Rücksicht auf die örtliche Herkunft der Betreffenden vornehmen würde. Daß er diese Absicht einem Ausschuß der oberösterreichischen Stände 1521 nur mit Hilfe eines Übersetzers mitteilen konnte, da er noch kein Deutsch konnte, trug nicht gerade sonderlich zu seiner Beliebtheit bei.[28]

Sobald aber die verschiedenen Länder ihre Huldigungseide mit allen Formalitäten abgelegt hatten, verebbten auch die Unruhen. Nur in Niederösterreich hatte sich eine Koalition des Adels mit dem Wiener Stadtrat unter Martin Siebenbürger gebildet, die sich hartnäckig weigerte, die Forderungen des jungen Herrschers zu erfüllen. Anfangs war Ferdinand nicht gewillt, mit Gewalt gegen die Aufständischen vorzugehen, und äußerte, er habe wichtigere Dinge zu tun. Aber als ihm seine Berater zu bedenken gaben, eine lasche Behandlung der Angelegenheit würde als Aufforderung zu weiterem Ungehorsam verstanden werden, fügte er sich mit den lakonischen Worten „ergo fiat justicia". So wurden im Juli 1522 die Führer des Aufstands vor ein Gericht in Wiener Neustadt gestellt, das sich aus Bayern, Burgundern und anderen zusammensetzte, deren einzige Gemeinsamkeit darin bestand, daß sie keine Wurzeln in Niederösterreich hatten. Die Anwesenheit Ferdinands bei dem Prozeß – er war plötzlich unerwartet von den Niederlanden kommend in Wiener Neustadt eingetroffen – steigerte natürlich die Dramatik des Geschehens. Das Tribunal hatte die Aufgabe, Ermittlungen über die Unruhen in Österreich unter der Enns anzustellen. Alle, die sich daran beteiligt hatten, wurden für strafwürdig erklärt, aber Ferdinand sprach sich für relativ milde Strafen aus. Die beiden Anführer der Adelsgruppe wurden zusammen mit Siebenbürger und fünf Mitgliedern des Wiener Stadtrates zum Tode verurteilt. Außerdem verlor die Stadt viele ihrer kommunalen und rechtlichen Privilegien. Damit war dem Aufstand das Rückgrat gebrochen, aber Ferdinands Beziehungen zu den Niederösterreichern verbesserten sich dadurch kaum. Im Gegenteil, er hatte sich seinen neuen Untertanen einmal mehr als Ausländer ins Bewußtsein gebracht und die Abneigung des Adels ihm gegenüber verstärkt, obgleich sie so glimpflich davongekommen waren. Daß er nicht eben glücklich agiert hatte, zeigte sich auch in der Tatsache, daß das Luthertum sich in Niederösterreich weiter ausbreitete, so als sei dies als einzige Möglichkeit des Protests übrig geblieben. Ferdinand vertrat die Überzeugung, daß nur die Mischung von Milde und Strenge dazu angetan war, unter seinen Völkern

Furcht und Liebe zu erwecken.[29] Er erreichte aber nur, daß sie sich ihm widerwillig unterwarfen.

So sah die Situation für Ferdinand keineswegs rosig aus, obwohl bei der Teilung für ihn am Ende mehr herausgekommen war, als er anfangs geglaubt hatte. Aber angesichts des Luthertums in seinen Ländern, das für ihn gleichbedeutend mit Aufruhr war, und angesichts einer Bevölkerung, die seinen administrativen und gerichtlichen Einrichtungen feindselig gegenüberstand, war er keineswegs ein unabhängiger Herrscher. Um wirklich etwas zu erreichen, hätte er mehr Mittel gebraucht, als ihm seine österreichischen Länder geben konnten oder wollten. Wirkliche Hilfe war nur von seinem Bruder, dem Kaiser, zu erwarten. Dieser hatte ihm ja einst versprochen, sie würden große Dinge zusammen tun, wenn Ferdinand auf seine eigene Kandidatur bei der Kaiserwahl verzichtete.[30] Aber in Ferdinands ersten Jahren in Österreich gab es nur wenige Anzeichen dafür, daß Karl sein Versprechen halten wollte.

II.
Zwei Brüder – ein Amt

Das Mißtrauen, welches Karl V. und seine Berater Ferdinand gegenüber hegten, datierte aus der Zeit, da die beiden Brüder gemeinsam in Spanien waren, und legte sich nur langsam. Bis weit in die zwanziger Jahre ließ der Kaiser den Erzherzog in Österreich nicht aus den Augen und machte zuweilen kein Hehl aus seinen Zweifeln an der Regierungstüchtigkeit des jungen Mannes. Er schien es auch keineswegs eilig zu haben, seinem Bruder im Reich eine andere Rolle als die eines untergeordneten Statthalters zuzubilligen.

Was nun die österreichische Situation betraf, so hatte Karl V. auch allen Grund, eine gewisse Vorsicht walten zu lassen. Die Opposition gegen Ferdinand während seiner ersten Regierungsjahre in Österreich war nicht nur auf die allgemeine Unzufriedenheit in religiöser und sozialer Hinsicht zurückzuführen, sie richtete sich auch gegen gewisse Männer, die Ferdinand zu seinen Beratern gemacht hatte.

Bis zum Ende seines Lebens neigte nämlich Ferdinand dazu, das willige Opfer der Habgier seiner engsten Berater zu sein. Ein gewisser Geselligkeitstrieb in ihm – besser gesagt seine Menschenfreundlichkeit – ließ ihn nämlich viel Zeit in endlosen Audienzen mit Leuten aller Bevölkerungsschichten verbringen. Eine Folge davon war, daß die Regierungsgeschäfte sich dahinschleppten und er trotz eines enormen Arbeitsaufwandes die wichtigsten Angelegenheiten oft nur flüchtig erledigte. Daher wurde vieles Mitarbeitern überlassen, deren Korruptheit über das normale Maß hinausging. Dazu kam, daß nur wenige von ihnen Staatsmänner von Format waren, und dennoch hielt er ihnen hartnäckig die Treue.[1] Diese für einen Herrscher folgenschwere Schwäche läßt sich teilweise mit der Freundlichkeit seines Wesens und seiner Abneigung für offene Konfrontationen erklären. Auf das Versagen seiner Söhne reagierte er ja ebenso. Gegen Ende seiner Regierung stellten solche derartig unqualifizierten Mitarbeiter nur mehr eine gewisse Belastung für sein Ansehen und die Staatsfinanzen dar. Zu Beginn seiner Regierung in Österreich jedoch stellten sie seine Autorität in Frage, und es war dies der Grund, warum Karl V. sich besorgt zeigte.

Nun aber waren beide Brüder mehr als andere Herrscher von Beratern abhängig. Keiner von ihnen verfügte nämlich über eine ausreichende praktische

Erfahrung, als er die Regierung antrat. Daher waren beide auf ältere Männer angewiesen, die sich ihrer Interessen annahmen. Und da Ferdinand noch weit schutzloser dastand als Karl, konnte er gar nicht anders, als all denen unendlich dankbar zu sein, die erfolgreich für ihn mit seinem Bruder und dessen Beratern verhandelt hatten. In dieser Hinsicht erwies sich der Spanier Gabriel Salamanca dem Erzherzog als besonders unentbehrlich.

Über die Herkunft Salamancas ist wenig bekannt. Wir kennen weder sein Geburtsdatum noch wie er zu den Habsburgern gekommen war. Erst nach 1514 taucht sein Name auf Dokumenten auf, die im Zusammenhang mit Maximilian und Karl stehen. 1521 ging er dann mit Ferdinand nach Worms und 1522 nach Brüssel und war hier als einer der Mitarbeiter an dem Teilungsvertrag zwischen den beiden Brüdern tätig. Offensichtlich gelang es ihm hier, Karl über seinen Beichtvater zu der Überzeugung zu bringen, daß es unchristlich sei, Ferdinand zu verbieten, sich zu verheiraten, nur damit er keine legitimen Erben in die Welt setzte.[2]

Alle Niederländer und Spanier, die Ferdinand nach Österreich begleiteten, wurden von ihm fürstlich entlohnt. Sein erster Haushofmeister, Claude Bouton, erhielt 700 Gulden aus den konfiszierten Gütern der 1522 hingerichteten Wiener Bürger. Zusätzlich schenkte ihm Ferdinand ein Haus in der Innenstadt und übertrug ihm das Wohnrecht in einem Schloß in Bruck an der Leitha sowie die Verwaltung des umliegenden Gebiets. Als er 1524 aus Ferdinands Diensten schied, bekam er eine Pension von 800 Gulden jährlich zugesichert. Boutons Nachfolger, Antoine de Croy, erhielt zusätzlich zu seinem Einkommen eine jährliche Aufzahlung von 1000 Gulden, rückwirkend bis zum Jahr 1520, in dem er die Niederlande verlassen hatte, um nach Österreich zu kommen. Als er 1527 den Dienst quittierte, konnte er sich eine jährliche Pension von 500 Gulden sichern. Wenn man bedenkt, daß nach den Schätzungen des Nürnberger Reichstags von 1522 das durchschnittliche Einkommen eines deutschen Handwerkers sechs Gulden im Monat betrug, dann waren das großzügige Summen.[3] Salamanca war einer von denen, die am meisten Nutzen aus der Freigebigkeit des Erzherzogs zogen. 1524 schuldete Ferdinand ihm 180.000 Golddukaten und hatte ihm bereits eine Anzahl von Lehnsgütern und Einkommen, besonders in Tirol, übertragen. Die große Zahl „fremdländischer“ Berater rund um Karl und Ferdinand rief aber in Österreich allgemeine Empörung hervor, und die Zielscheibe dieser Empörung war Salamanca. Der Tiroler Chronist Georg Kirchmair klagte 1523, der eigentliche Herrscher Österreichs sei Salamanca und Tirol werde von einem „spanischen Grafen durch Spanier“ regiert. Ein 1524 auf der Nürnberger Burg hingekritzelter Schüttelreim – hier tagte unter Ferdinands Vorsitz im selben Jahr der Reichstag – verkündete, Ferdinand wäre ein viel größerer Herrscher, wenn er Salamanca einkerkern und Jakob Fugger aufhängen ließe.[4] Das Auftauchen des Reimes jenseits der Grenzen der Habsburger Länder zeigt, daß Salamancas schlechter Ruf kein lokal begrenztes Problem mehr war. Auch der Unmut der Deutschen richtete sich nun gegen den spanischen Günstling des Erzherzogs. Das galt besonders für die Lutheraner, eine ohnehin schon schwierige politische Gruppe innerhalb der Reichspolitik. Der Vertreter des Kurfürsten von Sachsen beim Reichstag zu Nürnberg 1523, Hans von der Planitz, war zum Beispiel der Überzeugung, der Spanier dränge Ferdinand in das päpstliche Lager, was für die Habsburger in Deutschland genauso schwere Folgen haben könnte wie für seinen Herrn, Friedrich den Weisen, der Luthers Schutzherr war.

Karls spezielles Mißfallen über den politischen Einfluß Salamancas gründete sich auf den Verdacht oder vielmehr auf den Verdacht seiner Vertrauten, daß Salamanca Ferdinand dazu gebracht haben mochte, einen Vertrag mit Venedig zu verzögern, an dem aber dem Kaiser außerordentlich viel lag, weil er damit die Republik von Frankreich weg an seine Seite bringen wollte. Ferdinand wandte ein, er wolle sich nicht mit einem Staat verbinden, der ständig seine eigenen Interessen bedrohe, aber er beugte sich schließlich dem Willen seines Bruders.[5] Karl aber hatte nun Salamancas Sturz fest ins Auge gefaßt.

Zusätzlich zu seinem ständigen Gesandten an Ferdinands Hof beauftragte er einen weiteren Mann damit, seinen Bruder und dessen spanischen Günstling zu beobachten. Michael Gillis, der neue Gesandte, berichtete dem Kaiser, der jüngere Habsburger umgebe sich mit Leuten, die Deutsch weder sprechen noch schreiben könnten und nichts über die Bräuche und Interessen der Österreicher wüßten. Wie Gillis feststellen konnte, hatte Salamanca die gesamte Verwaltung unter sich und wurde trotz seiner Unfähigkeit für alles, was er tat, von Ferdinand reichlich belohnt. Wohin man blicke, seien Spanier. Wenn der junge Erzherzog sich nicht von ihnen befreie, dann sei Karl gut beraten, wenn er Tirol, das er Ferdinand 1522 in Brüssel überschrieben hatte, wieder unter seinen Einfluß bringe.

1524 griff also, wie die Nürnberger „Graffiti“ uns zeigen, die Kritik an Ferdinands Hof nach Deutschland über. Es tauchten Gerüchte auf, die auch Ferdinand zu Ohren kamen, daß ein kaiserlicher Gesandter namens Jean Hannart an den sächsischen Hof geschickt worden sei, vermutlich, um Friedrich den Weisen zu bitten, Ferdinand über den schädlichen Einfluß Salamancas aufzuklären. Mit der allergrößten Wahrscheinlichkeit war dieses Gerücht falsch. Wer es in Umlauf gebracht hat, bleibt bis heute ein Rätsel. Aber die Wirkung auf Ferdinand war dennoch verheerend. Nicht nur Karl bekam zu spüren, wie anmaßend sich ein junger, vielleicht zu Unrecht auf den zweiten Rang verwiesener Fürst aufführen kann, wenn es gilt, sein Recht und sein Ansehen zu verteidigen. Auch bei seiner Schwester Maria legte Ferdinand Protest ein: Seine Diener förderten nur seine Interessen. Dies aber war in einem Zeitalter, in dem sich die Staatsräson als politisches Ziel noch nicht durchge-

Kaiser Friedrich III.

setzt hatte, die oberste Dienerpflicht. Und in seinem Zorn über diese, wie er sie empfand, ernste Infragestellung seiner Autorität und Kompetenz verteidigte Ferdinand Salamanca nicht nur in seinem Namen, sondern auch im Namen seiner Geschwister. Die Mitglieder seines Haushalts und seiner Regierung, versicherte er Maria, würden sie genausowenig belügen wie ihn. Karl gegenüber brachte er vor, die Kritik an dem Spanier habe ja nur den Zweck, die Habsburger zu entzweien. Tatsächlich ließ sich der Kaiser beeindrucken. Er leugnete, Hannart jemals irgendwelche Befehle erteilt zu haben, und sagte sich vor Ferdinands Botschafter in Spanien, Martin Salinas, unter Eid von aller Verantwortung los.[6]

Ende 1524 wurde Hannart von seinem Posten am sächsischen Hof abberufen und dem Erzherzog versichert, daß er, wenn nötig, bestraft werden würde.[7] Ob Karl nun wirklich Hannart den Auftrag gegeben hatte oder nicht, ist weniger wichtig als seine offensichtliche Bereitschaft, den negativen Berichten über seines Bruders Hof Glauben zu schenken. Aber genauso bedeutsam war sein Widerstreben, sich allzu intensiv mit den Angelegenheiten Ferdinands zu befassen, als dieser energisch ein Veto einlegte.

Bis zum Tiroler Bauernaufstand von 1525 hielt Ferdinand hartnäckig an Salamanca fest. Nun aber verlangten die Tiroler Stände, daß die Verwaltung des Landes mit Tirolern besetzt werden sollte und daß Ferdinands Berater aus den österreichischen Erbländern stammen sollten. Allen war klar, daß das eigentliche Ziel dieser Forderungen Salamanca war. Im Herbst 1525 verlangten alle österreichischen Länder von Ferdinand die Einberufung eines Landtags, auf dem über seine Verwaltungspolitik diskutiert werden sollte. Im Bewußtsein der Gefährlichkeit der Situation gab Ferdinand nach und forderte die Ständevertreter auf, sich mit ihm in Augsburg zu treffen, wo er eine Sitzung mit dem Reichstag vorbereitete.[8] Die fortdauernden Bauernunruhen in Tirol mußten eine starke Belastung für ihn dargestellt haben, da sie mittlerweile jetzt schon wesentlich länger als in jedem anderen deutschen Land andauerten und den imagebewußten Ferdinand als den schwächsten aller deutschen Fürsten dastehen ließen. Karl riet ihm denn auch, sich in einer so gefährlichen Zeit nicht mit seinen Untertanen zu überwerfen, besonders da er ja vorhatte, sie um Hilfe gegen die Türken zu bitten. Zögernd und nicht ohne Groll gab er schließlich nach und entfernte 1526 Salamanca von seinem offiziellen Posten im Schatzamt. Zur Beschwichtigung seiner verletzten *amour propre* gab er kund, die meisten seiner Untertanen bereuten bereits, was sie angerichtet hätten, die echten Rädelsführer seien ja eine verschwindend kleine Anzahl.[9] Allerdings hieß das nicht, daß er auf Salamancas Talente verzichtete oder etwa aufhörte, ihn zu beschenken. Außerdem wurde der Spanier in diplomatischer Mission nach England und Ungarn geschickt und benutzte, wie hundert Jahre später Wallenstein im Dienst Ferdinands II., die Armeen des Erzherzogs als Abnehmer für die Produkte seiner Länder. Auf diese Art und Weise wuchsen die Schulden, die Ferdinand bei ihm hatte, auf 22.530 Gulden im Jahr 1535 an, und 1539 hatte er es geschafft, daß ihn sogar Karl V. nützlich fand.

Mit demselben Mißtrauen, mit dem Karl die Politik seines Bruders in Österreich verfolgte, beobachtete er auch seine Aktivitäten im Reich. Als Ganzes betrachtet war das Reich dicht besiedelt und wohlhabend, aber seine Regierung lag in den Händen von ungefähr 2500 regionalen Autoritäten. Von diesen waren ungefähr 500 in den drei Kammern des Reichstags vertreten, der regelmäßig mit dem Kaiser zusammenkam, um mit ihm die Besteuerung und andere Fragen von allgemeiner Bedeutung zu besprechen. Die übrigen, die sogenannten „Reichsritter", besaßen nur mehr wenig Land im Südwesten des Reiches. Ende des 15. Jahrhunderts hatte Maximilian versucht, die finanzielle und politische Position des Kaisers zu verstärken, aber seine Bemühungen waren von den Vertretern der Stände zurückgewiesen worden, die nicht zu Unrecht vermuteten, daß derartige Änderungen weniger im Interesse des Reiches als der habsburgischen *Hausmacht* lägen. Schon Kaiser Friedrich III., dem Vater Maximilians, war von Matthias Corvinus, dem König von Ungarn, vorgeworfen worden, das Reich für seine Zwecke zu benutzen. Tatsächlich hatten Vater und Sohn den Reichstag ununterbrochen um Hilfe gegen ihre verschiedenen Feinde gebeten: Wenn es nicht die Franzosen im Westen waren, dann waren es die Türken, die sich im Lauf des Jahrhunderts langsam die Donau heraufgearbeitet hatten. Und angesichts der schwankenden Finanzlage der meisten deutschen Renaissancefürsten kommt es einem Wunder gleich, daß sie überhaupt noch mit ihrem Souverän zusammenarbeiten wollten.

Der erste längere Aufenthalt Karls V. im Reich fand 1521 anläßlich des Reichstags von Worms statt. Da er mit längeren Abwesenheiten zu rechnen hatte, setzte er ein sogenanntes *Reichsregiment* ein, das ihn während dieser Zeit vertreten sollte, und ernannte Ferdinand zu seinem *locumtenens,* seinem persönlichen Stellvertreter. Aber die Reichsstände reagierten auf den des Deutschen nicht mächtigen Erzherzog ebenso unfreundlich wie die Österreicher, so daß Karl V. gezwungen war, an Ferdinands Stelle Graf Friedrich von der Pfalz zu ernennen. Die Regierung sei doch ein „Teutsch Regiment", reklamierten einige deutsche Fürsten 1522, nur wenige Mitglieder des Reichstags verstünden Latein, so daß alle Verhandlungen mit Übersetzern geführt werden müßten, was auch jedes Gespräch unter vier Augen mit Ferdinand unmöglich mache. Aufgrund dieser Kommunikationsschwierigkeiten machte Ferdinand offenbar den Eindruck eines unnahbaren und ehrgeizigen jungen Mannes, von dem man sich besser fernhielt.

Als Regierungsorgan war das *Reichsregiment* total unwirksam. 1523 sah es hilflos zu, als die schwäbische Liga, eine der regionalen Verteidigungsorganisationen des Reiches, einen Privatkrieg gegen die fränkischen Adeligen und Raubritter begann, weil man seines Lebens auf den Landstraßen nicht mehr sicher war. Ebensowenig Macht hatte es über jene deutschen Ritter, die auf eigene Faust einen Aufstand der Reichsritter unter der Führung des Franz von Sickingen niederschlagen wollten. Raffte sich das *Reichsregiment* zu irgendwelchen Maßnahmen auf, dann wurde von mindestens einer Seite aus heftig dagegen protestiert. So wurde 1523 eine von ihm vorgeschlagene Importsteuer von den größeren Städten sofort unter Beschuß genommen.

Aber trotz all seiner Mängel bot das Reich Ferdinand etwas, was ihm die österreichischen Länder nicht bieten konnten: die Gelegenheit, mit seinem Bruder größere Projekte zu realisieren. Die Heldentaten, die Karl seinem Bruder versprochen hatte und womit er wohl vor allem den Kampf gegen die Ungläubigen gemeint hatte, waren ja nur möglich, wenn dafür die Hilfsmittel des Reiches mobilisiert werden konnten.

Obwohl er sich nur selten im Reich aufhielt, was eine ständige Quelle des Ärgers für die Stände darstellte, war Karl V. ganz und gar nicht desinteressiert an den deutschen Problemen. So erfüllte ihn die Ausbreitung des Luthertums mit großer Sorge, und obwohl er durch die Umstände zu zahlreichen Kompromissen mit der sogenannten Häresie gezwungen war, gab er sein Vorhaben nie auf, sie auszurotten. Und obwohl das Reich seinen hartnäckigen Widerstand gegen den Ehrgeiz der Habsburger nicht aufgab, lieferte es andererseits Karl V. immer wieder Geld und Menschen für seine Kriege mit Frankreich um die Vorherrschaft in Italien und in Burgund. So war es Karl selber, der gegen die Importsteuer stimmte, die das *Regiment* zu seiner Unterstützung eintreiben wollte, weil er fürchtete, die Städte würden ihn dann nicht mehr in seinen Kriegen unterstützen.[10]

Ferdinand fand im Reich die besten Möglichkeiten, sich in der Zusammenarbeit mit seinem Bruder zu profilieren. Sein erster Auftritt jedoch war alles andere als beeindruckend. Erstens schuldete er dem Reich 900 Gulden von seinen österreichischen Ländern und 600 Gulden von dem habsburgischen Protektorat in Württemberg für die Unterhaltung des *Regiments* und war nicht in der Lage, sie zu zahlen. Zweitens stellte er sich auf die Seite des Papstes, als der päpstliche Nuntius Chieregati 1522 die deutschen Fürsten aufforderte, die weitere Ausbreitung des Luthertums in ihren Ländern zu verhindern, und diese sich weigerten, der Aufforderung nachzukommen. Mitten in der heißen Debatte ergriff Ferdinand das Wort und rief mit etwas zu schriller Stimme: „Ich bin hier als der Stellvertreter des Kaisers." „Richtig", antwortete Hans von der Planitz, der Sprecher des Kurfürstentums Sachsen, „aber zusammen mit dem Reichsrat und aufgrund der Statuten *(Ordnungen)* des Reiches."[11]

Von 1522 bis 1524 fanden zwei Reichstage in Nürnberg statt, und besonders auf dem zweiten machte Ferdinand seine Sache sehr gut. Hier wurde nämlich ausgerechnet das *Reichsregiment* – Ferdinands einzige Einflußsphäre im Reich – heftig von mehreren mächtigen Ständevertretern angegriffen. Der Bischof von Würzburg stellte den Antrag, nicht mehr dem Rechtsspruch des *Reichsregiments* unterstellt zu sein, während andere sogleich seine vollständige Abschaffung forderten, auch wenn sie sich auf kein Ersatzorgan einigen konnten. Gerade aber diesen Mangel an Einigkeit machten sich Ferdinand und Hannart, Karls Vertreter beim Reichstag, bei der Rettung des *Regiments* geschickt zunutze. Und so konnten sie durch eine Reihe von Konzessionen, Vertagungen und persönlichen Absprachen das Organ für zwei weitere Jahre retten und sich sogar die Zusage für eine allgemeine Steuer zu seiner Unterhaltung sichern.[12] Diese Technik des Siegens durch Spaltung kam ihnen auch im Umgang mit den Städten zugute. Sie trafen sich niemals mit mehr als zweien oder dreien auf einmal und erinnerten die größeren unter ihnen, wie Frankfurt, Ulm und Augsburg, immer wieder daran, daß sie ihr Prestige hauptsächlich ihrem Status als freie Reichstädte, die direkt dem Kaiser unterstellt waren, verdankten. Im März 1524 hatten sich die Städtevertretungen bereits in drei Gruppen aufgespalten. Die eine war stark genug, das *Regiment* entweder zu stützen oder zu zerstören, und hatte sich für seine Verlängerung ausgesprochen; die zweite war zu schwach, um die Situation entscheidend zu verändern, war aber für eine Mitarbeit zu gewinnen, wenn einige ihrer Einwände berücksichtigt wurden; die dritte schließlich hatte die Sitzung bereits verlassen, aber würde möglicherweise ihren bewilligten Beitrag zahlen. Den Vertretern des Adels wurde versichert, daß die Zusammensetzung des *Regiments* nach ihren Wünschen ausfallen werde, wenn sie sich zu einer finanziellen Unterstützung entschließen könnten. Auf diese Weise beschwichtigt, konnte man sich tatsächlich darauf einigen, einen Personalaustausch vorzunehmen.[13]

Ferdinand bewies auch auf diesem Reichstag, daß er seinem Bruder einigen Ärger in der Außenpolitik abnehmen konnte. Der Reichstag, der es leid war, Karls Krieg mit Frankreich weiter zu finanzieren, und es nicht mehr dulden wollte, daß der Kaiser so viel außer Landes war, beschloß, zwei Gesandtschaften auszurüsten, die erste, um am französischen Hof sondierende Gespräche für Friedensverhandlungen zu führen, die zweite, um Karl V. dazu zu bewegen, die Feindseligkeiten zu beenden und seine Residenz ins Reich zu verlegen. Ferdinand beschloß, mit den Ständen zu verhandeln, ohne seinen Bruder damit zu belasten. Da er befürchtete, daß die französische Delegation mit Franz I. weit mehr als nur den Frieden besprechen würde, verbot er ihr kategorisch, die Reise anzutreten. Dies geschah „à la façon d'Espaigne", wie Hannart es ausdrückte. Die Fürsten murrten zwar, aber sie gaben nach, als Ferdinand ihnen drohte, „... er würde gezwungen sein, etwas zu tun, was er nicht wollte ..."[14] Wieder hatten er und Hannart mit Hilfe der deutschen Uneinigkeit gesiegt. Waren doch die kleineren Städte wegen der Kosten gegen die

Gesandtschaft nach Frankreich gewesen.[15] Wieviel Verdienst Hannart an diesem Erfolg zukam, ist schwer zu sagen. Da sie sich 1524 noch gegenseitig die Salamanca-Affäre übelnahmen, hob jeder selbstverständlich nur die eigenen Verdienste hervor und machte den anderen eher schlecht. So betonte Hannart die Unerfahrenheit des Erzherzogs, und Ferdinand klagte, Karl hätte doch lieber „quelque grant et notable personnaige" senden sollen, um mit den Deutschen zu verhandeln, diesen Deutschen, deren Mißgunst dem Haus Habsburg gegenüber ständig wachse – gerade, daß er Hannart nicht beschuldigte, gegen die Interessen des Kaisers gehandelt zu haben. Zumindest strich er sein eigenes Verdienst an diesen Siegen kräftig heraus. Es ging ihm dabei allein um die Dankbarkeit seines Bruders, und die bekam er.[16]

Dabei verfolgte er 1522/23 durchaus auch eigene Interessen in Nürnberg. Während der Verhandlungen, die man 1522 in Brüssel über die Aufteilung der habsburgischen Länder geführt hatte, schien Karl seinem jüngeren Bruder zumindestens mündlich versprochen zu haben, daß er ihn zu seinem Nachfolger im Reich auserkoren hatte.[17] Rein technisch konnte die Wahl dieses Nachfolgers, des römischen Königs deutscher Nation, wie der volle Titel lautete, aber erst nach der Krönung des Kaisers durch den Papst vor sich gehen. Nun hatte es zwar der Papst in keiner Weise eilig, diese Zeremonie vorzunehmen, da er es vermeiden wollte, als prohabsburgisch zu gelten, aber Ferdinand sah dennoch keinen Grund, nicht bei den sieben Kurfürsten, die seit dem 14. Jahrhundert den deutschen Kaiser wählten, ein wenig Wahlpropaganda für sich zu machen. Korrekterweise versuchte er erst einmal seinen Bruder zu bearbeiten, er möge sich, wenn er keine Zeit hätte, nach Rom zu fahren, doch wenigstens die päpstliche Bulle besorgen, die auch bei Maximilian schon ausgereicht hätte. Dann stellte er eine optimistische Liste aller jener Dienste auf, die er der Dynastie als König leisten könnte. Als König würde er über weit mehr Autorität in Reichsangelegenheiten verfügen als bisher als bloßer *locumtenens*. Als König hätte er auch weit mehr Gewicht, um notwendige Änderungen im *Reichsregiment* durchzuführen. Kurz, das Haus Österreich würde durch seine Erhöhung gewaltige Vorteile haben, Argumente, die er nach seiner Großjährigkeit 1524 mit noch größerer Vehemenz vertrat.[18]

Obwohl von Karls Seite keinerlei Ermutigung kam, zögerte Ferdinand nicht, die Sache beim Reichstag von Nürnberg zu erörtern. Und prompt gab es Gerüchte, bei einem Treffen zwischen Ferdinand und seinem Schwager Ludwig, der als König von Böhmen auch Kurfürst war, sei der letztere um seine Stimme bei der Kaiserwahl gebeten worden. Ob Ferdinand tatsächlich so weit gegangen war, ist noch zu beweisen. Zeitgenössische Beobachter waren sich allerdings ziemlich sicher. Und es entsprach auch Ferdinands Charakter, sich für einen solchen Feldzug der Hilfe seiner eigenen Familie zu versichern. Es hieß, daß, während der Reichstag noch in Nürnberg tagte, Heinrich von

Nassau nach den Niederlanden aufgebrochen sei, um hier Verhandlungen für den Erzherzog zu führen. Auch auf dem nächsten Reichstag 1524 wurde die Angelegenheit weiter verfolgt, und zum ersten Mal machte sich auch der entzweiende Effekt von Ferdinands Ehrgeiz für Deutschland bemerkbar.[19]

Von entscheidender Bedeutung für die Pläne des Erzherzogs war die Unterstützung des Kurfürsten von Sachsen, Friedrichs des Weisen. Ferdinand, der Luther und seiner Lehre sehr skeptisch gegenüberstand, entschloß sich daher, die religiösen Streitfragen vorerst mit den Ständen nicht zu erörtern, obwohl das Verlangen nach ernsthafter Diskussion allgemein sehr dringend war.[20] Nach außen hin war er bestrebt, die Deutschen zu einen, damit sie ihm gegen die Türken ihren Beistand nicht versagten, er wollte aber auch seine Wahl nicht mit Religionsfragen belasten.

Als der Erzherzog den Reichstag eröffnete, hatte er keine Instruktionen von seinem Bruder, wie er die Konfessionsfrage zu behandeln habe. Die Stimmung der lutherischen Sympathisanten war von Anfang an schlecht, weil der päpstliche Legat, den weder Ferdinand noch Karl eingeladen hatte, mit der Idee hausieren ging, eine Liga innerhalb der deutschen Fürsten für eine Kirchenreform zu bilden. Als Hannart endlich mit den Anweisungen des Kaisers Mitte Februar eintraf, stellte sich heraus, daß der Kaiser für die strikte Durchführung des Ediktes von Worms war. War dies nicht ein deutlicher Widerspruch zu der äußerst vorsichtigen Behandlung religiöser Probleme, zu der der Erzherzog sich entschlossen hatte? Die Sachsen schlossen denn auch daraus, daß der Erzherzog nicht das Vertrauen seines Bruders besäße.[21] Tatsächlich war das, was Hannarts Recherchen bei den Kurfürsten ergaben, nicht dazu angetan, das Vertrauen des Kaisers in seinen Bruder zu stärken. Der Botschafter berichtete nämlich, daß alle sieben von der Aussicht, Ferdinand zum König zu bekommen, nicht sehr begeistert seien, und zwar wegen seiner Jugend und seiner ausländischen Berater.[22]

Karls weiteres Vorgehen war auch nicht dazu angetan, Ferdinands Verhältnis zu den Lutheranern zu verbessern. Seinen strengen Instruktionen ließ er im April einen Brief folgen, in dem er seinen Bruder und Campeggi dringend aufforderte, alles zur Unterdrückung der Häresie zu tun. Der Reichstag lehnte jedoch die Forderung glatt ab, so daß Ferdinand sich gezwungen sah, durch einen persönlichen Erlaß die Durchführung des Ediktes von Worms anzuordnen. Um es sich jedoch mit den Evangelischen nicht ganz zu verderben, stimmte er zu, einen nationalen Kirchenrat statt des geplanten allgemeinen im November nach Speyer einzuberufen. Als er aber Karl um sein Einverständnis bat, lehnte dieser zu Ferdinands peinlicher Überraschung den Vorschlag ab mit der Begründung, daß eine solche Veranstaltung seiner Autorität und der des Papstes nur Schaden zufügen könnte.[23] Der Erzherzog sah sich daraufhin genötigt, den Bruder zu bitten, nach Deutschland zu kommen, um ihm bei der

Lösung seiner Probleme behilflich zu sein. Aber auch jetzt konnte Karl ihm nicht entgegenkommen, beschäftigt wie er war mit seiner Krönung in Italien und den Kriegen mit Frankreich. Auch Ferdinands weitere Versuche, das Reich ihm gegenüber zu einer freundlicheren Haltung zu bewegen, scheiterten, als der Kaiser sich entschloß, seine Schwestern Eleonore und Katharina nach Frankreich, Italien oder Portugal zu verheiraten und nicht, wie Ferdinand es gewollt hatte, mit zwei deutschen Kurfürsten.[24]

So hatte Ferdinand bewiesen, daß er willens war, seine eigene Reichspolitik zu vertreten, und Karl, daß er in der Lage war, diese zu verhindern. Aber trotz dieser Spannungen konnte keiner der Brüder ohne den anderen auskommen. Ferdinand wußte genau, daß er, wenn er je römischer König werden sollte, es nur mit Karls Unterstützung werden würde. Und auch der Kaiser wußte, wie schwierig die Aufgabe war, die er Ferdinand im Reich übertragen hatte, und stellte immer wieder in Aussicht, er werde Ferdinands Einfluß im Reich vergrößern.[25] Schon im darauffolgenden Jahr, nämlich 1525, sollte er klar erkennen, wie notwendig er den jungen Mann brauchte, den er dementsprechend zu belohnen haben würde.

Die Ereignisse in Italien bestärkten ihn in dieser Erkenntnis. Die dort stattfindenden kriegerischen Auseinandersetzungen mit Franz I. hatten 1524 eine für ihn höchst unerfreuliche Wendung genommen, als Ende Oktober Mailand, um das beide Seiten erbittert gekämpft hatten, in die Hände der Franzosen fiel. Der Verlust war auch für Ferdinand ein schwerer Schlag. Denn auch sein Ehrgeiz war auf Italien gerichtet.[26] Seit 1523 erhielt er seine eigenen Berichte über die italienischen Vorgänge zusätzlich zu den Abschriften der Berichte, welche die kaiserlichen und päpstlichen Gesandten anzufertigen pflegten.[27] 1524 begann er daher seinen Bruder zu bitten, ihn zum Herzog von Mailand zu machen, ungefähr aus denselben Gründen, aus denen er römischer König werden wollte. Die Dienste, die er dafür der Dynastie versprach, standen in krassem Widerspruch zu seinen tatsächlichen Ressourcen, was zeigt, wieviel ihm an dem Titel gelegen war. So argumentierte er zum Beispiel ungeachtet seiner heiklen finanziellen Situation, der Kaiser würde sich, wenn er ihn zum Herzog machte, die Ausgaben für die Verteidigung der Stadt ersparen können, da er ja von Österreich aus Infanterie- und Kavallerieregimenter nach Mailand schicken könnte. Zugleich legte er den Schwur ab, er würde Mailand ins Reich inkorporieren, womit er wahrscheinlich meinte, daß er die Steuereinnahmen der Stadt in die Reichskasse fließen lassen würde, damit die Deutschen sich bereitwilliger an den habsburgischen Kriegen in Italien beteiligten.[28]

Karls Niederlage stürzte Ferdinand in geradezu hektische Hilfsaktionen. Zuerst bat er den Papst, Venedig und Heinrich VIII. um insgesamt 10.000 Mann Hilfstruppen und begab sich dann nach Innsbruck, um weitere 10.000 Mann auf eigene Kosten aufzustellen. Zugleich forderte er auch andere

Mitglieder der Familie auf, den Kaiser zu unterstützen, zum Beispiel seine Tante Margarete in den Niederlanden, die auch helfen sollte, den König von England zu aktivieren. Er selbst wäre fast der Aufforderung des Vizekönigs von Neapel gefolgt und hätte sich selbst nach Italien begeben. Es war die große Gelegenheit für ihn, etwas für seinen Bruder zu tun, wofür sich dieser sicher erkenntlich zeigen würde.

Zwar hielt ihn die Reichspolitik doch in Deutschland zurück, aber von hier aus leistete er substantielle Hilfe. Indem er Hypotheken auf Land und Leute, Städte und Schlösser aufnahm, konnte der Erzherzog 1525 mehr Truppen in die Schlacht gegen Franz I. werfen als Karl selbst. Die kaiserlichen Truppen bestanden aus 9000 Spaniern und Italienern. Ferdinand steuerte zusätzliche 13.000 Infanteristen und 1200 Kavalleristen bei. Das Resultat konnte für die Habsburger nicht besser sein. Nach ihrem überwältigenden Sieg über die Franzosen bei Pavia am 24. Februar 1525, bei dem auch der französische König in ihre Hände fiel, ergab sich Mailand den kaiserlichen Truppen. Indem er an den Wiederaufstieg Roms nach der durch Hannibal erlittenen Niederlage erinnerte, drang Ferdinand in Karl, mit Franz I. möglichst hart umzugehen. Er selbst hoffte, der französischen Einmischung in Deutschland ein Ende zu setzen und einiges Geld aus dem französischen König herauszuholen, das er dazu benutzen wollte, um seinen Schuldenberg abzutragen.[29]

Aber Karl dachte viel zu ritterlich, um darauf einzugehen. Er entließ Franz I. aus der Gefangenschaft, nachdem dieser den Vertrag von Madrid im Januar 1526 unterschrieben hatte, in dem er auf seine Ansprüche auf Italien, Burgund, Flandern und das Artois verzichtete und sein Ehrenwort abgab, diese Bedingungen zu halten. Fünf Monate später trat er jedoch in die Liga von Cognac ein, um zusammen mit dem Papst und anderen italienischen Stadtstaaten gegen die spanische Übermacht, wie sie es nannten, auf der Halbinsel zu kämpfen.

Ferdinand versuchte, Kapital aus seinem Beitrag zum Sieg von Pavia zu schlagen, indem er den Kaiser zu überreden trachtete, ihm in Italien mehr Einfluß einzuräumen. Kurz nach der Schlacht sah er sich bereits als kaiserlicher Statthalter in Italien. Dieses hochgesteckte Ziel machte dann bald dem bescheideneren Anspruch Platz, Herzog von Mailand zu werden, mit dem Recht, daß dieser Anspruch auf seine männlichen Erben überginge. Diese waren übrigens noch gar nicht vorhanden. Mit ihm als Herzog von Mailand und Karl als König von Neapel müßte seiner Meinung nach die Halbinsel gut zu verteidigen sein.[30]

Karl hingegen hielt nichts davon. Allerdings zeigt seine Korrespondenz, daß er in anderen Angelegenheiten, die nichts mit Italien und seinem Krieg mit Franz I. zu tun hatten, seinem Bruder gegenüber wesentlich offener war. So klingt der Ton seiner Briefe längst nicht mehr so belehrend wie vor Pavia. Er bittet den Erzherzog, ihm öfter zu schreiben, mit dem Hinweis, er brauche bei den verschiedensten Problemen seinen Rat, wie sie sich überhaupt gegenseitig – so gut sie könnten – stützen sollten. Er stellt auch an den Jüngeren die Frage, was er von seiner geplanten Heirat mit Isabella von Portugal halte. Wir wissen, daß Ferdinand diese Verbindung sehr unterstützte, weil beide Brüder dringend Nachwuchs brauchten. Offenbar war nach Pavia der Kaiser nun endgültig entschlossen, Ferdinands Position in Österreich und im Reich aufzuwerten.[31]

Der Vertrag von Brüssel hatte Ferdinand 1522 die Herrschaft Tirol und die habsburgischen Besitzungen und Schutzherrschaften in Südwestdeutschland übertragen, allerdings mit der Bedingung, daß dieses geheim bliebe. Auch die Herrschaften Pfirt und Hennegau innerhalb der burgundischen Besitzungen wurden erwähnt (diese allerdings nur auf Lebenszeit). Von Anfang an war der Erzherzog unglücklich über die Geheimhalteklausel gewesen, indem er mit Recht geltend machte, Länder, die nicht wüßten, daß er ihr „natürlicher" Herrscher sei, wären schwierig zu regieren. Daß auch seine Tante Margarete Ansprüche auf Pfirt und den Hennegau stellte, störte ihn weit weniger. Er schlug Karl vor, ihr zum Ausgleich etwas aus seiner eigenen burgundischen Erbmasse anzubieten. Nun, nach dem Sieg von Pavia, entschloß sich Karl, etwas zu tun, was er schon vorher hatte tun wollen, nämlich Ferdinands Position in Tirol öffentlich zu deklarieren. Wegen Pfirt und Hennegau äußerte er allerdings Bedenken, da das Verfügungsrecht über diese Gebiete eigentlich bei der Grafschaft Burgund läge.[32]

Am auffälligsten aber sollte Ferdinand im Reich entlohnt werden. Karl gab Anweisung, daß, wenn das *Reichsregiment* sich vollständig auflösen sollte, Ferdinand an seiner Stelle regieren könne. Und im Falle seiner, Ferdinands, Abwesenheit vom Reich, könne er seinen eigenen *locumtenens* bestimmen. Zu Ferdinands großer Befriedigung gab Karl ihm auch den Rat, mit den Vorbereitungen zu seiner Krönung als römischer König zu beginnen. Offenbar war er der Meinung, die eigene Krönung zum Kaiser durch den Papst stehe unmittelbar bevor. Der Erzherzog bat daraufhin Karl, er möge als erster mit den deutschen Fürsten – Ferdinands Krönung betreffend – reden; denn die Kurfürsten würden wohl nur nach gewissen finanziellen Zusicherungen zu gewinnen sein. Obwohl er guten Willens war, alles mögliche für seinen Bruder zu unternehmen, mußte sich Karl im Sommer 1525 eingestehen, daß die Antihabsburgstimmung im Reich so stark geworden war, daß alles Gold in Spanien die Kurfürsten nicht dazu bringen würde, für Ferdinand zu stimmen, bevor die Kaiserkrönung nicht über die Bühne gegangen war. Wann diese aber nun stattfinden und wann genau er nach Deutschland kommen würde, um Ferdinand zu helfen, konnte er ihm nicht mitteilen.[33] Und Ferdinand, der froh war, überhaupt mit seinem Bruder so weit gekommen zu sein, drängte ihn nicht und versprach, Stillschweigen über die Angelegenheit zu bewahren.[34]

So war es Ferdinand eigentlich ganz gut gelungen, sich bei aller Abhängigkeit von seinem Bruder zu behaupten, ja sich diese eigentlich zunutze zu machen. Die Anstrengungen, die er Pavias wegen unternommen hatte, hatten Karls anfängliches Mißtrauen ihm gegenüber beseitigt und ihn fast dazu gezwungen, sich seinem Bruder erkenntlich zu zeigen. Ein Resultat dieser Anstrengungen war auch die Tatsache, daß der französische König feststellen mußte, daß die Habsburger Zähne zeigen konnten. Der Härtetest für die beiden Habsburger und besonders für Ferdinand sollte jedoch erst kommen, als im Sommer 1526 die Türken plötzlich in den Osten seines Reiches einbrachen. Es war zugleich auch eine Herausforderung der dynastischen Kooperation, der er seine bisherige Karriere verdankte. Und sie machte aus dem spanischen Prinzen, der noch vor kurzem um Macht im Reich und in Italien gebettelt hatte, einen mitteleuropäischen Herrscher von Gewicht.

III.
Gefahr im Osten

Zwei Jahrhunderte lang hatte die Expansion der osmanischen Türken auf dem Balkan die Europäer in Angst und Schrecken versetzt. Denn diese aus Innerasien stammenden und erst später in Kleinasien zum Islam bekehrten Stämme hielten die Landeroberung im Namen Allahs durchaus vereinbar mit der Plünderung der Gebiete, durch die sie zogen. Zu Beginn des 16. Jahrhunderts hatten sie sich bereits den größten Teil Südosteuropas unterworfen, und obwohl die angeblichen Schrecken ihres Regiments meistens nur in den Erzählungen der Leute existierten, hatte ihre wachsende Macht etwas Bedrohliches, besonders für die christlichen Herrscher, die sich unmittelbar mit dieser konfrontiert sahen. Dabei waren die Türken keineswegs unbesiegbar, da sie ihre militärischen Kräfte immer wieder gesammelt an ihren Süd- und Südostgrenzen gegen die Tataren und Perser einsetzen mußten. Dennoch war es nie gelungen, ihr Vordringen in Europa endgültig zu stoppen. Der Fall Konstantinopels 1453 war das Symbol für die fast vollständige Unterwerfung des östlichen Christentums unter die Herrschaft des Islams und versetzte das übrige Europa in Furcht und Schrecken. Als aber auch noch 1521 Belgrad fiel, brach Panik aus. Die serbische Festung, die nach dem Fall der byzantinischen Hauptstadt dem osmanischen Vordringen entlang der Donau Einhalt gebieten sollte, war das letzte größere christliche Bollwerk in dem strategisch so wichtigen Flußtal. Plötzlich schien dem Islam der Weg ins Herz Europas offen zu stehen.

Für Ferdinand war die Situation insofern bedrohlich, als er wußte, daß sich die Völker Ost- und Südosteuropas offenbar nicht selber verteidigen konnten. Ab dem Beginn des 15. Jahrhunderts waren die Königreiche Ungarn und Kroatien-Dalmatien-Slawonien die Hauptleidtragenden im Kampf gegen die Türken. Das letztere war seit 1102 mit dem magyarischen Königreich in loser Föderation verbunden und wurde weniger von den ungarischen Königen als von lokalen Regenten, den sogenannten *Bans* regiert. Jeder Distrikt besaß seinen Ban, der nicht nur die oberste Gerichtsbarkeit ausübte, sondern auch in Vertretung des Königs eine eigene Armee befehligte, die Stände zusammenrufen und Gesetze ohne königliche Einwilligung erlassen konnte. Als Ferdinand die Regierung in Österreich übernahm, hatten die Türken schon zahlreiche

Amputationen an diesen südslawischen Staatengebilden vorgenommen, so daß zeitgenössische Dokumente sie nur noch melancholisch die *reliquiae reliquiarum regni Croatiae, Slavoniae et Dalmatiae* nannten. In vielen Fällen konnten sich die Osmanen auf die Zusammenarbeit mit den untersten Schichten der einheimischen Bevölkerung verlassen, da diese die Herrschaft ihrer Eroberer in keiner Weise schlimmer als die ihrer christlichen Herren fanden. Gerade weil die Türken ständig in Bewegung waren, empfand man sie weniger belastend als die ansässigen Feudalherren. Die Verteidigungskosten aber hatten Kroatien und seine beiden assoziierten Königreiche total erschöpft; im 16. Jahrhundert konnten sich daher Magnaten wie Christoph Frankopan (Frangipani) nicht mehr auf den Kleinadel stützen, wenn es darum ging, Armeen aufzustellen. Und selbst wenn der letztere die nötigen Mittel dazu gehabt hätte, ist es zweifelhaft, ob sie mit Leuten vom Schlage Frankopans zusammengearbeitet hätten, da sie sich zu Recht vor deren Ehrgeiz fürchteten.

In Ungarn waren die Verhältnisse nicht besser. Obgleich die Türken die territoriale Integrität noch nicht ernsthaft verletzt hatten, konnte man es nicht länger als zuverlässiges Bollwerk gegen die Eindringlinge aus dem Osten betrachten. Seit dem 14. Jahrhundert hatten mehrere fremde Dynastien die Magyaren regiert. Einige dieser Herrscher hatten sich als sehr fähige Politiker erwiesen, ohne allerdings die Kraft aufzubringen, längere Nachfolgeketten zu bilden. Das Vakuum nach dem Aussterben einer Familie war von dem sehr mächtigen Adel gefüllt worden, der auch das Recht besaß, den nächsten Herrscher zu wählen. So war es nur logisch, daß ein solcher nur nach einigen Konzessionen gegenüber den Magnaten und dem zahlreichen Kleinadel gewählt wurde. In der Mitte des 15. Jahrhunderts gelang es endlich einem ansässigen König, nämlich Matthias Corvinus, den Adel unter seine Kontrolle zu bringen, aber auch er starb ohne einen legitimen Erben 1490 eines plötzlichen Todes, und Ungarn fiel an zwei jagellonische Fürsten, die zugleich auch Könige von Böhmen waren und sich beide als gleich unfähig erwiesen. Wladislaw II., auch „Ladislaus Bene" genannt, weil er zu allem, was man ihm vorlegte, bereitwillig „gut" sagte, und sein Sohn Ludwig, der ihm 1516 nachfolgte, waren verantwortlich für die Zerstörung der letzten Reste von königlicher Autorität in ihren Reichen. Während der Regierung des Matthias Corvinus entsandten die Stände ihre Delegierten, um mit dem König zu verhandeln und Gesetze zu machen. Unter den Jagellonen schaffte der Adel den Wahlprozeß ab und versammelte sich statt dessen mehr oder weniger vollständig nach dem chaotischen Vorbild der Polen.

Was dabei herauskam, verdeutlichen am besten folgende Zahlen: Während Corvinus noch mindestens 100.000 Gulden jährlich an seinen Salzbergwerken verdiente, nahm Wladislaw gegen Ende seines Lebens nur noch 25.000 Gulden aus derselben Quelle ein und Ludwig nur noch 16.000. Mehrere einflußreiche

Magnatenfamilien, wie z. B. die Familie Thurzó, hatten bereits Pfandrechte auf einige der reichsten königlichen Minen erworben. Die damit verbundene Anarchie erreichte unter Ludwigs Regierung ihren Höchststand. Dieser König hatte das Niveau eines unreifen Kindes, als er den Thron bestieg, und tat nichts dazu, das königliche Einkommen zu stabilisieren. Die Laxheit ihres Landesherrn bestärkte natürlich die Leute in ihrem Unwillen, Steuern zu zahlen, auch als es darum ging, das Königreich gegen die Türken zu verteidigen. Dazu kam die Feindschaft zwischen den Klassen des Königreichs. So war 1516 ein Bauernaufstand vom Adel blutig niedergeschlagen worden, und der Adel seinerseits war voller Ressentiments gegen Ludwigs Hofhaltung, genauer gesagt gegen die seiner Frau. Maria von Habsburg, Ferdinands zwei Jahre jüngere Schwester, war dem Jagellonen 1515 anverlobt worden. Sie war intelligent, witzig und besaß einen starken Willen. Möglicherweise war letzterer der Grund, warum sie ihren kindlichen Mann so liebte, der alles tat, was sie wollte, und sie vor allem zu einer reichen Frau machte. Schon zur Hochzeit schenkte er ihr ein jährliches Einkommen von ungefähr 50.000 rheinischen Gulden, um die Ausgaben ihres Haushalts auf Lebenszeit zu decken.[1] Dadurch war sie plötzlich einer der mächtigsten Landbesitzer in Ungarn geworden. In ihrem Gefolge waren viele Deutsche nach Ungarn gekommen, von denen wiederum viele mit Luther sympathisierten, und besonders diese wurden nun von den Ungarn für die unerfreulichen Zustände am königlichen Hof verantwortlich gemacht. Es kam zu einem dauernd sich verändernden System von Allianzen zwischen Krone, Magnaten und dem Kleinadel, bei dem jede Gruppe sich um Einfluß auf den König bemühte. Es mehrten sich auch die Gerüchte über alle möglichen Putschversuche, und sie mögen Ferdinand genauso beunruhigt haben wie die offensichtliche militärische Schwäche des Landes. Jedenfalls wies er 1524 immer wieder auf die Situation in Ungarn als zusätzliches Argument für seine Wahl zum römischen König hin. Er tat jedoch wenig, um die antideutsche Stimmung in Ungarn zu mildern. Als Andrea de Burgo 1523 vom Kaiser abberufen wurde, schickte Ferdinand den Österreicher Johannes Schneidpöck auf diesen Posten, der sich prompt als treuer Anwalt von Marias privaten Interessen erwies und rasch ein Vertrauter von Georg von Brandenburg wurde. Dieser war Ludwigs Lehrer gewesen und wurde ein aufrechter Vertreter habsburgischer Interessen in Ungarn, von dem Moment an, da Karl V. ihm 1519 eine jährliche Pension von 3000 Gulden versprach.[2]

Ähnliche Verhältnisse herrschten in Wladislaws und Ludwigs anderem Königreich, in Böhmen. Wie Ungarn war auch Böhmen ein Wahlkönigreich, und wie in Ungarn war auch in Böhmen im 14. Jahrhundert die einheimische Herrscherdynastie ausgestorben: in Ungarn die Arpaden, in Böhmen die Přemysliden. Unter den Nachfolgern, die das Haus Luxemburg stellte, waren einige fähige Herrscher, aber selbst die begabtesten von ihnen, Kaiser Karl IV. und Sigismund, konzentrierten sich leider zu wenig auf ihre Regierungsgeschäfte in Böhmen und waren häufig abwesend. Im ersten Drittel des 15. Jahrhunderts zerrissen Religionskriege das Land; denn Böhmen war das Geburtsland des Utraquismus, jener vorreformatorischen Lehre, der Rom weder mit Überredung noch mit Gewalt Herr werden konnte. Von 1459 bis 1471 hatte ein böhmischer Hussit, Georg Podjebrad, das Land regiert und dessen Ruf als Brutstätte der Häresie weiter so verstärkt, daß es von den meisten europäischen Herrschern gemieden wurde. Um diese gefährliche Isolierung zu beenden, beschloß Podjebrad eine Allianz mit den polnischen Jagellonen, was zur Folge hatte, daß ihm nach seinem Tod der unglückliche Wladislaw auf den Thron nachfolgte.

Die böhmische Krone hatte von jeher die europäischen Herrscher gereizt. Zu ihr gehörten ja nicht nur Böhmen mit der Hauptstadt Prag, sondern vier weitere assoziierte Länder, nämlich Mähren, Schlesien und die Nieder- und Oberlausitz. Sie alle huldigten dem König Treue. Anders als Ungarn besaß Böhmen eine breite Mittelschicht von Kaufleuten und Gewerbetreibenden, die im späten Mittelalter eine Blütezeit erlebte. Die königlichen Silberminen von Kuttenberg (Kutná Hora) und St. Joachimsthal (Jáchymov) gehörten zu den reichsten ihrer Zeit. Sie produzierten bis in die Mitte des 16. Jahrhunderts ein Viertel des gesamten Silbers in Mitteleuropa. Die böhmischen Stände sperrten sich auch nicht so wie die ungarischen gegen jede Besteuerung durch den König. 1522 erklärten sie sich zum Beispiel mit einer Besitzsteuer von 1,68 Prozent einverstanden.[3]

Aber wie in Ungarn machten soziale Spannungen und ehrgeizige Magnaten es dem Monarchen schwer, sich dieser Ressourcen zu bedienen. Das böhmische Dreikammerparlament, der *Sněm*, der Schritt für Schritt seine Macht auf Kosten des Königs erweitert hatte, war nicht in der Lage, das Land als Gesamtheit zu vertreten. Wie alle stellvertretenden Körperschaften des Mittelalters wurde der *Sněm* in unregelmäßigen Abständen zusammengerufen und meistens nur dann, wenn es den herrschenden politischen und religiösen Kräften des Königreichs zusagte. Bei den Versammlungen dominierte der oberste Stand, die Magnaten, welche die hohen Staatsämter besetzt hielten und die anderen Stände, die Städte und Ritter, zu den Versammlungen einluden. Für diese beiden letzten Gruppen aber war der sich oft über Monate hinziehende Aufenthalt bei den Landtagen nicht zu finanzieren, so daß sie gewöhnlich vorzeitig die Heimreise antraten oder gar nicht kamen.[4] Als der sechzehnjährige Wladislaw die Regierung in Böhmen antrat, hatte die Feindschaft zwischen den Bürgern und den Großgrundbesitzern schon eine tiefe Kluft zwischen den beiden Ständen geschaffen, und weder Wladislaw noch sein Sohn bemühten sich ernsthaft, diese zu überbrücken. Sowohl in Böhmen als auch in Mähren versuchte der Hochadel, die Privilegien der Bürger zu beschneiden. In Mähren beschränkte er sich darauf, den letzteren den Zugang zu Hofämtern und Posten in der Administration zu verbieten, während in Böhmen auch die kommerziellen Privilegien der Bürger zur Debatte standen. So begannen zum Beispiel gegen Ende des 15. Jahrhunderts die Grundherren Bier zu brauen und verbaten ihren Bauern, das Bier woanders zu kaufen. 1500 machte Wladislaw dem Adel das Zugeständnis, daß die Repräsentanten der Städte nur noch am Landtag teilnehmen durften, wenn es um ihre eigenen Belange ging. Auf diese Provokation antworteten die Städte allerdings mit den Waffen, so daß man auf den Sitzungen von 1517 und 1518 diese Streitfrage stillschweigend überging. Das gegenseitige Mißtrauen freilich bestand weiter, und schon 1520 brach ein neuer Streit zwischen den beiden Ständen aus.

Mit der gleichen Leichtfertigkeit, mit der Wladislaw die Privilegien seiner Untertanen verletzte, nahm er auch Verletzungen der eigenen hin. 1499 stimmte er zu, Schlösser und Länder, die der Krone gehörten, nicht verpfänden zu lassen, ohne die Einwilligung der dafür zuständigen lokalen Ständevertretung einzuholen. Während seiner Regierung gewannen die Ständevertretungen in den Provinzen das Recht, daß ihre Erlasse auch ohne die Billigung des Königs rechtskräftig waren. Ebenso ungeniert ging Wladislaw auch mit seinen Finanzen um. Als er 1516 starb, wurden die Schulden der Krone auf 12,000.000 böhmische Groschen geschätzt. Die Hauptgläubiger waren zugleich die höchsten Beamten des Landes, zum Beispiel Zdeněk Lev von Rožmital, der oberste Burggraf. So ist es nicht weiter verwunderlich, daß der Landtag kein großes Interesse daran hatte, den König gegen die Türken zu unterstützen. 1521 wurde die Diskussion über die Aufstellung von Truppen zur Verteidigung Belgrads so lange verschoben, bis sie zu spät kamen, um der bedrängten Stadt noch helfen zu können. Weit eher unterlagen die Böhmen dagegen den Überredungskünsten der Franzosen. 1521 konnte ihnen ein Gesandter Franz' I. beinahe das Geld für 20.000 bis 30.000 Mann entlocken, die er gegen die Habsburger einsetzen wollte. Erst in letzter Minute gelang es Andrea de Burgo, sie davon abzuhalten, was aber die Franzosen keineswegs so entmutigte, daß sie nicht weiter eine der einflußreichsten Persönlichkeiten des Landes in ihrem Sold hielten.[5]

Von Anfang an erfüllte Ferdinand die Situation an seinen östlichen und nördlichen Grenzen mit bösen Ahnungen. Einmal erinnerte ihn die Gespaltenheit Böhmens unangenehm an die Sorgen, die er mit seinen eigenen Völkern hatte. Ein Königreich wie Böhmen, in dem, wie Ferdinand es sah, der König weniger Ansehen genoß als der unterste seiner Diener, erfüllte ihn mit einem solchen Unbehagen, daß er sich nicht entschließen konnte, hinzufahren, obwohl Ludwig ihn gleich nach seiner Ankunft in Österreich darum gebeten hatte. Um sich in eine so „wilde" Gegend zu begeben, mußte man gut ausgerüstet sein, und dazu fand der Erzherzog in der kurzen Frist, die ihm sein

Schwager gesetzt hatte, keine Zeit.[6] Wohl aber blieb er in engem Kontakt mit jenen böhmischen Edelleuten, die er bei der Verlobung in Wien 1515 kennengelernt hatte: Rožmital, Vojtěch von Pernštejn, Jindřich Svikovský, Adam von Hradec und andere. Zugleich erhielt er regelmäßige Berichte über böhmische und ungarische Angelegenheiten von Andrea de Burgo, Johannes Schneidpöck und anderen Informanten.

Die größte Sorge bereiteten ihm jedoch die Türken. Bevor er 1521 zu Verhandlungen über sein Erbe in die Niederlande aufbrach, gab er seinen Beamten in Österreich den Auftrag, in Kontakt mit seinem Schwager König Ludwig zu bleiben und ihm zu versichern, daß er, Ferdinand, alles in seiner Macht Stehende tun werde, um in Deutschland Hilfskräfte zum Einsatz gegen die Türken zu mobilisieren. Mitten in der Diskussion über die Teilung der Erbländer bat denn auch Ferdinand tatsächlich seinen Bruder, Ludwig aus dem Reich Truppen gegen die Türken zu schicken, indem er darzulegen versuchte – was er in Zukunft noch ungezählte Male tun sollte –, daß die Hilfe für Ungarn auch Hilfe für seine eigenen Länder bedeutete.[7] Hätte Ferdinand nicht selbst die Schlüsselrolle erkannt, die ihm in dem Konflikt mit den Türken zukam, so gab es auch andere, die ihn darüber aufgeklärt hätten. 1522 besuchte ihn eine Delegation vom Nürnberger Reichstag in Wien, um mit ihm die ungarische Situation zu erörtern. Berichte aus Kroatien warnten ihn 1523, daß Krain, die Steiermark und Kärnten voraussichtlich die nächsten Angriffsziele für die Türken seien. Dieser Gefahr hatte er schon vorher vorzubeugen versucht, indem er Hilfsmittel in das südslawische Königreich geschickt hatte. Nun erkannte er aber, daß er auch die Hilfe anderer Länder dazu benötigte, und bat den König von Polen um Beistand, mit dem Versprechen, er und Karl würden sich demnächst dafür einsetzen, daß in Ungarn wieder Friede herrsche.[8] Auch an Böhmen wandte er sich und bekam eine Antwort, die sich als paradigmatisch erweisen sollte. Die Böhmen sagten ihre Hilfe nämlich nur für den Fall zu, daß die Türken wirklich in Ungarn einmarschierten. Mähren dagegen, das der Gefahrenzone näher war, willigte ein.

So versuchte Ferdinand von Anfang an, seinen Kampf gegen die Türken gemeinsam mit den Nachbarländern zu führen und seinem Bruder, dem Kaiser, dabei eine führende Rolle zu übertragen. Die Versuche, seinen Schwager Ludwig zu aktivieren, waren allerdings nicht sehr erfolgreich. Da Burgos Berichte über die Uneinigkeit des Adels, das finanzielle Chaos und die Lethargie des Königs nach wie vor wenig beruhigend klangen, arrangierte Ferdinand im Herbst 1523 ein Treffen zwischen ihm, Maria und Ludwig in Wiener Neustadt und versuchte den ungarischen König zu überreden, Ordnung in seine öffentlichen und privaten Angelegenheiten zu bringen.[9] So glanzvoll sich das Treffen nach außen gab, so bescheiden waren die Ergebnisse für Ferdinand. Während er versprach, Truppen zum Kampf gegen die Türken aufzustellen, erklärte sich Ludwig bereit, Reformen durchzuführen, die ihm wieder zu mehr Macht in seinem Königreich verhelfen sollten. Der Erzherzog machte sich jedoch nicht allzuviel Hoffnung, daß Ludwig die nötige Durchhaltekraft aufbringen würde. Allein der persönliche Haushalt des Königs war so schlecht organisiert, daß der Umstrukturierungsplan die Einstellung zweier Kämmerer vorsah, die nichts anderes zu tun haben würden, als den Kammerdienern Anweisungen zu geben und aufzupassen, daß sie nichts stahlen. Zur Sicherheit schickte Ferdinand zwei seiner eigenen Agenten mit Ludwig und Maria nach Ungarn mit dem Auftrag, ihnen bei der Reform mit Rat und Tat zur Seite zu stehen. Wie befürchtet, kam wenig dabei heraus, da jene, die Ludwig an seinem Hof umgaben, sich gegen alle diese Änderungen erfolgreich zur Wehr setzten.[10]

Glücklicherweise fühlte sich der Sultan in diesem Jahr noch nicht stark genug, weitere Vorstöße zu unternehmen, so daß die gefährdeten Länder vorläufig verschont blieben. Dieser Aufschub verminderte jedoch in keiner Weise Ferdinands Ängste über die eigene Zukunft und die seiner Familie angesichts einer solchen Bedrohung. Nach den Berichten Schneidpöcks hatte sich in Ungarn innenpolitisch nichts geändert. Ludwig hatte sich zwar um die Hilfe des Königs von Polen bemüht, aber wie alle seine Aktivitäten war auch diese bald wieder erlahmt.[11] 1525 kam es zum offenen Aufruhr im ungarischen Landtag, als die Stände den König aufforderten, die Deutschen an seinem Hof durch Ungarn zu ersetzen, und Ferdinand und Maria wegen der vielen Deutschen in ihrem Königreich eine Rüge erteilten.

Unter diesen Umständen war es verständlich, daß Ferdinand sich nun mit seinen Hilfegesuchen ans Reich wandte. Wie eine Delegation des Reichstags Ferdinand 1522 darlegte, waren die Fürsten und Städte nicht uninteressiert an den Vorgängen in Südosteuropa. Aber aus diesem Interesse Kapital in Form von Geld und Truppen zu schlagen, war keine leichte Sache. Wer sich nicht wie Ferdinand und der Erzbischof von Salzburg unmittelbar betroffen fühlte, hielt den Kampf gegen die Türken auch nicht für eine so dringende Angelegenheit. Und das innenpolitische Chaos in Ungarn war nicht dazu angetan, das Unbehagen, das die meisten Deutschen angesichts Ungarns empfanden, zu dämpfen. Daher äußerte 1522 eine Delegation aus dem Reich, die mit Ferdinand die Hilfsaktionen für Kroatien besprechen wollte, den Wunsch, alle Verhandlungen mit den Ungarn zu verschieben. Als Grund führten sie die Zerrissenheit des Landes und ihre Feindseligkeit Ausländern, besonders Deutschen gegenüber an. Zwar gelang es dem Erzherzog schließlich doch, den Reichstag zu bewegen, ungefähr 2000 bis 4000 Mann zum Transport in den Südosten aufzustellen, aber was war das schon im Vergleich zu den 100.000 Mann, die die Ungarn gefordert hatten. Der Reichstag stellte den Magyaren bis März 1523 die Frist, auf ihr Angebot zu reagieren. Als im Juli immer noch keine Antwort eingetroffen war, zog das *Reichsregiment* das Angebot wieder zurück.

Nun protestierten die Ungarn und sagten, sie hätten abgewartet, ob ein größerer türkischer Angriff zur Verstärkung ihrer Antwort erfolge.[12] Daß die Deutschen sogar eine so plausible Antwort nicht gelten ließen, zeigt, wie gering ihre Bereitschaft war, König Ludwig und seinen Untertanen zu helfen. Vor allem aber weigerte sich der Reichstag auf Ferdinands Bittgesuche einzugehen, bevor er nicht angab, was er selber dazu leisten wollte. Als der ungarische Gesandte 1524 einen, wie Ferdinand berichtete, außerordentlich dringenden Appell an den Nürnberger Reichstag richtete, reagierten die Deutschen nur deshalb so positiv, weil sie hofften, durch ihr Entgegenkommen Karl und Ferdinand dazu zu bringen, ihre Forderung nach einem allgemeinen Kirchenkonzil aktiver als bisher zu unterstützen. Gegen einen solchen hatten beide Brüder an sich wenig einzuwenden, da sie ja ebenfalls für eine versöhnliche Beilegung des religiösen Konflikts, zumindest im Prinzip, eintraten. Aber die Verknüpfung der deutschen religiösen Frage mit der Unterstützung der Habsburger gegen die Türken sollte Ferdinands Verhandlungen in den nächsten Jahren erheblich belasten. Und auch auf seine natürlichen Verbündeten, die katholischen Fürsten, konnte er sich nicht bedingungslos verlassen. So einig sich alle über gewisse Maßnahmen zur Reformierung der Kirche waren, so wenig waren sie darauf erpicht, Ferdinand gegen die Türken zu helfen.

Mit sicherer und auch großzügiger Hilfe war daher nur von zwei Seiten zu rechnen, von Karl V. und Margarete, Statthalterin der Niederlande. Abgesehen davon, daß Karl Ferdinands Bruder war, mußte er sich als Kaiser verantwortlich für die Verteidigung des Christentums fühlen. Allerdings hatte Karl V. schon, während sie noch über die Teilung des habsburgischen Erbes verhandelten, betont, die Verteidigung Osteuropas sei primär die Aufgabe der dort Regierenden.[13] Und Ferdinand hatte, kaum daß er die Regierung in Österreich angetreten hatte, betont, daß er hierin anderer Meinung sei. 1522 teilten er und der kaiserliche Gesandte dem Kaiser mit, der König von Ungarn würde ohne substantielle kaiserliche Hilfe dem türkischen Angriff nicht lange standhalten. Er erinnerte Karl an die familiären Bande, die ihn an Österreich fesselten und meinte, daß die Gelder, die der Kaiser im Kampf mit Frankreich vergeude, im Osten wesentlich besser eingesetzt seien.[14] Trotz seiner Empfindlichkeit, was seine Unabhängigkeit in Österreich anging, hatte es Ferdinand sehr eilig, seinem Bruder zu versichern, er sei seine einzige Hoffnung, vom Reich substantielle Hilfe gegen die Türken zu bekommen. Aber es war sehr schwer, in diesem Punkt mit Karl weiterzukommen. Durchaus freundlich meinte dieser, „seine Verschuldung“ sei „eine weit verbreitete Zeitkrankheit“. Er selbst leide auch unter ihr. Er könne ihm nur helfen, wenn sich auch die anderen christlichen Herrscher an dieser Hilfe beteiligten.[15]

Anfang 1526 ließ Ferdinand einen Gedanken wieder aufleben, den er schon 1523 vorgebracht hatte: die Union des südlichen Königreichs Kroatien mit seinen eigenen Ländern aus Verteidigungsgründen. Der Plan war zuerst am Widerstand von Ludwigs ungarischen Räten gescheitert, sodann auch an Ferdinands Weigerung, die Zusammenlegung ohne die Sanktion des Papstes durchzuführen. Dieser jedoch wollte wegen der antideutschen Gefühle der Ungarn nichts davon wissen.[16] Aber schon im Frühling 1526 bekamen diese Fragen plötzlich eine erschreckende Aktualität. Am 23. April brach nämlich Suleiman der Große mit einer ungefähr 120.000 Mann starken Armee von Konstantinopel nach Nordwesten auf. Obgleich über die genaue Marschrichtung der Türken bis in den August hinein Unklarheit bestand – war Kroatien oder das eigentliche Ungarn das Ziel? –, waren sich Ferdinand und Ludwig klar darüber, daß sie eine gefährliche Konfrontation erwartete.[17] Dabei war dies nicht die einzige Sorge, die den Erzherzog quälte: In der Steiermark und im benachbarten Salzburg war es erneut zu Bauernaufständen gekommen, und außerdem fühlte sich Ferdinand verpflichtet, Karl in Italien beizustehen, eine Hilfe, die jener akzeptierte, obwohl er sich der Gefahr, in der Ungarn schwebte, durchaus bewußt war.[18]

So richteten sich Ludwigs und Ferdinands Hoffnungen ganz auf den Reichstag, der während des Frühlings und Sommers in Speyer tagte. Der König von Ungarn war für seine Verhältnisse sogar sehr aktiv geworden. Mitte Juni erließ er Truppenaufstellungsbefehle, die mit erfreulichem Patriotismus befolgt wurden. Aber schon Mitte Juli legte sich die Begeisterung der Magyaren, weiters machte der ungarische Gesandte auf dem Reichstag wenig Eindruck auf die Abgeordneten. Am 17. August mußte er zugeben, von Ludwig keine genauen Instruktionen erhalten zu haben. Dieser habe angenommen, der Reichstag würde ihm die Truppen genehmigen, die er schon bei früheren Gelegenheiten zugesagt hatte. Nicht ohne Grund ließen sich die Deutschen nicht davon überzeugen, daß die Ungarn so dringend auf Hilfe angewiesen waren, auch wenn Ferdinand es so darstellte. Er selbst ließ in seinen Ländern 4500 Mann aufstellen und unter dem Kommando von Nikolaus von Salm nach Ungarn marschieren.

Solange die Frage eines Kirchenkonzils ungeklärt blieb, schien der Reichstag überhaupt das türkische Problem nicht erörtern zu wollen. Daher willigte Karl ein, das Konzil mit Papst Klemens VII. zu besprechen. Von noch größerer Bedeutung für die Zukunft des Luthertums in Deutschland war aber Ferdinands Zustimmung zu der Formulierung von Speyer, die den Landesherrn bis auf weiteres das Recht erteilte, die Religion ihrer Untertanen zu bestimmen. Erst am 18. August faßte der Reichstag den Beschluß, Hilfstruppen nach Ungarn zu entsenden, und brauchte weitere fünf Tage zur Ausarbeitung der Details. Inzwischen war aber Peterwardein an der Donau in die Hände der Türken gefallen, was den Beratungen nun die Dringlichkeit gab, die bisher gefehlt hatte. Der Kaiser gab allerdings zu verstehen, daß er sich an der

Hilfsaktion nicht zu beteiligen gedenke. Erstens hatten für ihn die französischen und englischen Angelegenheiten Vorrang vor den ungarischen, und zweitens war er sehr darauf bedacht, seine gute Beziehung zu Papst Klemens nicht zu belasten. Dieser aber würde seine Aktivitäten gegen die Türken als ein Manöver zur Stärkung der kaiserlichen Position in Italien auffassen.[19]

Die Türken aber rückten trotz des ungewöhnlich nassen Wetters, das ihr Tempo merkbar verlangsamte, weiter nach Westen vor. Ferdinand verließ Speyer am 27. August. Fünf Tage später wurde ihm die Nachricht überbracht, daß König Ludwig mit ungefähr 4000 Mann ein Lager bei Báta, nördlich von Mohács, errichtet hatte. Hier beging er nun den Fehler, nicht auf die Ratschläge seiner besonneneren Begleiter zu hören und sowohl Spähtrupps zu den Türken auszusenden als auch auf Verstärkung aus Böhmen und Österreich zu warten, sondern beugte sich den Heißspornen, die für den sofortigen Kampf mit Suleiman plädierten.[20] Die ungarische Offensive begann in der Nacht des 26. August. Zur entscheidenden Schlacht kam es jedoch erst am 28., und sie dauerte bis zum 29. August. Als Ludwig seinen silbernen Schlachthelm aufsetzte, soll er plötzlich totenblaß geworden sein, jedenfalls erzählt das die Legende. Wie auch immer, der Ausgang der Schlacht war für ihn persönlich und für die Ungarn eine Katastrophe. Dafür gab es mehrere Gründe. Erstens waren die Truppen der Verteidiger schlecht plaziert – so stand die Artillerie viel zu weit weg vom Zentrum der Schlacht, um der Gegenmacht irgendeinen größeren Schaden zufügen zu können. Zweitens war die Kommunikation zwischen den verschiedenen Befehlshabern äußerst schlecht, drittens kam die erwartete Verstärkung aus dem anderen Teil des Königreichs nicht, und viertens hatten die Ungarn die türkische Armee schlicht unterschätzt, sowohl die Stärke der türkischen Artillerie als auch die Größe der gesamten Armee, die beinahe dreimal so groß war wie die eigene. Nun war dies nicht unbedingt immer ein Nachteil. Wie Ferdinand in Zukunft lernen sollte, hatten übergroße Armeen oft mit disziplinären Problemen zu kämpfen. Aber da die Ungarn nicht zu der Taktik der verbrannten Erde griffen, welche den Gegner vor erhebliche Ernährungsprobleme gestellt hätte, konnten die Türken den kurzlebigen Vorteil ihrer zahlenmäßigen Überlegenheit voll ausnützen.[21] Obwohl sich Ludwig tapfer schlug, mußte er am Ende die Flucht antreten. Als er sein Pferd durch das sumpfige Gelände um Mohács hetzte, kam er zu Sturz und ertrank. Mit ihm ließen zahlreiche Magnaten und sieben der zehn Bischöfe des Königreichs, darunter die von Raab und Kalocsa, ihr Leben in der Schlacht. Im Ganzen hatten die Ungarn zirka 14.000 Tote zu beklagen.

Ferdinand erhielt die Nachricht von der Niederlage erst Tage später. Noch am 7. September versprach er Ludwig seine Hilfe.[22] Als er am 9. erfuhr, was sich ereignet hatte, reagierte er allerdings blitzschnell. Während er in frommer Ergebenheit Ludwigs Tod als Gottes Willen akzeptierte, meldete er sogleich die eigenen Ansprüche als Gatte der einzigen Schwester des toten Königs auf die beiden freigewordenen Kronen an.[23] Daß er so prompt auf seine Rechte pochte, heißt nicht, daß er auf diesen Tod gehofft hatte, um die beiden Königreiche in seinen Besitz zu bringen. Was er erwogen hatte, war vielmehr eine osteuropäische Gemeinschaft, in der seine und die habsburgischen Interessen den Vorrang hätten. Nun nach Ludwigs Tod mußte er sicherstellen, daß nicht nur die Türken von Österreichs Grenzen fernblieben, sondern auch jeder andere potentielle Gegner. Anders als erwartet, waren die Türken momentan nicht das drückendste Problem. Zwar drangen vereinzelte türkische Stoßtrupps bis zum Plattensee vor und Suleiman selbst sogar bis Buda, wo er sich einige Zeit aufhielt. Er hatte auch insgesamt höchstens 3000 Mann verloren, was bei der angeblichen Größe seiner Armee eine verschwindend kleine Anzahl war, aber der Widerstand, den die Ungarn hier und da unterstützt von Hilfstruppen aus Böhmen, Brandenburg und Kroatien leisteten, schien Suleiman zu verunsichern. Auch die immer größer werdenden Versorgungsprobleme mochten dabei eine Rolle gespielt haben. Jedenfalls entschloß er sich im September zum Rückzug. Lediglich in Peterwardein und Ilok ließ er Truppen zurück. (Die Festungen Gran und Visegrád waren nicht in türkische Hände gefallen.)

Es gab aber auch noch andere Gegner, die Ferdinands Position im östlichen Mitteleuropa bedrohten. Die gefährlichsten waren König Sigismund von Polen und Johann Zápolya, ein Mann, der sowohl Sigismunds Schwager als auch sein Schwiegersohn war. Schon Maximilian hatte sich über die Auswirkungen des Bündnisses zwischen Sigismund und Zápolya für die habsburgischen Interessen Gedanken gemacht, und Ferdinand fürchtete nun, der polnische König könnte die ungarischen Magnaten dazu benutzen, die Habsburger von Ungarn und Böhmen fernzuhalten. Der mächtige Woiwode Johann Zápolya nämlich, der über den östlichsten Teil Ungarns, Siebenbürgen genannt, als Gouverneur herrschte, war seit dem Beginn des 16. Jahrhunderts der Anführer einer Partei, die für Ungarn einen ungarischen König forderte, und natürlich war er dafür der aussichtsreichste Kandidat. Daß er in Mohács nicht mitgekämpft hatte, veranlaßte Ferdinand zu der Vermutung, daß er mit den Türken eine Vereinbarung getroffen hatte, zumal die Türken auch seine Länder auffällig schonten. Es war zu befürchten, daß er womöglich gemeinsam mit den Türken Österreich überfallen wollte. Wie auch immer, ein Abkommen des Woiwoden mit den Türken ist nicht bewiesen worden. Ebensowenig wie das Gerücht, das in Ungarn nach der Niederlage von Mohács die Runde machte, daß nämlich Zápolyas Bruder Georg, der selber in der Schlacht umkam, den Jagellonen ermordet habe. Daß aber überhaupt derartige Gerüchte über seine Person entstehen konnten, zeigt, daß seine Absichten, selber König zu werden, wohlbekannt waren. Es war auch kein Geheimnis, daß er seine Position durch die Hochzeit mit der nun verwitweten Maria von Ungarn zu stärken gedachte.[24] Und es ist ein Faktum, daß Suleiman beim Verlassen Ungarns den Anhängern Zápolyas versprach, er würde den Magnaten als König anerkennen, und ihm auch seinen Schutz anbot.[25]

Ferdinand wandte sich nun unverzüglich um Hilfe an seine Familie. Seiner verwitweten Schwester Maria, die sich noch in Ungarn befand, versprach er allzu überstürzt, wie sich zeigen sollte, daß sie nicht darunter zu leiden haben würde, wenn die beiden Kronen an ihn gingen. Außerdem beeilte er sich, die durch den Tod so vieler Bischöfe vakant gewordenen Bistümer mit habsburgischen Anhängern zu besetzen. Und schließlich bat er auch seine Tante Margarete in den Niederlanden und natürlich Karl V. um Unterstützung.[23]

Aber weder Margarete noch der Kaiser schienen über die Aussicht von habsburgischem Landgewinn im Osten beglückt zu sein. Margarete versprach zwar, beim Kaiser zugunsten Ferdinands zu intervenieren, aber sie hielt nicht viel von den Chancen Ferdinands und Marias. Karl dagegen, der sich eingestehen mußte, daß seine fehlende Hilfe mitschuldig war am Zusammenbruch Ungarns, versprach Ferdinand 100.000 Dukaten, die er zwar nicht in der Tasche hatte, aber ihm so schnell wie möglich besorgen wollte. Aber weder er noch die betagte Erzherzogin wollte sich wegen Ferdinands politischer Sicherheit in größere Feindseligkeiten gegen die Türken ziehen lassen. Sie rieten ihm, sich darauf zu konzentrieren, die Kronen zu gewinnen, aber nicht in die Offensive gegen die Türken zu gehen.[27]

So nahm das Unheil seinen Lauf, das Ferdinand bei seinem Regierungsantritt in Österreich hatte kommen sehen.

Alle seine Bemühungen, das schwache Regime seines Schwagers in Ungarn und Böhmen zu stärken und das Reich auf die Gefahr an seiner südlichen Grenze aufmerksam zu machen, waren gescheitert. In seinen Augen befand er sich jetzt in der Notlage, die beiden Königskronen erringen zu müssen, um die erzherzogliche zu bewahren. Österreich, Böhmen und Ungarn hatten so viele gemeinsame Grenzen, daß es ihm ganz natürlich vorkam, sie als eine Einheit angesichts der türkischen Gefahr zu sehen. Die Schwierigkeit war nur, wie er sich der beiden Kronen bemächtigen sollte. Der zweite Schritt würde dann die Mobilisierung und Organisation aller verfügbaren Mittel sein. Er sollte dieses Ziel mit derselben Hartnäckigkeit und Geschicklichkeit verfolgen, die er schon bei der Aufteilung der habsburgischen Länder bewiesen hatte und die er auch in der Frage der Nachfolge im Reich an den Tag legte.

IV.
Erzherzog und König

Obwohl Ferdinand, wie bereits geschildert, sofort seine erblichen Ansprüche auf Ungarn und Böhmen angemeldet hatte, dachten die Stände in jedem der beiden Reiche ganz anders darüber. Für sie oder zumindest für die meisten von ihnen bot sich hier die Gelegenheit für eine große Feilscherei mit den verschiedensten Kandidaten, die in den letzten Jahrhunderten zur beabsichtigten Schwächung der Könige in beiden Königreichen geführt hatte, da sie zwar die Titel aber nur noch wenige der damit verbundenen Rechte errungen hatten. Neben Ferdinand tauchten sofort auch andere Bewerber auf: für Böhmen der Kurfürst von Sachsen und sein Sohn, Sigismund von Polen, und vor allem die Herzöge von Bayern. Um die Bewerber auszustechen und um den kompromittierenden Verhandlungen mit den Ständen aus dem Weg zu gehen, versuchte Ferdinand mit aller Macht, wenn auch vergeblich, sein Recht auf das Königreich von der Herkunft seiner Frau abzuleiten.

In der Geschichte Böhmens gab es die widersprüchlichsten Präzedenzfälle, aus denen sich Ferdinand verständlicherweise die passendsten aussuchte. Zwar waren sowohl Georg Podjebrad 1458 als auch Wladislaw 1478 durch die Wahl auf den Thron gekommen, aber Ferdinand konnte auch eine Reihe von Beispielen zitieren, in denen böhmische Könige durch ihre Gattinnen den Thron bestiegen hatten. Dies war vor nicht allzu langer Zeit, nämlich 1310, Johann von Luxemburg gewesen und 1437 der Habsburger Albrecht. Ferdinand betonte hierbei, daß 1348 Karl IV. einen Erlaß herausgegeben hatte, daß Wahlen nur dann stattfinden sollten, wenn ein Herrscher keine männlichen oder weiblichen Nachfahren besaß. Er konnte auch anführen, daß die Habsburger 1364 einen gegenseitigen Erbvertrag mit den Luxemburgern abgeschlossen hatten, aber da die letzteren längst ausgestorben waren, war dieser Punkt nicht eben überzeugend für Ferdinand. Bedeutender war Wladislaws Vorkehrung, daß seine Tochter Anna sein Reich erben konnte, auch wenn er dies an die Bedingung knüpfte, daß sie sich nur mit der Einwilligung der böhmischen Stände verheiraten durfte. Die Repräsentanten dieser Körperschaft hatten 1515 am Wiener Kongreß teilgenommen, aber sie hatten nie in aller Form die Verbindung Ferdinands mit Anna gebilligt, wodurch nun die Frage offen blieb, ob der habsburgische Anspruch sich zu Recht auf die Ehe mit Anna stützte oder nicht. Trotz all dieser Unklarheiten beharrte Ferdinands Bevollmächtigter in Böhmen bei den Gesprächen mit den Ständevertretern hartnäckig auf den erbrechtlichen Ansprüchen seines Herrn und nahm den Begriff der Königswahl nicht in den Mund.[1]

Ferdinand mußte jedoch bald einsehen, daß er seine Ansprüche mit mehr als nur mit legalistischen Spitzfindigkeiten unterstützen mußte. So wies er am 9. Oktober 1526 seine Emissäre an, den Begriff der Erbfolge fallenzulassen und statt dessen seine aktuelle Politik darzulegen. Er versprach, die Rechte und Privilegien der Stände zu wahren und die Verwaltungsstellen mit Böhmen zu besetzen. Da Salamancas Ruf auch nach Osten gedrungen war, war dies ein wichtiger Punkt für die Stände. Die zwei wichtigsten Argumente für die Thronfolge eines Habsburgers aber waren erstens die Nachbarschaft der beiden Länder, so daß Ferdinand kein ständig abwesender König sein würde, und zweitens die Tatsache, daß Ferdinand von königlichem Blut war und in „brüderlichem Einverständnis" mit dem Kaiser stand. Diese Beziehung sei doch eine Gewähr dafür, daß er dem Königreich mehr als jeder andere Fürst helfen könne.[2] Tatsächlich hatte Ferdinand bereits versucht, Karl zu überreden, ihn mit dem Königreich zu belehnen, und zwar aufgrund der losen lehnsherrschaftlichen Beziehung, die das Königreich seit dem Mittelalter zum Reich unterhalten hatte. Karl V. war sich jedoch der Sache nicht sicher; seine überaus vorsichtige Antwort ließ Ferdinand dann auch selbst von diesem Aspekt wieder Abstand nehmen. Er bestand zwar weiter darauf, daß Böhmen ein Teil des Reiches sei, aber er verzichtete darauf, in diesem Punkt Druck auszuüben.[3]

Mittels so reicher Argumente und durch die rituelle Verteilung von Geld, Ämtern und anderem gelang es Ferdinand, sich eine einflußreiche Schar von Anhängern innerhalb der Stände zu schaffen. So war eine Gruppe unter der Führung der Rosenbergs in sein Lager gekommen, weil sie der Auffassung war, das Land brauche einen stärkeren Monarchen. Andere kamen aus rein materialistischen Gründen: Zdeněk Lev von Rožmital erhielt von Ferdinand das Versprechen, daß seine Schulden von 50.000 Gulden getilgt würden. Graf Hans Pflug und die Familie Šlik (Schlick) konnten durch Ferdinands Versprechen gewonnen werden, nicht an ihr Einkommen zu rühren, das sie aus den königlichen Minen in Kuttenberg bezogen. Zwar gab es nicht wenige, die wie der polnische Gesandte in Spanien bezweifelten, ob Karl mehr für Ferdinand tun könne als was die fünf Buchstaben „*NIHIL*" bezeichneten, aber es gab auch viele Böhmen, die anders darüber dachten.[4] In weiten Kreisen hielt man Ferdinand für den einzigen Kandidaten, der dank seiner Verbindungen und Hilfsmittel in der Lage sein würde, die Schulden seiner beiden Vorgänger zu übernehmen. Und im Vergleich mit seinen einzigen ernsthafteren Rivalen, den Herzögen von Bayern, erschien Ferdinand als relativ gemäßigt in religiösen Fragen. Zwar standen die konservativeren Elemente innerhalb der Kirche der

Utraquisten dem Luthertum kaum freundlicher als die Katholiken gegenüber, aber im allgemeinen spielte die religiöse Frage nur eine untergeordnete Rolle in den Gesprächen, die der Erzherzog mit den Ständen führte. Ein zeitgenössischer Chronist berichtete, daß, als Ferdinand sich endlich bereit erklärt hatte, die *Compactata* (Prager Kompaktaten) von 1433 zu respektieren – die Vereinbarung zwischen den böhmischen Ständen und König Sigismund von Luxemburg, in der dem Utraquismus Religionsfreiheit zugesagt wurde –, die Mehrheit der Böhmen, mit denen er so lange verhandelt hatte, nur eine vage Vorstellung von dem Inhalt des Dokuments hatte.[5]

Am 23. Oktober 1526 wurde Ferdinand ordnungsgemäß von einem eigens dafür zusammengetretenen Wahlkomitee zum neuen böhmischen König gewählt. Seine beiden Mitbewerber, Wilhelm und Ludwig von Wittelsbach, waren in letzter Minute dem absichtlich verbreiteten Gerücht zum Opfer gefallen, einer von ihnen sei der erfolgreiche Kandidat. Am 24. Oktober verkündete Zdeněk Lev von Rožmital in der Öffentlichkeit, daß Erzherzog Ferdinand von Österreich mit der Krone des heiligen Wladiwlaw gekrönt werden würde. Die Bayern, die bis zuletzt an einen für sie günstigen Ausgang der Wahl geglaubt hatten, beklagten sich über die „gar bose verdeckte verreterei". Das Gefühl, verraten worden zu sein, belastete von nun an die Beziehung zwischen den Monarchen, und die Wittelsbacher versuchten nach Kräften, Ferdinand Schwierigkeiten zu machen, sei es in Deutschland, sei es in seinen neuen Königreichen im Osten.[6]

Während er seine Wahl betrieb, hatte Ferdinand zugleich die Stände überredet, die konkrete Diskussion über ihre Freiheiten und Vorrechte auf die Zeit nach der Wahl zu verschieben. So mußte er sich erst im folgenden Monat mit den weitreichenden Forderungen der Stände auseinandersetzen. Nicht nur verlangten sie, daß Ferdinand ihnen alle Privilegien und Rechte bestätigte, die sie von früheren Herrschern bekommen hatten, sie wollten ihm auch das Versprechen abnehmen, ohne ihre Zustimmung keine Ämter zu vergeben, sei es auf provinzieller Ebene, am Hof oder in der Kirche. Um dieser Forderung erfolgreich entgegentreten zu können, wandte Ferdinand nun eine Verhandlungsstrategie an, zu der er in Zukunft noch des öfteren greifen sollte. Diese erforderte, daß man sich anfangs kompromißbereit zeigte, besonders wenn die Sache nicht gut aussah, sich aber dann bei den entscheidenden Punkten standhaft weigerte, nachzugeben. Bei den Verhandlungen mit den Böhmen willigte er sofort ein, öffentlich zu erklären, daß er ein in freier Wahl gewählter König sei. Oberflächlich gesehen war dies von seiner Seite ein großes Entgegenkommen, hatte er doch anfangs darauf gepocht, er habe erbrechtlich begründete Ansprüche auf den Thron. Da sich aber die Herzöge von Bayern nach seiner Wahl erneut um die Krone bewarben, fürchtete Ferdinand, diese könnte ihm in letzter Minute wieder entrissen werden. Deshalb gab er in diesem Punkt nach, so schwer es ihm auch gefallen sein mag. Bei anderen strittigen Punkten zögerte er die Diskussion darüber so lange hinaus, daß die Stände drohten, die Gespräche überhaupt abzubrechen. Schließlich erklärte er sich am 13. Dezember 1526 schriftlich bereit, gewisse Artikel der böhmischen Verfassung, die auch seine Vorgänger befolgt hatten, zu respektieren. Dazu gehörte die Anerkennung der *Compactata* samt dem Versprechen, sich auch um die päpstliche Anerkennung derselben zu bemühen, außerdem die Bewahrung der Rechte und Freiheiten des böhmischen Adels und das Versprechen, keine Ausländer auf geistliche oder administrative Posten zu holen. Wieder schien es sich hier um eine beträchtliche Verminderung seiner Macht zu handeln, aber die Forderung, die Ferdinand nun seinerseits stellte, sollte seine Niederlage bei der Wahlfrage weit in den Schatten stellen. Er bat nämlich die Stände um die Erlaubnis, seinen Erben noch zu seinen Lebzeiten zu krönen.

Diese Bitte war insofern nicht ungewöhnlich, als die ungarischen und böhmischen Stände schon Wladislaw erlaubt hatten, seinen Sohn Ludwig krönen zu lassen. Ferdinand wußte aus eigener Erfahrung, daß eine von den Ständen akzeptierte Thronfolge für seine Dynastie genauso wichtig war wie das Prinzip der Vererbung. Einer der Gründe für das Chaos, welches er in Österreich vorgefunden hatte, war Maximilians I. Unfähigkeit gewesen, den Ständen den Huldigungseid für Karl oder Ferdinand noch vor seinem Tod abzuringen. Im Falle einer Krankheit oder extrem hohen Alters – so sein öffentliches Plädoyer vor den böhmischen Ständen – würde er das Königreich einem Regenten überlassen müssen, was sicherlich nicht die beste Lösung für Böhmen sei. Ebenso hartnäckig verteidigte er das königliche Recht der Ämterbesetzung. Zwar willigte er ein, freiwerdende Posten nicht mit Ausländern zu besetzen, aber er wies immer wieder darauf hin, er würde möglicherweise keine kompetenten Einheimischen für gewisse Stellen finden, besonders wenn es sich um die Finanzen handelte. So schädlich sich Regentschaften für das Königreich auswirken könnten, so schädlich könnten sich auch unfähige Beamte auswirken, die man nicht entlassen könne.[7]

Dank seiner Verzögerungstaktik wurde er gekrönt, bevor die Stände mit ihm zu einer Einigung gekommen waren. Die Krönung fand am 24. Februar 1527 statt, und schon die Festlichkeiten an sich boten ihm genügend Anlaß zur Befriedigung. An den Grenzen seines neuen Reiches empfingen ihn 400 Reiter hoch zu Roß, und in seinem 300 Mann starken Gefolge befanden sich zahlreiche ungarische Bischöfe und Magnaten. Vielleicht wollte der Habsburger damit lediglich auf das Ausmaß seiner neuen Bedeutsamkeit hinweisen, mit dieser Geste betonte er aber auch zugleich die enge Beziehung der beiden Königreiche, auch wenn oder gerade weil die Böhmen sich mehr Distanz gewünscht hätten. Vor den Toren Prags empfingen ihn nicht nur ein bewaffneter Zug, sondern auch fünf Wagen mit geschmückten Frauen. Zu Ferdinands rechter Seite ritt der kaiserliche Gesandte, zu seiner Linken Anna, seine Frau. Und nicht nur die christliche Gemeinde war da, um die Ankunft ihres neuen Monarchen zu feiern, auch 600 Juden mit zwei Rabbinern in ihrer Amtstracht waren mit zwei Baldachinen erschienen. Unter dem einen trugen sie die „zehn Gebote", unter dem anderen wünschten sie, Ferdinand zu begleiten, er jedoch bestand darauf, den Himmel, den Gott selbst geschaffen hatte, über sich zu haben. So bewegte sich der Zug zu der Burg auf den Hradschin, wo ein Tedeum gesungen wurde und zur Erhöhung der Stimmung Böller abgeschossen wurden. Diese wurde auch dadurch nicht beeinträchtigt, daß bei einem Reiterkunststück – vier Reiter sprangen mit ihren Pferden von der Moldaubrücke ins Wasser – einer der Reiter tödlich verunglückte.

Bei der Krönung im Veitsdom erschien Ferdinand in der Tracht eines Erzherzogs von Österreich. Erst gegen Ende der mehrere Stunden dauernden Zeremonie tauschte er das erzherzogliche Gewand gegen das eines Königs von Böhmen aus. Sodann empfing er die Insignien seines neuen Amtes – Schwert, Krone, Zepter und Stab – aus den Händen des höchsten katholischen Würdenträgers der Kronländer, des Bischofs von Olmütz. Dann erst bestieg er den Thron, nahm die Krone ab und las eine Passage aus dem Johannesevangelium. Anschließend wurde die Messe zelebriert, und der böhmische Adel huldigte seinem Herrscher. Nachdem dieser etliche verdienstvolle Männer zum Ritter geschlagen hatte, beschloß ein imposantes Bankett den festlichen Tag. Am Tag darauf wurde auch Anna gekrönt, und am 26. endeten die Festivitäten mit einem Turnier, in dem auch Ferdinand selbst mitkämpfte.[8]

Alles in allem war die böhmische Krönung ein beachtlicher Erfolg für den jungen Fürsten, der noch vor einigen Jahren ganz und gar nicht sicher sein konnte, irgendwo einen Platz als Herrscher zu finden, schon gar nicht so ein angesehenes Königreich wie Böhmen. So ist es verständlich, daß der neue König die Festlichkeiten, die die Krönung begleiteten, ausgesprochen genoß. Bei dem Turnier zeigte er so viel Geschicklichkeit und Kraft, daß der böhmische Adel tief beeindruckt war „... und damit das ganze Volk ...", wie Ferdinand es hinterher etwas selbstgefällig formulierte.[9] Auch mit den Vereinbarungen, die er und die Stände am 2. März über die Nachfolge und die Verwaltung trafen, konnte er zufrieden sein. Die Stände stimmten nämlich zu, daß sein Sohn nach erreichter Volljährigkeit noch zu Lebzeiten des Vaters gekrönt werden könne und daß der König in gewissen Teilen der Verwaltung, nämlich in der Finanz und im Bergwerk, die Posten auch mit Ausländern besetzen dürfe. Ferdinand seinerseits versprach, bei diesen Besetzungen auf den Rat der Stände und der Beamten seines Vorgängers zu hören, erklärte aber zugleich, sich dadurch nicht gebunden zu fühlen.

Auch die anderen mit der böhmischen Krone verbundenen Länder, wie Mähren, Schlesien, die Nieder- und Oberlausitz, reagierten auf Ferdinand alles in allem sehr positiv, zumal sie die Erbrechte Annas in ihren Ländern anerkannten. Außerdem schmeichelte ihnen, wie schnell Ferdinand sie gebeten hatte, ihm zu huldigen, sehr im Gegensatz zu seinen langsameren Mitbewerbern. Vor allem aber wollten sie die Kandidatur Johann Zápolyas verhindern, einer der Bewerber um den ungarischen Thron, von dem zu befürchten war, daß er die betreffenden Provinzen aufgrund eines zwischen Matthias Corvinus und Wladislaw in Olmütz 1478 geschlossenen Vertrags in das ungarische Königreich inkorporieren würde. Ferdinand machte sich diese Furcht zunutze und versprach, die Länder vor dem Zugriff der Ungarn zu beschützen. Besonders entgegenkommend zeigten sich ihm die Mährer. Während er ihnen zugestand, zu seinen Lebzeiten keinen Markgrafen einzusetzen, versprachen ihm die mährischen Stände, sie würden es akzeptieren, wenn er seine eigenen Kinder zu Markgrafen machte. Sie mußten aber volljährig sein und die Zustimmung ihrer Mutter, wenn sie dann noch lebte, besitzen. Wie in Böhmen ging er allen Versuchen, seine Macht bei Stellenbesetzungen einzuschränken, geschickt aus dem Weg, und die reibungslos guten Beziehungen zu den Mährern, die sich in vielem ihre Unabhängigkeit von Böhmen bewahren wollten, sollten sich in Zukunft als sehr wichtig für ihn erweisen. In den Kriegen gegen die Türken stellte ihm die Markgrafschaft bereitwillig Truppen und Geld zur Verfügung, in Mohács hatten 1300 Mährer mitgekämpft, und nach der Niederlage kamen die mährischen Stände in Brünn überein, daß jedes Mitglied zehn Mann im nächsten Konflikt zu stellen hätte.[10] Aufgrund seiner Nähe zu Ungarn war Mähren sich der türkischen Gefahr bewußter als alle anderen Länder der böhmischen Krone.

Mit den Glückwünschen zum Wahlergebnis in Böhmen gab Kaiser Karl V. seiner Hoffnung Ausdruck, demnächst eine ähnliche Nachricht aus Ungarn zu erhalten. Auch Ferdinand dachte so, aber dieses Ziel war weit schwerer zu erreichen. Sofort nach Mohács schickte er seine Bevollmächtigten nach Ungarn und ins Königreich Kroatien-Dalmatien-Slawonien, um sich als Thronprätendent anzumelden und seine Bereitschaft kundzutun, diese Länder nicht nur zu beschützen, sondern sie auch zu vergrößern. Letzteres sollte mit Hilfe des Reiches geschehen. Für ihre Unterstützung versprach er den Magnaten beider Königreiche Geld, Land und Ämter.[11] Dies war ganz die bewährte Methode seiner Vorgänger gewesen, nur befand sich Ferdinand in einer wesentlich schwierigeren Lage als diese. Zweifellos wirkte sich die Anwesenheit der Türken in beiden Königreichen positiv auf die Bereitschaft der Magnaten aus, den Habsburger mit seinen weitreichenden Verbindungen zu wählen, auch wenn dieser noch nicht einmal die Namen der Völker wußte, die hier lebten. Aber sobald sich herumgesprochen hatte, daß die Türken sich nach ihrem Sieg bei Mohács überraschenderweise aus Ungarn zurückzogen, gestalteten sich die Verhandlungen plötzlich viel zäher.

Der Grund dafür war aber nicht allein der Abzug der Türken, es war auch in der Person Johann Zápolyas ein starker Gegenkandidat, und zwar ungarischer Abstammung, aufgetreten. Wie wir schon zuvor bemerkten, besaß er nicht nur die Sympathien vieler einflußreicher Ungarn, sondern auch des polnischen Königs. Nun stand allerdings auch Ferdinand durchaus nicht ohne Sympathisanten da. Unter diesen war der Palatin Stephan Báthory, nach dem König der mächtigste Mann des Königreichs, der die Macht besaß, die Landtage einzuberufen, der ungarische Schatzmeister Alexis Thurzó, Thomas Szalaházy, der Bischof von Veszprim. Der hohe Klerus von Ungarn stand der Kandidatur Zápolyas besonders ablehnend gegenüber, aber da viele von ihnen in der Schlacht von Mohács gefallen waren, war die Gruppe nicht mehr so entscheidend wie sie es normalerweise gewesen wäre. Loyal zu Ferdinand standen auch die ungarischen Bergwerksstädte, die ein Teil der Mitgift Annas gewesen waren. Und in Kroatien genoß Ferdinand, wenigstens zu Anfang, die Unterstützung des Bans Franz Batthyány. Diese heterogenen Kräfte zusammenzuhalten, war jedoch nicht einfach, eine wesentliche Hilfe leistete ihm dabei seine Schwester Maria, besonders nach Mohács. Denn anders als die böhmischen Adeligen, die ihr großteils mit Mißtrauen begegneten, hatten sich von Anfang an in Ungarn viele einflußreiche Persönlichkeiten um sie geschart und bildeten so den Kern einer prohabsburgischen Partei. Da sie die Interessen beider Seiten gleich gut kannte, bot sich Maria als geradezu ideale Vermittlerin an.

Wie in Böhmen bewarb sich Ferdinand auch in Ungarn aufgrund des Erbfolgerechts und dynastischer Vereinbarungen um den Thron. Der Erfolg war gleich minimal. Von der Verfassung her gesehen stand es um seine Sache hier schlechter als in Böhmen. Auch in Ungarn war zwar ein Präzedenzfall für die weibliche Erbfolge geschaffen worden, aber in den Verträgen, auf die Ferdinand sich stützte – sie waren 1461 und 1491 zwischen habsburgischen und ungarischen Herrschern geschlossen worden – war davon nicht die Rede. Daher war Ferdinand hier auch wesentlich zurückhaltender in der Formulierung seiner Ansprüche. Der Versuchung, das Recht des Eroberers für sich zu beanspruchen, widerstand er, als er erkannte, daß ihm auf diese Weise verwehrt sein würde, sich der Verpflichtung, die Rechte und Vorrechte des ungarischen Adels zu garantieren, stillschweigend zu entledigen.[12]

Von Anfang an war Ferdinand bewußt, daß mit legalistischen Spitzfindigkeiten allein Zápolya nicht beizukommen war. Ferdinand versuchte daher zunächst, sich mit seinem Gegner gütlich zu einigen und eine für Zápolya annehmbare Lösung zu finden. Um diese Annäherungsversuche nicht zu gefährden, verzichtete man daher auch von habsburgischer Seite darauf, einen Aufstand gegen Zápolya in Siebenbürgen, wo dessen Beziehungen mit der Bevölkerung nicht die besten waren, zu unterstützen. Und Ferdinand beobachtete sogar mit gewissem Wohlwollen, daß Zápolya sich um seine verwitwete

Schwester bewarb. Zápolya durfte ihr einen gefangenen Türken zum Geschenk machen und ihr andere Aufmerksamkeiten zukommen lassen. Dann aber setzte Maria selbst einen Schlußstrich unter die Werbung des Magnaten, indem sie erklärte, sie würde lieber in ein Kloster gehen, als durch eine solche Heirat die Thronansprüche ihres Bruders zu unterminieren.[13]

Von nun an tat Ferdinand alles, was in seinen Möglichkeiten stand, um seinen Gegner in Mißkredit zu bringen. Zwar klagte er ihn nicht der direkten Zusammenarbeit mit den Türken an, aber er ließ deutlich erkennen, was er von der Abwesenheit Zápolyas in Mohács hielt, besonders dem Papst, dem französischen König und der Republik Venedig gegenüber. Denn diese waren die mächtigsten Stützen Zápolyas im Ausland.[14] Innerhalb Ungarns ließ er Geld und Ländereien an alle verteilen, die sich an seine Seite stellen wollten. So ist es kein Zufall, daß das erste Dokument der Wiener Kanzlei, das sich nach Mohács mit Ungarn beschäftigt, dem Kastellan von Posen verspricht, seine Rechte und Vorrechte unangetastet zu lassen, wenn Ferdinand König von Ungarn würde.[15] Auf Marias Rat unterzeichnete Ferdinand im Spätherbst 1526 einen Vertrag, in welchem dem Palatin Báthory 2000 rheinische Gulden und die Stadt Güns zugesprochen wurden und dem kroatischen Ban Batthyány 6000 Gulden, zahlbar innerhalb von sechs Wochen. Auch anderen einflußreichen Persönlichkeiten wurden Geldsummen, allerdings in geringerer Höhe, versprochen. Als Gegenleistung erwartete Ferdinand sich sowohl moralische als auch militärische Hilfe von den angesprochenen Personen. Er versprach Christoph Frankopan ausgedehnte Ländereien in Kroatien und Slawonien zugleich mit dem lebenslänglichen Posten des Oberkommandierenden über die ungarische Armee und der Tilgung seiner Schulden von 2000 Gulden. Die Nachteile, die diese Art und Weise des „Sichfreundemachens“ mit sich brachte, zeigten sich bei der Schacherei der Habsburger mit Simon Erdödy, dem Bischof von Agram, der den Ehrgeiz hatte, auch Bischof von Gran zu werden. Da Ferdinand bereits jemanden anderen für den Posten ernannt hatte, mußte er Erdödy den weniger renommierten Bischofssitz Eger anbieten. Darauf faßte der Bischof den Entschluß, sich auf die Seite Zápolyas zu schlagen. Bei all diesen Transaktionen bewegte sich Ferdinand auf einer gefährlich dünnen Eisschicht, was seine Finanzen anging. Anfang November hatte er Maria 4000 Gulden geschickt, und das war die dürftige Basis für sämtliche Versprechungen.[16]

Der Preis für die Loyalität seiner Anhänger sollte aber noch höher steigen, als sich am 10. November 1526 eine Splittergruppe des ungarischen Landtags in der alten Krönungsstadt Stuhlweißenburg traf und Zápolya zu ihrem König wählte. Auf der Stelle wurde Ferdinand von vielen seiner Anhänger im Stich gelassen. Bischof Erdödy gelang es, Christoph Frankopan davon zu überzeugen, daß der Habsburger nicht in der Lage sein würde, seine finanziellen Versprechungen zu halten, worauf sich auch der kroatische Magnat auf

Zápolyas Seite schlug. Ferdinand versuchte sich damit zu trösten, daß die Splittergruppe verhältnismäßig klein war, und bemühte sich weiter, Zápolya in Mißkredit zu bringen, indem er seine Verbindung mit den Türken aufs Tapet brachte. Zápolya dagegen konnte sich bereits als, wenn auch nur teilweise, legitim gewählter König betrachten und versuchte, indem er zugleich Ferdinand im Ausland schlecht machte, mit ihm zu einer Art *modus vivendi* zu kommen, bei welchem der Habsburger ihn als Herrscher anerkennen sollte.

So bedrängte er einerseits die bayrischen Herzöge, nicht den Habsburger zu unterstützen, und gratulierte ihm andererseits zu seiner Wahl in Böhmen, mit dem Angebot, gemeinsam gegen die Türken zu kämpfen. 1527 bot er Ferdinand sogar an, er wolle auf seine Ansprüche auf Schlesien und Mähren verzichten und Maria heiraten, wenn Ferdinand ihn als Monarch akzeptiere.[17]

Aber da Ferdinand fest entschlossen war, sich selbst die Krone zu sichern, hatte er nur abweisende Worte für alle diese Angebote und weigerte sich sogar, Zápolyas erste Gesandtschaft zu empfangen. Nun, als Gegenkandidat mußte Ferdinand seine Bemühungen um eine Anhängerschaft verdoppeln. Mit einigen gezielten Bestechungsgeldern gelang es seiner Schwester Maria, die Habsburg-treuen Ende November 1526 in Preßburg zusammenzuholen. Ferdinands finanzielle Versprechungen nahmen gigantische Ausmaße an. Indem er den Ungarn Hilfe aus Österreich und aus dem Reich versprach, schwor er, er würde spätestens nach zwei Jahren in der Lage sein, aus seinem königlichen Einkommen alle Schäden zu ersetzen, die seine Anhänger seinetwegen hatten hinnehmen müssen. Zölle, Steuern, Einkommen aus kirchlichen Einrichtungen – alles wollte er dazu benutzen, um seine Anhänger zufriedenzustellen. Auch Ländereien sollten sie bekommen, nämlich alles Land, das man Zápolya und seinen Freunden abnehmen wollte. Angesichts der Leichtigkeit, mit der die ungarischen Magnaten die Seite zu wechseln pflegten, war diese Perspektive allerdings nicht so verlockend, wie es auf den ersten Blick erschien. Auffallend wenig forderte Ferdinand für sich und seine Familie. Schließlich schwor er, die ungarischen Freiheiten, Gesetze und Institutionen zu schützen und keine Ausländer in die Verwaltung zu bringen. Wie in Böhmen sollte er dieses Versprechen in dem Moment brechen, wo er König geworden war.[18] Da Zápolya sich bereit erklärt hatte, das Wahlkönigtum zu akzeptieren, konnte Ferdinand in diesem Punkt nicht anders handeln und zog es vor, dieses Thema zu übergehen. So erklärte die Gruppe ihn am 17. Dezember zu ihrem Herrscher, und einige Wochen später wählte ihn auch Kroatien-Dalmatien-Slawonien zum König, nachdem er versprochen hatte, das Königreich zu verteidigen.

So kann man sagen, daß Anfang 1527 Ferdinand sowohl in Ungarn als auch im südslawischen Königreich deutlich an Boden gewonnen hatte. Weder hier noch dort war die Situation jedoch geklärt. So hatte es in Kroatien keine Erwähnung gegeben, daß die dortige Wahl eine Folge der Wahl in Ungarn gewesen sei, während manche Ungarn, denen es um ihren Einfluß in Kroatien ging, dies unbedingt klarstellen wollten. Als Ferdinand versuchte, die Schwierigkeit aus dem Weg zu räumen, indem er behauptete, man habe ihn im südslawischen Königreich ja nicht gewählt, sondern ihm nur gehuldigt, beleidigte er damit die Kroaten.[19] Das entscheidende Problem war jedoch, daß Zápolyas Wahl in Ungarn vor seiner über die Bühne gegangen war. Um sie für null und nichtig erklären zu können, wandte er eine Reihe von Kunstgriffen an. In Kroatien, erklärte er, besäße der siebenbürgische Magnat bei weitem nicht die Mittel, die er als Bruder des Kaisers hätte, um die Königreiche zu schützen, was nicht gänzlich aus der Luft gegriffen war. Im November 1526 hatte Karl nämlich in Granada verlautbaren lassen, er sei entschlossen, den Ungarn zu helfen und die Besitzungen seiner Schwester und seines Bruders in diesem Königreich zu verteidigen.[20] Zugleich stellte er die Gültigkeit der Wahl Zápolyas in Frage. Indem er einige überzeugende Präzedenzfälle anführte, erklärte er, daß nur vom Palatin zusammengerufene Landtage das Recht hätten, einen Herrscher zu wählen. Zápolya sei daher nichts weiter als ein Rebell. Diese Auffassung vertrat er lautstark nicht nur in Ungarn, sondern in ganz Europa. 1527 fuhr Salamanca mit dieser Botschaft sogar nach England. Karl gegenüber strich er heraus, daß die Zahl derer, die ihn in Preßburg gewählt hatten, größer sei als die der Wähler Zápolyas.

Aber die andere Seite war auch nicht faul im Zitieren von Präzedenzfällen und gab zu bedenken, auch die Landtage, die seinerzeit Matthias Corvinus und Wladislaw gewählt hätten, seien von keinem Palatin zusammengerufen worden. Und obwohl Ferdinand dieses Argument als Spitzfindigkeit zurückwies, wußte er ganz genau, daß er seine Sache niemals aus verfassungsrechtlichen Gründen gewinnen würde.[21] So beschränkte er sich darauf, die Zahl seiner Anhänger durch Bestechungsgeschenke zu vergrößern. Maria erhielt von ihm die Vollmacht, mit Geschenken nach Belieben umzugehen, allerdings mit der Auflage, nicht unmäßig zu sein. Er war jetzt in der unangenehmen Situation, die Versprechen erfüllen zu müssen, die er vor der Wahl gemacht hatte. Und kein Ungar war bereit, sie zu vergessen. Auch Maria konnte ihn nicht von der finanziellen Schlinge befreien, die sich immer enger um ihn zusammenzog. Sie konnte ihm nur raten, die ungarischen und kroatischen Forderungen zu erfüllen, in der Hoffnung, daß ihm damit größere Auslagen in der Zukunft erspart blieben.[22] Obwohl er ihr wieder Geld schicken ließ, reichte auch dieses nicht aus, so daß Ferdinand klagte, von ihm würde wirklich zu viel verlangt. Besonderen Ärger verursachte ihm Batthyány, der Ban von Kroatien, und er bat seine Schwester, ihn mit Versprechungen zu ködern. Inzwischen aber hatte sich auch Maria selbst als eine finanzielle Belastung erwiesen. Da sie mehrere ihrer Einnahmequellen an Zápolya verloren hatte, mußte Ferdinand nun auch sie und ihren Hof unterstützen. Während er die letzten Reserven aus seiner Schatzkammer benützte, um die ständigen Forderungen seiner Schwester wenigstens teilweise zu befriedigen, begann langsam eine andere Idee in seinem Kopf Gestalt anzunehmen. War es nicht besser, dachte er sich, den Geldstrom nach Ungarn abzustellen und diesen nun dafür zu benutzen, eine Armee gegen Zápolya aufzustellen? Anders als Karl war Ferdinand kein geborener Feldherr, aber er hatte andererseits nichts gegen eine sinnvolle militärische Aktion einzuwenden. Ende 1526 und Anfang 1527 fühlte er sich nun allerdings zu schwach für derartige Abenteuer und nahm daher dankbar das Angebot König Sigismunds von Polen an, als Vermittler zwischen den Parteien in Ungarn aufzutreten.[23] Die Idee einer militärischen Intervention aber ließ ihn nicht zur Ruhe kommen, so daß er sogar den Reichstag darüber befragte. Die Fürsten sprachen sich jedoch klar gegen eine Offensive der Habsburger in Ungarn aus. Diese Einstellung sollte sich im Lauf der Zeit immer mehr erhärten, so daß Ferdinand immer weniger mit ihrer Hilfe rechnen konnte. Auch die Haltung des Kaisers war in dieser Hinsicht nicht gerade ermutigend. Seiner Meinung nach besaß Ferdinand berechtigte Ansprüche auf die Stephanskrone, und das hielt er im Moment für vollkommen ausreichend. Ein angegriffener Zápolya würde sich, so fürchtete er, womöglich offen mit den Türken verbinden und mit ihnen zusammen Ferdinands österreichische Länder überfallen und verwüsten. Zwar schickte er Ferdinand im Winter 1527 100.000 Dukaten für Ungarn, aber er bat ihn, damit keinen Krieg in Ungarn oder an einem ebenso gefährlichen Ort zu finanzieren. „Zeit“ – und nicht „fortuna“ – würde dem jungen Mann bringen, was er sich wünschte, meinte der Kaiser.[24]

Aber obwohl er seinem Bruder nicht offen widersprach, kam Ferdinand von der Idee nicht los, sich mit Gewalt zu nehmen, was ihm seiner Meinung nach rechtens zustand. Die Situation spitzte sich zu, als im Mai 1527 sein gekaufter Parteigänger, der kroatische Ban Batthyány, zu Zápolya überwechselte. In ihrer Verzweiflung bat Maria ihren Bruder, persönlich nach Ungarn zu kommen, um seine auseinanderbröckelnde Anhängerschaft wieder zu kitten.[25]

Ferdinand hielt jedoch nichts mehr von Bestechungen und Gegenbestechungen. Anstatt nach Ungarn zu fahren, reiste er im Mai nach Böhmen und bat hier die Stände um Unterstützung einer militärischen Intervention. Und trotz der vielen Ratschläge Karls, die ihn zur Vorsicht ermahnt hatten, bat er auch seinen Bruder um Hilfe. Keiner der Angesprochenen reagierte jedoch mit Begeisterung. Die Böhmen wollten auf keinen Fall die habsburgische Macht verstärken helfen, und Karl hörte nicht auf, Ferdinand von der kriegerischen Auseinandersetzung abzuraten, auch als diese schon längst im Gange war. Da aber sowohl Karl als auch die Böhmen ihm ein wenig Unterstützung zukommen ließen, begann Ferdinand Ende Juli mit der Offensive in Ungarn. In seinem von unentschiedenen Schlachten und deutlichen Niederlagen gezeichneten Leben sollte dieser Feldzug die große Ausnahme bleiben.

Da es ihm nämlich gelungen war, auch noch andere Hilfsmittel aufzutreiben, war er für den Feldzug gut vorbereitet. Zunächst sah es für ihn nicht ungefährlich aus. So zirkulierte zum Beispiel das Gerücht, der Woiwode und die Republik Venedig, die der habsburgischen Expansion nach Südosten mit scheelen Augen zusah, schmiedeten ein Komplott, um ihn zu vergiften. Dann aber entpuppte sich Zápolya als ein überraschend ängstlicher Heerführer. Indem er vor Ferdinands vorrückenden Truppen zurückwich, erlaubte er den letzteren, alle größeren Festungen auf dem Weg nach Visegrád zu besetzen, ohne daß ihnen Widerstand entgegengesetzt wurde. Bei diesem Vormarsch gelang es Ferdinand, nicht nur seine eigenen Anhänger wieder an sich zu binden, er konnte auch einige Freunde Zápolyas für sich gewinnen. Am 20. August 1527 wurde ihm in sein Lager bei Buda die Nachricht überbracht, daß einer seiner fähigsten Befehlshaber, Nikolaus von Salm, Zápolya bei Tokaj, also ungefähr 150 Kilometer nordwestlich, geschlagen hatte. Damit befand sich der Woiwode in Ungarn in der Defensive, während zugleich seine siebenbürgische Machtbasis an Sicherheit verlor. Ferdinands Sekretär Georg Reicherstorffer hatte hier eine kleine Truppe aufgestellt, die groß genug war, um dem Woiwoden Ärger zu bereiten. Dazu kam, daß sein stärkster Verbündeter, Christoph Frankopan, in Varasdin gestorben war. So verließ der Woiwode nach einem Zwischenaufenthalt in seinem östlichen Heimatland kurzerhand Ungarn und flüchtete an den Hof seines polnischen Schwiegervaters. Derweil freute sich der Sieger Ferdinand in seinem Lager auf die Ankunft seiner Frau, da, wie er es formulierte, „gute Ehemänner ungern Zeit verlieren, wenn es nicht sein muß".[26]

Aber damit war die Affäre Zápolya noch nicht aus der Welt geschafft. Karls Warnung, der Magnat würde sich mit anderen Mächten gegen Ferdinand verbünden, sollte sich bald bewahrheiten. Und welche Macht kam dafür besser in Frage als die Türken, jetzt, da er von einem deutschen Fürst besiegt worden war, ohne daß nur einer von all denen, die er um Hilfe gebeten hatte, ihn unterstützt hatten. Ferdinand hatte jedoch die Zeit genützt, um in Ungarn einige verwaltungstechnische Änderungen durchzuführen, so daß er das Königreich jetzt besser denn je im Griff hatte. Dennoch muß festgestellt werden, daß sein Engagement für Mitteleuropa noch keineswegs bruchlos war. Denn Ende Mai, nach der Plünderung Roms durch die kaiserlichen Truppen, bat er den Kaiser erneut darum, ihn zum Herzog von Mailand zu machen. Und er hatte auch auf die Zweifel der Böhmen, er würde womöglich nach Karls Tod Böhmen wieder verlassen, um die spanische Herrschaft zu übernehmen, nicht klar geantwortet.[27]

Andererseits brauchte er auf der Karte nur die gemeinsamen Grenzen nachzuzeichnen, die Ungarn, Österreich und Böhmen besaßen, um sich davon zu überzeugen, daß er zwingende Interessen im Osten hatte. Da Zápolya noch am Leben war, beschloß Ferdinand, vorläufig nicht abzurüsten, obwohl Karl ihn dringend darum bat. Es stellte sich jetzt überhaupt für ihn die Frage, ob er sich weiter automatisch Karls Westpolitik unterordnen sollte und konnte, jetzt, da seine politischen Ziele in Ungarn alle seine Kräfte in Anspruch nahmen. Der Konflikt spitzte sich zu, als ihn im September 1527 der Kaiser darum bat, ihm so viele Truppen wie möglich nach Italien zu schicken, zur Wahrung ihrer gemeinsamen Interessen, wie er es nannte. Hätte er dies getan, dann hätte Ferdinand Ungarn verlassen müssen, um sich nach Österreich und wahrscheinlich auch ins Reich zu begeben. So lehnte er mit der Begründung ab, die ungarischen Verhältnisse machten es ihm unmöglich, das Land zu verlassen. Dies war nun nicht die Antwort, die Karl gerne hörte, und auch Ferdinand hatte sie ungern gegeben. Aber wie Maria es bei anderer Gelegenheit formulierte, er besaß nun „etlich kunigreich“ und nicht nur ein „furstenthumb“, und diese stellten nun ihre eigenen Ansprüche.[28]

V.
Die Konsolidierung der Macht

Durch die Erwerbung Böhmens und Ungarns eröffnete sich für Ferdinands organisatorische Fähigkeiten ein weites Betätigungsfeld. Schon in Österreich hatte er sogleich nach seinem Regierungsantritt mit der Umstrukturierung der Verwaltung begonnen. Seine Sache war nicht so sehr die Erfindung als vielmehr die Durchführung und Konsolidierung dessen, was sein Großvater und andere Habsburger vor ihm ausgearbeitet hatten.

So hatte er gleich nach seiner Ankunft in Österreich einen Hofrat für Niederösterreich eingesetzt, der während seiner Abwesenheit für die Verwaltung und Justiz seiner Regierung zuständig war. Als ihm von seinem Bruder auch die habsburgischen Besitzungen in Südwestdeutschland sowie Tirol übertragen wurden, gehörten auch diese Länder zum Aufgabenbereich des Hofrates. 1522 wurde in Niederösterreich die sogenannte *Raitkammer* gegründet, eine Finanzbehörde, welche die *regalia* einzusammeln hatte. Und auch Wien selbst sollte seine feste Hand zu spüren bekommen. Seit dem 14. Jahrhundert hatten die Erzherzöge das Recht, Änderungen an den Privilegien ihrer Hauptstadt vorzunehmen. Erst 1517 war dieses Recht von Maximilian I. neu formuliert worden.[1] Ferdinand nahm nun für sich das Recht in Anspruch, die letzte Entscheidung bei der Auswahl der Kandidaten für die beiden Stadträte zu treffen. Bei einem dieser beiden Räte, dem sogenannten Inneren Rat, besaß er das Recht, zwölf der insgesamt vierundzwanzig Mitglieder zu ernennen. Er begann auch mit der Einrichtung einer Art Aufsichtsbehörde über den städtischen Magistrat.

Das Ziel all dieser und anderer Verwaltungsreformen war klar erkennbar: die Vergrößerung der eigenen Macht und eine straffere Verwaltung seines Länderbesitzes. Als der österreichische Generallandtag, mit dem er 1525/26 in Augsburg zusammentraf, von ihm die Einrichtung eines ständigen Hofrates forderte, dessen Mitglieder nicht Ausländer, sondern Österreicher sein sollten, erfüllte Ferdinand diese Bitte im Lauf des Jahres 1526 unter dem Druck der Salamanca-Affäre und besetzte auch gleich die Posten des Kanzlers und Schatzmeisters mit Einheimischen. Alle diese Neuordnungen wurden in der *Hofstaatordnung* von 1527 zusammengefaßt. Diese verfügte nicht nur die Einrichtung eines Hofrates als oberste Justizbehörde und einer Hofkammer für die Finanzen, sondern auch einer Hofkanzlei als ausführendes Organ. Diese wurde 1528 eingerichtet. Auch ein Geheimer Rat muß in dieser Zeit gegründet worden sein. Zwar gibt es keine schriftlichen Beweise für seine Einrichtung, aber in zeitgenössischen Dokumenten wird immer wieder auf seine Existenz hingewiesen. Seine Aufgabe war es offensichtlich, Ferdinand in außenpolitischen sowie rechtlichen und finanziellen Angelegenheiten zu beraten. Die Mitglieder des Hofrates, der Hofkammer und später auch des Hofkriegsrates hatten dem Geheimen Rat jedenfalls Bericht zu erstatten. In den Sekretariaten der Hofkanzlei wurden die Dokumente für den Hofrat und den Geheimen Rat ausgearbeitet. Nur die Hofkammer besaß ihre eigene Kanzlei, ein Zeichen für die Bedeutung, die Ferdinand diesem Organ beimaß. 1531 gründete er den Kriegsrat. Dieser hatte die Aufgabe, die Aufstellung und den Unterhalt der Armee zu überwachen, und war zugleich für Brücken und Festungen verantwortlich. 1556 wurde aus dem Kriegsrat der *Hofkriegsrat* für alle militärischen Angelegenheiten. Dieses Organ sollte auch seine eigene Kanzlei und sein eigenes Kabinett bekommen. Da ihm aber nur wenig Mittel zur freien Verfügung standen, war auch sein Tätigkeitsfeld begrenzt.

Alle diese Organe hatten selbstverständlich lediglich ausführende Funktionen. Sie konnten daher nur wenig ohne die Zustimmung des Herrschers oder seines Bevollmächtigten tun. Dies bezog sich auch auf die Beschlüsse des Geheimen Rates, die erst durch die erzherzogliche Sanktion Rechtskraft erlangten. Es ist sehr wahrscheinlich, daß Ferdinand sehr oft den Vorsitz bei den Sitzungen des Geheimen Rates führte, da als Vorsitzender nur Bischof Bernhard von Cles für die Jahre 1535 bis 1537 erwähnt wird. Es entsprach dem zentralistischen Trend der Verwaltungsreform, daß auch die Provinzbehörden der österreichischen Erblande strikt an die Instruktionen des Hofes gebunden waren. Abgesehen von einem kleinen Spielraum in rechtlichen Fragen mußten sie bei allen wichtigen Entscheidungen Ferdinands Einwilligung einholen. Und zeit seines Lebens bestand dieser auf seinem Recht, Einfluß auf die Mitglieder dieser Organe nehmen zu können, und besetzte trotz heftiger Proteste immer wieder freiwerdende Posten mit Ausländern. Weil er dem einheimischen Adel kein Monopolrecht auf diese Posten einräumen wollte, ernannte er auch zu wiederholten Malen Vertreter des Kleinadels und der akademisch ausgebildeten Bürgerschaft zu seinen Beamten. Er pflegte zu betonen, daß er sie als seine Berater auffaßte und nicht nur als Abgesandte seiner verschiedenen Länder.[2]

Von allen Verwaltungsbehörden kam der Finanzverwaltung verständlicherweise die größte Bedeutung zu. Denn die Einkünfte der Länder waren zugleich die Einkünfte des Herrschers und vice versa. Daher wurde alles eingenommene Geld in einer erzherzoglichen Schatzkammer gesammelt, ob es sich nun um Einkünfte aus den Domänen, um von den Landtagen bewilligte Steuern oder um Zölle handelte, und die Hofkammer mußte mit diesen Geldern die

Ausgaben des Herrschers und seiner Familie sowie der österreichischen Länder im ganzen finanzieren. Wenn die *Hofkammerordnung* von 1537 erklärt, daß der Herrscher die Stände nur dann um außergewöhnliche Einkünfte bitten dürfte, wenn die Einnahmen aus dem *Kammergut* erschöpft seien, bedeutet dies, daß die ersteren als die normale Ergänzung der letzteren betrachtet wurden. In den österreichischen Ländern wurden solche Vereinbarungen offenbar bereitwilliger akzeptiert als in den habsburgischen Besitzungen im Reich. Hier durfte die Hofkammer nur die aus den Regalien stammenden Einkünfte einsammeln, die österreichischen Erbländer dagegen besaßen keine eigenen Kammern, in denen die Einkünfte gesammelt und dann verteilt wurden, unter anderem an den Herrscher. In den österreichischen Erbländern flossen die Einnahmen direkt in die erzherzoglichen Kammern der verschiedenen Provinzen. Daß Ferdinand sich bemühte, die Finanzgebarung der provinziellen Kammern, besonders aber der zentralen Hofkammer, fest in den Griff zu bekommen, ist verständlich. Ohne seine Einwilligung durfte kein finanzieller Beschluß gefaßt werden. 1537 erließ er eine Verfügung, nach der alle Zahlungen über zehn Gulden seine Unterschrift sowie die des Kammersuperintendenten und des Kammerrates bedurften. Wie alle anderen Verwaltungsbehörden konnte auch die Hofkammer nur über geringfügige Angelegenheiten unabhängig entscheiden. Und auch dies wurde immer schwieriger, da der Herrscher immer mehr Einsicht verlangte. Seine Untertanen mußten ihre Beschwerden direkt an ihn richten. Zwar verrichteten die Provinzkammern in Wien, Innsbruck und später in Preßburg die alltäglichen Geschäfte, aber sie wurden von Ferdinand und seiner Hofkammer streng kontrolliert.

Der Zentralisierungstrend machte sich bald auch in der böhmischen und ungarischen Verwaltung bemerkbar. Ursprünglich plante Ferdinand, den Wiener Hofrat, den Geheimen Rat und die Hofkammer zu den höchsten Instanzen auch der beiden Königreiche zu erheben. Damit wollte er diese Behörden von dem Einfluß der Stände befreien, aber das Projekt erwies sich schon bald als unrealisierbar. Daraufhin ernannte Ferdinand einen Vizekanzler für Böhmen und ein wenig später auch für Ungarn, die jeweils ihren eigenen Mitarbeiterstab bekamen. Oberste Finanzbehörde war und blieb jedoch die Hofkammer in Wien. An diese Kammer mußten beide Königreiche sämtliche Einkünfte abführen, ob es sich nun um Steuern, Hilfsgelder oder königliches Einkommen handelte. Mähren, Schlesien und die Nieder- und Oberlausitz waren dagegen Ferdinands Prager Kammer unterstellt. Während Ferdinand sich sonst in Böhmen kompromißbereit zeigte und bereit war, Stellen in der Kanzlei und im Hofrat mit Einheimischen zu besetzen, bestand er hartnäckig auf seinem Recht, die Posten in der Finanzverwaltung mit Männern seines Vertrauens zu besetzen. Auch in Mähren weigerte er sich, die Personalwünsche der dortigen Stände zu erfüllen, während er es in Ungarn, wo es ja mit seiner Macht nicht weit her war, vermied, freiwerdende Machtpositionen neu zu besetzen. So gab es nach 1531 bis zu Beginn des 17. Jahrhunderts keinen ungarischen Palatin mehr.

Wo es ging, strebte Ferdinand die Vereinheitlichung der verschiedenen Verwaltungssysteme seiner Länder an. Bis 1542 versuchte er, die Stände aller seiner Länder regelmäßig zusammenzurufen, um gemeinsame Probleme zu erörtern. 1528 ging es zweimal um ein einheitliches Münzsystem in allen seinen Ländern, bei anderen Versammlungen stand die Verteidigung gegen die Türken im Mittelpunkt der Diskussion. Die Stände begriffen langsam, daß eine gleichmäßige Verteilung der Lasten nur von Vorteil für sie sein konnte. So waren es 1537 die Ungarn, die um eine solche Generalversammlung baten, weil sie Hilfe gegen die Türken brauchten, und 1540 wollten die oberösterreichischen Stände eine solche Sitzung einberufen, um eine gerechtere Aufteilung der Lasten durchzusetzen. 1541/42 fand die Ständeversammlung in Prag statt. Zum ersten Mal saßen hier böhmische und österreichische Abgeordnete zusammen, ohne daß allerdings viel dabei herauskam. 1544 und 1547 kam es nur noch zu Ausschußlandtagen, ein Generallandtag sollte nicht mehr stattfinden. Schuld daran waren die Stände selbst, die zwar gerne an die Hilfsbereitschaft der anderen appellierten, aber nicht bereit waren, eine echte Gemeinschaft zu bilden, die die Macht der einzelnen geschmälert hätte. Auch Ferdinand war mit den Generallandtagen wenig gedient. Für seine verschiedenen militärischen Konflikte brauchte er regelmäßige, aber sehr oft auch sehr schnelle Hilfe. Die Generallandtage aber arbeiteten in keiner Weise schneller als die Landtage, und ihre Einberufung dauerte, da die Entfernungen beträchtlich waren, ziemlich lange. Wenn man alle diese Hindernisse ins Kalkül zieht, dann erscheint es bewundernswert, wie früh Ferdinand sich um die administrative Vereinheitlichung seiner Länder bemühte. Schon in seinem ersten Testament von 1532, das er allerdings später durch ein anderes ersetzte, ordnete er an, daß, wenn seine männlichen Erben zur Stunde seines Todes noch minderjährig wären, für alle seine Länder eine gemeinsame Regentschaft zu bilden sei, die ein Jahr in Ungarn, das nächste Jahr in Böhmen und das Jahr darauf in Wien ihren Sitz haben sollte, so lange, bis seine Söhne selber die Regierung übernehmen konnten. Die Regentschaft sollte demnach abwechselnd von einem Ungarn, einem Vertreter von Böhmen-Mähren-Schlesien und einem Vertreter der österreichischen Erblande geführt werden. Für die dynastische Kontinuität sollte die Person der Königin Anna bürgen, sofern sie noch lebte und keine neue Ehe eingegangen war.[3]

Die Ergebnisse all dieser organisatorischen Überlegungen und Bemühungen waren allerdings gemessen an ihrem Anspruch gering. Ferdinands Verwaltungssystem sollte weiterhin an der Unübersichtlichkeit leiden, die die meisten Behörden mit wachsenden Verantwortlichkeiten auszeichnet. Die peripatetische Natur seiner Herrschaft und die beträchtlichen Entfernungen zwischen seinen Hauptstädten machten eine zentralistische Regierungsweise mit den damit verbundenen Verfügungen, Listen, Registern und anderen Nebenprodukten einer Bürokratie fast unmöglich.[4] Wiederholt gingen die Originale von Testamenten verloren und waren Verträge und ihre Abschriften unauffindbar.[5] Auch der Mitarbeiterstab gab sich in entscheidenden Augenblicken gefährliche Blößen. Als Suleiman 1529 im Begriff war, Wien anzugreifen, mußte Ferdinand zugeben, daß niemand in seiner Verwaltung in der Lage war, die Briefe des Sultans zu übersetzen. Erst nach der Festnahme eines Türken im Jahre 1530, der auch eine westliche Sprache beherrschte, konnte sich Ferdinand über die Absichten des Sultans ein Bild machen.[6]

Vor allem aber waren durch rein administrative Maßnahmen seine dringendsten Probleme, nämlich die größere Regelmäßigkeit und Erhöhung seiner Einkünfte, nicht zu lösen. So sahen sich die österreichischen Länder mit ständigen Steuererhöhungen konfrontiert. Zu Beginn von Ferdinands Regierung machten die Steuern der Stände 0,5 Prozent ihres Gesamteinkommens aus, stiegen aber sehr schnell auf 1, auf 1,5, auf 2 und schließlich auf 2,5 Prozent an. 1525 zahlten die Stände dem Erzherzog bereits 2 Millionen Gulden.[7] Nach der Katastrophe von Mohács 1526 sollte sich aber der Druck auf Österreich noch verstärken. Nicht nur die Ausgaben bei der Erringung der ungarischen und böhmischen Krone, auch der Unterhalt einer Armee in Ungarn zwangen Ferdinand immer wieder, sich hilfesuchend an seine Erbländer zu wenden.

Natürlich bemühte er sich sporadisch auch um die Erschließung anderer Geldquellen. Als man ihm 1527 berichtete, daß der Preis für Quecksilber in Portugal sehr hoch sei, versuchte Ferdinand ein Monopol für den Handel mit Portugal zu errichten. 1529 erhöhte er die Zölle auf alle Exportgüter von Ungarn und Niederösterreich nach Italien und konnte dadurch tatsächlich sein Einkommen beträchtlich erhöhen, weil es ihm gelang, die Händler dazu zu bringen, ihren Handel trotzdem über seine Länder abzuwickeln.[8]

Aber alle diese Einnahmen wurden immer nur als Nebeneinkünfte betrachtet. Die großen Gelder kamen nach wie vor von den Ständen und den *Regalien,* und so erwartete denn auch Ferdinand, als er die Regierung in seinen beiden neuen Königreichen antrat, daß ihm aus diesen beiden Quellen eine Menge Geld zufließen würde. Von Böhmen und Mähren erhoffte er sich 1529 ein steuerliches Einkommen von 148.000 Gulden. Im selben Jahr hatte er seine Länder um insgesamt 349.000 Gulden Kriegsbeihilfe gebeten.[9] Sowohl Ludwig als auch Wladislaw hatten Hypotheken auf königliche Einkünfte aufgenommen, Einkünfte, die Ferdinand unbedingt wieder für sich in Anspruch nehmen wollte. Aber der Adel bestand hartnäckig auf seinen Pfandrechten und war nur zu geringfügigen Konzessionen bereit. So war zum Beispiel die Münzprägung in den Silberminen von Kuttenberg und St. Joachimsthal eine der wichtigsten

Einnahmequellen der Krone. Auf die letztere besaß jedoch die Familie Šlik Pfandrechte, und Ferdinand hatte diese vor seiner Krönung bestätigt. Nach dem Regierungsantritt versuchte er jedoch, diesen Vertrag zu lösen, indem er behauptete, er habe sich als nachteilig für das Königreich erwiesen.[10] Zwar war er in diesem Fall erfolgreich, auf lange Sicht waren seine Schwierigkeiten damit jedoch nicht beseitigt. In der Folge sollte er selber zum Mittel der Verpfändung von königlichem Besitz greifen und sich Geld aufgrund zukünftiger Einnahmen in Böhmen leihen. Und die Minen von St. Joachimsthal sollten nicht mehr zur Befriedigung der Wünsche aller Gläubiger ausreichen, die Ferdinand Kredit aufgrund ihrer voraussichtlichen Gewinne gewährt hatten.[11]

Obwohl Ferdinands Anordnungen für eine genauere Buchführung seiner Einnahmen eine große Verbesserung im Vergleich zu Ludwigs Amtsführung bedeuteten, führten sie doch zu keiner unmittelbaren Verbesserung seiner finanziellen Stellung in Böhmen. Wahrscheinlich übertrieb der venezianische Gesandte, wenn er 1543 berichtete, das einzige regelmäßige Einkommen, das dem König von Böhmen noch zustände, seien die Zölle an den Toren Prags, aber er traf den Kern der Sache. Was die außergewöhnlichen Einnahmen anging, so lehnten die böhmischen Landtage nur in den seltensten Fällen die Forderungen des Königs vollständig ab.[12] Aber sie machten es ihm auch keineswegs leicht und ließen sich auf keine längerfristigen Zahlungen ein.

In Ungarn lagen die Dinge zwar etwas anders, das königliche Einkommen war allerdings genauso niedrig wie in Böhmen. Den anfänglichen Widerstand der Magyaren gegen die Inkorporierung der ungarischen Finanzverwaltung in die Wiener Bürokratie konnte Ferdinand auf dem Landtag von 1545 brechen, indem er ihnen klarmachen konnte, er habe das Recht, die Finanzen nach seinem Gutdünken zu organisieren.[13] Ein weit größeres Problem stellten für ihn die verpfändeten Einkommen dar.

Mohács war für das Land nicht nur ein militärisches Desaster, es stellte sich bald heraus, daß es auch ein finanzielles war. Nachdem man ihr die Nachricht über den Ausgang der Schlacht überbracht hatte, hatte Königin Maria Buda fluchtartig verlassen, nicht ohne ihre Schiffe, mit denen sie donauaufwärts nach Preßburg fliehen wollte, mit einer Kollektion Kirchensilber aus der Stadt, frisch geprägten Münzen und einigen Schätzen aus der Renaissancebibliothek des Matthias Corvinus, der „Corvina", zu beladen. Diese Schiffe wurden nun geplündert, wobei ein Teil der Schätze in den Fluten versank, ein anderer Teil nach Wien transportiert wurde und der Rest in die Hände des Burggrafen von Preßburg, Johann Bornemisza, fiel. Dieser weigerte sich schlichtweg, sie wieder herzugeben, mit der Begründung, er habe sich noch nicht entschieden, ob er Ferdinand oder Zápolya seine Stimme geben wolle.[14]

Bornemiszas unentschiedene Haltung, die viele mit ihm teilten, war einer der Gründe für die mißliche Finanzlage des Königreichs. Der einzige Teil des

Landes, der fest in Ferdinands Hand war, war der Streifen zwischen der Donau und seinen österreichischen Grenzen. Östlich der Donau verfügte Zápolya auch nach seiner Niederlage bei Tokaj noch immer über großen Einfluß. Strategisch gesehen brachte dies für Ferdinand keine besonderen Nachteile; denn sein Territorium war kompakt und gut zu verteidigen. Aber die innenpolitische Situation war weit schwieriger. Zahlreiche Grafschaften waren halb für Ferdinand, halb für Zápolya eingestellt. Drang die Nachricht von einem Sieg Karls V. nach Ungarn oder irgendwelche Gerüchte von einem bevorstehenden kaiserlichen Vorstoß gegen die Türken, dann neigte sich die Stimmung wieder Ferdinand zu. Ein Erfolg der Franzosen oder der Türken oder gar eine Niederlage der kaiserlichen Truppen in Ungarn selbst ließen die Stimmung jedoch wieder umschlagen, und Ferdinands Anhänger verschwanden von der Bildfläche.[15]

All das war nun nicht dazu angetan, stabile Einkommensverhältnisse zu schaffen. 1528 konnte Ferdinand nur ein Einkommen von 7000 Gulden aus seinem ungarischen Königreich verzeichnen, eine lächerliche Summe im Vergleich zu den 90.000 Gulden, die er für den Unterhalt der Armee in Ungarn aufzubringen hatte.[16] Dazu kam, daß die ungarischen Stände sehr wenig Bereitschaft zeigten, etwas für die eigene Verteidigung zu leisten. Da sie erst kürzlich von den Jagellonen von der Pflicht befreit worden waren, ein stehendes Heer unterstützen zu müssen, eine Pflicht, die ihnen von Matthias Corvinus aufgezwungen worden war, verhielten sie sich jetzt den Forderungen des neuen Königs gegenüber besonders ablehnend. Dazu muß gesagt werden, daß die Spaltung des Landes zwischen Ferdinand und Zápolya nicht ohne schwere Schäden für die Wirtschaft des Landes war. So mußten sich die Stände 1527 einen Gutteil der 277.000 Gulden, die sie dem König für Verteidigungszwecke zugesagt hatten, selber ausleihen. Und auch Ferdinand gelang es nicht, ebensowenig wie in Böhmen, die Fehler seine Vorgänger zu vermeiden: Wie eh und je wurde das königliche Einkommen dazu benutzt, die unsichere Anhängerschaft zufriedenzustellen. Zwischen 1527 und 1536 überschrieb er verschiedenen ungarischen Großgrundbesitzern 36 königliche Burgen.[17] Bei all diesen Bemühungen konnte Ferdinand sich nur begrenzt auf seine Familie stützen. Nicht daß Karl V. ihn ganz links liegen ließ – 1528 schickte er ihm sogar 100.000 Dukaten zur Aufrüstung seiner Armee –, aber mit seiner Hilfe war nie wirklich zu rechnen. Seine Tante Margarete ließ ihm mitteilen, die niederländischen Stände seien an der habsburgischen Befreiung Ungarns von den Türken nicht interessiert.[18] Und Marias Anwesenheit in Böhmen und Ungarn als Königinwitwe erwies sich auf die Dauer mehr als Last denn als Hilfe.

Königin Maria war eine intelligente Frau und besaß in beiden Königreichen einflußreiche Anhänger. Ihr mächtigster Verbündeter in Böhmen war Adam von Hradec. Mit ihm, der später Ferdinands Kanzler werden sollte, hatte sie einst versucht, Zdeněk Lev von Rožmital von seinem Posten als Burggraf von Prag zu entfernen; denn als Burggraf von Prag führte man die Regierungsgeschäfte des Königs in dessen Abwesenheit. Aufgrund dieses alten Bündnisses konnte sie nun Hradec für Ferdinand gewinnen. In Ungarn verfügte sie über eine noch größere Anhängerschaft, und da sie zu den reichsten Landbesitzern des Landes gehörte, war ihr Einfluß hier wesentlich größer als in Böhmen.[19]

Aber Maria war eine starke Persönlichkeit mit eigenen Ansichten, und so positiv sich dies innenpolitisch für Ferdinand auswirkte, so unangenehm empfand er ihre Eigenwilligkeit in konfessionellen Fragen. So sehr er an die Notwendigkeit kirchlicher Reformen glaubte, so wenig konnte er sich allein aus finanziellen Gründen den Bruch mit der Kirche von Rom leisten. Zum Beispiel brauchte er sich nur die formelle päpstliche Einwilligung zu besorgen, was in dringenden Fällen keine Schwierigkeit bereitete, und konnte die Juwelen, Gold- und Silberschätze kirchlicher Einrichtungen beschlagnahmen lassen. Weigerten sich die Stände, ihm Subsidien zu zahlen, wie zum Beispiel die oberösterreichischen 1526 und 1527, dann konnte er sich damit helfen, daß er die Kirchenschätze des betreffenden Landes einfach konfiszieren ließ. 1529 kam ein Viertel des Militärbudgets aus kirchlichem Besitz.

In allen seinen Veröffentlichungen hielt sich Ferdinand eng an die Linie, die sein Bruder mit dem Wormser Edikt von 1521 festgelegt hatte. 1527 erließ er in Buda eine Verfügung, in der das Luthertum, der Glaube Zwinglis und der Anabaptismus unter Strafe verboten und die Anhänger dieser Sekten in ihrer wirtschaftlichen und politischen Freiheit stark eingeschränkt wurden. 1528 ordnete er an, daß alle Personen, die mit ketzerischen Büchern handelten, ertränkt werden sollten. Besonders unnachgiebig war seine Haltung den Anabaptisten gegenüber, weil viele von ihnen für ein gemeinsames Eigentum und gegen die staatliche Autorität eintraten. Dem gegen die Anabaptisten gerichteten Dekret von Karl V. von 1528 ließ Ferdinand 1529 ein noch härteres folgen. Während der Kaiser den Ketzern noch die Möglichkeit des Widerrufs zubilligte, schränkte der neue König diese Chance auf eine kurze Periode unmittelbar nach dem Abfall ein. Diese Maßnahmen wurden auch außerhalb der österreichischen Erbländer durchgeführt. In Mähren begann man 1528 mit den Verbrennungen und Hinrichtungen von Anabaptisten.

In Ungarn konnten sich zwar weder Ferdinand noch Zápolya allzu viele Skrupel über die konfessionellen Neigungen ihrer Anhänger leisten, aber was der Habsburger aus schierer Notwendigkeit tat, war etwas ganz anderes als das, was er als seine religiöse Überzeugung betrachtete. Umso entsetzter war er nun, als er 1527 entdeckte, daß seine Schwester in Ungarn sich nicht nur einen anabaptistischen Prediger angehört hatte, der in ihrer Nachbarschaft tätig war, sondern daß sie sich ausgerechnet einen Lutheraner ausgesucht hatte, um dem Anabaptisten entgegenzutreten.

Dabei unterschied sich Marias Haltung in religiösen Fragen nicht wesentlich von der Ferdinands. Wie er sympathisierte auch sie mit den Reformideen des Erasmus von Rotterdam, wie er drang sie darauf, daß die Kirche von Mißbräuchen gereinigt werde. Sie umgab sich an ihrem Hof mit Humanisten, die die kirchlichen Institutionen scharf zu kritisieren pflegten, und viele von ihnen übertrugen nach den Leipziger Gesprächen von 1519 ihre Sympathien für Erasmus auf Luther.[20] Anders als Ferdinand aber beschäftigte sie sich ernsthaft mit dem Luthertum. Und zu Ferdinands Unmut widmete Luther ihr eine Ausgabe von vier Psalmen, um sie über Ludwigs Tod hinwegzutrösten. Ihre Bemerkung, daß wenn weder Karl noch Ferdinand den Wittenberger Reformer davon abhalten könnten, zu schreiben, was er wollte, dann könne sie es erst recht nicht, bestimmte den Stil ihrer zukünftigen Diskussionen mit ihren beiden Brüdern über religiöse Probleme. Nachdem sie ein Buch von Luther über den Anabaptismus und die Sakramente gelesen und es sehr überzeugend gefunden hatte, sah sie keinen Grund, warum man die Lutheraner nicht gegen die Anabaptisten loslassen sollte. Sie war von dem Traktat Luthers so beeindruckt, daß sie es an Ferdinand weitergab.[21]

Auch Ferdinand war es nicht unbekannt, daß sowohl Luther als auch Zwingli Gegner des Anabaptismus waren. Ihn schreckten nur die möglichen politischen Folgen, die Marias Vorgehen für ihn und seine Familie haben könnten, und daher antwortete er Maria schnell und entschieden. Er wußte, daß er ihr ihre Fehler bewußtmachen mußte, ohne sie zu beleidigen, keine leichte Aufgabe bei einer so eigenwilligen Königinwitwe. So entschuldigte er sich zunächst für seinen vielleicht allzu glaubensbekennerischen Ton, um dann zu einer Verteidigung des orthodoxen Glaubens auszuholen. Der Kaiser und der Papst hätten beide die Lutheraner als Ketzter verdammt, brachte er vor, was also sollten sich die Anhänger der Habsburger denken, wenn ruchbar würde, daß ein Mitglied der Familie diesen Leuten Zuflucht an seinem Hof gewähre? Und da Maria eine kluge Frau war, versäumte er es nicht, an ihre Intelligenz zu appellieren und sie darauf aufmerksam zu machen, daß auch die römische Kirche sich Gedanken über die Taufe und die Kommunion gemacht und schriftlich niedergelegt habe. Es bestünde also keineswegs für sie die Notwendigkeit, sich wegen dieser Probleme Rat bei den Lutheranern oder Anabaptisten zu holen. Mit dem Brief schickte er seiner Schwester ein lutherisches Neues Testament, in dem die Stellen bezeichnet waren, wo seiner Meinung nach der Reformer den Text verdreht hatte. Die Lektüre scheint tatsächlich den beabsichtigten Erfolg gehabt zu haben; im August 1528 äußerte sich Maria genauso hart über die Ausbreitung des Protestantismus in Ungarn wie Ferdinand. Was nicht hieß, daß sie nicht immer noch mit der Bewegung sympathisierte. Als beim Reichstag zu Augsburg 1530 die Lutheraner ihre Hilfe erbaten, konnte Karl V. sie nur nach intensiven

Diskussionen dazu bringen, auf ihren „Flirt“ mit den Abtrünnigen zu verzichten.[22] Viel weniger noch aber konnte sich Ferdinand in finanzieller Hinsicht auf seine Schwester verlassen. Während er nichts dagegen hatte, ihre Günstlinge zu unterstützen, wenn sie sich wie Alexis Thurzó auch als treue Stützen der habsburgischen Sache erwiesen hatten, konnte er doch nicht erlauben, daß sie ihre Höflinge wahllos mit Geschenken überhäufte. Um es genau zu sagen, er konnte sich die impulsive Großzügigkeit seiner Schwester einfach nicht leisten. Die Ausgaben für die böhmische Wahl und den Feldzug von 1527 gegen Zápolya hatten seine Mittel erschöpft. Er konnte nicht einmal sein Maria gegebenes Versprechen halten, daß er die Ausgaben bezahlen würde, die sie seinetwegen, um seine ungarischen Gefolgsleute zufriedenzustellen, gemacht hatte. 1527 beunruhigte ihn ihre finanzielle Bedenkenlosigkeit so sehr, daß er ein paar Männer seines Vertrauens nach Ungarn schickte, die den Einfluß der Ungarn auf sie abblocken sollten.[23]

Die schlimmste Belastung stellten jedoch für Ferdinand die finanziellen Verpflichtungen dar, die ihm aus Marias Status als Königinwitwe erwuchsen. Denn als selbsternannter Erbe König Ludwigs hatte er versprochen, die Bedingungen des habsburgisch-jagellonischen Ehevertrags von 1515 zu erfüllen. Wie schwer ihm das fallen würde, konnte er damals nicht ahnen. So mußte er nun nicht nur für die jagellonische Mitgift von ungefähr 200.000 Dukaten aufkommen, sondern auch für den Unterhalt der Königinwitwe, auf den sie Anspruch bis zu ihrer Wiederverheiratung hatte. Der 1515 getroffenen Vereinbarung zufolge mußte die Königinwitwe mit jährlich 25.000 Dukaten rechnen können. Reichten die Einkünfte aus ihren eigenen Besitzungen nicht aus, dann mußte der regierende König den fehlenden Betrag aus seiner persönlichen Schatulle beisteuern.[24] Wie die Dinge aber nun lagen, befand sich ein Großteil ihres Besitzes in den Händen Zápolyas und der Türken. Ende 1526 hatte Ferdinand versprochen, diese Besitzungen zu verteidigen und zurückzugewinnen. Wo ihm das nicht gelang, hatte er seine Schwester zu entschädigen. Die ihr zu Anfang versprochene Pension von 1500 Gulden monatlich hob er bald auf 2000 an, was sie aber nicht davon abhielt, weiter Schulden zu machen. Die niederösterreichische Schatzkammer, an die der neue König sich anfangs wegen dieser Zahlungen gewendet hatte, weigerte sich besonders nach 1529 hartnäckig, Ferdinand in dieser Hinsicht entgegenzukommen.[25]

Anfang 1528 versuchte Ferdinand vergeblich, Maria dazuzubringen, einige ihrer Einkünfte, namentlich die der königlichen Minen, wieder der ungarischen Schatzkammer zu überschreiben. Obwohl er ihr die Gefahren ausmalte, die die mißliche finanzielle Lage Ungarns für das Haus Habsburg bedeutete, und obwohl er sich zur Mäßigung zwang und nur ein Drittel aller Einkünfte für Ungarn beanspruchte, weigerte sich Maria, ihm zuzuhören. Sie versprach lediglich, über ihre Einkünfte in Zukunft sorgfältiger Buch zu führen, aber betonte gleichzeitig, sie brauche viel und habe eine Position zu verteidigen.[26] Daraufhin schlug Ferdinand im Lauf des Jahres einen anderen Kurs ein: Er versuchte sie zu überreden, noch einmal zu heiraten. Als Gatten schlug er ihr Jakob V. von Schottland vor. Karl V. bemühte sich zu der Zeit gerade, eine französisch-schottische Allianz zu verhindern, und Jakob hatte als Neffe Heinrichs VIII. gewisse Ansprüche auf den englischen Thron, da die Tudors, wie Ferdinand annahm, aller Wahrscheinlichkeit nach keine Erben mehr hervorbringen würden. Darüber hinaus versuchte er seiner ehrgeizigen Schwester die Machtposition schmackhaft zu machen, die sie als echte Königin besitzen würde. Das wichtigste Argument erwähnte er allerdings nicht, daß er nach ihrer Wiederverheiratung endlich über die ungarischen Geldquellen ihrer Witwenpension würde verfügen können.

Aber so raffiniert er es auch anfing, Maria ließ sich nichts vormachen und erklärte kategorisch, kein Mann könne ihr den ersten ersetzen.[27] So gab Ferdinand es auf, sie zu bedrängen, ohne darauf zu verzichten, ihr immer wieder die schottische Heirat in den verlockendsten Farben auszumalen. Selbst als sie Karls Regentin in den Niederlanden geworden war, war sie nicht bereit, auf ihre Rechte in Ungarn zu verzichten. Zu ihrer und Ferdinands Enttäuschung weigerte sich nämlich der Kaiser, mehr als 47.000 Gulden jährlich für den habsburgischen Hof in Brüssel aufzuwenden, so daß Maria sich gezwungen sah, selber den Fehlbetrag aufzutreiben. Dies war der Grund, warum ihr so viel an ihren ungarischen Ressourcen lag.[28] Zwischen 1527 und 1544 flossen ihr immerhin insgesamt 258.368 Gulden an Einkünften aus Ungarn zu, eine Summe, die ausgereicht hätte, um 1527 eine gemischte Kavallerie-Infanterie-Truppe von 7000 Mann siebeneinhalb Monate zu unterhalten. Obwohl es 1548 zu einer Einigung zwischen Ferdinand und Maria kam, welche besagte, daß die ungarischen Einkünfte wieder dem Königreich zugute zu kommen hatten, erhielt sie weiter eine jährliche Entschädigung dafür von ihrem Bruder.[29]

So muß man sagen, daß Ferdinands gewaltige Anstrengungen um die Reorganisation der verschiedenen Verwaltungssysteme seiner Länder ihn nicht der Lösung seines Hauptproblems nähergebracht hatten: seine Einkünfte so zu vermehren, daß er der osmanischen Herausforderung so wirksam entgegentreten konnte, wie es aufgrund seiner Versprechen und der Umstände erforderlich war. Seine eigene Verschwendungssucht war nicht gerade dazu angetan, die Situation zu verbessern, ebenso wenig wie die engstirnige Haltung der Stände und der ausgeprägte Egoismus von Mitgliedern seiner Familie. Sein wichtigster Verbündeter in Ungarn war seine Schwester, und auch bei dieser standen die eigenen Interessen mindestens gleichberechtigt neben denen des Bruders. 1529 zeichnete sich bereits deutlich ab, daß sich diese Probleme nicht so schnell ändern würden, und die folgenden Jahre – 1529 bis 1532 – sollten zeigen, daß nur eine Krise zu kommen brauchte, damit sie sich noch verschärften.

VI.
Teilerfolge

Rein formal hatte sich Ferdinands politische Situation im Jahre 1528 weitgehend geklärt. Ebenso unbestritten wie er über die österreichischen Erbländer herrschte, regierte er auch über die verschiedenen Länder der böhmischen Krone. Und in Ungarn wurde er zwar noch immer von Zápolya angefochten, aber nach seinem Sieg über den Magnaten 1527 hatte sein Status auch hier wenigstens eine teilweise Legitimität erlangt.

Sonst blieb vieles ungeklärt. Nach wie vor besaß er nämlich den Ehrgeiz, die Nachfolge seines Bruders im Reich anzutreten, auch wenn Karl V., der 1525 sich noch sehr für Ferdinands Wahl zum römischen König eingesetzt hatte, diese Angelegenheit jetzt erst nach seiner eigenen Krönung durch den Papst erledigen wollte. Über den Grafen Friedrich von der Pfalz nahm Ferdinand im September 1525 Kontakte zu den Fuggern wegen der finanziellen Unterstützung seiner Kandidatur auf und sprach in der Sache auch den Kurfürsten von Trier während des Augsburger Reichstags an. Zwei Jahre später gab Karl V. diesen „Präliminarien" seinen Segen und ermutigte Ferdinand, obwohl er selber immer noch nicht vom Papst gekrönt worden war, seine Fühler auch bei den anderen Kurfürsten auszustrecken![1]

Ein noch größeres Problem stellten jedoch die Türken dar, die allem Anschein nach immer noch fest entschlossen waren, für sich oder ihre Marionetten die Gebiete zu erobern, die Ferdinand so mühevoll in seinen Besitz gebracht hatte. Seit 1527 hatte er so viele Truppen gegen Zápolya eingesetzt, daß die verbliebenen Kräfte zu schwach waren, um den marodierenden Osmanen an seinen Grenzen, geschweige denn der ganzen Armee Widerstand entgegensetzen zu können. Zudem sollte sich Karls V. düstere Prophezeiung bewahrheiten, daß militärische Offensiven gegen Zápolya möglicherweise schlimme Folgen für seinen Bruder haben würden. Am 27. Januar 1528 verkündete der Sultan, Zápolya befinde sich ab nun unter seinem Schutz, denn er habe mit Zápolya ein Bündnis gegen Ferdinand geschlossen. Der siebenbürgische Woiwode wurde ein Vasall des osmanischen Herrschers, und Zápolyas Schwiegervater Sigismund von Polen unterzeichnete einen Waffenstillstand mit den Türken. Als Ferdinand ihn bat, er möge wenigstens Zápolyas Armee nicht mit polnischen Truppen verstärken, bekam er die kalte Antwort, Karl V. könne ja auch nicht verhindern, daß Deutsche in der französischen Armee kämpften.[2] So bildete sich im Osten langsam eine antihabsburgische Koalition, und theoretisch zumindest stand dem Sultan nichts im Weg, um von Konstantinopel geradewegs an Ferdinands Grenzen zu marschieren. Allein die Möglichkeit veranlaßte einige von Ferdinands Anhängern, einen entsprechenden Bündniswechsel vorzunehmen.

Ferdinand versuchte es nun mit einer diplomatischen Offensive. 1528 schickte er eine Gesandtschaft nach Konstantinopel, die einen Frieden mit Suleiman zustande bringen sollte. Seine absurde Forderung jedoch, die Türken sollten die besetzten Gebiete in Ungarn freigeben, regte den Sultan nur zu der erstaunten Frage an, warum der Habsburger nicht gleich auch die Räumung der osmanischen Hauptstadt fordere. Jedenfalls antwortete der Sultan dem Habsburger mit den zweideutigen Worten, wenn es etwas zu restaurieren gäbe, wolle er dies persönlich in Wien tun. Zu Beginn des Jahres 1529 wurde Ferdinand darauf aufmerksam gemacht, daß in Konstantinopel weitreichende Vorbereitungen für eine Großoffensive groffen wurden.[3]

Schon vorher hatte Ferdinand im In- und Ausland um Hilfe gebeten. Das einzige, was ihm seine Bemühungen im Ausland einbrachten, war die Erkenntnis, daß die Habsburger bei den anderen europäischen Dynastien mit wenig Sympathien rechnen konnten. Heinrich VIII. von England, der gerade mit dem Papst wegen seiner Scheidung von Ferdinands Tante, Katharina von Aragon, einen erbitterten Kampf ausfocht, stellte sich taub, als Ferdinands Gesandter, Johannes Faber, bei ihm erschien, auch als dieser kühn voraussagte, die Türken würden eines Tages ihre Pferde an der Themse zur Tränke führen. Die polnische Abgeordnetenversammlung betrachtete Ferdinands Schwierigkeiten in Ungarn als gerechte Strafe dafür, daß er Ungarn und Böhmen den Jagellonen weggenommen hatte, und verweigerten ihm schlichtweg jede Hilfe, auch als König Sigismund, der plötzlich Angst vor einer direkten osmanischen Attacke bekommen hatte, sie darum bat. Daß die Franzosen sich beeilten, Zápolya zu helfen, der seit 1526 Mitglied ihrer Liga von Cognac war, zu der auch der Papst, Venedig und Mailand gehörten, war nicht anders zu erwarten.[4]

Da zeigten sich denn doch seine eigenen Länder und seine Familie bei weitem entgegenkommender. Nachdem er ihnen einen langen Vortrag über ihre gegenseitige Abhängigkeit gehalten hatte, versprachen ihm Mähren und Böhmen zusammen 9000 Mann Infanteristen und 800 Kavalleristen. Auch die verschiedenen österreichischen Provinzen zeigten sich von ihrer großzügigsten Seite. Zwar riet ihm Margarete davon ab, die niederländischen Stände um Geld zu bitten (was er auch tatsächlich erst tat, als die Türken vor Wien standen), aber Karl V. zeigte sich hilfsbereiter. Er versprach seinem Bruder Geld und machte seinen Einfluß auch bei anderen, wie dem Papst und dem König von Portugal, geltend. Außerdem konnte er Ferdinand in Aussicht stellen, daß es bald zu einem Frieden zwischen ihm und Franz I. kommen würde. Diesen Frieden aber hielt Ferdinand für die unentbehrliche Voraussetzung aller Versuche, die Türken in Schach zu halten und mit den religiösen Unruhen in Deutschland fertigzuwerden.[5]

Jedoch hatte es Karl V. längst nicht so eilig wie Ferdinand. Während Ferdinand seine Position in Ungarn für überaus wichtig in der habsburgischen antitürkischen Strategie hielt, waren für Karl Ferdinands Schwierigkeiten in Ungarn eine ärgerliche Belastung, die sich störend auf den Hauptschauplatz seiner Aktivitäten im Westen und im Mittelmeer auswirkte. Ferdinands Krieg mit Zápolya hatte Franz I. einen neuen Verbündeten geschenkt und damit zusätzlich die militärische und diplomatische Stellung des Kaisers erschwert. Ferdinand war dagegen der Überzeugung, daß der Vormarsch der Osmanen in die westliche Hemisphäre nur dadurch erfolgreich gestoppt werden konnte, wenn er Ungarn fest in der Hand hatte. Wie wenig Karl V. diese Ansicht teilte, zeigte sich im April 1529, als er seinen bedrängten Bruder aufforderte, ihm weitere Truppen nach Italien zu schicken. Unter Protest gab Ferdinand nach. Seine Bemerkung an den Bruder, er kenne seine Pflicht, war nicht ohne Bitterkeit.[6]

Dabei hatte er eine seiner mächtigsten Hilfsquellen noch gar nicht angezapft: das Reich. Anfang 1529 sollte der Reichstag in Speyer zusammentreten. Ferdinand war bereits im März an Ort und Stelle, um die Abgeordneten von der Wichtigkeit seines Anliegens zu überzeugen, in der trügerischen Hoffnung, daß ihm dies ohne großen Zeitaufwand gelingen würde, zumal ja auch, so dachte er, der Kaiser allein durch seine Anwesenheit seine Sache vertreten würde. Aber die neuesten Nachrichten aus Ungarn waren nicht gerade ermutigend. Der Palatin Stephan Báthory berichtete im März, daß die ungarischen Mittel erschöpft seien und daß die Habsburger sich beeilen müßten, wenn sie ihre Truppen vor der Ankunft des Sultans in Ungarn haben wollten. Zu Beginn der ersten Sitzung hielt Ferdinand eine zunehmend militante Rede in Deutsch, in der er die Folgen einer osmanischen Invasion ins Reich ausmalte. Denn dieses Mal, so prophezeite er, würden die osmanischen Truppen das Reich sicher nicht verschonen, und er beschwor die Versammlung, zu bedenken, welche Folgen dies für das ganze christliche Europa haben könnte. Und indem er hervorhob, wie viel vorteilhafter es sei, der Aggression auf fremdem als auf eigenem Boden zu begegnen, bat er den Reichstag um jede wie immer geartete Hilfe, damit er den Sultan noch auf ungarischem Boden schlagen und zum Rückzug zwingen könnte.

Alle diese feurigen Worte erweckten jedoch nur ein tiefes Mißtrauen bei den Ständen. Für jemanden, der wie Ferdinand deutscher Kaiser werden wollte, war dies in der Tat ein düsteres Vorzeichen. Dabei war die Haltung der Fürsten und Städte diesmal nicht, wie sonst fast immer, total ungerechtfertigt. Denn

Kaiser Karl V.

selbst Ferdinand war sich Anfang Mai nicht vollkommen sicher, daß die Osmanen tatsächlich in Anmarsch waren und glaubte, es sich leisten zu können, erst zu erkunden, wie groß die Unterstützung des Kaisers sein würde, bevor er eigene militärische Aktionen startete. Diese seine Zweifel aber waren schnell bis zu dem Delegierten der Nürnberger durchgedrungen, der sich einiger Verbindung zum Hof rühmen konnte. Schuld an Ferdinands Irrtum war sein Nachrichtendienst. Ein Gesandter, den er im Winter 1529 nach Konstantinopel geschickt hatte, um die Absichten des Sultans zu erforschen, war mit einer Antwort zurückgekehrt, die niemand in Ferdinands Kanzlei lesen konnte, da sie in türkischer Sprache abgefaßt war.[7] Diese Nachlässigkeit sollte er später tief bereuen. Immerhin bewilligte ihm der Reichstag in dem Moment, da klar war, daß die Türken tatsächlich im Anmarsch waren, 16.000 Mann, allerdings nur in Form einer befristeten Hilfsaktion. Einige mißtrauische Geister äußerten sogleich den Verdacht, Ferdinand würde alle Geldmittel ohnehin nur dazu einsetzen, um seine Schulden zu bezahlen. Und viele ärgerten sich über den Einfluß, den Salamanca und Faber immer noch in seinem Kabinett ausübten. Auch das verschwenderische Bankett, das er als Abschluß seines Aufenthalts in Speyer gab, erregte den Unmut zahlreicher Städtevertreter, die ärgerlich bemerkten, dieses Geld hätte man nutzbringender verwenden können.

Ferdinands größtes Problem aber stellte der immer schärfer hervortretende Antagonismus zwischen Protestanten und Katholiken dar. Auch seine eigenen Verbindungen zu einigen der protestantischen Fürsten waren auf einem Tiefpunkt angelangt. Mit Philipp von Hessen zum Beispiel führte er nicht einmal mehr die simpelste Konversation. Als er ihm einmal von einer Jagd heimkehrend auf der Straße begegnete, tauschten die beiden Männer nur einen kalten Gruß aus und ritten auf verschiedenen Straßen nach Hause.[8] Ferdinand und die katholischen Abgeordneten, die die Mehrheit des Reichstages ausmachten, ärgerten sich über den Mißbrauch, den die Lutheraner ihrer Ansicht mit den Zugeständnissen trieben, die man ihnen 1526 gemacht hatte. Wenn Ferdinand auf dem Reichstag die Formel „cuius religio, eius religio" in den Mund nahm, klang es so, als wollte er sie am liebsten für null und nichtig erklären. Dieser Eindruck wurde durch sein sonstiges Verhalten bestätigt. Weil einige Mitglieder seines Gefolges und seiner Hofhaltung zu Ostern an lutherischen Gottesdiensten teilnahmen, versuchte er, die protestantischen Predigten zu verbieten, allerdings vergeblich. Dafür machte er aus seiner eigenen Strenggläubigkeit bewußt eine Show und gab am Gründonnerstag für zwölf Arme in aller Öffentlichkeit ein Essen mit anschließender Fußwaschung. Am Ostersonntag nahm er an der Messe teil, die Kurfürst Albrecht von Mainz zelebrierte. Und auch durch politische Aktionen demonstrierte er seine Loyalität zur römischen Kirche. Schon 1528 hatte Ferdinand die Bildung einer katholischen Liga erwogen. Und obwohl die mißtrauischen Fürsten eine solche

Liga nur für ein weiteres Machtmittel der Habsburger im Reich hielten, führte Ferdinand während des Reichstags weiter Verhandlungen in dieser Angelegenheit und gründete die Liga am 22. April 1529.

Zwei Tage vorher war es zu einem Kulminationspunkt der gegenseitigen Feindseligkeiten gekommen. In seiner Eile, Speyer zu verlassen, erstens wegen der Türken und zweitens wegen seiner Frau, die sich schon bitter über seine Abwesenheit beklagte, genehmigte Ferdinand einen Beschluß, der von der überwältigenden Mehrheit der katholischen Abgeordneten unterstützt worden war. Da dieser Beschluß eine Aufhebung der Konzessionen von 1526 forderte, reagierten die Protestanten wütend mit dem Protest von Speyer am 20. April. Die Art, wie ihm dieser Protest zur Kenntnis gebracht wurde, ärgerte ihn fast ebenso wie sein Inhalt. Waren es doch nicht die Fürsten selbst, die ihm das Schriftstück vorlegten, sondern nur ihre Stellvertreter und die der Städte. So schickte Ferdinand das Papier ungelesen zurück und bestand darauf, daß die Fürsten persönlich bei ihm zu erscheinen hätten. Inzwischen entschloß er sich, den Protest zu ignorieren und riet auch anderen mit dem Argument dazu, daß eine Minderheit nicht das Recht besäße, einen von der Mehrheit gutgeheißenen Beschluß anzufechten. Wie um seine ablehnende Haltung zu betonen, hielt er drei Termine mit den Lutheranern nicht ein.[9] Die Protestanten zogen daraufhin ihr Versprechen wieder zurück, ihm gegen die Türken militärische Hilfe zu gewähren. Trotzdem verließ Ferdinand Speyer am Ende nicht als Verlierer. Zwar konnte nicht die Rede von einer Offensive gegen Zápolya oder die Türken sein, aber immerhin konnte er mit einigen Truppen zu Verteidigungszwecken rechnen. Auch gab er die Hoffnung nicht auf, daß die Häupter der protestantischen Opposition, nämlich der Kurfürst von Sachsen und der Landgraf Philipp von Hessen, ihr letztes Wort in dieser Angelegenheit noch nicht gesprochen hatten.

Die Umstände erlaubten es ihm jedenfalls nicht, sich der Resignation hinzugeben. Denn während man sich auf dem Reichstag fruchtlos herumstritt, waren die Türken das Donautal heraufgekommen. Trotz ungünstigster Witterungsbedingungen hatte sie Ende Juli Belgrad erreicht und näherten sich einen Monat später bereits Buda, das sie Anfang September bereits eingenommen hatten. Ferdinand, dem inzwischen ein zweiter Sohn geboren worden war, brauchte nicht erst durch seine Schwester Maria daran erinnert zu werden, daß es höchste Zeit war, seine Länder zu verteidigen, und verdoppelte seine Anstrengungen, Truppen aufzutreiben. Da man inzwischen auch einen Mann aufgetrieben hatte, der Türkisch verstand, mußte er nun zu seinem großen Ärger feststellen, daß Suleimans frühere Briefe ein Friedensangebot enthalten hatten. Sein Angebot von Ende Juli, Suleiman eine „Pension" zu zahlen (wobei man das Wort „Tribut" sorgfältig vermied), blieb unbeantwortet. So blieb Ferdinand nichts anderes übrig, als von Linz aus einen Appell an die gesamte

Christenheit zu richten, in dem er um Hilfe bat und zugleich gelobte, alles zu tun, um auch Jerusalem zu befreien. An den Papst wurden gesonderte Hilfsappelle gerichtet.[10]

Von der eigenen Familie kamen wie immer die unterschiedlichsten Reaktionen. Seine Tante Margarete speiste ihn mit der Ermahnung ab, er dürfe auf keinen Fall seine Truppen selber in die Schlacht führen. Denn wenn diesen „ein Unglück" zustöße, wie sie es euphemistisch formulierte, dann wäre vielleicht doch noch etwas zu retten, wenn er, Ferdinand, noch am Leben sei.[11]

Die betagte Statthalterin schien den Schock von Mohács noch nicht überwunden zu haben. Seine Schwester Maria bat ihn inständig um Truppen zur Verteidigung ihrer ungarischen Besitzungen, ohne selber einen Finger zu rühren. Ferdinand antwortete ihr, er könne seine Truppen nicht aufsplittern, sie seien ohnehin in vollem Einsatz. Nur mit seinem Bruder Karl hatte er mehr Glück. Zwar konnte auch er Ferdinand kein Geld zur Verfügung stellen und sein Versprechen, er würde Ferdinand unterstützen, sobald sein Konflikt mit Klemens VII. und Franz I. geregelt sei, war an keinen Termin gebunden, aber er schickte immerhin mehrere Gesandtschaften an die verschiedensten europäischen Höfe mit Hilfsappellen für Ferdinand, und, was noch wichtiger war, es gelang ihm, die Lutheraner zur Rückkehr in die Reihen der Verteidiger des Reiches zu bringen. Diese hatten nämlich dem Kaiser eine Delegation zur Unterbreitung ihres Protests geschickt und bekamen nun in strengen Worten zu hören, ihr Herrscher erwarte von ihnen, daß sie ihren militärischen Verpflichtungen nachkämen. Sobald er Frieden mit Frankreich geschlossen habe, würde er, der Kaiser, wieder ins Reich zurückkehren. Das war als Drohung gemeint und wurde als solche von den Fürsten auch verstanden. Bei der Belagerung Wiens 1529 wurde die Stadt jedenfalls auch von protestantischen Truppen verteidigt.[12] Und Ferdinand sah sich wieder einmal mehr in seinem Vertrauen bestätigt, daß sein Bruder sehr wohl fähig war, die deutsche Politik so zu dirigieren, daß die habsburgischen Interessen dabei nicht zu kurz kamen. Aber Suleiman rückte unaufhaltsam vor und nahm am 18. September Buda ein. Ferdinand mußte sich mit dem Verlust von 2000 Mann und einem „Berg Munition" abfinden und machte sich bereits auf den Verlust ganz Ungarns gefaßt. Von seinen Spionen hatte er nämlich erfahren, daß die türkischen Truppen aus ungefähr 260.000 gut ausgerüsteten Männern bestanden. So konnte er sich nicht mehr der Illusion hingeben, daß die Fröste des kommenden Herbstes die türkische Armee entscheidend schwächen würden.

Am 27. September standen die Türken tatsächlich vor Wien und wurden von 20.000 Verteidigern aus ganz Europa erwartet. Ferdinand selbst befand sich in Prag, um noch in letzter Minute den böhmischen Landtag zu einer Hilfsaktion zu bewegen. Trotz der fortgeschrittenen Jahreszeit entschloß sich Suleiman, die Stadt zu belagern, aber bald schon sollte er merken, daß dies ein schwerer

Fehler gewesen war. Denn im Oktober wurde nicht nur das Futter für die Pferde immer knapper, auch das feuchtkalte Wetter bekam seinen Männern schlecht. So befahl der Sultan den Rückzug zu den Nachschublagern und ließ am 14. Oktober das Lager abbrechen.

Bis diese Nachrichten nach Böhmen drangen, war viel Zeit vergangen. Am 15. Oktober wußte Ferdinand weder, daß die Türken Wien erreicht hatten, noch, daß sie bereits wieder abgezogen waren. Erst am 19. Oktober wurde er darüber informiert. Er war sich vollkommen klar darüber, daß seine Rettung reines Glück war und dankte Gott dafür. Ebenso deutlich war ihm allerdings auch bewußt, daß er die Türken nicht zum letzten Mal gesehen hatte. Noch hatte er ihnen nicht die entscheidende Niederlage bereitet, die sie für immer von seinen Grenzen fernhalten würde. Er nahm daher an, daß Suleiman im Frühling wieder da sein würde, und beschloß, aus dem osmanischen Rückzug insofern Vorteil zu ziehen, als er versuchen wollte, einige der von den Türken besetzten Festungen an der Donau und möglichst viel Land östlich von Buda wieder in seinen Besitz zu bringen. Mitte November stellte Ferdinand zu seiner Überraschung fest, daß die feindlichen Truppen Ungarn gründlicher geräumt hatten, als er gehofft hatte, so daß es um die Aussichten, alle Festungen, die an Zápolya und die Türken gefallen waren, wiederzuerobern, besser denn je stand. Ja, es schien plötzlich nicht mehr ganz unmöglich, das ganze Königreich in habsburgischen Besitz zu bringen. Aber der erste Schritt dazu war die Besoldung seiner Truppen. Schon Ende Oktober war es zu Meutereien gekommen, und Ferdinand versuchte von neuem, wo er nur konnte, Subsidien aufzutreiben.

Auch ohne ausreichende Bezahlung waren seine Truppen anfangs so erfolgreich, daß im November Raab und Fünfkirchen zurückerobert werden konnten. Auch Erdödy, der ehrgeizige Bischof von Agram, der von Zápolya abgefallen war und sich mit Hilfe von 350 Mann selber zum Ban von Slawonien ernannt hatte, konnte von Ferdinands Truppen geschlagen werden. Überhaupt fielen jetzt Zápolyas Anhänger scharenweise von ihm ab, so daß der Habsburger schon ganz Ungarn in seinem Besitz sah. Seine Freude sollte jedoch nicht lange dauern. Karl V., der in Spanien nur eine kleine Geldsumme für seinen Bruder hatte aufbringen können, die er selber „inadäquat" nannte, legte ihm dringend ans Herz, mit Suleiman einen dreijährigen Waffenstillstand zu schließen. Aber Ferdinand war noch nicht willens, aufzugeben. Er berief einen Generallandtag seiner österreichischen Länder in Linz ein und für die böhmischen in Budweis und bestimmte, da er nicht an beiden Orten zugleich sein konnte, seine Schwester und seine Frau zu seinen Stellvertretern in Österreich, während er selbst nach Budweis reiste. Um Zeit zu sparen, forderte er alle Delegierten auf, sich mit Vollmachten zu versehen, damit sie nicht für alle Beschlüsse von ihren heimischen Landtagen immer wieder neu autorisiert werden mußten.

Die Resultate all dieser Aktivitäten waren dennoch mager. Maria brauchte viel Zeit, um das Mißtrauen der österreichischen Delegierten zu zerstreuen, die annahmen, Ferdinand ginge ihnen aus dem Weg, weil er ihre Kritik fürchte. Und auch Ferdinands Geduld wurde auf eine harte Probe gestellt. Die mährischen und schlesischen Delegierten waren zwar mit den erforderlichen Vollmachten erschienen, nicht aber die böhmischen. Und die böhmischen waren es auch, die ihm, im Gegensatz zu den mährischen und schlesischen, keine Hilfe auf Dauer versprechen wollten. So war Ferdinand sehr gegen seinen Willen gezwungen, mit ihnen nach Prag zu fahren, um hier mit ihnen separat weiterzuverhandeln. Er wollte ja nicht nur Geld von ihnen, er wollte auch gewisse Verhandlungen zwischen Zápolya und mehreren Mitgliedern der böhmischen Stände abwürgen, von denen er gerüchteweise gehört hatte. Nach einem Monat harter Verhandlungen versprachen die Böhmen Ferdinand, mit dem es gesundheitlich nicht zum besten stand, eine Summe von 125.000 Gulden für den Zeitraum von zwei Jahren.

Aber nun war es bereits zu spät. Nach ihren ersten Erfolgen stießen Ferdinands Truppen Mitte Januar 1530 auf erhebliche Schwierigkeiten. Dementsprechend sank auch ihre Moral, und sie versuchten, durch Plünderung den mangelnden Sold und die immer knapper werdenden Vorräte zu ergänzen. Eine beträchtliche Zahl von ihnen desertierte in Zápolyas Lager. So mußte Ferdinand inmitten seiner Verhandlungen einsehen, daß er schleunigst um einen Waffenstillstand mit dem Sultan ansuchen mußte. Aber er weigerte sich, einen solchen für etwas anderes als für eine zeitlich begrenzte Schonphase zu halten, die es ihm ermöglichen würde, seine Kräfte für die bevorstehende Konfrontation zu sammeln. Eine solche schien ihm unausweichlich für die Voraussetzung der Konsolidierung seiner Position in Mitteleuropa.[13]

Obwohl er diesem Ziel in den Jahren 1529 und 1530 nicht näherkam, war sein Ansehen eben durch seine unbeugsame Haltung den Türken gegenüber bei seiner Familie und seinen Zeitgenossen erheblich gestiegen. Auf den nach der Belagerung Wiens geprägten Erinnerungsmedaillen fallen uns nicht nur die charakteristischen habsburgischen Züge auf, sondern darüber hinaus das ruhige Selbstvertrauen seiner Augen. Und dieses war, wie wir heute wissen, nicht unbegründet. Selbst seine Schwester Maria fing an, ihn für einen großen Herrscher zu halten, und auch im Reich begriff man endlich, daß seine Warnungen vor den Türken mehr als nur der zynische Deckmantel für seinen territorialen Ehrgeiz waren. So wuchs die Bereitschaft der Fürsten, ihn seinem zweiten, noch nicht realisierten Ziel näherzubringen, seiner Wahl zum römischen König und der Nachfolge auf dem Kaiserthron.[14]

Was aber noch wichtiger war, auch Karl gab endlich zu verstehen, daß er diese Wahl nun aktiv unterstützen wollte. Anfang Januar schrieb er, er wolle nach Deutschland kommen, unter anderem, um Ferdinand zu seinem neuen

Titel zu verhelfen. Ferdinand beeilte sich, seinen Bruder in seinen Absichten zu bestärken, indem er noch einmal betonte, wie gefährdet seine Position den Türken gegenüber sein würde, wenn jemand anders zum römischen König gewählt werden würde. Aber auch für Karls italienische Interessen sei es wohl wenig förderlich, wenn das Reich nicht voll hinter ihm stünde.[15] Offensichtlich aber brauchte Karl V. nicht mehr überredet zu werden. Italienische Diplomaten wunderten sich, daß er den Titel nicht seinem eigenen Sohn, dem zukünftigen Philipp II., reservieren wollte. Der Grund war wohl der, daß Philipp erst drei Jahre alt war und Karl genau wußte, daß er selber nicht genügend Zeit im Reich verbringen konnte. Zwar gibt es darüber keine schriftliche Aussage von ihm, aber ein anonymes Dokument der burgundischen Kanzlei von 1532 besagt, daß dies seine Ansicht war, die überdies durch sein Vorgehen bestätigt wurde. Die frühere Regelung, nach der Ferdinand als sein *locumtenens* und als Haupt des *Reichsregiments* dienen sollte, hatte sich als unbefriedigend erwiesen.[16]

Das größte Hindernis hatten schon Karl V. und Klemens VII. aus dem Weg geräumt, indem Karl endlich vom Papst zum Kaiser gekrönt worden war, und zwar 1530 in Bologna. Nun galt es jedoch, noch etliche andere Barrieren zu überwinden. So war zum Beispiel in der Goldenen Bulle von 1356, welche die Wahlprozeduren festlegte, nicht der Fall vorgesehen, daß der Bruder eines Kaisers zum römischen König gekrönt werden konnte. Erst nach großzügigster Verteilung von Bestechungsgeldern konnten die „Verfassungsrechtler" dazu gebracht werden, ihre Skrupel zu vergessen, zumindest für eine Weile, und auch nur dann, wenn diese Bedenken nicht der Vorwand für viel tiefer sitzende Aversionen waren. Denn trotz allem war es Ferdinand noch immer nicht ganz gelungen, den negativen Eindruck, den er beim ersten Mal auf die Fürsten gemacht hatte, zu verwischen. Immer noch betrachteten ihn einige als einen lästigen Ehrgeizling, dem man nicht ganz trauen konnte, vor allem die lutherischen Fürsten wie der Kurfürst Johann Friedrich von Sachsen, Markgraf Philipp von Hessen, Herzog Ernst von Lüneburg und andere. Gerade dieser Kreis bediente sich auch der Schwachstelle in der Goldenen Bulle.[17] Es war aber auch ein ernsthafter Rivale da: Herzog Wilhelm von Bayern, der vom König von Frankreich unterstützt wurde und anfangs auch von Papst Klemens VII. So wie mit ihrer Kandidatur für die böhmische Krone wollten die Wittelsbacher auch jetzt den Habsburgern nicht kampflos das Feld überlassen, und erst als die Reformation immer mehr vorrückte, fanden sich die beiden Familien auf ihrer gemeinsamen Glaubensbasis. Von den katholischen Fürsten war es vor allem der Kurfürst von Trier, der Ferdinand gegenüber gewisse Vorbehalte hatte.[18]

Wie im Jahr vorher, als er die Protestanten zurück in Ferdinands Armee gebracht hatte, setzte sich Karl auch jetzt wieder erfolgreich für die Ziele seines Bruders ein. Nicht nur, daß er dem Reichstag 1530 in Augsburg Ferdinands

Fähigkeiten in den glühendsten Farben schilderte, er geizte auch nicht mit Geld und anderen Gunstbezeugungen, so daß am Ende des Jahres alle Kurfürsten, mit Ausnahme des lutherischen Kurfürsten von Sachsen, im habsburgischen Lager versammelt waren. Am 5. Januar 1531 erhielt Ferdinand die Stimmen von fünf Kurfürsten. Es fehlten die Stimme Sachsens und seine eigene, da er als König von Böhmen nicht wahlberechtigt war. Wenige Tage später war er gekrönt. Die Kosten beliefen sich auf 356.845 Gulden, die sich Ferdinand mit einiger Mühe von den Fuggers ausgeborgt hatte. Einen Monat später erhob er sie und ihre Nachkommen zum Dank dafür in den Status von *Reichsfreiherren*.[19]

So konnte Ferdinand einen weiteren Titel in seine Sammlung einordnen. Theoretisch gab ihm das neue Amt im Reich nun eine Reihe von Freiheiten, die er bisher nicht besessen hatte. Aber unmittelbar nach der Krönung in Aachen tauchten die alten Ressentiments, die man ihm und seiner Familie gegenüber hegte, wieder auf, und Karl V., der gewisse Zweifel darüber hegte, wie weit die Deutschen seinem Bruder wirklich gehorchen würden, zögerte, alle seine kaiserlichen Rechte Ferdinand zu übertragen. In einem geheimen Dokument, das Ferdinand im März 1531 übermittelt wurde, wurden praktisch als Ergänzung zu der öffentlichen Amtsübergabe mit allen Vollmachten Ferdinands Rechte bei der Vergabe von Titeln und der Verhängung des Reichsbannes stark eingeschränkt. Das war ein harter Schlag für Ferdinand, hatte er doch gehofft, den widerspenstigen Kurfürsten von Sachsen und seinen Verbündeten Philipp von Hessen mit dem angedrohten Bann einschüchtern zu können. Außerdem behielt sich der Kaiser das Recht vor, die Verträge, die sein Bruder im Namen des Reiches mit ausländischen Mächten abschloß, einzusehen und abzuändern.[20]

Karls Sorge über die wachsende Feindseligkeit der Protestanten angesichts der habsburgischen Machtstellung im Reich bekam nach Ferdinands Wahl neuen Nährstoff. Johann Friedrich von Sachsen beklagte sich bitter über die zwei Herrscher, denen er nun zu gehorchen habe.[21] Und am 27. Februar 1531 schlossen sich die protestantischen Fürsten im sogenannten Schmalkaldischen Bund zusammen. Auch in Bayern erwachte aufs neue der militante Geist. 1531 machte auch ein Dokument die Runde, welches den Kaiser und seinen Bruder anklagte, aus persönlichen Gründen die Macht im Reich anzustreben und die Freiheiten der Deutschen dabei zu mißachten. Sogenannte Schutzmaßnahmen waren die Folge dieser Befürchtungen. Am 24. Oktober 1531 schlossen die Wittelsbacher das aus religiöser Sicht seltsame, aber politisch gerechtfertigte *Saalfelder Bündnis* mit dem Schmalkaldischen Bund. Der nächste Schritt war die Zusammenarbeit dieser Koalition mit Frankreich und Zápolya. Schlimm für Ferdinand war, daß auch andere katholische Fürsten ihm nicht vertrauten. Als sie sich im September in Überlingen trafen, um Maßnahmen zum Schutz ihres Glaubens zu erörtern, verbaten sie ihm sogar, an ihrem Treffen teilzunehmen. Am gefährlichsten aber war zweifellos die Gegnerschaft des Kurfürsten von Sachsen. In seiner Argumentation stützte er sich nicht nur auf die Goldene Bulle, die die Wahl eines römischen Königs nicht vorsah, während der Kaiser noch lebte, er stellte auch die Idee eines immerwährenden habsburgischen Erbanspruchs auf das kaiserliche Amt in Frage. 1532 belehrte Johann Friedrich eine Versammlung von deutschen Fürsten in Schweinfurth, daß niemals zwei Kaiser aus derselben Familie hintereinander den Kaiserthron besteigen sollten. Diese Stellungnahme war für Ferdinand eine weit größere Gefahr als für Karl V.; denn der Sohn des letzteren war noch viel zu jung, um als Kandidat für die Kaiserkrone nach seines Vaters Tod in Frage zu kommen. Daß eine solche Regelung eine starke Schwächung der kaiserlichen Macht dargestellt hätte, war einem Jahrhundert später dem antideutschen Strategen Kardinal Richelieu vollkommen klar. Der Kurfürst von Sachsen hingegen war wohl nicht imstande, die Folgen einer solchen, gegen die Habsburger gerichteten Haltung zu überblicken und meinte, die Entscheidung läge bei den Kurfürsten, „wye es der person halben, die römischen König zu entweihen und nicht Teudscher Sprach oder getzung were, auch ob zewene, drey oder mehr römische Könyge auss aynem Haus nacheynander solten mögen erwelt werden darumb solten sich die Churfürsten vergleychen, und solchs in yrer Aynung verordnet werden".[22]

Da Ferdinand sich zu schwach fühlte, um derartige Probleme bewältigen zu können, bat er Karl, im Frühling 1531 ins Reich zu kommen und die rebellischen Fürsten wieder auf Vordermann zu bringen. Da er gegen die Deutschen weder Krieg führen wollte noch das Geld hatte, die Dissidenten zu bestechen, schien ihm die direkte Konfrontation des Kaisers mit den Fürsten der einzige Weg, um diese zur Vernunft zu bringen. Karl reagierte verständnisvoll und stellte seine Rückkehr in Aussicht. Er wollte jedoch andererseits auf keinen Fall die Lutheraner so reizen, daß sie auf die Idee kamen, den Zwinglianern beizustehen, die mit den katholischen Kantonen der Schweiz Krieg führten.[23] So instruierte Karl seine Bevollmächtigten, sie sollten in ihren Vorgesprächen mit dem Kurfürsten von Sachsen diesen darauf hinweisen, daß sich Ferdinands neue Würde nicht nachteilig auf die kurfürstlichen Rechte auswirken würde und daß es vollkommen offen sei, wer seine Nachfolger sein würden.[24] Damit war die Basis für einen späteren erbitterten Bruderzwist gelegt.

Bis der Kaiser tatsächlich nach Deutschland kam, schrieb man bereits das Jahr 1532, und die Anerkennung von Ferdinands Wahl war mit neuen Bedingungen verknüpft worden. Die Türken bedrohten von neuem Mitteleuropa, und die Protestanten stellten für ihre dringend benötigte Mithilfe sowie für ihre zumindest vorläufige Anerkennung Ferdinands als römischen König in der Nürnberger Vereinbarung die Bedingung, daß Karl versprach, den *Status quo* so lange zu respektieren, bis ein allgemeines Konzil über den religiösen Zwist entschieden hätte. Die deutschen Fürsten waren sich also durchaus ihrer Mittel bewußt, mit denen sie der wachsenden Macht der Habsburger im Reich einen Riegel vorschieben konnten.

Ferdinand mußte jedenfalls erfahren, daß ihm der neue politische und militärische Status nur wenige der Vorteile brachte, die er eigentlich erwartet hatte. Und weder er noch Karl hatten in Erwägung gezogen, daß ihre Politik so viel Feindseligkeit hervorrufen würde. Eine gewisse Selbstüberschätzung schien beide Männer immun gegen die Zweifel und Überlegungen normaler Sterblicher zu machen. Aber Ferdinand war es ja gewöhnt, daß die Titel unvollständig waren, die er trug: Auch die österreichischen Länder waren nur nach und nach in seinen Besitz gekommen, und sein Anspruch auf die ungarische Königskrone war immer noch heiß umstritten. Noch der „unvollständigste" Besitz eines Titels war besser als gar keiner, war seine Meinung und die des Kaisers. Ebenso wichtig für Ferdinand war, daß Karl offensichtlich das Versprechen gehalten hatte, das er ihm 1525 nach Pavia gegeben hatte. Denn ohne seine Unterstützung wäre die deutsche Wahl nicht über die Bühne gegangen. Freilich deckte Karl V. seinen Bruder hauptsächlich aus eigenem Interesse. Und seine indifferente Haltung angesichts der militärischen Schwierigkeiten des Jüngeren 1529 entsprang der Überzeugung, daß dies ausschließlich die Probleme seines Bruders waren. Ob er in Zukunft seinen Bruder auch dann unterstützen wollte, wenn es nur um die Interessen des letzteren ging, war ungewiß.

VII. Waffenstillstand

Ferdinand, den einerseits der Kriegszustand mit den Türken mit großer Sorge erfüllte, war andererseits durchaus nicht der Meinung, daß die Armeen des Sultans oder dessen Schützlings Zápolya unschlagbar seien, vorausgesetzt, man konnte ihnen adäquat ausgerüstet entgegentreten. Praktische Erfahrungen hatten diese Überzeugung bereits bestätigt. Kürzlich hatte ein Feldzug gegen seinen Rivalen in Ungarn sogar sehr zufriedenstellende Resultate gebracht. Ferdinands Truppen konnten Gran und Visegrád (Plintenburg) wieder einnehmen, Buda blieb allerdings noch in der Hand Zápolyas. Was die Türken offensichtlich schreckte, war eine mögliche Koalition der beiden Habsburger. Und genau darauf setzte ja auch Ferdinand seine Hoffnungen. 1531, als der Sultan mit der Idee einer Invasion in Italien spielte, versprach er Ferdinand, ihn in Ruhe zu lassen, wenn er seinerseits sich nicht in Italien einmische. Ferdinand zeigte ihm jedoch die kalte Schulter und gab ihm zu verstehen, er könne den Kaiser in einer Notlage nicht im Stich lassen.[1]

Es war aber gar nicht so leicht, eine solche Koalition zusammenzubringen, schon gar nicht zu Beginn des Jahres 1530. Weder Karl V. noch Maria wollten in Osteuropa Krieg führen, und so bedrängten beide Ferdinand, mit seinem ungarischen Rivalen und der Pforte Friedensgespräche zu beginnen. Diese begannen noch im Jahr 1530, und Karl V. bekundete sein Interesse an positiven Resultaten dadurch, daß er seine Gesandten zu den separat geführten Verhandlungen schickte. Die Verhandlungen mit Zápolya wurden im Januar in Posen eröffnet. Obwohl sich König Sigismund als Vermittler zur Verfügung gestellt hatte, schleppten sich die Gespräche zäh dahin. Ferdinands kompromißlose Forderung, daß er und seine Erben von Zápolya als legitime Herrscher Ungarns anerkannt würden, war für die Gegenseite unannehmbar. Der siebenbürgische Magnat dagegen bot dem Habsburger an, er wolle seine Thronrechte und die seiner Erben anerkennen, wenn er ohne legitimen männlichen Erben sterben würde, ja, er war sogar bereit, Ferdinand das Recht zuzugestehen, den Titel eines Königs von Ungarn noch zu seinen (Zápolyas) Lebzeiten zu tragen. Ferdinands Gegenvorschläge, bei denen er sich auf den Kaiser bezog, stießen bei Zápolya auf berechtigtes Mißtrauen. Dieses bestätigte sich, als Ferdinand in der zweiten Jahreshälfte den zuvor erwähnten Feldzug gegen ihn eröffnete.

Schließlich einigte man sich im Dezember 1530 auf einen einjährigen Waffenstillstand, der im Mai 1531 um ein Jahr verlängert wurde. Eine endgültige Regelung war jedoch noch in weiter Ferne.

Auch bei Ferdinands Verhandlungen mit der Pforte war die ungarische Thronfolge das zentrale Thema. Offensichtlich glaubte er, er könne den Türken, wenn er nur geschickt verhandle, das ganze Königreich abringen. Vielleicht sah er auch die ganzen Verhandlungen lediglich als Alibihandlungen an, die er seinem Bruder gegenüber geltend machen konnte. Eines seiner Angebote belief sich darauf, daß er den Türken bis zu 100.000 Dukaten für eine längere Friedensperiode zahlen wollte, wenn sie ihm während dieser Zeit die Alleinregierung in Ungarn garantieren würden. Die Höhe des Tributs würde davon abhängen, wie viel die Türken ihm von Ungarn überlassen würden. Ferdinand ging sogar so weit – und zeigte sich damit den Türken gegenüber flexibler als seinem Rivalen –, seine Bevollmächtigten in Konstantinopel zu autorisieren, der Übergabe Ungarns an Zápolya unter der Bedingung zuzustimmen, daß nach dessen Tod der ungarische Thron auf ewig an die Habsburger fiele. Der Sultan war jedoch der Meinung, das Königreich gehöre vor allem ihm und zeigte dem Habsburger die kalte Schulter. Das einzige, was Ferdinand durch die Verhandlungen gewann, war das Vertrauen seines Bruders. Denn dieser hatte jetzt den Eindruck, daß es Ferdinand mit seinem Friedenswillen ernst war und ließ Anfang 1532 verkünden, wenn es doch wieder zum Krieg mit den Türken käme, dann wäre es nicht die Schuld seines Bruders.[2]

Keiner der beiden Brüder hielt sich finanziell für stark genug, um sich auf einen solchen Konflikt einzulassen. Aus diesem Grund hatte Karl auch seine religiösen Skrupel zur Seite geschoben, als es darum ging, sich mit den nichtchristlichen Türken an einen Verhandlungstisch zu setzen. Und auch Ferdinand mußte vor dem böhmischen Landtag 1531 zugeben, daß er nicht in der Lage war, die Kriegskosten aufzubringen. Dabei befand er sich in einem echten Dilemma. Durch die wiederholten türkischen Einfälle in seine Gebiete stiegen nicht nur seine militärischen Ausgaben ständig, es verringerten sich dadurch auch seine Einkünfte. Zwar gibt es nur lückenhafte Angaben über die genauen Auswirkungen der türkischen Kriegshandlungen auf die Wirtschaft Mitteleuropas, aber die Dokumente eines Gewerbebetriebes in Wiener Neustadt zeigen deutlich, daß durch die türkische Besetzung Ungarns der Handel mit diesem Land erheblich abgenommen hatte. Nun reichten Ferdinands Einkünfte ja noch nicht einmal aus, um die Schulden seines Großvaters abzutragen. Wie sollte er da einen Krieg führen können? 1531 mußte er einen Teil des neapolitanischen Einkommens verpfänden, das er seinem Großvater Ferdinand von Aragon verdankte.[3]

Aber trotz der mißlichen Finanzlage schien man der Konfrontation mit den Türken nicht mehr aus dem Weg gehen zu können. Unter den Magyaren war die Unzufriedenheit mit Ferdinands anscheinender Passivität den Türken gegenüber gewachsen. Dabei zeigte er sich den ungarischen Nöten gegenüber im allgemeinen aufgeschlossen. So hatte er zum Beispiel Kaufleuten aus gewissen westlichen Gebieten Ungarns, die unter den Überfällen der Türken schwer gelitten hatten, erlaubt, ihre Weine abgabenfrei in Mähren, Schlesien, Böhmen und Polen zu verkaufen. Und für die antihabsburgischen Kreise Ungarns ging einer ihrer innigsten Wünsche in Erfüllung, als Maria auf Ferdinands Drängen den Posten einer Statthalterin der Niederlande annahm, der nach dem Tod ihrer Tante Margarete frei geworden war.

Trotzdem gab es für die Magyaren genügend Gründe zur Unzufriedenheit. Einer davon war das Verhalten von Ferdinands Truppen in Ungarn, die sich nicht besser als die Türken benahmen und die Bauerngüter ebenso wie die königlichen plünderten. Selbst Marias Besitz war vor diesen Räuberbanden nicht geschützt. Ferdinand sah sich offenbar nicht in der Lage, ihnen Einhalt zu gebieten, es sei denn, man erfüllte seine Geldforderungen, damit er seine Truppen besser bezahlen konnte. So begannen sich in Ungarn selbst Gruppen zu bilden, die das räuberische Unwesen bekämpfen und auch die Türken einschüchtern wollten. Zu diesen Selbsthilfemaßnahmen gehörten auch die Versuche des Adeligen Peter Perényi, 1531 eine neue Partei aus den Abtrünnigen, sowohl aus Ferdinands als auch aus Zápolyas Lager, zu bilden und die Türken dafür zu gewinnen, ihn zum ungarischen Regenten zu machen. Der ungarische Landtag sollte darüber im Mai beraten, da aber Ferdinand und Zápolya ihren Gefolgsleuten die Teilnahme untersagt hatten, mußte die Versammlung mangels Teilnehmer aufgelöst werden. Daß es aber überhaupt so weit gekommen war, war symptomatisch für die gefährliche Stimmung, die im Königreich herrschte. Im November 1531 schickte eine andere politische Gruppierung ihre Abgeordneten zu Ferdinand, um sich zu vergewissern, ob er tatsächlich in der Lage war, das Land zu verteidigen, nicht nur „in Worten, sondern durch Taten“.[4]

Aber mehr als Worte standen ihm nun einmal zu jenem Zeitpunkt nicht zur Verfügung. Wie sehr die Ungarn sich nach Taten sehnten, verdeutlicht der Vorschlag eines einstigen Anhängers der Habsburger, nämlich von Thomas Nádasdy, Ferdinand und Zápolya sollten dem Landtag Rede und Antwort stehen, wie sie das Königreich zu verteidigen gedächten. Wer am überzeugendsten zu argumentieren verstünde, sollte zum König ernannt werden. Wenn es weder dem einen noch dem anderen gelänge, wollten Nádasdy und seine Gefolgsleute Ungarn den Türken übergeben. Ferdinand begegnete dieser Herausforderung, indem er einen Gegenlandtag in Gran zusammenrief. Diese bewährte Taktik zeigte auch diesmal wieder ihren Erfolg insofern, als nun beide Landtage so schwach besetzt waren, daß keiner beschlußfähig war. Nádasdy und seine Partei beklagten sich auch über Ferdinands lange und häufige Abwesenheiten in Ungarn. Er erwiderte, er würde sein Möglichstes tun und auch die Missetaten seiner Truppen bestrafen.[5] Aber das Mißtrauen gegen ihn saß so tief, daß die Ungarn 1532, als es kein Geheimnis mehr war, daß die Türken eine neue Offensive vorbereiteten, ihren eigenen Abgeordneten zum Reichstag nach Regensburg schickten, um, wie sie glaubten, schneller zu Subsidien zu kommen. Als nun der Abgeordnete den Ständen die Lage in Ungarn schilderte, sparte er nicht mit heftigen Vorwürfen gegen Ferdinand. Seine vielen Reisen wurden als Grund für die Verwahrlosung seiner Truppen angeführt, seine Steuern seien entschieden zu belastend, und überhaupt habe er bisher wenig Positives für sein Reich getan. Daß er von Natur aus ein „freundlicher Fürst" sei, hätte wenig zur Verbesserung ihrer Situation beigetragen.[6]

Gewöhnlich pflegte Ferdinand solche Aufmüpfigkeiten mit dem Versprechen zu besänftigen, die Ungarn könnten sich auf die baldige Hilfe des Auslands verlassen. 1530 ging er so weit, zu behaupten, nicht näher angeführte „christliche Könige und Herrscher" seien bereit, ihn zu unterstützen. Aber diese Versprechen waren schwer zu belegen. Im Mai 1531 nahm ihm Maria die letzte Hoffnung, daß die „christlichen" Fürsten ein Interesse daran hatten, ihm zu helfen.[7] Nur seine Behauptung, Karl V. stünde hinter ihm, hatte mehr Berechtigung. Der Augsburger Reichstag von 1530, auf dem der Kaiser den Vorsitz führte, war ungewöhnlich großzügig in der Bewilligung von Mitteln gewesen, auch wenn die meisten für die Verteidigung des Königreichs bestimmt waren und nicht, wie die Ungarn es sich gewünscht hätten, für eine Offensive zu ihrer Wiedervereinigung. Aber allein die Anwesenheit des Kaisers, auch wenn er sich durch seine Bevollmächtigten vertreten ließ, schien einen beruhigenden Effekt auf die Ungarn auszuüben. So konnte zum Beispiel 1531 Karls Stellvertreter, Cornelius Scepperus, die ungarische Behauptung entkräften, weder Ferdinand noch Zápolya seien in der Lage, das Land zu regieren.[8]

Mit Recht also setzte Ferdinand seine ganze Hoffnung auf die Anwesenheit des Kaisers bei den Reichstagen als ein bewährtes Mittel zur Lösung von religiösen Problemen und zur Beschleunigung der Debatten, in denen es um die militärische Hilfe gegen die Türken ging. Bei aller Schwäche des kaiserlichen Amtes verfügte Karl V. doch im Reich über genügend Autorität, was sich 1529 gezeigt hatte, als die Protestanten schließlich doch ihre Truppen nach Wien entsandten. Und nur weil der Kaiser den Ständen in Augsburg 1530 versprochen hatte, daß er mit Hilfe des Papstes und des Königs von Frankreich ein Konzil auf die Beine stellen würde, hatten die deutschen Stände Ferdinand mit 40.000 Infanteristen und 8000 Kavalleristen unterstützt.[9]

Daher war Ferdinand, als sich die Türken 1531 wieder bemerkbar machten, darauf erpicht, daß Karl den Vorsitz bei dem nächsten Reichstag übernähme. Die Vielfalt seiner Verpflichtungen gab aber dem Kaiser niemals die Gelegenheit, sich über einen längeren Zeitraum für die Interessen seines Bruders einsetzen zu können. Und da seine Bemühungen um ein Kirchenkonzil beim Papst und bei Franz I. erfolglos geblieben waren, hatte sich Karl entschlossen, nach Spanien zurückzukehren, um hier seine Angelegenheiten zu ordnen. In religiösen Fragen, so riet er seinem Bruder, solle er versuchen, die Deutschen hinzuhalten. Die katholische Religion dürfe allerdings nicht in essentiellen Punkten angetastet werden. Da er erkannt hatte, daß die Türken wieder eine echte Gefahr darstellten, drängte er Ferdinand, die Fürsten um Hilfe zu bitten, indem er ihnen klarmachen sollte, daß die gesamte Christenheit in Gefahr sei. Auch seine eigene Hilfe stellte er in Aussicht, gab aber keine näheren Erläuterungen. Aus Ferdinands Sicht war das alles mehr als unbefriedigend, da der Kaiser nicht die Absicht zu erkennen gab, daß er selber nach Deutschland kommen würde. Wieder gab er sich alle Mühe, den Kaiser davon zu überzeugen, wie nah beinander ihre Interessen lägen und wie schlecht es um Karls Sicherheit in Italien bestellt sei, wenn die Osmanen Ungarn erobert hätten. Mit den aus dem Boden schießenden Sekten in Deutschland sei es auch mit Karls Rückhalt im Reich nicht weit her und daher sei seine Anwesenheit beim Reichstag umso erstrebenswerter. Als Karl antwortete, seine Bemühungen um ein Konzil seien vergeblich gewesen, meinte Ferdinand, umso wichtiger sei es, den Ständen darüber auf dem Reichstag zu berichten. Er konnte allerdings den Kaiser nicht dafür gewinnen, und dieser blieb bei seinem Entschluß, nach Spanien zurückzukehren.[10]

Aber schon im Sommer besann er sich anders und gab Ferdinand grünes Licht für die Vorbereitungen eines Reichstags, der noch im selben Jahr in Speyer stattfinden sollte. Wieder einmal jedoch hielten ihn seine unzähligen Verpflichtungen davon ab, sich sofort den deutschen Angelegenheiten zuzuwenden. Nachdem im August eine Krankheit seine Abreise verzögert und er diese für September angesetzt hatte, beschloß er dann im September, die Friedensverhandlungen mit dem König von Frankreich fortzusetzen. Indessen schäumte Ferdinand vor Wut über die Unzuverlässigkeit seines Bruders. So viel ihm auch an einem Frieden mit Frankreich lag, mußten die Verhandlungen ausgerechnet jetzt stattfinden? Da nicht abzusehen war, wann der Kaiser endlich Zeit finden würde und er vermeiden wollte, daß man die ständigen Absagen des Kaisers als Uneinigkeit zwischen den beiden Brüdern interpretieren könnte, brach er die Verhandlungen mit den Landtagen in seinen eigenen Ländern ab, wo es darum gegangen war, wieviel Geld ihm die Stände für seine Reise nach Speyer zur Verfügung stellen wollten.[11]

Dies war ein weiser Entschluß; denn wegen der Krankheit der Königinmutter von Frankreich, Luise von Savoyen, waren die Verhandlungen neuerlich verschoben worden, und Ferdinand zweifelte, ob Karl V. überhaupt noch in diesem Jahr nach Deutschland kommen würde. Auch diese Zweifel sollten sich bestätigen, als Karl V. seinen Entschluß kundtat, seinen Aufenthalt in den Niederlanden zu verlängern.[12] Hier hatte es nämlich Ärger mit Karls und Ferdinands Schwager, Christian II. von Dänemark, gegeben, der plötzlich in den Niederlanden mit der Forderung aufgetaucht war, der König von Spanien schulde ihm noch einen Teil der Mitgift für seine Frau Isabella in Form von Schiffen und Munition. Dabei mußte Karl V. befürchten, daß Christian mit dem Herzog von Geldern unter einer Decke steckte und Pläne für die Verbreitung des Protestantismus in den Niederlanden ausarbeitete. Wie auch immer, der Kaiser riet seinem Bruder, die Rückreise nach Österreich anzutreten und versprach, den deutschen Fürsten die Gründe für den Aufschub schriftlich zu erklären.[13] Ferdinand blieb nichts anderes übrig, als zuzustimmen. Er bat aber seinen Bruder, den Reichstag wenigstens nach Regensburg zu verlegen, weil diese Stadt leichter für ihn zu erreichen sei. Da Karl nichts dagegen einzuwenden hatte, wurde der Reichstag für Anfang 1532 in Regensburg angesetzt. Die Verhandlungen mit dem König von Frankreich zogen sich bis November hin, und die durch das winterliche Wetter verzögerte Abreise des Kaisers erfolgte tatsächlich erst im Frühjahr des nächsten Jahres.[14]

Als der Reichstag endlich im April 1532 eröffnet wurde, befand sich Ferdinand in Böhmen beziehungsweise in Ungarn, um Mittel für seine Kriege gegen die Türken aufzutreiben. Wahrscheinlich hatte er recht, wenn er annahm, daß er selbst wenig bei den Fürsten ausgerichtet hätte. Denn abgesehen von den schon bekannten Einwänden Johann Friedrichs von Sachsen und Philipps von Hessen gegen seine Wahl zum römischen König, war es auch zu zusätzlichen Spannungen zwischen ihm und den protestantischen Fürsten wegen der habsburgischen Besetzung Württembergs gekommen. Ulrich, Herzog von Württemberg, war nämlich 1519 des Landes verwiesen worden, nachdem er mit Hilfe der Schwäbischen Liga versucht hatte, die freie Stadt Reutlingen in seinen Besitz zu bringen. Seine Länder waren zuerst von Karl und später von Ferdinand verwaltet worden, während Ulrichs wiederholte Forderungen auf Rückgabe seines Eigentums von mehreren Fürsten unterstützt wurden. Auf dem Reichstag von Speyer 1529 hatte Ferdinand seine Einwilligung zur Vermittlung in dieser Angelegenheit gegeben. Als der Fall jedoch zugunsten Ulrichs entschieden wurde, hatte er sich glatt geweigert, diesen Beschluß anzuerkennen.

Karls Anwesenheit auf dem Reichstag zu Regensburg 1532 bedeutete nicht, daß er die antitürkische Strategie seines Bruders in allen Details guthieß. Vor allem wollte er sich im Osten im Gegensatz zu seinem Bruder rein defensiv verhalten. Wenn er jetzt die Deutschen um Truppen bat, dann, weil seine Gesandten in Venedig ihm die Information hatten zukommen lassen, daß die Türken wahrscheinlich eher in Italien als in Ungarn angreifen würden. Dagegen wollte er vor allem gewappnet sein, während er seine Taktik in

Ungarn ganz auf die des türkischen Sultans abstimmen wollte. Sollte dieser an der Spitze seiner Armee in Ungarn erscheinen, wollte Karl dasselbe tun. Verzichtete Suleiman jedoch darauf, seine Armee zu begleiten, wollte auch Karl lediglich defensive Maßnahmen anordnen und sich selbst zurückhalten. Seine Unlust, sich in irgendeinen Krieg zur Wiedereroberung Ungarns einzulassen, was nun wieder Ferdinands erklärtes Ziel war, verstärkte sich noch, als er sah, wie sehr auch die Deutschen dagegen waren. Unter der Führung Philipps von Hessen erklärten die katholischen zusammen mit den protestantischen Fürsten, daß die Habsburger das deutsche Geld eigentlich nur zur Unterwerfung Ungarns und zur Vergrößerung ihrer eigenen Macht haben wollten und weniger für die Verteidigung der Christen gegen die Türken. In dieser Stimmung wundert es einen nicht, daß von allen Seiten auf Ferdinand Druck ausgeübt wurde, doch auf die ungarische Krone zu verzichten. Von Klemens VII. kam der Rat, der Kaiser solle einen Kompromiß mit Zápolya ausarbeiten, in dem Ferdinand auf alle seine Ansprüche in Ungarn verzichtete, wenn er dafür einige Gebiete an der Grenze Venedigs zugesprochen bekäme. Zwar spielte Ferdinand kurz mit dieser Möglichkeit, kam aber schließlich zu dem Entschluß, daß seine Verpflichtungen Ungarn gegenüber es ihm nicht erlaubten, sich mit dieser Idee ernstlich zu beschäftigen.[15]

Als die Deutschen jedoch feststellen mußten, daß es sich um keinen falschen türkischen Alarm handelte, zeigten sie sich doch bereit, ihren Beitrag zumindest zur Verteidigung Ungarns zu leisten. Und die Chancen des Kaisers, auch die lutherischen Fürsten zu gewinnen, stiegen, als er vorschlug, mit ihnen einen religiösen „Waffenstillstand“ zu schließen. Er versprach nicht nur, den territorialen *Status quo* einzuhalten, er versprach auch, alle Aktionen des *Reichskammergerichts* gegen die Protestanten einzustellen. Ende April konnte Ferdinand in dem Bewußtsein nach Prag abreisen, daß Karl die Unterstützung der Deutschen bekommen würde.[16]

In Böhmen mußte er sich nun mit der Opposition auseinandersetzen, die von der alten probayrischen Partei unter den Einflüsterungen des Kanzlers der Wittelsbacher, Leonhard von Eck, gegen die Habsburger vorgebracht wurde. Dieser gerissene Diplomat versuchte die Stände davon zu überzeugen, daß es gar keinen Sinn hatte, Ferdinand irgend etwas zu bewilligen, da seine Reserven zu schwach waren, um damit etwas anzufangen. Am besten war es laut Eck, dem König alles abzuschlagen und zu verlangen, daß er mit Zápolya Frieden mache. Wie wir wissen, waren auch in Deutschland einige Fürsten und sogar der Kaiser selbst dieser Meinung.[17] Trotzdem bekam Ferdinand Anfang Juni einige Hilfe von Prag und den anderen böhmischen Kronländern zugesagt. Zusammen versprachen ihm Böhmen, Mähren und Schlesien ungefähr 35.000 bis 40.000 Mann. Zu diesem Zeitpunkt hatten die Türken gerade Belgrad hinter sich gelassen, aber Ferdinand konnte nun darauf vertrauen, daß er dem Feind mit einer größeren Armee entgegentreten könnte, vorausgesetzt, diese traf rechtzeitig bei ihm ein. In der sicheren Erwartung des Sieges schlug Ferdinand zur Bestürzung seiner Frau vor, daß er und Karl ihre Armeen persönlich anführen wollten. Damit würden die Brüder beweisen, daß sie weit bessere Diener des Christentums waren als der König von England und der König von Frankreich.[18] Aber da die Deutschen einwandten, Ferdinand sei nicht neutral genug, mußte er für seine Person verzichten, und auch Karls aktive Teilnahme an dem Feldzug scheiterte, da er krank wurde.

Anfang September versammelten sich in Wien die Truppen aus ganz Europa, um den Habsburgern gegen die Türken beizustehen. Der Reichstag schickte 40.000 Mann, und der Kaiser brachte aus Spanien und Italien ungefähr noch einmal so viele Soldaten mit. Selbst die ungarischen Stände waren tief beeindruckt über eine so großzügige brüderliche Hilfe. Und da auch der Papst schließlich mit 100.000 Gulden für die Rekrutierung in Ungarn herausrückte und auch die österreichischen Länder Truppen versprachen, nachdem Ferdinand gezwungenermaßen die Unterdrückungsmaßnahmen gegen die Protestanten gelockert hatte, erreichte die christliche Armee zuguter Letzt eine Stärke von 100.000 Mann. Damit hatte selbst der Kaiser nicht gerechnet.[19]

Aber als nun endlich die Entscheidungsschlacht stattfinden konnte, auf die Ferdinand so gehofft hatte, traf Suleiman in Ungarn auf unerwarteten Widerstand. Es gelang nämlich Nikolaus Juristić, Suleiman mit nur wenigen Truppen in der Festung Güns dreißig Tage lang aufzuhalten. Diese Verzögerung bewirkte zusammen mit der Nachricht, Karls Flotte habe die Morea-Küste (Peloponnes) angegriffen, daß Suleiman nicht den Mut zu einem zweiten Herbstfeldzug in Mitteleuropa aufbrachte. So zog er sich auf den Balkan zurück, ohne einen einzigen christlichen Soldaten zu Gesicht bekommen zu haben. Für Ferdinand wäre dies die unvergleichliche Gelegenheit gewesen, im Triumphzug ganz Ungarn in seinen Besitz zu bringen. Aber leider konnte er die Chance nicht ergreifen. Denn als am 23. September der Kaiser in Wien einlangte und feststellte, daß die Osmanen sich zurückgezogen hatten, entschied er, auf der Stelle mit einem Großteil der Truppen nach Italien weiterzuziehen. Auch die deutschen Truppen, die nur unter der Bedingung nach Wien gekommen waren, daß sie zu rein defensiven Zwecken verwendet würden, entschlossen sich ebenfalls zur Abreise. Karl ließ seinem bitter enttäuschten Bruder lediglich einige wenige italienische Söldnertruppen zurück, die er selber als inadäquat bezeichnen mußte. Da zu dieser Zeit in Wien die Pest wütete, verlor Ferdinand zu allem Unglück auch noch mehrere Mitglieder seines Hofes. Er selber, der sich sonst einer robusten Gesundheit erfreute, litt unter heftigen Verdauungsstörungen. Von allen Truppen, die er unter solchen Mühen um sich versammelt hatte, waren nur die aus Tirol und Vorderösterreich bereit, ihm nach Ungarn zu folgen.

Dabei standen die Vorzeichen für Ferdinand in Ungarn noch nie so günstig wie jetzt. Zápolya fühlte sich so bedroht, daß er sich unaufgefordert aus Buda zurückzog. Daher erwartete man jetzt allgemein und besonders die habsburgische Partei in Ungarn, daß der König nun militärisch durchgriff. Alexis Thurzó weigerte sich sogar, weiter seinen Dienst als Kanzler zu tun, wenn Ferdinand jetzt nicht entschieden gegen die „Rebellen“ vorginge. Ähnliche Stimmen kamen Mitte Oktober aus Siebenbürgen, von wo seine Anhänger ihn um 7000 oder 8000 Mann baten, um Siebenbürgen in seinen Besitz zu bringen.[20] Aber gegen Ende des Monats brach unter den Truppen, die ihm sein Bruder zurückgelassen hatte, eine so wilde Meuterei aus, daß Ferdinand den Zustand selber als „unbeschreiblich“ darstellte. Deprimiert mußte er mitansehen, wie die Armee, auf die er so große Hoffnungen gesetzt hatte, nur noch auf Zerstörung aus war. Als sein General Hans Katzianer sich nicht traute, mit seinem Häuflein Soldaten die Grenze nach Siebenbürgen zu überschreiten, bat Ferdinand den Kaiser um mehr Truppen.[21]

Aber Karl antwortete nicht, so daß Ferdinand nichts anderes übrig blieb, als erneut Verhandlungen mit Zápolya und dem Sultan aufzunehmen. Hierbei nun bot Karl V. sofort seine Mithilfe an und instruierte seinen Gesandten, sich bei den Gesprächen mit dem Woiwoden ganz an die Wünsche Ferdinands zu halten. Dieser aber wollte jetzt vor allem Frieden schließen. Am 30. Dezember schloß Katzianer einen viermonatigen Waffenstillstand mit Zápolya. Zwar war Ferdinand weiter davon überzeugt, daß er seinem Rivalen entscheidende Verluste hätte beibringen können, aber im Moment konnte er nichts anderes tun, als seine Schwester um Geld zu bitten, um das zu retten, was ihm ohnedies gehörte. Im nächsten Jahr schloß er auch mit dem Sultan einen Waffenstillstand. Der Sultan war nur deshalb dazu bereit, weil er seinerseits mit einer persischen Offensive rechnete. So ließ er sich die Anerkennung des *Status quo* in Ungarn abringen und erlaubte Ferdinand und Zápolya, weiter Gespräche über die Teilung des Königreichs zu führen.

Zwar konnte Ferdinand es nicht wissen, aber das Jahr 1532 brachte die große Wende in seinen Beziehungen mit der Pforte. Die osmanische Offensive von 1532 sollte die letzte sein, die von Konstantinopel gegen die österreichischen Erbländer zu Lebzeiten Ferdinands geführt wurde. Zwar kam es bis zu seinem Tod 1564 noch zu vielen bewaffneten Konflikten zwischen den Todfeinden, aber sie blieben auf Ungarn beschränkt. Auch Franz I. änderte seine Taktik. Nachdem es ihm nicht gelungen war, die Deutschen davon zu überzeugen, daß der türkische Vormarsch von 1532 allein die Schuld der Habsburgbrüder gewesen sei, versuchte er jetzt, die Osmanen im Mittelmeer gegen Karl V. auszuspielen.

Der entscheidende große Sieg, den sich Ferdinand und seine ungarischen Untertanen so sehr gewünscht hatten, blieb ihnen freilich versagt. Und nach wie vor war seine Herrschaft in dem unsichersten aller seiner Reiche umstritten. Auch die Unterwerfung der Türken – sein vielleicht sehnlichster Wunsch – blieb unerfüllt. Er empfand seine Enttäuschung vielleicht umso bitterer, als der Traum schon so greifbar nahe der Realisierung gewesen war. Immer hatte Ferdinand sich und seinen Bruder Seite an Seite im Kampf um die christliche Idee und für die gemeinsame Familienpolitik gesehen. Die Förderung der eigenen Ziele hatte sich nie gegen die des Bruders gewandt, und dasselbe erwartete sich Ferdinand auch von Karl. Es war vielmehr so, daß die Interessen vielfach dieselben waren: Der Widerstand gegen die Türken, dies mußte auch Karl zugeben, war die einzige Möglichkeit, die Sicherheit der habsburgischen Besitzungen in ganz Europa zu gewährleisten.

Aber in diesem Schema nahmen Mittel- und Osteuropa bei den beiden Brüdern doch sehr unterschiedliche Positionen ein. Für den Kaiser genügte es, lediglich ein Bein im Osten zu haben, für Ferdinand hingegen war der Familienbesitz nur sicher nach der totalen Zerschlagung der osmanischen Macht und der Inbesitznahme ganz Ungarns. Diese unterschiedliche Auffassung trat 1532 deutlich hervor und sollte sich in Zukunft noch deutlicher manifestieren.

VIII.
Wartezeit (1532–1540)

Obwohl es nach 1532 zu keinen größeren türkischen Offensiven mehr in seinen Ländern kam, beobachtete Ferdinand dennoch jede Bewegung in Konstantinopel mit äußerster Wachsamkeit, da seiner Ansicht nach zu jeder Zeit mit der Rückkehr Suleimans nach Mitteleuropa zu rechnen war. Daher war er auch darauf bedacht, alle ihm zur Verfügung stehenden Kräfte zu mobilisieren, um seine Macht in den betreffenden Gebieten zu stärken.

Auch seine Kinder bezog er in seine Pläne ein. 1526 wurde ihm die erste Tochter, Elisabeth, und 1527 der erste Sohn, Maximilian, geboren. Danach kamen mehrere Töchter und zwei weitere Söhne, Ferdinand und Karl, zur Welt. Die Kinder wuchsen in einer entspannten, aber spartanischen Umgebung auf, die ganz vom Charakter des Vaters geprägt war. Für Kardinal Aleander war die blonde Kinderschar ein „Chor von Engeln", als er sie 1538 erblickte.[1] Eltern und Kinder schienen sich ihre Zuneigung offen zu zeigen; die schmächtige kleine Erzherzogin Anna wurde von ihrem Vater zärtlich „Äffchen" genannt. Es wurde ihnen allerdings auch schon sehr früh klargemacht, daß sie königlichen Blutes waren und bestimmte Aufgaben zu übernehmen haben würden, die wiederum bestimmte Eigenschaften erforderten. Selbstverleugnung war so eine Eigenschaft, die ihnen abverlangt wurde, selbst beim Essen. Königin Anna befahl ihren Töchtern nicht selten, ihren Hunger mit Schwarzbrot zu stillen und dazu dünnes Bier, sauren Wein oder Wasser zu trinken. Die Söhne wurden zu der derselben Ehrerbietung ihrem Vater gegenüber erzogen, die dieser stets seinem Bruder Karl erwiesen hatte. Im Sinne des spanischen Hofzeremoniells mußten seine Söhne vor ihm stehen bleiben und ihre Mützen in der Hand halten, bis er ihnen ein Zeichen gab, den Kopf zu bedecken und sich niederzusetzen.[2]

Ferdinand ließ sie auch schon früh an Staatsfeierlichkeiten teilnehmen. An der Hochzeit seiner ältesten Tochter Elisabeth mit dem König von Polen nahmen 1543 die Erzherzöge Maximilian und Ferdinand sowie die Erzherzöginnen Anna, Maria, Magdalena, Eleonore und Margarete teil. Während der Festlichkeiten ritten die jungen Herzöge auf reich geschmückten Pferden, und der junge Maximilian hielt eine öffentliche Ansprache in Latein, die dem polnischen Gesandten außerordentlich gut gefiel.[3] Erzherzog Karl, der jüngste

Bruder Elisabeths, mußte als männlicher Stellvertreter seiner Familie bei ihrer Beerdigung auftreten, als er kaum fünf Jahre alt war. Bis 1544 wurden Maximilian und Ferdinand zusammen von Graf Nogarol beaufsichtigt. Dann jedoch beschloß ihr Vater, für jeden einen eigenen Haushalt einzurichten. Die Einfachheit ihres bisherigen Lebens war damit zu Ende. In der Wahl ihrer verschiedenen Erzieher deutete sich bereits ihre unterschiedliche politische Zukunft an. Ferdinand ernannte Ludwig von Tabor zum Erzieher des Erzherzogs Ferdinand, Pedro Lasso de Castilia übernahm die Erziehung von Maximilian. Den einen Sohn schien Ferdinand damit zum zukünftigen Herrscher Böhmens zu bestimmen, den anderen auf Spanien hin auszurichten.

Angesichts einer so zahlreichen Familie war es verständlich, daß seine auswärtige Politik zum Teil reine Heiratspolitik war. Als Chef der Familie Habsburg aber hatte Kaiser Karl alle Heiraten seines Hauses gutzuheißen. Da er selber nur wenig Kinder besaß, griff er den Kindern seines Bruders oft auch finanziell unter die Arme. So ließ er 1535 durchblicken, daß er Ferdinands Sohn Karl Mailand überschreiben wollte, allerdings ließ er den Plan wieder fallen.[4] Elisabeths Heirat mit dem König von Polen war ein Wunsch Ferdinands, über das Schicksal der beiden nächsten Töchter konnten sich die beiden Brüder jedoch lange nicht einigen. In Frage kamen die Herzöge von Orleans, Lothringen, Bayern und Sachsen. Ferdinand überließ hier die letzte Entscheidung seinem Bruder, obwohl er durchaus seine Vorlieben für den einen oder anderen hatte. Nur zu früh wollte er seine Töchter keinesfalls verheiraten.[5]

Wesentlich mehr persönlichen Einfluß hatte Ferdinand auf die Erziehung seiner Kinder. Obwohl er ständig auf Reisen war, interessierte er sich für alle Kleinigkeiten ihres täglichen Lebens. Über alles mußte ihm berichtet werden, gleichgültig, ob es sich um Masern oder ihre Spiele handelte. Für die Erziehung seiner Söhne bemühte er sich um die besten Humanisten Mitteleuropas.[6] Die beiden detaillierten Erziehungskataloge aber, die er 1550 herausgab, einen für den Erzieher Erzherzog Karls, Leonhard von Harrach, den anderen für den Erzieher der Söhne Maximilians, überbetonen keineswegs die humanistische Bildung. Allerdings nahmen die Sprachstudien einen wichtigen Platz ein: Ernst und Rudolf sollten sowohl Deutsch, Französisch, Italienisch als auch Latein beherrschen, und an Festtagen sollten den Knaben Geschichten in einer ihnen fremden Sprache erzählt werden. Auch sollten ihnen immer Ausländer zur Seite stehen, die ihnen alle unbekannten Worte erklären konnten.

Große Sorgfalt wurde auf das körperliche Wohlbefinden seiner Söhne und Enkel gelegt, und selbstverständlich war die religiöse Ausbildung ebenso wichtig. Dieser kam umso mehr Bedeutung zu, als 1550 der Einfluß des Protestantismus in Europa noch immer zuzunehmen schien. Der Tag begann für die Kinder mit einem Gebet. Sie mußten aber ihre Hände gewaschen haben, bevor sie ein Gebetbuch angreifen durften. Es braucht wohl nicht betont zu

Erzherzog Karl von Innerösterreich und Maria von Bayern

werden, daß sie keine lutherischen Werke oder andere verbotene Schriften zu Gesicht bekamen. (Sollte sich eine solche Schrift bis zu ihnen verirren, mußte ihnen mitgeteilt werden, daß dies nicht statthaft war.)

Aus beiden Dokumenten geht deutlich hervor, daß Ferdinand größten Wert darauf legte, daß man seinem jüngsten Sohn und seinem Enkel beibrachte, wie sie sich als Fürsten und zukünftige Herrscher zu benehmen hätten. Auch der Sprachlehrplan war schon ganz auf ihre zukünftige Rolle als Herrscher über die vielsprachigen Besitzungen ihres Vaters abgestimmt, was daran deutlich wird, daß sie nicht nur westliche Sprachen zu lernen hatten, sondern auch Tschechisch, Polnisch und Ungarisch. Junge Adelige aus allen Ländern wurden eingeladen, am Innsbrucker Hof zusammen mit den Erzherzögen geschult zu werden, so daß diese frühzeitig lernten, sich in den Sprachen ihrer Untertanen auszudrücken. Hier am Innsbrucker Hof wurden somit die Grundlagen für jene übernationale Aristokratie geschaffen, mit deren Hilfe die Habsburger in Zukunft ihre Länder regieren sollten.[7]

Auch die religiöse Erziehung hatte durchaus ihre utilitaristischen Aspekte für die Dynastie. Daher betonte Ferdinand immer wieder, daß er die alten Beziehungen zwischen seinem Haus und der katholischen Kirche aufrechtzuerhalten wünschte.

Die sportliche Ausbildung umfaßte die konventionellen Sportarten wie Laufen, Werfen und Ballspielen ebenso wie die höfischen Künste des Reitens, Tanzens, aller möglichen Ritterspiele und des Musizierens. Hier zeigte sich Ferdinand als weit eifrigerer Schüler Castigliones als des Erasmus, obwohl wir nicht wissen, ob er tatsächlich *Il Cortegiano* von Castiglione gelesen hat.

Im großen und ganzen läßt sich sagen, daß in der Erziehung der Erzherzöge die Disziplin gleichrangig neben dem Vergnügen stand. Das eine mußte ebenso wie das andere erlernt werden. Und da die Selbstdisziplin bei dem Essen anfängt, war die Ernährung der Erzherzöge zwar qualitativ gut und immer ausreichend, aber die Mengen waren so klein wie möglich gehalten. Wollten die Kinder nicht gehorchen oder wie Erzherzog Karl nicht lernen, bekamen sie die Rute zu spüren, und wenn das nichts nutzte, wurde der Vater informiert. Am Morgen und am Abend mußten die Enkelsöhne pünktlich aufstehen beziehungsweise ins Bett gehen. In der Früh stand der Älteste als erster auf, am Abend war es der Jüngste, der sich als erster niederlegen mußte. Alle wurden mit dem Kreuzzeichen gesegnet. Von frühester Jugend an durften sie erwarten, daß man ihnen Respekt entgegenbrachte. Erst wenn Erzherzog Karl am Eßtisch Platz genommen hatte und gegessen hatte, durften die Höflinge zugreifen. Sie aßen also das, was vom Tisch des Herrn für sie abfiel. Der junge Erzherzog durfte sich seiner Außergewöhnlichkeit durchaus bewußt sein, mußte aber auch den Status der anderen respektieren. Wenn Ferdinands Enkel zufällig auf der Straße einem Adeligen begegneten, mußten sie ihn seinem Stand entsprechend grüßen. Nur wenige hatten Zugang zu den Erzherzögen. Graf Harrach hatte die Aufgabe, den jungen Erzherzog Karl vor allen jenen abzuschirmen, die mit ihm sprechen wollten, und ihm genaue Anweisungen zu geben, was er den wenigen, die er empfangen durfte, zu sagen hatte. Fürsten, Gesandte und alle höhergestellten Persönlichkeiten wurden ohnehin nur von Ferdinand empfangen. Ferdinand legte auch Wert darauf, daß die abgetragenen Kleider der Erzherzöge von niemandem weitergetragen werden durften. Damit sollte nicht nur vermieden werden, daß es zu Eifersüchteleien kam, sondern vielmehr sichergestellt werden, daß niemand so gekleidet war, wie es nur dem Fürsten zukam.

Welche Gedanken sich Ferdinand über die politische Rolle seiner Kinder gemacht hat, enthüllen uns seine Testamente. In dem ersten Testament von 1532, als er noch die Türken erwartete, die zu seinen Lebzeiten nicht mehr kommen sollten, sah er vor, daß die österreichischen Länder an Karl V. und seine männlichen Erben fallen sollten, wenn Ferdinands Söhne kinderlos sterben sollten. Was Ungarn und Böhmen anging, so hatte Anna einige Tage vorher ihr eigenes Testament verfaßt, indem sie ihre Söhne Maximilian und Ferdinand zu ihren Erben in beiden Reichen ernannte. Zugleich beanspruchte sie das Recht, diese beiden Länder selbst zu regieren, wenn Ferdinand vor ihr sterben sollte. Ferdinand gab sich in seinem Testament alle Mühe, die Fiktion der habsburgischen Erbherrschaft in den beiden Königreichen aufrechtzuerhalten.

Als Chef des Hauses Österreich wurde Karl V. gebeten, diese „Arrangements“ zu ratifizieren. Jedoch war die Abhängigkeit Ferdinands und seiner Kinder nicht nur formal zu verstehen. Sogar nachdem der Kaiser ihn 1532 so bitter enttäuscht hatte, nannte ihn Ferdinand seinen „bon seigneur pere frere et protecteur“.[8] Vielleicht tat er dies nur in Rücksicht auf den miserablen Zustand seiner Finanzen. Trotz einer Erhöhung der direkten und indirekten Steuern in manchen Gebieten, wie zum Beispiel Niederösterreich, besserte sich dieser in den dreißiger Jahren keineswegs. Zwischen 1527 und 1537 war der sogenannte *Leibpfennig,* der den kleinen Mann am härtesten traf, von einem auf zwei Pfennige wie die Getränkesteuer erhöht worden. 1537 gab Ferdinand nun eine *Hofkammerordnung* heraus, die helfen sollte, seine Einkünfte überschaubarer und größer zu machen. Als erstes gab das Dokument unumwunden zu, daß die Möglichkeiten zur Erschließung neuer Geldquellen beschränkt seien und Sparsamkeit dringend anzuraten sei. Gehaltserhöhungen durfte es nur noch mit ausdrücklicher Bewilligung Ferdinands geben, und Neueinstellungen sollten tunlichst unterbleiben. Die vier Kammern in Prag, Preßburg, Wien und Innsbruck wurden ebenfalls zu Sparmaßnahmen ermuntert. Belehnungen durften in Zukunft nicht mehr erblich sein, und es durfte sich nicht mehr dabei um fürstliche Domänen handeln. Die zentrale Hofkammer bekam die Aufgabe übertragen, alle verpfändeten und sonstwie abhanden gekommenen Einkünfte aus der Zeit Friedrichs III., Maximilians I. und Ferdinands ersten Regierungsjahren zu überprüfen und, sollten sie dabei auf Regelwidrigkeiten stoßen, versuchen, den betreffenden Kronbesitz zu beschlagnahmen. Aber alle diese Maßnahmen genügten nicht, um Ferdinands Einkommen seinen Bedürfnissen anzupassen. Ungeachtet der Aufforderung der *Hofkammerordnung*, Einsparungen beim Personal vorzunehmen, blieb Ferdinand ganz der Kavalier, der er immer gewesen war. So benutzte er zum Beispiel die Steuern, die 1539 von „mehreren" Reichsstädten eingezogen worden waren, dazu, um zwei seiner Diener, den Grafen von Nassau und einen gewissen Maximilian Transylvan in Pension zu schicken.[9] Offensichtlich gab es für ihn noch keinen Unterschied zwischen privat und öffentlich, und offensichtlich sah er sich berechtigt, die Finanzen großzügiger zu handhaben als seine Untertanen. Jedenfalls kam ihm nicht in den Sinn, daß eine Änderung seines eigenen finanziellen Gebarens eine Verbesserung der allgemeinen Finanzlage nach sich ziehen könnte.

Karl V. konnte ihm in diesen Angelegenheiten durchaus hilfreich sein, und zwar als Verbündeter in kriegerischen Konflikten und als Kaiser, der in Deutschland lukrative Handelskonzessionen zu vergeben hatte. So verlieh er 1537 Ferdinand auf befristete Zeit das Recht, Salz aus Mailand einzuführen, was ihm jährlich zwischen 12.000 und 13.000 Dukaten einbrachte. Da war es nicht weiter verwunderlich, daß Ferdinand, auch wenn es ihm manchmal schwerfiel, die Zusammenarbeit mit dem Bruder weiter aufrechterhalten wollte. Nur gelegentlich gewannen bei ihm die eigenen Interessen die Oberhand. Ebensooft nämlich, wie er den Kaiser um militärische Hilfe bat, stellte dieser seine Forderungen an ihn, und manchmal mußte Ferdinand diese glatt ablehnen oder entschieden herabsetzen. 1535 bat Ferdinand seinen Bruder, Tirol nicht zur Musterungsstelle für seine Truppen auf dem Weg nach Italien zu machen, da dadurch seines Erachtens die Inflation in die Höhe getrieben würde und die Einwohner die Lust verlieren würden, ihm, ihrem Landesherrn, beizustehen, wenn er Soldaten brauchte. Karl scheint darauf nicht reagiert zu haben; denn 1537 fordert Ferdinand den Kaiser nochmals energisch auf, die Rekrutierungen in Tirol einzustellen. Obwohl er ihm 1536 1000 Mann leichte Kavallerie versprochen hatte, um sie gegen Franz I. einzusetzen, schickte er ihm letzten Endes nur 800, mit der Erklärung, 200 brauche er zur Verteidigung seiner eigenen Länder.[10]

Im allgemeinen aber war die Selbstverleugnung vor dem Kaiser die typischere Haltung für ihn. Obwohl er sich gedacht haben mochte, daß die Mittel, die der Kaiser 1535 gegen die Barbaresken mobilisiert hatte, ebenso gut auch ihm zugute hätten kommen können, brachte er seine Bewunderung für die Größe der Flotte zum Ausdruck und verband sie mit der Hoffnung, daß das Abenteuer dem König von Frankreich und anderen zu denken geben würde.

Und so versprach er auch, sich alle Mühe zu geben, um mit den Venezianern in Frieden auszukommen, wußte er doch um ihre Bedeutung für Karls italienische Politik. Auch die 200 Mann hatte er nicht aus politischen Gründen, sondern tatsächlich wegen widriger Umstände zurückgehalten. 1536 erklärte er seine Bereitschaft, mit seinen österreichischen Untertanen wegen der Aufstellung eines stehenden Heeres zu verhandeln, dessen sich der Kaiser im Bedarfsfall immer bedienen könnte. Auch für Ferdinand selbst wäre dies ein Fortschritt gewesen. Es war ja viel schwerer, immer wieder ad hoc Truppen aus dem Boden zu stampfen, wann immer der Kaiser dies verlangte.

Die Schwierigkeiten, die Karl V. gelegentlich mit den Fürsten hatte, waren aber nichts im Vergleich zu dem ständigen Krieg, den Ferdinand gegen sie führte. Die fortdauernde Feindseligkeit der Protestanten und der Bayern zwang ihn oftmals zu Kompromissen, die er nur höchst widerwillig zugestand: zum Beispiel in der Kontroverse um Württemberg. Herzog Ulrich war es gelungen, im Exil die lutherischen Sympathien für sich zu gewinnen, so daß der Schmalkaldische Bund, vor allem Philipp von Hessen, sich seines Falles angenommen hatte. Der Landgraf rechnete sich aus, daß Ferdinand vielleicht bereit sein würde, das Herzogtum für seine Anerkennung als römischer König durch den Kurfürsten von Sachsen und für Verteidigungshilfe in Ungarn zu opfern. Im April bekam Ferdinand Wind davon, daß Philipp etwas gegen ihn in Württemberg im Schilde führte und daß der König von Frankreich das Abenteuer finanziell und moralisch zu decken schien. Als Philipp und Ulrich Ende April 1534 in Württemberg einfielen, befand sich Ferdinand in Ungarn, und seine Truppen in Württemberg waren zu schwach, um sich ernsthaft zu verteidigen. Natürlich protestierten die Habsburger in aller Form gegen die Widerrechtlichkeit der Besetzung und richteten den gewohnten Hilfeappell an das katholische Europa. Der Papst jedoch erklärte, dies sei ein Privatkrieg, mit dem er nichts zu tun haben wollte, und als Karl V. endlich seinen Bruder dazu ermächtigte, 100.000 Gulden in Augsburg zur Verteidigung aufzunehmen, war der Kampf um Württemberg bereits entschieden. Am 29. Juni 1534 unterschrieben die Gegner in Kaaden in Böhmen einen Friedensvertrag, in dem Herzog Ulrich Württemberg von den Habsburgern als Sublehen übertragen bekam. Er mußte dafür versprechen, den schwäbischen Prälaten, Grafen und Grundherren zu erlauben, ihren katholischen Glauben beizubehalten. Wichtiger noch war für Ferdinand die Anerkennung seiner Wahl zum römischen König durch den Kurfürsten von Sachsen. Und Johann Friedrich versprach, daß seine Anhänger im Reich ihm hierin folgen würden. Ferdinand versprach dagegen wiederum, den Religionsfrieden von 1532 zu achten und seinen Einfluß beim *Reichskammergericht* geltend zu machen, damit dieses die Prozesse gegen die Lutheraner abbrach. Die Anerkennung des Sachsen sollte bis 1535 Gültigkeit haben und war noch mit weiteren Bedingungen verknüpft. Johann Friedrich forderte nämlich, daß der Kaiser die Goldene Bulle von 1356 dahingehend abändern sollte, daß die Kurfürsten zu entscheiden hatten, ob oder ob nicht ein römischer König zu Lebzeiten eines Kaisers gewählt werden dürfte. Ebenso sollten die Kurfürsten entscheiden, ob ihr Herrscher deutsch zu sprechen habe und ob zwei oder gar drei Könige aus demselben Haus stammen durften.

Um die Anerkennung Sachsens zu bekommen, drängte Ferdinand den Kaiser, die Bedingungen zu akzeptieren, und war froh, als dieser sich positiv dazu äußerte. Das hieß nicht, daß Ferdinand glücklich darüber war, daß dem Ehrgeiz seiner Familie in Zukunft so viele Grenzen gesetzt waren. Hätte er über mehr Macht verfügt, hätte er sich diesen Bedingungen niemals gebeugt. Am schlimmsten aber war, daß er den Vertrag nicht für geeignet hielt, die deutschen Probleme zu lösen.[11] Bereits im Frühling 1535 begann sich in ihm der Verdacht zu regen, daß Johann Friedrich und der Landgraf weitere Mitglieder für den Schmalkaldischen Bund warben, und er forderte Karl auf, ernsthaft die Bildung eines stehenden Heeres im Reich zu erwägen.

Aber Karl wollte sich in dieser Sache jetzt nicht weiter vorwagen. So blieb Ferdinand nach seiner Unterschrift unter den Friedensvertrag von Kaaden nichts anderes übrig, als den protestantischen Führern gegenüber Konzilianz zu zeigen. Sowohl Philipp von Hessen als auch Ulrich von Württemberg wurden im Sommer 1535 in Wien freundlich empfangen, ebenso wie Johann Friedrich im November desselben Jahres. Ferdinand äußerte sich sogar angenehm überrascht über die Flexibilität des Kurfürsten und meinte, wenn er auf dem Reichstag von 1530 gewußt hätte, wie flexibel der Kurfürst sein konnte, dann wären die Verhandlungen wohl weniger unkontrolliert verlaufen. Jedenfalls hatten alle Verhandlungspartner etwas in der Hand, als sie von dem Treffen heimkehrten, auch der Kaiser. Johann Friedrich, dem es um mehr Sicherheit für seine Religionsgenossen gegangen war, hatte Ferdinands erneutes Versprechen in der Tasche, daß das *Reichskammergericht* seine ständigen Belästigungen der Protestanten einstellen werde. Außerdem hatte er den Eindruck gewonnen, daß Ferdinand die Vergrößerung des Schmalkaldischen Bundes nicht ausdrücklich verbieten würde. Desgleichen war Ulrich von Württembergs immer aggressiveres Eintreten für das Luthertum nicht erwähnt worden, obwohl die Zustände in Württemberg Ferdinand große Sorge bereiteten. Johann Friedrich aber hatte seinerseits zugestimmt, seine Anerkennung von Ferdinands Wahl zu verlängern und die Truppen, die er mit Munition nach Dänemark geschickt hatte, nachdem Christian III. dem Schmalkaldischen Bund beigetreten war, wieder zurückzuziehen. So sehr er auch versucht hatte, die Konzessionen an die Protestanten auf ein Minimum zu beschränken, so sehr war sich Ferdinand bewußt, daß damit nichts auf Dauer gelöst worden war. Selbst nachdem der Kurfürst von Sachsen tatsächlich seine Truppen aus Dänemark abgezogen hatte, hielt ihn Ferdinand noch immer für einen gefährlichen Gegner.[12]

Es gab Zeiten, da brachten ihm Kompromisse aber auch echte Gewinne im Reich. Ein solcher war die Annäherung der Habsburger an die bayrischen Wittelsbacher in den dreißiger Jahren. Territoriale Streitigkeiten in Osteuropa hatten einst die beiden Dynastien zu erbitterten Gegnern gemacht, die aufgrund ihrer Religionszugehörigkeit an sich ins gleiche Lager gehört hätten. 1531 begann dann auch Karl V. seinen Bruder zu drängen, die Beziehungen zu den beiden bayrischen Herzögen Ludwig und Wilhelm, die ihre Länder gemeinsam regierten, zu entschärfen. Sie könnten, so argumentierte der Kaiser, Ferdinand nicht nur in seinem Kampf gegen die Türken wertvolle Hilfe leisten, sondern auch zur Festigung seiner Stellung im Reich beitragen. 1534 kam es tatsächlich zu ernsthaften Verhandlungen, die auf ein Bündnis zwischen den beiden Häusern zielten. Im September konnte in Linz ein Vertrag unterzeichnet werden, der in mehreren Punkten konfliktbereinigend erschien. Für Ferdinand war der wichtigste Punkt, daß die beiden Herzöge bereit waren, seine Wahl anzuerkennen. Schließlich wurde auch eine Eheschließung zwischen einer Tochter Ferdinands – es sollte Anna sein, das „Äffchen" – und Prinz Albrecht, dem Sohn von Herzog Wilhelm, dem zukünftigen bayrischen Herrscher, beschlossen.[13]

Ferdinand hatte sich hiermit den Wünschen seines Bruders gefügt und dabei den eigenen Vorteil zu wahren gewußt. Das bedeutete nicht, daß die Wittelsbacher nicht weiter Ziele verfolgten, die den seinen teilweise frontal widersprachen. 1529 hatten die Herzöge zum Beispiel mit Zápolya Gespräche geführt, die auch die Aufteilung von Ferdinands Ländern zum Thema hatten. Und auch nach dem Vertrag von Linz mischte sich der Kanzler der Wittelsbacher, Leonhard von Eck, hinter Ferdinands Rücken weiter in die ungarischen Angelegenheiten ein. Teilweise unterstützten ihn dabei nicht einmal die Herzöge, so, als er 1535 Zápolya zum Angriff gegen die Habsburger anstiften wollte. Aber abgesehen von Ecks Alleingang, gab es immer wieder Anlässe genug, den Bayern zu mißtrauen. 1535 wurde Ferdinand informiert, daß die Herzöge aus unbekannten Gründen einen Gesandten zu Zápolya geschickt hatten, und im Herbst desselben Jahres mußte Ferdinand erfahren, daß einer ihrer Sekretäre, Georg Ubenmaister, heimlich in Zápolyas Diensten geblieben war. In der Tat war Ubenmaister so etwas wie die rechte Hand seines ungarischen Rivalen. Ein Jahr später konnte ihm sein vertrautester Mitarbeiter, Sigismund von Herberstein, berichten, daß in Polen ein bayrischer Gesandter auf dem Weg zu Zápolya festgenommen worden war.[14]

Auf die Beziehungen mit den anderen Fürsten des Reiches, besonders mit den protestantischen, wirkte sich Ferdinands neue Freundschaft mit den Bayern nicht immer günstig aus. Während er sich zum Beispiel mit dem Schmalkaldischen Bund gutstellen wollte und mußte, waren die Wittelsbacher höchst irritiert darüber, daß Ulrich von Württemberg so nah ihrer eigenen Grenze die

Lutheraner unterstützte. Ursprünglich hatten die Herzöge vorgehabt, Ulrichs Sohn Christoph, der katholisch geblieben war, zum neuen Herzog von Württemberg zu machen und traten 1535 erneut mit diesem Wunsch an Ferdinand heran. Ferdinand zögerte jedoch aus begreiflichen Gründen, Ulrich schon wieder seiner Macht zu entkleiden. Er war ja auch nicht der Ansicht, daß Ulrich wirklich den Vertrag von Kaaden gebrochen hatte. Um die Herzöge abzulenken, schlug er Ludwig vor, er solle die Witwe von Francesco Sforza, dem Herzog von Mailand, heiraten und sich mit dem Herzogtum vom Kaiser belehnen lassen. Tatsächlich trat Ludwig mit diesem Plan an den Kaiser heran, aber offensichtlich fand dieser keinen Gefallen daran. Jedenfalls kam nichts dabei heraus, und ein Jahr später drohten die Herzöge mit einer militärischen Invasion Württembergs, worauf sich Ulrich hilfesuchend an Ferdinand wandte. Dieser aber konnte nichts anderes tun, als die Wittelsbacher als Friedensbrecher zu bezeichnen. Wieder einmal erwies sich Karls erbetene Intervention für Ferdinand als äußerst hilfreich: Durch seinen Mangel an Begeisterung für die bayrischen Pläne rettete er seinen Bruder vor dem Ärger der deutschen Protestanten.[15] Trotz aller dieser Schwierigkeiten lebte die habsburgisch-wittelsbachische Kooperation weiter, und Ferdinand war entschlossen, sie nach besten Kräften zu stärken. Sein Entschluß, die momentanen Schwierigkeiten mit den Bayern zu ignorieren, machte sich bezahlt. Denn als er 1542 zu einer größeren militärischen Expedition gegen die Türken in Ungarn startete, schickten ihm die Wittelsbacher 1000 Wagenladungen Mehl. Und der junge Albrecht, sein zukünftiger bayrischer Schwiegersohn, sollte einer seiner zuverlässigsten Statthalter im Reich werden.

Ferdinands militärische und politische Schwäche wäre im Reich nicht so deutlich zutage getreten, wenn es ihm gelungen wäre, die Spaltung zwischen Katholiken und Lutheranern auf irgendeine Weise zu überbrücken. Aber daran hinderte ihn die eigene Unversöhnlichkeit, mit der er auch der Ketzerei am eigenen Hof begegnete. 1537 mußte er entdecken, daß einer von Maximilians Lehrern, Wolfgang August Schiefer, mit den Protestanten sympathisierte und entließ den Mann. Im Oktober 1538 rief er alle Lehrer seiner Kinder, die Hofbeamten, seinen Vertrauten Bernhard von Cles sowie Maximilian, den jungen Ferdinand und seine älteste Tochter zusammen und kündigte ihnen an, daß jeder, der vor den Erzherzögen und Erzherzöginnen die neue Lehre erwähne, enthauptet würde. In dem Fall, daß seine Kinder ihm verschwiegen, daß man sie mit den betreffenden Doktrinen bekanntgemacht hatte, hätten sie mit einer körperlichen Bestrafung von seiner Hand zu rechnen. In Rom nahm man diese Einstellung mit Genugtuung zur Kenntnis; und als ein Jahr später seine beiden Söhne und zwei seiner Töchter gefirmt wurden, nahm Kardinal Aleander persönlich die Zeremonie vor, und Giovanni Morone, der päpstliche Nuntius, diente Maximilian als Pate. Mit ähnlich drakonischen

Maßnahmen wollte Ferdinand die Reformation in seinen Ländern in den dreißiger Jahren eindämmen. Indem er sich eng an das Wormser Edikt seines Bruders von 1521 hielt, befahl er die Festnahme protestantischer Pastoren, verbat böhmischen Studenten in Wittenberg zu studieren und versuchte, die Lutheraner aus seinen Ländern zu vertreiben, wo es nur möglich war.

Alle diese Maßnahmen zeigten nur mäßige Erfolge, auch an seinem eigenen Hof. Daran war er zum Teil selbst schuld, war er doch sein Leben lang nicht in der Lage, einzusehen, daß das Reformprogramm des Erasmus von Rotterdam, für das er sich aus ehrlicher Überzeugung immer eingesetzt hatte, in direktem Zusammenhang mit der Häresie stand. So folgte dem entlassenen Schiefer ein gewisser Collatinus im Amt nach, der ein naher Freund des Joachim Camerarius war, der wiederum enge Beziehungen zu Melanchthon unterhielt. Wie weit der Einfluß dieser Männer sich bei ihren jungen Schützlingen auswirkte, ist schwer zu sagen. Ihre Zeit am Hof war ja in der Regel kurz bemessen, wie übrigens auch die des Caspar Ursinus Velius, der zugleich einer der bekanntesten Humanisten und ein aufrechter Verteidiger der alten Kirche war. Trotz der angedrohten Gewaltmaßnahmen und weil er sie offensichtlich nicht konsequent durchführen ließ, fehlte es an Ferdinands Hof nie an den verschiedensten Sympathisanten mit den Protestanten. Johannes Hofmann, der Präsident von Ferdinands Hofrat in den dreißiger Jahren, verhehlte so wenig sein Interesse am Luthertum, daß der Erzbischof von Salzburg und die Bayern nichts mehr mit ihm zu tun haben wollten. Sehr viel später sollte die Anwesenheit dieser Leute an seinem Hof Ferdinands Beziehungen zu Rom vergiften, während der junge Maximilian immer mehr Interesse an der protestantischen Bewegung gewann. Über diesen blinden Fleck in Ferdinands Bewußtsein kann man nur rätseln. 1529 gab er zum Beispiel der Irreligiosität seiner Herrscherkollegen die Schuld an der Ausbreitung der Reformation und meinte damit, daß die religiöse Haltung des Fürsten richtunggebend für alle seine Untertanen sei.[16] Diese Prämisse aber führte ihn zu dem logischen Schluß, daß, solange er selber trotz seines Engagements für „Erasmische Reformen“ ein treuer Katholik blieb, auch der Glaube aller anderen an seinem Hof nicht in Gefahr geraten konnte.

Es war halb Strategie, halb Überzeugung, die ihn in den dreißiger Jahren eine konziliantere Haltung zu den Protestanten einnehmen ließ, als es darum ging, seine persönliche Stellung in Mitteleuropa zu festigen. 1536 gab er selber vor dem oberösterreichischen Landtag zu, daß seine Erlässe zur Einhaltung des Edikts von Worms zu keinen durchschlagenden Erfolgen geführt hatten. Die große Menge dieser Erlässe spricht für sich. Infolgedessen zeichnete sich jetzt eine Wende in der Art, wie er mit den Protestanten umging, ab. Noch mehr als früher bemühte man sich, Mißbräuche innerhalb der kirchlichen Institutionen abzuschaffen und das religiöse Verständnis beim Volk zu fördern, während die Unterdrückungsmaßnahmen gelockert wurden. Nirgendwo läßt sich diese

Wende deutlicher erkennen als in der Behandlung der Anabaptisten, die immerhin Anlaß zu einer seiner gnadenlosesten Verordnungen gegeben hatten. Ab 1534 betonte er plötzlich die Notwendigkeit, sie wieder in die Kirche zurückzuholen. Und in einer 1536 in Tirol herausgegebenen Verfügung ordnete er an, daß das konfiszierte Eigentum ihren Kindern und Erben zurückzugeben sei. 1545 und 1546 war er bereit, die Ketzerei der Anabaptisten ihrer Ignoranz und vor allem der Unfähigkeit der Priester zuzuschreiben.

Aber durch Versprechungen allein ließen sich die Abgefallenen nicht in den Schoß der katholischen Kirche zurückholen. Überall in Ferdinands Ländern wurde die Kommunion in beiderlei Gestalt gefeiert, und auch im Reich kam er mit der sanften Methode nicht weiter. Der Religionsfriede von 1532 und der Friede von Kaaden 1534 hatten die Erwartungen der Protestanten auf Nachsicht und Toleranz von katholischer Seite anwachsen lassen, während die ständig schwindende Zahl von katholischen Fürsten von Karl und Ferdinand mehr Aktivität in der Verteidigung des Glaubens forderten. Ferdinand war gezwungen, sich mit beiden Seiten gutzustellen und dabei Rücksicht auf den Papst und auf den Kaiser zu nehmen, die ihrerseits zu keiner klaren Politik in jener Zeit fanden. So befahl er zum Beispiel aufgrund seiner Vereinbarung mit Johann Friedrich von Sachsen dem von Katholiken dominierten *Kammergericht,* daß es den Protestanten nicht weiter alle möglichen Prozesse anhänge, nahm allerdings von dem Verbot alle jene Prozesse wieder aus, die vor dem Wiener Treffen eröffnet worden waren. Darüber regten sich nun wieder die Protestanten auf. Weiters behauptete das *Kammergericht,* daß es sich bei diesen Prozessen nur um weltliche Angelegenheiten handelte und fuhr mit seinen Aktivitäten ungerührt fort, wodurch sich Ferdinands Beziehungen zu den Lutheranern während der dreißiger Jahre und danach weiter verschlechterten.[17] Ferdinand hätte sich nun das *Kammergericht* gefügig machen können, in dem er ihm jegliche habsburgische Unterstützung entzogen hätte. Die Auflösung des *Kammergerichts* hätte aber Karls V. Autorität im Reich empfindlich geschwächt, und darunter hätte auch der Katholizismus gelitten.

Ferdinands Interesse an einem guten Auskommen mit beiden Seiten war umso verständlicher, als es ja auf großer Ebene darum ging, ein allgemeines Kirchenkonzil auf die Beine zu stellen. Wie sehr sich Ferdinand darum bemühte, diese Bedingung des Religionsfriedens von 1532 zu erfüllen, zeigt die Tatsache, daß er, als sich der Gesundheitszustand Klemens' VII. 1534 drastisch verschlechterte, die Kandidatur eines seiner engsten Berater, nämlich des Bischofs Bernhard von Cles, durchzudrücken versuchte, weil er wußte, daß dieser ein Kenner der deutschen Situation und ein Befürworter des Konzils war.[18] Zwar schlugen seine Bemühungen fehl, aber Ferdinand setzte sich weiter für ein solches Konzil ein aus der Überzeugung, daß es das einzige Mittel darstellte, das Christentum aus seiner Agonie herauszuführen.

Papst Paul III.

1537 aber begann er sich darüber klarzuwerden, daß die in die Länge gezogene Prozedur eines solchen Konzils sich nicht gerade günstig auf die Zwistigkeiten im Reich auswirken würde, die im Gegenteil einer schnellen Beilegung bedurften. Außerdem trat immer deutlicher hervor, daß die Fürsten gar nicht daran interessiert waren, an dem Konzil mitzuwirken. Und jeder Zwang in dieser Richtung hätte die Probleme nur verschärft.[19] Als daher der neue Papst Paul III. das Konzil, das in Mantua stattfinden sollte, zuerst verschob und schließlich überhaupt absagte, stieß er bei Ferdinand auf keinen Widerstand. Damit hatte Ferdinand aber nicht auf seine Idee einer Kirchenreform von innen verzichtet, obwohl er Zweifel hatte, wie wir aus einem Gespräch mit dem Nuntius von Papst Paul wissen, ob der weltlich gesinnte Farnese dafür zu gewinnen sein würde.[20]

Während also die Hoffnungen auf ein allgemeines Konzil dahinschwanden, erhöhte sich der Druck, im Reich zu einer Einigung in religiösen Fragen zu kommen. Ende der dreißiger Jahre drohte nämlich eine erneute türkische Offensive, und die Erbländer stöhnten noch unter den Lasten, die ihnen die letzten Türkenkriege beschert hatten. Es gab sogar Gerüchte, nach denen einige von ihnen bereit waren, dem Sultan Tribut zu zahlen, wenn sich das Reich nicht aktiver an den Kriegen gegen die Türken beteiligen wollte. 1538 versuchte Ferdinand daher, mit den deutschen Fürsten Separatverhandlungen über ihren Beitrag zu führen, um so die religiösen Konflikte zu vermeiden, die die Reichstage zu dominieren pflegten. Aber auch diese Taktik erwies sich als wenig fruchtbar, denn sogar in den Einzelgesprächen drang immer wieder die religiöse Intoleranz an die Oberfläche. So schien der einzige Ausweg doch die Einberufung eines Reichstags und eine wie immer geartete Regelung der religiösen Frage zu sein.

Im Dezember und Januar 1536/37 erörterten Ferdinand und der Vizekanzler des Kaisers, Matthias Held, die Möglichkeit eines Konzils entweder ohne den Papst oder ohne die Franzosen. Wenn die deutschen Protestanten sich damit nicht einverstanden erklären würden, würde man sich auf andere Weise mit ihnen zu einigen versuchen. Es mußte nur die kaiserliche Autorität gewahrt bleiben. Ferdinand war jedenfalls überzeugt, daß er sich die Unterstützung der Protestanten sichern konnte, wenn er nur genügend guten Willen zeigte. Dieser gute Wille ging so weit, daß er mit dem päpstlichen Nuntius Diskussionen darüber führte, ob der Papst nicht die Kommunion in beiderlei Gestalt und die Priesterehe gestatten könnte. Auch die Frage der Moral innerhalb der Kirche scheute er sich nicht anzuschneiden. Daher war er umso zorniger, als Papst Paul Kardinal Aleander, eine der treibenden Kräfte des Wormser Edikts, sozusagen als Beobachter zu den Gesprächen schickte, die Ferdinand 1538 mit den deutschen Protestanten begann. Als im Oktober 1538 Aleander durch Fabio Mignanelli abgelöst wurde, der alle Konzessionen laut kritisierte, gab Ferdinand verärgert zu bedenken, es sei leichter, auf den kleinen Finger als auf den ganzen Arm zu verzichten, und auch ein Arm sei noch nicht der ganze Körper.[21] Daher äußerte er auch wenig Widerstand, als die Protestanten 1538 von ihm die Ausweitung des Religionsfriedens von 1532 auf alle jene forderten, die nach 1532 zum Luthertum übergetreten waren. Zugleich sollten sie auch vor den Verfolgungen des *Reichskammergerichts* geschützt werden. Er bat Karl, die Vorschläge wohlwollend zu beurteilen, und er versprach den Protestanten, das *Reichskammergericht* von einigen Mitgliedern zu säubern, die für die Lutheraner untragbar waren. Zugleich versprach er, sich für eine striktere Aufteilung von weltlichen und geistlichen Angelegenheiten bei dieser Körperschaft einzusetzen.

Alle diese Schritte waren jedoch rein taktischer Natur. Sie bedeuteten nicht, daß Ferdinand dem Protestantismus damit eine Existenzgrundlage schaffen wollte. Nach wie vor hielt er diese „Sekte" aus konfessionellen und politischen Gründen für untragbar, und als sich ihm die Gelegenheit bot, seine Konzessionen wieder rückgängig zu machen, ergriff er sie auch. Das Resultat der Gespräche von 1538 war das sogenannte Frankfurter Interim von 1539. Ferdinand stimmte darin einer Verlängerung des Religionsfriedens von 1532 zu, aber da sich inzwischen das drohende Gewitter einer türkischen Offensive wieder verzogen hatte und er daher im Moment nicht auf die protestantische Hilfe so angewiesen war, wie er gedacht hatte, setzte er dem Schmalkaldischen Bund gegenüber die Forderung durch, daß 15 Monate lang keine neuen Mitglieder aufgenommen werden und die Protestanten keine Säkularisierung von Kirchenland mehr vornehmen durften.[22]

Während dieser Verhandlungen war die Idee einer katholischen Gegenliga aufgetaucht. Die treibende Kraft dieser katholischen Allianz, die tatsächlich 1537 in Nürnberg gegründet wurde, war Karls Vizekanzler Matthias Held.[23] Ferdinand, der sich zunächst durch das eigenmächtige Vorgehen Helds brüskiert fühlte, entschloß sich dann doch, auch seinerseits der Liga beizutreten, und zwar aus mehreren Gründen. Erstens hoffte er, daß diese Demonstration der katholischen Einheit die Protestanten dazu bringen würde, einem neuen Reichstag zuzustimmen, zweitens verlieh ihm die Mitgliedschaft in der katholischen Liga das Flair der Unabhängigkeit vom Schmalkaldischen Bund, was für seine Beziehungen mit den katholischen Fürsten wichtig war. Drittens mußte er fürchten, daß die Katholiken womöglich selbst versuchen würden, sich mit den Protestanten zu einigen. Seine und des Kaisers Mitgliedschaft bei der katholischen Organisation aber würde sie dazu befähigen, diese gefährlichen Selbständigkeitsbestrebungen wieder in den Griff zu bekommen. Hinter all dem stand die Furcht vor einem bewaffneten lutherischen Aufstand, dem sich weite Teile der Bevölkerung anschließen würden.[24]

Obwohl die katholische Liga von Karl V. finanziell unterstützt wurde, brachte sie wenig zustande. Als sich eine so bedeutende Persönlichkeit wie der Kurfürst von der Pfalz von ihr öffentlich distanzierte, folgten auch andere Protestanten seinem Beispiel. Und als Herzog Georg von Sachsen, der die Gelder der Liga verwaltete, 1539 starb, fielen diese in die Hände seines protestantischen Bruders und Erben, Herzogs Heinrich. Als daraufhin die katholischen Fürsten Karl bestürmten, etwas dagegen zu unternehmen, ließ er ein Jahr verstreichen, ohne irgendwelche Maßnahmen zu ergreifen. Selbst Ferdinands Appell, Karl solle sich an die Spitze einer gegen Herzog Heinrich gerichteten Strafexpedition stellen, fruchtete nichts. Der Kaiser hatte wenig für derartige Abenteuer übrig und versuchte, die katholischen Fürsten mit anderen Mitteln zu besänftigen.[25]

Das wachsende Mißtrauen der Katholiken den Habsburgern gegenüber wirkte sich lähmend auf die ganze deutsche Politik aus. Da es 1539 an der Zeit schien, wieder einen Reichstag einzuberufen und dafür einige Vorgespräche über konfessionelle Probleme geführt werden sollten, setzte der Kaiser eine solche Gesprächsrunde für August 1539 in Nürnberg an. Da die Fürsten aber seinem Ruf nicht Folge leisteten, verschob er die Zusammenkunft auf ein Jahr später in Speyer; diese fand aber wegen einer in Speyer ausgebrochenen Seuche in Hagenau statt, und Ferdinand konnte hier die Erfahrung machen, daß lokal begrenzte Religionsgespräche genauso mühsam waren wie die großen Kirchenkonzile. Seine katholischen Verbündeten bereiteten ihm fast ebenso große Schwierigkeiten wie die Lutheraner. So hätte er sich gerne mit ihnen vor dem Eintreffen der konfessionellen Gegner beraten, mußte aber zu seinem Ärger feststellen, daß sie es noch nicht einmal für nötig hielten, pünktlich zu erscheinen. Die bayrischen Herzöge machten kein Hehl daraus, daß sie die Gespräche für überflüssig hielten, und auch die Kurfürsten von Trier und Köln mußten erst mühsam überzeugt werden. Der Papst hatte zwar sein grundsätzliches Einverständnis zu allen Konzessionen gegeben, die „vernünftig" und „machbar" seien,[26] Ferdinand mißtraute jedoch dem Papst und hegte den Argwohn, daß er genauso wie die Bayern das deutsche Problem lieber mit Gewalt gelöst hätte. Er für seinen Teil aber zog die friedliche Lösung vor. Zu den Mitteln der Gewalt wollte er erst greifen, wenn die Lutheraner sich extrem unvernünftig gebärden sollten. Und es war nicht nur wegen der Türken, daß er sich so friedfertig gab, es ging ihm auch immer noch um die Anerkennung seiner Wahl zum römischen König durch den Kurfürsten von Sachsen. Dieser aber erschien gar nicht auf dem Treffen und schickte auch keinen Stellvertreter. Ferdinand wiederum, der bis zuletzt auf sein Erscheinen hoffte, gab sich konziliant bis zur letzten Minute.[27]

Erst am 10. Juli mußte er sich eingestehen, daß das Hagenauer Treffen fehlgeschlagen war. Zu guter Letzt schlug auch noch die Seuche zu, der unter anderen auch der Erzbischof von Trier zum Opfer fiel. Nichtsdestoweniger hielt er es für dringend nötig, einen Reichstag einzuberufen und bat Karl V., an diesem teilzunehmen. Karl gab seine Einwilligung, bestand jedoch erneut auf vorbereitenden religiösen Gesprächen, die diesmal in Worms stattfinden sollten. Als aber das Konklave im Juli 1540 eröffnet wurde, mußte Ferdinand Hals über Kopf die Heimreise antreten, weil ihm die Nachricht vom Tode Zápolyas am 21. Juli überbracht wurde. Ferdinand mußte nun seine ganze Aufmerksamkeit dem Südosten zuwenden.

IX.
„Bella gerant alii...“

Instabilität war die einzige Konstante in den Beziehungen Zápolyas und Ferdinands seit der Niederlage des letzteren bei Tokaj 1527 und seinem Tod 1540 gewesen. Die Waffenstillstände und Verträge, die sie während dieser Periode unterzeichneten, waren nie mehr als Atempausen, die beiden Seiten dazu dienten, neue Kräfte für den Kampf um die Krone Ungarns zu sammeln. Um die Feindseligkeiten wieder aufzunehmen, brauchte man nur irgendeinen Vorwand zu finden oder zu erfinden. Dabei hatten jedoch beide Gegner Rücksicht auf die Interessen jener zu nehmen, die hinter ihnen standen. Besonders die Türken waren an dem Ausgang des Kampfes interessiert, und Zápolyas Anspruch auf Legitimität gründete sich nicht allein auf die umstrittene Wahl in Stuhlweißenburg. Als Vasall des Sultans seit 1529 hatte der Woiwode die Stephanskrone von seinem neuen Herrn, der ja ganz Ungarn als seinen Besitz betrachtete, sowie ein Diplom für seine Anhänglichkeit erhalten. Suleiman hatte ihn auch in Buda, der königlichen Hauptstadt, installiert.

Alle diese Faktoren behinderten Ferdinand erheblich in seinen Bemühungen, das ungarische Königreich unter seine Kontrolle zu bringen. Nachdem sich kein unmittelbarer militärischer Erfolg einstellen hatte wollen, versuchte es Ferdinand über die diplomatischen Drähte in Konstantinopel und wo immer sich Zápolya gerade aufhielt. Aber sobald sich eine Annäherung zwischen den beiden Gegnern abzeichnete, wurde sie durch die Machenschaften von Suleimans Botschafter im siebenbürgischen Lager, Ludovico Gritti, wieder abgeblockt. Nicht nur daß er Zápolya von allen Konzessionen Ferdinand gegenüber abhielt, er versuchte auch Ferdinands Gefolgsleute zum Abfall zu bewegen. Da er verdächtigt wurde, dies alles nur zu tun, um sich selber die ungarische Krone aufzusetzen, wurde Gritti von den Ungarn umgebracht, und sein Tod wurde, so schien es, von allen Seiten mit Erleichterung aufgenommen. Öffentlich hielt es freilich Suleiman für seine Pflicht, den Verletzten zu spielen. Der Zorn seines Herrn aber machte Zápolya verhandlungsbereiter als je zuvor, so daß es 1535 wieder zu ernsteren Gesprächen zwischen den beiden Thronprätendenten kam.

In der ersten Verhandlungsrunde forderte Zápolya die Herrschaft über ganz Ungarn einschließlich der Gebiete, die loyal zu Ferdinand standen. Dagegen machte er das Angebot, daß nach seinem Tod das ganze Reich an Ferdinands ältesten Sohn fallen sollte. Ferdinand bestand jedoch darauf, daß ihm Ungarn gehöre und lehnte den Vorschlag Zápolyas, den er „schamlos und phantastisch“ nannte, ab. Er hielt auch nichts von Zápolyas Vorschlag, Ferdinand solle ihm eine seiner Töchter zur Frau geben, und es nützte auch nichts, daß der Woiwode versprach, er würde die Kinder aus dieser Ehe enterben. Ferdinand erklärte sich lediglich bereit, Zápolya ein Teilgebiet Ungarns zu Lebzeiten zu überlassen, samt einem Einkommen von 80.000 Dukaten. Weiter war er nicht bereit, zu gehen. Und wie dem Wittelsbacher schlug er auch Zápolya vor, die Witwe Francesco Sforzas in Mailand zu heiraten. Mehr aber hatte er seinem Gegner nicht zu bieten.[1]

Mit Recht fand dieser denn auch Ferdinands Vorschläge mehr als suspekt. Erstens wußte er, daß Ferdinands Finanzlage miserabel war, zweitens hatte Ferdinand gar keine Macht in Mailand. Aber auch der Habsburger hatte allen Grund, seinem Gegner zu mißtrauen. 1536 belagerte der Woiwode plötzlich zwei ungarische Festungen Ferdinands und verletzte damit den vorher geschlossenen Waffenstillstand.[2] Solche Gewaltakte aber, fürchtete Ferdinand, würden seinen Anhängern seine eigene Schwäche vor Augen führen. Noch schlimmer war, daß zur gleichen Zeit die Türken wieder in Ungarn einfielen. Als Ferdinand erfahren mußte, daß Zápolya Kontakte zu ihnen unterhalten hatte, wurde er den Verdacht nicht los, daß sein Gegner mit ihm lediglich zum Zeitgewinn verhandelt habe. Zudem gaben ihm einige von Zápolyas Anhängern zu verstehen, ihr Herr habe gar nicht die Mittel, Ungarn zu verteidigen. Zápolya stellte aber seine Versuche nicht ein, Ferdinands Anhänger auf seine Seite zu ziehen.[3]

Auch der Waffenstillstand, den Ferdinand 1532 mit Suleiman geschlossen hatte, war wenig zufriedenstellend. Denn die Türken verletzten weiterhin seine Grenzen, und da er in seinem Verhalten den Türken gegenüber von Karls Politik mit der Pforte abhängig war, schwankte er in der Hoffnung hin und her, entweder die Türken in der ersehnten Entscheidungsschlacht schlagen oder durch Verhandlungen den Frieden an seinen Grenzen wiederherstellen zu können. Als er im April 1535 mit dem Woiwoden von Moldau, Peter Rareş ein Bündnis schloß, geschah das in der Erwartung, daß es zum Krieg mit den Türken kommen würde. Nachdem es aber im gleichen Jahr Karl V. gelungen war, den islamischen Feind in Tunis entscheidend zu schlagen, neigte Ferdinand wieder mehr dazu, seinem Ziel auf friedlichem Weg näherzukommen. Er war sogar bereit, als Vermittler zwischen Karl und Suleiman aufzutreten, um den letzteren wohlwollend zu stimmen. Als aber 1536 erneut die Gefahr einer türkischen Invasion in Ungarn drohte, sah er sich wieder mit den nackten Tatsachen konfrontiert. Angesichts einer türkischen Großoffensive mußte er nun versuchen, sich entweder auf schnellstem Wege mit Zápolya zu einigen oder aber sich seiner zu entledigen. Er entschied sich für das letztere und versammelte Ende 1536 die Stände aller seiner Länder, um sie um militärische Hilfe zu bitten.[4]

Rückblickend muß man sagen, daß Karl V. die militärischen Aktionen seines Bruders in Ungarn kaum unterstützt hatte. Dabei wurde ihm von vielen Ungarn eine entscheidende Rolle in dem Kampf gegen die Türken und in der Rivalität Ferdinands mit Zápolya zugeschrieben. 1534 war er darauf hingewiesen worden, daß sicher einige von Zápolyas Leuten von diesem abfallen würden, wenn Karl V. sich zu einem aktiveren Einschreiten in Ungarn entschließen könnte.[5] Und auch Karls Berater waren sich einig, daß Ferdinand wenig Aussicht auf Erfolg hatte, wenn man ihm nicht von außen Hilfe zukommen ließe.[6] Zugleich aber betonten sie die Notwendigkeit, sich Zápolya und den Türken gegenüber friedfertig zu zeigen und ja keine Gebietsverletzungen zu begehen. So unterstützten sie zwar theoretisch Ferdinands Recht auf die ungarische Krone, schlugen aber angesichts seiner Schwäche vor, kleinere Grenzkorrekturen zugunsten der Pforte hinzunehmen, um seine Position nicht zu gefährden. So bestand wenig Aussicht auf militärische Hilfe von seiten des Kaisers, obwohl sich Ferdinand 1537 alle Mühe gab, sein militärisches Vorhaben damit zu erklären, daß er Zápolya zur Räson bringen wollte und seine Untertanen vor den wiederholten osmanischen Überfällen beschützen müßte. Aber selbst sein stärkstes Argument, daß nämlich Zápolyas Anhänger selber ihm zu einem solchen Schritt geraten hatten, rief bei Karl wenig Resonanz hervor. Nur um nicht den Eindruck von brüderlichen Mißverständnissen aufkommen zu lassen, setzte Ferdinand seine Verhandlungen mit Zápolya fort, auch als er schon die Truppen zusammenzog, um ihn anzugreifen.[7]

Anfang August marschierten die habsburgischen Truppen in Ungarn und Kroatien ein, um den Kampf gegen Zápolya beziehungsweise die Türken aufzunehmen. Aber dieser Feldzug sollte der schlimmste seiner ganzen militärischen Laufbahn werden. Im Oktober mußten sich seine Truppen geschlagen zurückziehen. Hans Katzianer, Ferdinands Oberbefehlshaber und Anführer des slawonischen Kontingents, desertierte mit einem Teil der Kavallerie zum Feind. Der päpstliche Nuntius an Ferdinands Hof hielt die Katastrophe für größer als Mohács, und auch Ferdinand selbst war sich seiner mißlichen Lage schmerzlich bewußt. Obwohl er weiter auf Hilfe von Karl V. hoffte, wenn dieser nur endlich seine Feindseligkeiten mit Frankreich beendet haben würde, erkannte er klar die Notwendigkeit, mit Zápolya einen beständigeren Frieden schließen zu müssen. Auch die Türken waren zu einer zeitweiligen Unterbrechung ihrer Aktivitäten in Osteuropa bereit, da sie gerade Venedig belagerten, während der Kaiser und der Papst der Republik zu helfen versuchten.

Auch Zápolya hatte letztendlich nichts gegen einen Friedensschluß. Seine Stellung zwischen den Habsburgern und den Türken kam auch ihm immer prekärer vor. Zudem drohten zwei seiner wichtigsten Gefolgsleute, Frankopan und Brodarics, von ihm abzufallen, wenn er sich mit seinem Rivalen nicht einigte. Es war ihrer Ansicht nach genug Blut vergossen worden.[8] So unterschrieben die beiden Gegner am 24. Februar 1538 in Großwardein einen Vertrag, der Zápolya erlaubte, seinen Besitz in Siebenbürgen und Ungarn zu behalten und sich zu seinen Lebzeiten König von Ungarn zu nennen. Ferdinand versprach weiters, ihn und seine Ansprüche zu verteidigen. Dagegen sollte die Krone nach seinem Tod an Ferdinand und seine Erben übergehen oder wenn das nicht möglich war, an Karl und seine Linie. Sollte Zápolya noch einen Sohn bekommen, würde dieser in den Herzogsrang erhoben werden und die Ländereien seines Vaters in der Zips erben. Und nur wenn alle drei Linien verlöschen sollten, würden die ungarischen Stände von ihrem Wahlrecht Gebrauch machen dürfen, was allein schon als ein Sieg für Ferdinand zu werten war. Denn dadurch waren die haburgischen Ansprüche auf die Stephanskrone von der durch Anna vertretenen jagellonischen Linie auf die männlichen Erben seiner eigenen Linie übergegangen, eine Veränderung, die prompt in das Testament von 1543 und in sein Kodizil von 1547 inkorporiert wurde. Was Ferdinand mißfiel, war die Heimlichkeit, mit der die Vereinbarung getroffen wurde; denn Zápolya und sein wichtigster Mitarbeiter, ein gerissener kroatischer Mönch namens Georg Martinuzzi, fürchteten, mit den Nachfolgeklauseln die Türken zu reizen. Darüber hinaus konnte Ferdinand seinem Mitunterzeichner gegenüber noch immer ein gewisses Mißtrauen nicht unterdrücken. Er versprach jedoch, den Vertrag zu halten, und bewies dies auch bei der ersten Gelegenheit, die sich bot, als Zápolya ihn im August 1538 um Hilfe bei einem zu erwartenden türkischen Angriff auf Buda bat. Ferdinand erklärte sich dazu bereit und bat auch Karl um Beistand.

Trotzdem kam es immer wieder zu Mißverständnissen und Verdächtigungen zwischen den beiden Männern. So verübelte Ferdinand es ihm schwer, daß er die Nachfolgeklauseln tatsächlich nicht veröffentlichen wollte und hegte den Verdacht, daß er nur noch das Ergebnis von Karls Unternehmungen im Mittelmeerraum abwarten wollte, bevor er seine wahren Absichten zeigte. Was noch schlimmer war, Ferdinand mußte befürchten, daß Zápolya womöglich doch noch einen Sohn zeugen könnte, und zwar mit seiner neuen Frau Isabella, der Tochter der Bona Sforza und Sigismunds I. von Polen.[9] Zápolya seinerseits warf ihm vor, ihm nicht die 1538 versprochene Hilfe gegen die Türken geschickt zu haben. Ferdinand entschuldigte sich damit, daß der türkische Angriff ja nicht stattgefunden habe. Schon 1539 erklärte er sich erneut bereit, Zápolya Truppen gegen die Türken zu schicken. Als allerdings die letzteren sich darauf beschränkten, nur das Fürstentum Moldau zu verwüsten, zogen verschiedene deutsche Fürsten ihre Truppen wieder zurück. Dafür konnte Ferdinand nichts, und dennoch ärgerte sich sein ungarischer Rivale über ihn.

Inzwischen begannen seine Anhänger das Gerücht in die Welt zu setzen, Ferdinand habe in dem geheimgehaltenen Vertrag Zápolya die ungarische Krone übertragen und Zápolyas Kinder würden sie erben. Dies empfand Ferdinand mit Recht als eine Vertragsverletzung, und er schlug vor, über diesen Punkt erneut zu verhandeln. Zápolya wich jedoch aus und schürte Ferdinands Mißtrauen durch scharmützelhafte Raubüberfälle auf seine Untertanen.[10] Als Ferdinand 1539 erfuhr, Zápolya verhandle mit dem Sultan über ungarische Angelegenheiten, schickte er ebenfalls einen Botschafter nach Konstantinopel, um seinerseits Gespräche mit dem Sultan zu führen.

Durch Zápolyas Tod 1540 trat nun keineswegs eine Entspannung der Lage ein: Es war zwar Zápolya von der Bühne abgetreten, nicht aber seine Familie; denn er hinterließ einen zwei Wochen alten Sohn, Johann Sigismund. Martinuzzi, Zápolyas Vertrauter, bat denn auch gleich nach dem Tod seines Herrn den Sultan, das Kind als rechtmäßigen Erben des Königreichs anzuerkennen und zugleich den Mönch als Regenten bis zur Volljährigkeit des Knaben. Ferdinand, der damit rechnete, Buda, die Königsstadt, und Siebenbürgen in seinen Besitz zu bringen, schickte auf der Stelle seine Emissäre nach Polen sowie zu der verwitweten Isabella und den ungarischen Ständen, um sie aufzufordern, den Vertrag von Großwardein zu respektieren. Er bat auch Karl, die Betreffenden zu ermahnen.

Die habsburgische Machtstellung in Ungarn war stärker, als Martinuzzi angenommen hatte. Die Anhänger der Familie Zápolya bildeten nur eine von drei Parteien des Königreichs. Relativ neutrale Beobachter waren sich darüber einig, daß Ferdinand doch die meisten Ungarn hinter sich hatte. Allerdings waren sie in sich gespalten. Während die eine Gruppe für die Anerkennung des Vertrags von Großwardein war, wollte die andere dies nur tun, wenn Ferdinand, den sie als Herrscher akzeptieren wollten, auf der Stelle die Türken angriff, um ganz Ungarn zu befreien. Obwohl Ferdinand einige Anhänger an Martinuzzi und sein Mündel verloren hatte, waren dafür einige von Zápolyas früheren Anhängern zu ihm übergelaufen.

Leider wurden diese Vorteile wieder durch unvorhergesehene Komplikationen zunichte gemacht. Zápolya hatte in seinem Testament angeordnet, daß seine Anhänger den Vertrag nur respektieren sollten, wenn Ferdinand auch seine Verpflichtungen hielt. Da er jedoch bereits einige Territorien, die in dem Vertrag für Zápolyas männliche Erben vorgesehen waren, an seine eigenen Anhänger verteilt hatte, hatte er damit Martinuzzi unklugerweise einen Grund gegeben, die Nachfolgefrage auf die lange Bank zu schieben. Damit war die Regentschaft des Mönchs auf der Grundlage des Status quo auf längere Zeit etabliert. Dazu kam, daß Isabellas Mutter, Königin Bona von Polen, Ansprüche auf Mailand stellte und alles tat, um Ferdinands Pläne in Ungarn zu vereiteln.

Sobald Ferdinand erfuhr, daß Martinuzzi mit der Pforte Verhandlungen begonnen hatte, schickte er einen seiner geschicktesten Diplomaten, Hieronymus Lasky, nach Konstantinopel, um seinen Standpunkt zu erklären. Zugleich wurde Nikolaus von Salm, einer seiner fähigsten Befehlshaber, zu Gesprächen zu Isabella Zápolya entsandt. Dies war der Beginn eines zehn Jahre andauernden Katz-und-Maus-Spiels, in dem die polnische Fürstin eine Meisterin werden sollte, auch wenn sie zu Anfang Martinuzzi als den Herrn der Situation bezeichnete.[11] Wie meistens, wenn er verhandelte, erwog Ferdinand zugleich auch die militärische Alternative. Damit brach er eigentlich alle Versprechen, die er Karl V. gegeben hatte, seine Ziele in Ungarn nur durch friedliche Mittel zu erreichen. Ferdinand wußte aber, daß eine militärische Aktion einen guten Eindruck auf die Siebenbürgener machen würde. Und dies war umso wichtiger, als er gerade mit ihnen verhandelte.[12] Das Debakel von 1537 schien lange vergessen zu sein.

In den ersten Herbsttagen des Jahres 1540 schickte er eine Armee unter Leonhard von Fels aus, um Buda und Pest zu erobern. Nachdem dies mit Pest gelungen war, begannen sie mit der Belagerung der alten Stadt Buda auf der anderen Seite der Donau. Und hier kam es zu einer Meuterei unter den Truppen, die mit ihrer Verpflegung unzufrieden waren. Deutsche Truppen, die die Meuterei niederschlagen sollten, richteten ihre Geschütze auf jene ungarischen Soldaten, denen sie zur Hilfe geeilt waren, und von Fels starb an der Verletzung, die er sich bei seinem Versuch, die Unruhe beizulegen, zugezogen hatte.[13]

In der ersten Novemberhälfte nahm Ferdinand seine Verhandlungen mit Martinuzzi wieder auf. Dieser bestand aber darauf, daß Johann Sigismund sein Erbteil zurückbekäme, bevor Ferdinand Buda erobert habe. Dies aber war dem Habsburger nicht möglich, weil die von ihm Beschenkten das Land bereits in ihren Besitz genommen hatten. Als er daraufhin dem Kroaten einen Kardinalshut als Ersatz anbot, bekam er eine Abfuhr. Und auch sein Angebot, der Mönch, Isabella und ihr Sohn könnten in Buda wohnen bleiben, wenn sie ihm Loyalität versprächen und wenn die Stadt von den Truppen beider Seiten bewacht würde, wurde nicht angenommen, ebenso wenig wie der Vorschlag, Martinuzzi solle sich Ferdinand als Geisel zur Verfügung stellen, während Isabella und ihr Sohn in der königlichen Residenz blieben. Dem Sultan dagegen bot Ferdinand Tributzahlungen an, wenn er ihn als legitimen König von Ungarn anerkenne.[14] Nichts war so bezeichnend für Ferdinands zähen Charakter wie sein Ringen um die ungarische Krone. Trotz seiner abermaligen Niederlage 1540 plante er 1541 schon wieder eine neue militärische Aktion. Zum guten Teil waren es auch die Umstände, die ihn dazu zwangen. So beunruhigten ihn gewisse Berichte über eine türkische Einheit, die in der Umgebung von Waitzen (Vác) zu überwintern schien, weil er noch nie erlebt hatte, daß ein so großes osmanisches Kontingent während des Winters im Freien kampiert hatte. Er nahm vielmehr an, daß sich Martinuzzi und seine Kumpane dieser Truppe bedienen wollten, um Pest zurückzuerobern. Ferdinand hielt es sogar für möglich, daß Suleiman persönlich auftauchen könnte.

Es gab aber auch noch andere, ermutigendere Gründe, die ihn zu den Waffen greifen ließen. Peter Perényi, Ferdinands ungarischer Kanzler, wußte zu berichten, Isabella wünsche sehnlichst, Martinuzzi loszuwerden. Sie habe versprochen, ein Stadttor von Buda für Ferdinands Truppen offenzulassen, eine Einladung, die von Ferdinand mit Freuden angenommen wurde. Umso mehr, als ihm Hieronymus Lasky aus Konstantinopel berichtete, die Türken würden niemals freiwillig zustimmen, daß Ferdinand Buda haben könnte. So riet auch der Gesandte zu einem militärischen Schlag, der den Sultan zwingen würde, sich flexibler zu zeigen. Inzwischen hatten sich auch die Moldauer gegen die Türken erhoben und wollten sich Ferdinand unterwerfen. Auch Karl, der zwar noch immer die ungarische Situation für nicht so ernst wie sein Bruder hielt, war bereit, ihm zu helfen, indem er mit seinen in Italien und im sonstigen Mittelmeerraum stationierten Truppen Druck auf die Türken ausüben wollte. Da für dasselbe Jahr ein Reichstag in Regensburg angesetzt war, versprach er, ein deutsches Kirchenkonzil als Gegenleistung für die Hilfe der deutschen Fürsten in Ungarn zu gestatten. Indem er alles dies erwog, entschloß sich Ferdinand, Pest so gut er konnte zu befestigen und zugleich Buda zu besetzen.[15]

In den zeitgenössischen Kommentaren wurde seine Position als relativ günstig beurteilt. Erstens machten die Türken nach ihrem langen Aufenthalt im Winterlager einen geschwächten Eindruck, und zweitens waren die Bürger Budas durch ihre Nähe zunehmend nervös geworden. Und tatsächlich waren die zirka 20.000 Soldaten, die Ferdinand im Frühling 1541 auf Buda ansetzte, zunächst sehr erfolgreich. Aber am 2. Juni erlitten sie durch die Verteidiger von Pest eine vernichtende Niederlage, während Nachrichten von einer großen türkischen Armee, die sich auf dem Weg nach Ungarn befinden sollte, den Regensburger Reichstag erreichten. Ferdinands Soldaten wandten sich nun nach der Schlappe vor Pest nach Buda, und hier war es die taktische Unfähigkeit ihrer Führer, durch die die Chance verpaßt wurde, ungehindert Einlaß in die Stadt zu finden. Isabella hatte nämlich ihr Versprechen gehalten und ein Stadttor für dreißig Soldaten aus Ferdinands Truppe samt ihrem Führer öffnen lassen. Diese dreißig allerdings bekamen es mit der Angst zu tun, als sie hinter sich keine Verstärkung erblicken konnten, und zogen sich wieder zurück.[16] Am 25. Juni erschien Ferdinand vor dem Reichstag und bat die Stände um Hilfe gegen den anrückenden Sultan. Die katholischen Stände bewilligten ihm daraufhin 10.000 Mann und 3000 Pferde. Die Protestanten zögerten mit ihrer Bewilligung bis Ende Juli. Und auch von Karl kam wenig Hilfe, weil er gegen Ende des Monats Regensburg verließ, um an einem Feldzug gegen die Piraten der Barbaresken in Algerien teilzunehmen.

Wie 1526 in Mohács griffen die Türken auch diesmal wieder mit voller Wucht im August an. Am 26. ergaben sich Buda und Pest, worauf Suleiman Johann Sigismund zum rechtmäßigen König von Ungarn erklärte. Bis zu seiner Volljährigkeit wollte der Sultan selbst als Regent fungieren. Zugleich kündigte er an, daß von nun an sämtliches Land zwischen Donau und Theiß seiner Herrschaft direkt unterstellt sei, um es besser gegen die Habsburger verteidigen zu können. Ferdinand erlitt jedoch nicht nur politischen Schaden. Der Rückzug seiner Truppen von Pest war in wilder Unordnung vor sich gegangen. Einige überbesetzte Schiffe waren auf der Donau gesunken, und den Türken waren riesige Mengen von Vorräten und Munition in die Hände gefallen, als sie die Stadt in Besitz nahmen. So schienen jetzt die Türken besser denn je gerüstet zu sein, den längst geplanten Einfall in die österreichischen Länder vorzunehmen.[17]

Aber so unglücklich Ferdinand auch über diese Wendung war, er verlor weder seinen Gleichmut noch seine Entschlossenheit, die in Ungarn erlittenen Verluste wieder wettzumachen.[18] Er hatte im übrigen auch gar nicht die Wahl, sich anders zu verhalten, jedes Zeichen von Schwäche den Osmanen gegenüber hätte mit Sicherheit zu Desertionen innerhalb seiner ungarischen Anhängerschaft geführt, und er mußte schnell und entschieden handeln, um dies zu verhindern. Zudem war zu befürchten, daß die Türken demnächst bis Preßburg und vielleicht weiter vorstoßen würden. Diese Ansicht teilte auch Ferdinands Mann in Konstantinopel, Hieronymus Lasky. Wenn sich Ferdinand von dem Druck befreien wollte, den Suleiman auf ihn und seine Länder ausübte, dann mußte er entweder Buda endgültig aufgeben oder Suleiman in Buda eine entscheidende Niederlage beibringen. Sicher war letzteres zu bevorzugen, wenn auch schwieriger zu bewerkstelligen. Lasky riet ihm, er solle wenigstens Pest schleunigst befestigen, damit die Türken sich dort nicht zu sehr festsetzen konnten. Daher ließ er trotz des türkischen Appells, die Waffen ruhen zu lassen, alles für einen neuerlichen Angriff auf Buda vorbereiten. Um das Vertrauen, das die Ungarn in ihn setzten, zu stärken, um Martinuzzi an weiteren gemeinsamen Aktionen zusammen mit den Türken zu hindern und um den Marsch der Türken nach Westen zu bremsen, wollte Ferdinand so schnell wie möglich vorgehen. In Buda und Pest brach jedoch eine Seuche aus. Ferdinand mußte den Angriff abblasen und versuchte, neue Verhandlungen mit Isabella und ihrem Berater aufzunehmen. Es zeigte sich, daß auch diese gesprächsbereiter als vorher waren. Die Besetzung Budas und Pests durch die Türken hatte bei den meisten Ungarn doch einen tiefen Schock ausgelöst, und Ferdinand erschien trotz seiner bisherigen militärischen Insuffizienz noch der beste Garant für die Befreiung Ungarns zu sein. Jedenfalls waren in dem 1542 zusammengerufenen Landtag auch Komitate vertreten, die bis zu dieser Zeit hinter Zápolya gestanden waren. So traf Ferdinand am 29. Dezember mit

Martinuzzi folgende Vereinbarung: Dieser schwor Ferdinand Treue und trat in seine Dienste über. Ferdinand sollte die Herrschaft über ganz Ungarn erhalten. Nur die Zips würde an Johann Sigismund fallen, sobald dieser großjährig wäre. Ferdinand versprach seinerseits Isabella 12.000 Dukaten jährlich, und es gab auch für Martinuzzi eine jährliche Vergütung. Den Anhängern Martinuzzis wurde Amnestie gewährt, und sie durften ihre Posten, Würden und Pfründe beibehalten.

Auch die anderen mitteleuropäischen Herrscher waren an der Wiedereroberung Budas interessiert. Die Herzöge von Bayern, die nach Ferdinand den Türken am nächsten waren, drängten darauf, so bald wie möglich einen Reichstag einzuberufen, um die Sache zu erörtern. Sie hatten die Unterstützung Sachsens und Hessens, und auch Böhmen und Mähren stimmten im Februar 1542 zu, Geld und Truppen zur Befreiung der magyarischen Königsstadt beizusteuern. Für Ferdinand war jedoch wieder einmal entscheidend, wie sich sein Bruder verhalten würde.

Allgemein war man an Ferdinands Hof der Meinung, daß sich der Kaiser endlich mehr in Ungarn engagieren müßte. Nach der Niederlage von 1541 war die Unzufriedenheit mit einem Kaiser gestiegen, der so viel gegen die Seeräuber der Barbaresken und so wenig gegen die Türken in Osteuropa tat. Ferdinand hatte zudem ganz spezielle Vorstellungen über ein größeres Engagement seines Bruders. Durch die militärischen Debakel der letzten Jahre war seine Unzufriedenheit mit der Qualität seiner eigenen und der Truppen aus dem Reich gewachsen. Außerdem mußte er lange warten, bis sie ihm geschickt wurden, er brauchte aber eine Armee, über die er schneller verfügen konnte. Ein weiterer Nachteil war, daß die deutschen Landsknechte und Reiter zu Meutereien, Desertionen und Plünderungen neigten, was schon bei den Ungarn Haßgefühle gegen ihre Verbündeten hervorgerufen hatte. Die ungarischen Truppen waren aber auch nicht verläßlicher. So waren Ferdinand und andere Beobachter der Meinung, daß er „autres gens de guerre d'estrange nation“ benötige, nämlich spanische und italienische Söldner, die als gute Bogenschützen bekannt waren und über Erfahrung bei Belagerungen verfügten, was bei der Wiedereroberung Budas eine große Bedeutung hatte. Die Spanier waren zudem Experten von kombinierten Manövern zu Lande und zu Wasser; das hatten sie bei der Belagerung von Goletta im Golf von Tunis unter Beweis gestellt. Da Buda auf einer Anhöhe über der Donau lag, konnten sich derartige Kenntnisse sehr nützlich erweisen. Die Truppen, die der Papst anzuheuern pflegte, waren dagegen für ihre Verläßlichkeit berühmt.

Ferdinand wollte aber nicht nur vom Kaiser Geld, um sich diese Truppen leisten zu können, er wollte ihn auch persönlich als Oberbefehlshaber der Truppen. Denn nur der Kaiser verfügte nach Ansicht vieler über die nötige Autorität, um einen derartig heterogenen Haufen zu befehligen. Die Zusammenarbeit zwischen den beiden Brüdern aber war nach 1532 starken Schwankungen unterworfen gewesen. So hatte zwar Karl seinem Bruder immer zur Diplomatie in seinem Zweikampf mit Zápolya geraten, versäumte es aber des öfteren, Ferdinand über die eigene Politik zu informieren, die ja meistens nicht ohne Auswirkungen auf die Situation des jüngeren Habsburgers blieb. Die Venezianer hörten zum Beispiel vor Ferdinand, daß der Kaiser 1538 eine Art Frieden mit Franz I. geschlossen hatte, worauf der Jüngere den Älteren ärgerlich darauf aufmerksam machte, es sei für seine und Ferdinands Interessen im Osten unbedingt notwendig, ihn über derartige Vereinbarungen als ersten zu informieren. Einen noch größeren Ärger bereitete ihm die Tatsache, daß der Kaiser und der Papst im selben Jahr gemeinsam in Friaul, also in einem Land, das Ferdinand gehörte, Truppen für ihre eigenen antitürkischen Expeditionen ausheben ließen, während der Truppenmangel eines seiner Hauptprobleme in Ungarn war. Karl schickte ihm zwar 1538 2000 Spanier, verlangte aber, daß sein Bruder für sie bezahlte. Bei einem Treffen der beiden Brüder 1540 in Gent versprach der Kaiser ihm 50.000 Gulden für Ungarn, aber nur unter der Bedingung, daß Ferdinand einige seiner neapolitanischen Einkünfte verpfändete, um ihm die Summe rückerstatten zu können.

Seine Haltung änderte sich jedoch nach dem Fall Budas 1541. Als Karl V. die Nachricht in Lucca überbracht wurde, schickte er auf der Stelle seinen Vizekanzler, den Luxemburger Jean de Naves, nach Deutschland. Hier mußte dieser feststellen, daß man dem Kaiser allgemein schwer verübelte, daß er offensichtlich das Reich den Türken ausliefern wollte, und er versprach im November feierlich, daß der Kaiser persönlich an der Expedition gegen den Feind teilnehmen wollte, vorausgesetzt, daß sich der Papst und der Reichstag angemessen beteiligten. Ferdinand drängte nun Karl, die Zahl der Truppen zu nennen, die er beisteuern würde; denn erst dann würden die Fürsten aktiv werden. Ferdinand wollte nämlich keineswegs ganz auf die deutschen Truppen verzichten, sondern hatte vielmehr vor, sie hinter den Spaniern und Italienern in der zweiten Linie zu verwenden. Er war aber nach wie vor davon überzeugt, daß die deutschen Hauptleute nicht in der Lage sein würden, die Disziplin unter den Truppen aufrechtzuerhalten, so daß, wenn Karl nicht persönlich den Oberbefehl übernähme, die deutschen Truppen wertlos sein würden. Und nicht nur Ferdinand und die Deutschen dachten so. Nachdem der Reichstag in Speyer Anfang 1542 40.000 Infanteristen und 8000 Kavalleristen bewilligt hatte, äußerte auch Maria, daß nur der Kaiser eine solche Armee zusammenhalten könne, und auch Papst Paul III. war offensichtlich derselben Ansicht. Denn Morone, sein Legat in Deutschland, machte dem Reichstag Hoffnung, daß der Papst 5000 Mann für den Feldzug zur Verfügung stellen würde, wenn der Kaiser aktiv daran teilnehmen würde. Wenn nicht, würde Rom nur 2500 Mann schicken.

Der Papst und die Deutschen hatten also Naves' Bedingung erfüllt. Karl V. hob dies zwar lobend in einem Brief an Ferdinand hervor, er selber kam seiner Verpflichtung jedoch nur mit halbem Herzen nach. Ende Dezember 1541 gab er zu verstehen, er wolle zwar sich selbst als Befehlshaber zur Verfügung stellen, aber nur sein Reichskontingent und seine österreichischen Truppen beisteuern, es sei denn, es beteiligten sich sämtliche christlichen Herrscher an der Offensive, was aber ziemlich unmöglich war. Es sei nämlich höchst ungewöhnlich für einen Kaiser, lautete seine Begründung, andere Truppen als die aus seinen eigenen Erbländern zu Hilfsaktionen zu entsenden. Mit einiger Bitternis fügte er hinzu, es gäbe für ihn eigentlich keinen zwingenden Grund, den Ständen zu helfen, die nie auch nur einen Finger für ihn gerührt hätten. Der französische und der mittelmeerische Kriegsschauplatz seien viel stärker auf seine Truppen und seine Hauptleute angewiesen. Für diesen Sinneswandel war sein ganz auf Spanien orientierter Kanzler Granvella verantwortlich. Für ihn hatten Ferdinands Bemühungen in Mittel- und Osteuropa wenig Auswirkungen auf das Schicksal der Iberischen Halbinsel, und in diesem Punkt brauchte es wenig, um Karl V. zu überzeugen. So teilte er im März 1542 seinem Bruder mit, daß die kastilischen Cortes die Expedition nach Ungarn nicht unterstützen würden und daß auch er sich aus allen Reichsangelegenheiten momentan heraushalten müsse, weil Franz I. offensichtlich Vorbereitungen für einen neuen Krieg träfe. Er bat Ferdinand, ihn, so gut er könne, vor dem Reichstag zu entschuldigen.

Ferdinand versuchte alles, um den Ausfall seines Bruders durch eigene Aktivität auszugleichen. In dem Wissen, daß frühere Feldzüge teilweise an mangelndem Nachschub gescheitert waren, überwachte er nun persönlich die Sammlung von Lebensmitteln und Geldern für seine Truppen. Diese Tätigkeit hinderte ihn allerdings, aktiv am Feldzug teilzunehmen, was wieder seine ungarischen Berater mit Sorge erfüllte. Sie befürchteten nämlich, daß der deutsch-ungarische Antagonismus wieder durchbrechen könnte, wenn weder Ferdinand noch der Kaiser die Truppen anführen würde. Aber Ferdinand war entschlossen, Wien nicht zu verlassen, denn nur hier sah er die Möglichkeit, zusätzliche Truppen aufzutreiben, wenn sich das als notwendig herausstellen sollte. Strategisch war der Feldzug vielleicht wirklich besser geplant als alle bisherigen. Für Ausrüstung und Munition waren sorgfältige Vorbereitungen getroffen worden. 180 Schiffe lagen bereit, um die Nachschublinien der Türken auf der Donau zu blockieren. Karl V. warnte Ferdinand allerdings vor den Gefahren, die eine zu große Armee bedeuten könnte. So viele Menschen seien ja gar nicht nötig, um Buda zurückzuerobern, meinte er, wohingegen sich Langeweile, Krankheit und Disziplinlosigkeit sehr schnell zersetzend auf eine so große Armee auswirken könnten.

Inzwischen plante man einen neuen Reichstag in Nürnberg, der die nötigen

Mittel für die 1542 versprochenen Truppen und ihre Besoldung auftreiben sollte. Man nahm an, daß ein „gewöhnlicher Pfennig“ erhoben werden würde, aber bis zur Einigung müßten die Fürsten und Städte ihre Kontingente selbst bezahlen. Um langen Diskussionen aus dem Weg zu gehen, hörte Ferdinand nicht auf, Karl immer wieder um konkrete Hilfe zu bitten, allein, um den Deutschen seinen guten Willen und sein Interesse zu zeigen. Die Deutschen ihrerseits waren höchst daran interessiert, daß Karl endlich seine niederländischen Territorien zur Kasse bitte, die ja nominell auch zum Reich gehörten. Darum hatte man die Habsburger seit Beginn des 16. Jahrhunderts gebeten, und die Habsburger hatten sich bis dato hartnäckig geweigert – ihre niederländischen Untertanen natürlich auch.

Wie dringend es war, daß der Reichstag endlich aktiv würde, zeigte sich im Juni, als sich Ferdinands Armee rund um Wien zu versammeln begann. Einige Truppen, besonders die der geistlichen Fürsten, die in ihren Ländern mit großen finanziellen Schwierigkeiten zu kämpfen hatten, waren nur für einen Monat bezahlt worden. Dieser aber war längst abgelaufen, und so begann sich bereits eine allgemeine Disziplinlosigkeit unter den Truppen breitzumachen. Im Juli begab sich Ferdinand daraufhin nach Nürnberg, um den Reichstag zu größerer Eile anzutreiben, aber vergeblich: Dieser schwerfällige Körper war nicht zu bewegen. Lokale Konflikte nahmen seine ganze Aufmerksamkeit in Anspruch: Der Schmalkaldische Bund hatte den katholischen Herzog Heinrich von Braunschweig angegriffen, der versucht hatte, sich Goslars zu bemächtigen. Außerdem debattierte man wieder einmal über die Rolle, die den deutschen Städten bei den Beratungen zukam. Den Antrag Ferdinands, die in Speyer genehmigte Unterstützung zu finanzieren, beantworteten die Stände, wie er befürchtet hatte, mit einer erneuten Klage über Karls Abwesenheit. Besonders seine Weigerung, ihnen irgendwelche Mittel zur Verfügung zu stellen, namentlich nicht aus den Niederlanden, regte sie sehr auf. Ferdinand antwortete ihnen, sein Bruder sei momentan nicht in der Lage, ihnen zu helfen, und forderte seine Schwester Maria auf, die über die Niederlande erregten Gemüter zu beruhigen. Als Karls Regentin jedoch war sie lediglich seine Willensvollstreckerin in den Niederlanden und als solche nur dem Kaiser verpflichtet, Rede und Antwort zu stehen. Tatsächlich ließ sie während der ganzen fünf Wochen, die er sich in Nürnberg aufhielt, nichts von sich hören, was er als ungeheure Kränkung empfand. Ende August war er so weit gedemütigt, daß er die Stände nur noch um die ursprünglich zugesagten Kontingente bat und versprach, er würde nur in besonders dringenden Fällen um Verstärkung bitten. Die Sitzung endete am 26. August. Im September hatte Ferdinand gehofft, persönlich in Ungarn sein zu können, er mußte aber nach Böhmen, wo die Kronländer die versprochenen 2000 Gulden nicht aufbrachten, mit denen er fest gerechnet hatte. Da nun keiner der Brüder persönlich am

Feldzug teilnehmen konnte und wollte, stellte sich neuerlich die Frage des Oberbefehls. Einer der Kandidaten – Markgraf Joachim von Brandenburg – hatte sich schon vor Karls Rücktritt darum beworben. Solange er aber nicht wußte, wie sein Bruder sich endgültig entscheiden würde, hatte Ferdinand dem Markgrafen ausweichende Antworten erteilt. Als dann Karls Absage vorlag, entschloß er sich, es mit dem Hohenzollern zu versuchen, vor allem auch, weil die Herzöge von Bayern, inzwischen seine engsten Verbündeten, die Bewerbung unterstützten. Für Joachim sprach nicht etwa seine militärische Erfahrung – er hatte keine –, sondern sein Status als Vermittler zwischen den Religionsfeinden. Als ein zum Luthertum Konvertierter hatte er sich 1538 sehr viel Mühe gegeben, eine Art Kompromiß zwischen Ferdinand und dem Schmalkaldischen Bund zu finden, der dem letzteren religiöse Freiheit und dem Habsburger Hilfe gegen die Türken garantierte. Joachim setzte sich nicht nur aus Prinzip für den Frieden zwischen Katholiken und Protestanten ein, er tat es auch, weil er vieles von seinem alten Glauben in den neuen übernommen hatte und zum Beispiel noch immer etliche katholische Feiertage und Riten feierte wie etwa die Verwandlung der Hostie. Dasselbe galt natürlich auch für seine Untertanen, so daß der lutherische Klerus in Brandenburg sich über die genaue Natur ihrer religiösen Schäfchen nie so recht im klaren war.

Als Ferdinand im Juli nach Nürnberg aufbrach, beschloß man, Joachim mit den in Wien versammelten Truppen nach Ungarn zu schicken, um sich mit den ungarischen Truppen zu vereinigen. Denn obwohl die Armee noch gar nicht vollzählig war – es waren vorläufig erst 30.000 bis 40.000 Mann –, war die Disziplin im Lager bereits so gesunken, daß es am besten schien, sie in Bewegung zu setzen. So begann für die Deutschen, die päpstlichen Söldner und die Ungarn ein unendlich langsamer und durch Insektenstiche dazu noch qualvoller Marsch die Donau abwärts, in dessen Verlauf immer neue böhmische und ungarische Kontingente dazu stießen. Erst nach sechs Tagen war das Lager vier Kilometer vor Preßburg erreicht. Einsetzende Regenfälle verzögerten die Ankunft der nachrückenden Infanterie, der Artillerie und der Munitionszüge. Anfang September waren schließlich 60.000 Mann versammelt, und auf der Donau lagen 200 Schiffe.

Am 28. September begannen Ferdinands Truppen mit der Belagerung von Pest. Seine Befürchtungen sollten sich auf die schlimmste Weise bewahrheiten. Es war tatsächlich ein Ding der Unmöglichkeit, aus einer so multinationalen Armee eine homogene Streitkraft zu machen. Die ungarischen Hauptleute stritten sich von Anfang an untereinander über die Verteilung der Vorräte und Männer. Joachim von Brandenburg beklagte sich vergeblich über mangelnden Beistand. Der deutsche Reichstag, der sich die Mühe gegeben hatte, eine Lagerordnung auszuarbeiten, hatte die deutschen Soldaten besonders vor den ungarischen Weinen gewarnt, und zwar wegen ihrer angeblich „tödlichen“

Wirkung. Diese und andere Warnungen scheinen aber nicht befolgt worden zu sein; denn schon zu Beginn der Belagerung herrschte bereits ein wüstes Durcheinander im Lager. Joachim war nicht in der Lage, seine Offiziere zu koordinieren, was zum Teil daran lag, daß er nur mit dem mehrheitlichen Beschluß seiner deutschen Kommandanten Entscheidungen fällen durfte. Möglicherweise sollten durch diese Struktur die dürftigen militärischen Kenntnisse des Markgrafen kompensiert werden. Aufgrund eines solchen Mehrheitsbeschlusses wurde nun Pest und nicht Buda, wie Ferdinand angeordnet hatte, belagert, möglicherweise weil es leichter schien, Pest einzunehmen als Buda. Inzwischen aber war es kalt geworden, und die Kleidung der meisten entsprach nicht der herbstlichen Witterung. Auch Plünderungen brachten den Truppen nur wenig, da jene, die vor ihnen hier gekämpft hatten, das Land schon gründlich verwüstet und entvölkert hatten.

Am 1. Oktober gelang es dem italienischen Kommandanten Allessandro Vitelli, ein ansehnliches Kontingent von osmanischen Verteidigern aus Pest herauszulocken, aber wegen des Mangels an Koordination zwischen den Truppenteilen war es unmöglich, Vorteil aus der Situation zu ziehen. Die Deutschen verabsäumten es, das Stadttor zu besetzen, aus dem die Türken ausgezogen waren, so daß diese mit nur leichten Verlusten hinter die schützenden Mauern zurückkehren konnten. Am 5. Oktober gelang es der italienischen Artillerie, eine Bresche in die Mauer zu schlagen, die groß genug war, um sechs Männer durchzulassen. Was aber nun folgte, war alles andere als ein durchdachter Angriff. Die für ihre Zuverlässigkeit und Geschicklichkeit mit Recht geschätzten italienischen Söldner betraten zusammen mit einigen Ungarn als erste die Bresche. Joachim aber hatte versäumt, dafür zu sorgen, daß ihnen sofort weitere Truppen nachfolgten. Kaum hatte also der Stoßtrupp die Bresche passiert, als er sich vor einem Graben sah, von dessen anderer Seite die Türken das Feuer auf die Eindringlinge eröffneten. Die deutschen und ungarischen Truppen, die die Nachhut bildeten, zogen sich sofort hastig und in völliger Unordnung zurück. Daraufhin kletterten die osmanischen Verteidiger auf die Türme und Mauern der Stadt und beschossen von oben die Angreifer, vor allem die Italiener, die zwischen 700 und 1000 Mann verloren. Obwohl die Verluste der Deutschen geringer waren, waren es gerade die deutschen Kommandanten, die sich weigerten, den Angriff zu wiederholen. Sie seien schlecht informiert worden und nun seien ihre Truppen nicht mehr in der Verfassung für einen neuerlichen Angriff. Die Italiener und die Ungarn aber waren ihrerseits verärgert über die mangelnde Unterstützung des Reiches und die schlechte Organisation des ganzen Feldzugs. Der päpstliche Nuntius in Wien beschrieb die Deutschen als „Trunkenbolde". Vergebens bestanden die Ungarn auf einen neuen Versuch, Pest zu erobern. Zu ihrem großen Mißvergnügen wurde statt dessen der Rückzug angeordnet.

Dieser vollzog sich in unbeschreiblicher Unordnung. Ende Oktober kehrte Joachim quasi auf der Flucht vor seinen eigenen Soldaten, die wütend ihren Sold von ihm forderten, nach Österreich zurück. Trotz dieses unrühmlichen Endes ihrer gemeinsamen Expedition waren sowohl Ferdinand als auch Joachim bemerkenswert zurückhaltend mit ihren gegenseitigen Vorwürfen. Ferdinand hatte zwar vor, den Markgrafen für das Desaster verantwortlich zu machen, sah aber ziemlich schnell ein, daß die Wurzel allen Übels die Tatsache war, daß seine Truppen im Frühling viel zu lang auf ihren Sold aus Deutschland gewartet hatten, der zudem nie gekommen war. Die Türken ließen verlautbaren, daß, wenn die Armee früher aufgebrochen und sich schneller vorwärts bewegt hätte, möglicherweise Pest gefallen wäre.

Die Ungarn waren diejenigen gewesen, die besonders viel Wert darauf gelegt hatten, daß Ferdinand den Oberbefehl der Armee übernahm. Ob dies Einfluß auf den Ausgang der Schlacht genommen hätte, ist natürlich unmöglich zu sagen. Ferdinand war sich nur einer Sache sicher, daß zukünftige Expeditionen unbedingt einer stärkeren Unterstützung des Kaisers bedurften. Mit dieser Ansicht stand er nicht allein da, besonders nicht in Ungarn.

So fuhr Ferdinand in seinen Bemühungen fort, den Kaiser, der nach wie vor davon überzeugt war, daß derartige militärische Abenteuer wenig Aussicht auf Erfolg hatten, zu einer Meinungsänderung zu bringen. Als er 1543 zu einem neuen Feldzug aufbrach, um seine Position in Ungarn zu verbessern, wandte er sich aufs neue mit der Bitte um Hilfe an seinen Bruder, obwohl er wußte, daß dessen vielfältige Verpflichtungen ihm wenig Freiraum ließen. Auch dieser Feldzug sollte sich als ebenso erfolglos wie die anderen erweisen. Suleiman, der wieder selber seine Armee befehligte, eroberte Gran und Stuhlweißenburg. Dabei waren dies strategische Punkte in Ferdinands geplanter Verteidigungslinie, die von Siebenbürgen bis nach Wien reichen sollte. Trotzdem hielt er die Türken immer noch für besiegbar. Und trotz aller Fortschritte, die ihnen 1543 gelungen waren, waren sie doch nicht so weit gelangt, wie er befürchtet hatte. Ja, sie waren durch das schlechte Wetter so geschwächt, daß er wahrscheinlich Gran zurückgewonnen hätte, wenn man ihn mehr unterstützt hätte.[19]

Karl machte Ferdinand zwar Hoffnung auf einen antitürkischen Kreuzzug im Jahr 1544, aber es sollte nicht dazu kommen. Der Kaiser schickte seinem Bruder lediglich 1545 einen Experten, der Ferdinand bei der Befestigung Wiens beraten sollte. Auch seine österreichischen und böhmischen Untertanen zeigten sich immer ablehnender, wenn es um Sonderausgaben für seine Kriege ging. 1543 hatten die Böhmen und Mährer seinem Marschbefehl einfach den Gehorsam verweigert. Inzwischen war Ferdinands Verschuldung bedrohlich gewachsen. 1540 hatte ihm Anton Fugger 25.000 Gulden zu der in Augsburg üblichen Verzinsung von zehn Prozent geliehen. Schon im Jahr darauf bat ihn Ferdinand um weitere 184.975 Gulden. Zwischen 1542 und 1547 lieh Ferdinand fast 1,000.000 Gulden bei den Fuggers aus; das waren immerhin 200.000 Gulden pro Jahr. Schließlich sandte ihm Karl etwa 3000 Spanier, um sie in Ungarn einzusetzen, aber die beiden Brüder stritten sich zwei Jahre lang, wer diese Soldaten bezahlen sollte. Inzwischen verwüsteten die unterbesoldeten Truppen das Königreich in einem derartigen Ausmaß, daß die Bewohner sie mehr haßten als die Türken. Selbst Marias Besitzungen wurden von ihnen nicht geschont. Die spanischen Truppen plus Befestigungsanlagen kosteten Ferdinand 1546 180.000 Gulden. So versuchte er etwas, das er selbst freimütig für illegal erklärte, nämlich in den böhmischen Kronländern die Biersteuer einzuführen.[20] Angesichts dieser deprimierenden finanziellen Lage und des offensichtlichen Desinteresses seines Bruders blieb Ferdinand eigentlich keine andere Wahl, als auf dem Verhandlungsweg seine Position zu verbessern. Und wie immer unterstützte Karl eine solche Initiative. Beide Brüder schickten ihre Gesandten nach Konstantinopel, und besonders Gerard Veltwyck, der Gesandte des Kaisers, leistete so gute Arbeit, daß 1547 ein Waffenstillstand geschlossen werden konnte. Für einen jährlichen Tribut von 30.000 Dukaten versprach Suleiman, der einen größeren Feldzug gegen Persien plante, den Habsburger fünf Jahre in Ruhe zu lassen.[21]

In Ungarn selbst konnte Ferdinand es sich jedoch kaum leisten, keine Anstrengungen mehr zur Erweiterung seines Herrschaftsgebietes zu unternehmen. Der Zusammenbruch der Offensive gegen Buda und Pest 1542 hatte zu anarchischen Zuständen unter seinen Anhängern geführt, die nun versuchten, alles an sich zu reißen, was noch möglich war. Am alarmierendsten war das Vorgehen Peter Perényis. Dieser war Hauptmann seiner ungarischen Truppen im Feldzug 1542 gewesen und war jetzt sein Kanzler. Ende 1542 besetzte er einfach die zum Dombesitz von Raab gehörenden Ländereien und zwei Besitzungen des Bistums Eger. Dann nahm er auch das Schloß und die Stadt Eger in seinen Besitz unter dem Vorwand, sonst hätten es die Türken getan. Da auch Gerüchte umgingen, er habe nach der Katastrophe von Pest mit den Osmanen wegen seiner Statthalterschaft verhandelt, blieb Ferdinand nichts anderes übrig, als ihn verhaften zu lassen und einzukerkern, was ihm unter den magyarischen Adeligen viel Feindschaft eintrug. Georg Karlowitz, der Berater Moritz' von Sachsen, äußerte die Ansicht, daß der Habsburger sich die Herrschaft über jenen ungarischen Streifen, der ihm noch geblieben war, nur sichern konnte, wenn er einen seiner Söhne zum König einsetzte.[22] Ferdinand tat zwar sein Möglichstes, um die Enttäuschung und die Zweifel zu zerstreuen, die sich seiner Anhänger bemächtigt hatten, unterdessen aber hatte auch seine Glaubwürdigkeit stark gelitten. 1545 verlangte der Landtag von Tyrnau, daß Königin Maria ihre königlichen Einkünfte aus Münzprägungen und Zöllen zu Verteidigungszwecken zur Verfügung stelle. Aber Ferdinand glaubte, sie aus dynastischen Skrupeln darauf aufmerksam machen zu müssen, daß seine

Schwester diese Rechte von ihrem Mann und ihrem Schwiegervater verliehen bekommen habe und er sie deshalb dieser Rechte nicht berauben könne. Zur selben Zeit ließ er jedoch durch seine ungarischen Berater Memoranden verfassen, welche Marias Ansprüche bestritten und in welchen er versprach, er würde alles tun, um sie endgültig zu beseitigen. Ebenso zweideutig erschien seine Haltung, als er 1548 dem Drängen der Ungarn nachgab und versprach, sich bei Karl für ein allgemeines Kirchenkonzil einzusetzen, obwohl der päpstliche Nuntius ihm klar zu verstehen gegeben hatte, daß der Papst dies nicht unterstützen würde. Schließlich mußte er sehr gegen seinen Willen im Jahre 1554 einen Palatin ernennen. Indem er sich für den loyalen Thomas Nádasdy entschloß, hoffte er, daß dieser ihm nun als Palatin nicht in den Rücken fallen würde.[23]

Die meisten Chancen, seinen Herrschaftsbereich zu erweitern, boten sich ihm in Siebenbürgen. Nach seiner Einigung mit Isabella und Martinuzzi 1541 hatte man ihn hier als Herrscher akzeptiert, unter der Voraussetzung, daß er gewisse Besitzungen, die Zápolya, seine Frau und Martinuzzi an sich gerissen hatten, den ursprünglichen Eigentümern zurückgäbe. Ferdinand hatte sofort Kontakte mit siebenbürgischen Kaufleuten aufgenommen, damit sie ihm Geld zum Unterhalt von Truppen in ihrem Land liehen. Aber nach der Einnahme Budas hatte Suleiman 1541 wieder Isabella, Johann Sigismund und Martinuzzi als Herrscher in Siebenbürgen eingesetzt, und damit war Ferdinands Präsenz mehr als problematisch geworden. Vergeblich versuchte er, den Mönch auf seine Seite zu ziehen, indem er ihm den Posten eines Kommissionärs anbot. Aber der Mönch ließ sich durch solche Tricks nicht verführen. Schließlich hatte ihn Suleiman nicht im Namen Habsburgs, sondern im Namen Zápolyas, seiner Geliebten und ihres kleinen Sohnes zum Verwalter Siebenbürgens gemacht, und er weigerte sich, Ferdinand Siebenbürgen zu übertragen, auch aus dem Grund, weil er fürchtete, daß dieser es nicht verteidigen könnte. Auch die Siebenbürger erkannten, daß ihre Lage sich verändert hatte. Sie anerkannten nun Johann Sigismund als ihren Herrscher und begannen Steuern für die Tributzahlungen an die Türken einzusammeln.[24]

Aber Ferdinand ließ nicht locker und setzte Martinuzzi und Isabella zu, sich an die 1541 mit ihm getroffenen Vereinbarungen zu halten. Zugunsten Ferdinands wirkte sich nun aus, daß die Stände Martinuzzi nicht leiden konnten und Isabellas Abhängigkeit vom Wohlwollen des Sultans fürchteten, und, was noch schwerer wog, daß der Mönch und seine Geliebte sich selbst gegenseitig mit immer größerem Mißtrauen beobachteten. Vor allem Martinuzzi spürte, daß Isabellas wachsendes Unabhängigkeitsbedürfnis ihn und seine Position stark gefährdete.[25] Indem er sich geschickt diese Faktoren zunutze machte, brachte Ferdinand die beiden so weit, daß sie sich 1547 erneut mit ihm an den Verhandlungstisch setzten.

1551 war der Bruch zwischen Isabella und ihrem Vertrauten bereits so tief geworden, daß Ferdinand ihnen die Zustimmung zu der zehn Jahre vorher getroffenen Vereinbarung abringen konnte. Dafür versprach er ihr die Einkünfte und den Besitz von Oppeln (Opole), das damals ein Lehen der böhmischen Krone war. Aber damit war die Sache noch nicht ausgestanden. Sie nahm im Gegenteil jetzt eine Wendung ins Bizarre und Niederträchtige. Kaum nämlich hatte sich Isabella von ihrem Liebhaber abgewandt, stellte sich Martinuzzi prompt auf die Seite Ferdinands und wurde von diesem dafür mit einem Kardinalshut und dem Titel des Woiwoden von Siebenbürgen belohnt. Das hinderte ihn jedoch nicht daran, weiter mit den Türken zu verhandeln. Obgleich keine schlüssigen Beweise für einen tatsächlichen Verrat vorlagen, gab der Marquis de Castaldo, Ferdinands Oberkommandierender und Bevollmächtigter in Siebenbürgen, am 17. Dezember 1551 den Befehl, Martinuzzi ermorden zu lassen. So wurde Ferdinands Rivale tatsächlich niedergeknüppelt und erdolcht, und Ferdinand hatte sich 1552 wegen dieser Tat vor dem Papst zu rechtfertigen.[26]

Sehr schnell mußte Ferdinand feststellen, daß Isabellas Selbsterhaltungstrieb ebenso groß wie sein eigener war. Bevor sie noch den Fuß nach Oppeln gesetzt hatte, stellte sie bereits neue Forderungen, die Ferdinand unmöglich alle erfüllen konnte. Unter anderem wünschte sie für ihren Sohn die totale Befreiung von militärischen Verpflichtungen und die komplette Steuerfreiheit von der böhmischen Krone für alle Untertanen. Dem aber konnte Ferdinand unmöglich zustimmen, ohne vorher die Zustimmung der böhmischen Stände eingeholt zu haben. 1554 stellte sie die Forderung, daß ihr Sohn von den böhmischen Ständen als unabhängiger Souverän anerkannt würde.

Überdies aber gab es auch noch Probleme finanzieller Natur. Mit Oppeln hatte ihr Ferdinand, wahrscheinlich unabsichtlich, eine mehr als schäbige Residenz zugewiesen, die auf der Stelle ihren Zorn erregte. Das Schloß war bei ihrer Ankunft in einem so erbärmlichen Zustand, daß die Decken mit Holzpfosten abgestützt werden mußten. Außerdem waren noch nicht einmal die notwendigsten Möbel wie Betten, Tische und Stühle vorhanden. Der Leere des Schlosses entsprach die Leere der Teiche und Wälder: Es gab weder Fisch noch Fleisch. Und auch die Einkünfte aus den Ländereien trafen nur unregelmäßig ein. Auf Isabellas wütenden Protest antwortete Ferdinand, der Vorbesitzer, ein Hohenzollern, habe den Besitz so verludern lassen. Aber dies war natürlich keine Entschuldigung, zumal sich Ferdinand tatsächlich nicht in der Lage sah, seine Verpflichtungen ihr gegenüber korrekt zu erfüllen. Zápolya hatte ihr nämlich in ihrem Heiratsvertrag 140.000 ungarische Goldgulden als *contradote* zugesagt, Einkünfte aus seinen Schlössern in Ungarn und Siebenbürgen. Da nun Ferdinand Träger der ungarischen Krone war, waren die Verpflichtungen logischerweise auf ihn übergegangen. 1551 schickte er ihr

40.000 Gulden aus Einkünften von anderen Besitzungen und versprach ihr, die Hälfte der verbleibenden 100.000 Gulden zu Weihnachten auszuzahlen und den Rest mit fünfprozentiger Verzinsung in regelmäßigen Abständen bis 1554. Da es dazu nie kam, schuldete er Isabella Ende 1554 insgesamt 122.000 Gulden an Kapital und Zinsen.[27]

Ob die Prinzessin ihrerseits die Absicht gehabt hatte, den Vertrag einzuhalten, ist nicht sicher, aber Ferdinands Unfähigkeit, seinen Verpflichtungen nachzukommen, gab ihr die Entschuldigung, erneut mit den Türken und den Feinden der Habsburger in Siebenbürgen zu verhandeln, um für sich und ihren Sohn die Rückkehr nach Siebenbürgen zu ermöglichen. Sowohl der König von Polen als auch der König von Frankreich zeigten Interesse an dem Schicksal ihres Sohnes, und 1553 wandte sie sich auch an Sigismund August von Polen mit der Bitte um Unterstützung. Nun ließen auch die Türken verlautbaren, daß sie anstatt eines deutschen Herrschers in Siebenbürgen lieber einen Einheimischen als Woiwoden sehen würden. Verzweifelt versuchte Ferdinand, Geld für Isabella aufzutreiben und den polnischen König zu überreden, sich zu seinen Gunsten bei ihr einzusetzen. Karl schickte ihm Briefe, die er der Fürstin, Sigismund August und Bona Sforza weitergeben konnte, wenn er das für nützlich hielte. Aber all dies war von wenig Nutzen. Die Disziplinlosigkeit von Ferdinands Truppen in Siebenbürgen war wenig dazu angetan, die habsburgische Position zu stärken, und Karls Mißerfolge im Westen bewirkten, daß seine Worte hier wenig Widerhall fanden.[28]

Da Isabella weiter alles für ihre Rückkehr nach Siebenbürgen tat und sich andererseits der Termin näherte, an dem Ferdinand seine Schulden zu bezahlen hatte, versprach er ihr Einkünfte aus seinen anderen böhmischen Besitzungen und bot ihr an, Johann Sigismund von Steuern und von anderen Verpflichtungen in Oppeln zu befreien, solange er, Ferdinand, lebte. Aber Isabella hatte daran kein wirkliches Interesse mehr. Als am 6. Januar 1555 das Geld noch immer nicht da war, verlegte sie ihren Wohnsitz nach Polen, nicht weit von der ungarischen Grenze. Im Jahr darauf riefen die siebenbürgischen Stände Johann Sigismund zu ihrem Fürsten aus, und am 22. Oktober 1556 trafen Isabella und ihr sechzehnjähriger Sohn in Kluj ein und beendeten damit die habsburgische Herrschaft in dieser Provinz bis Anfang des 18. Jahrhunderts. Viele Ungarn und auch Ferdinands eigener Sohn Maximilian verstanden nicht, warum sich Ferdinand so passiv verhielt, zumal die Türken 1554 mit Persien Krieg führten.[29] Sobald aber Suleiman mit dem Schah Frieden geschlossen hatte, drohte er den Ständen Siebenbürgens, ihr Land zu besetzen, wenn sie Johann Sigismund nicht zum Herrscher machten. Da auch Ferdinand Frieden wollte und wußte, daß er sich mit dem Sultan nicht einigen werde können, wenn Johann Sigismund nicht in seine Rechte eingesetzt würde, akzeptierte er nun stoisch diese Bedingung, die er noch vor kurzem erbittert abgelehnt hatte.[30]

Nach wie vor betrachtete er zwar Ungarn als seine letzte Verteidigungslinie gegen die Türken, und er verhandelte auch weiter mit Isabella, aber man kam zu keinen neuen Ergebnissen. Auch von Suleimans Seite wurde der *Status quo* gewahrt. Die Furcht vor einem neuerlichen Angriff der Perser, Streitigkeiten innerhalb der eigenen Dynastie und Unruhen innerhalb der Armee verurteilten ihn in den letzten Jahren seiner Regierung zur militärischen Untätigkeit. Auf lokaler Ebene fanden immer wieder Kämpfe um Festungen und Städte statt. Beide Seiten hatten dabei Gewinne und Verluste zu verzeichnen, aber im großen und ganzen blieb die einmal festgelegte Demarkationslinie gewahrt.

Ferdinand blieben in Ungarn nur der unumstrittene Besitz der Stephanskrone und der westliche Teil des Königreichs. Aufgrund seines Vertrages mit Isabella war die ungarische Krone auch für seine männlichen Nachkommen erblich, auch wenn die ungarischen Stände das noch nicht offiziell akzeptiert hatten. Aber er hatte die Hoffnungen vieler Magyaren auf die Wiedervereinigung ihres Königreichs enttäuscht und hatte im Gegenteil durch seine militärischen Ungeschicklichkeiten die Teilung des Landes in einen habsburgischen Westen, eine osmanische Mitte und in Siebenbürgen verstärkt. Es war für Ferdinand ein unglückliches Arrangement, vor allem wirtschaftlich. Denn trotz der endlosen Kriege, die weite Teile des Landes entvölkert und verwüstet hatten, gab es immer noch einen gewissen Wohlstand, aber eben nur in Mittelungarn und Siebenbürgen. Aus den Zollisten des Jahres 1542 geht hervor, daß es in Ungarn immer noch ein beträchtliches Vermögen gab. Der Export von Vieh und Häuten aus der von den Türken besetzten ungarischen Tiefebene nach Italien weitete sich bis zum Ende des 16. Jahrhunderts weiter aus. Wahrscheinlich aber wäre Ferdinand nicht in der Lage gewesen, das Maximum aus der Exportsteuer für sich herauszuholen, zumal die ungarischen Adeligen die Umgehung solcher Steuern wie eine Kunst beherrschten.[31]

Das Scheitern von Ferdinands Plänen, ganz Ungarn in seinen Besitz zu bringen, war sicher auf seine militärische Schwäche zurückzuführen. Denn alle rechtlichen Kniffe und diplomatischen Bemühungen hatten zwar vorübergehende Teilerfolge gezeigt, aber letztendlich die Spannungen zwischen dem Herrscher und den Ständen nur verschärft. Nur durch wirksame militärische Offensiven gegen die Türken hätte er sich den Beifall des ungarischen Adels erwerben können. Dazu hätte es gar nicht, wie ein venezianischer Beobachter meinte, einer großen Armee bedurft, sondern viel mehr einer gut geführten und disziplinierten. Das hieß, Suleimans Erfolge waren weniger seinen eigenen Qualitäten als dem erbärmlichen Zustand von Ferdinands Armee zuzusprechen.[32]

Auch Ferdinand war dies bewußt. Vor allem aber war er davon überzeugt, daß die Hilfe des Kaisers von entscheidender Bedeutung gewesen wäre. Denn dann wäre es auch leichter gewesen, von anderer Seite Unterstützung zu bekommen. Jedenfalls war eine solche 1541 und 1542 mehrfach in Aussicht gestellt worden. Noch zehn Jahre später erneuerte der Woiwode von Krakau, Piotr Kmita, sein Hilfsversprechen Ferdinands Gesandten gegenüber.[33] Aber Karls Desinteresse hatte sich lähmend auf alle Initiativen gelegt, so daß Ferdinand nur einen sehr geringen Teil seiner ehrgeizigen Pläne verwirklichen konnte. Ungarn blieb für ihn eine unerfüllte Hoffnung.

X.
Sieg in Böhmen

Ganz anders lagen die Schwierigkeiten, mit denen sich Ferdinand im Königreich Böhmen herumschlagen mußte. Obwohl sich hier nicht wie in Ungarn politische Todfeinde einen erbitterten Kampf lieferten, war auch Böhmen keineswegs innerlich befriedet. Auch hier gab es bedeutende Spannungen zwischen den einzelnen Provinzen, besonders zwischen Böhmen und Mähren, auch hier kämpften die Stände, in denen wesentlich mehr urbane Elemente als in Ungarn vertreten waren, um ihre Privilegien, vor allem aber ging eine tiefe religiöse Spaltung durch das Volk. Da gab es die einflußreiche katholische Minderheit, auf die Ferdinand sich stützen konnte, und da gab es die vielen verschiedenen protestantischen Sekten. Seit seiner formellen Gründung im 15. Jahrhundert hatte der Utraquismus viele Abspaltungen hinnehmen müssen. Die konservative Clique, die auch den obersten Kirchenrat dominierte und immer noch auf die Versöhnung mit Rom hoffte, war in den meisten Fällen zur Kooperation mit dem neuen habsburgischen Herrscher bereit. Besonders dann natürlich, wenn Ferdinand Schritte gegen andere Sekten des Königreichs unternahm, zum Beispiel gegen die *Unitas Fratrum,* die Brüderunität. Diese Brüder waren längst nicht mehr so ausschließlich aufs Jenseits orientiert wie ihre Begründer, sondern waren im Gegenteil sehr gut organisiert, so daß Ferdinand sie für sehr gefährlich hielt. Es gab weiter eine ansehnliche Zahl von Utraquisten, die sich nach der Verbreitung der 95 Thesen in ganz Europa zunehmend lutherfreundlich gab. Diese stellten für den König höchst wahrscheinlich die größere Gefahr dar, da sie ja sicher Verbindungen zu den deutschen Protestanten unterhielten. Um zu dem konfessionellen Wirrwarr beizutragen, machten nun auch noch die Anabaptisten auf sich aufmerksam, die teilweise aus Ferdinands österreichischen Ländern nach Böhmen eingewandert waren.

Die ursprüngliche Zurückhaltung, mit der man Ferdinand anfangs in Böhmen entgegengetreten war, war hauptsächlich seinem Ruf als absolutistischer Herrscher zuzuschreiben. Dazu war die Furcht gekommen, daß er seiner Schwester Maria zu viel Macht in der Regierung einräumen würde. Ferdinand, der sich dessen bewußt war, verhielt sich daher in den Jahren nach seiner Krönung 1527 äußerst vorsichtig und bemühte sich, die Traditionen des Landes zu respektieren. Als 1539 der mächtige Jošt von Rožmberk (Rosenberg) starb, setzte Ferdinand dessen Bruder Peter auf den freigewordenen Platz im obersten böhmischen Gerichtshof; denn es war die Regel, daß immer ein Mitglied der Familie in dieser Körperschaft vertreten war. Er versprach auch, daß, wenn Peter aus gesundheitlichen Gründen von dem Posten zurücktreten müßte, ein anderes Mitglied der Familie an seine Stelle treten könnte. Zu seinen Günstlingen gehörte die Familie Pernštejn (Pernstein), die er mit Einkünften überschüttete.[1] Die zahllosen Familienstreitigkeiten pflegte er jedoch mit bewundernswerter Unparteilichkeit zu schlichten. So bekam Vojtěch Pernštejn, der 1528 Ferdinands Oberkämmerer geworden war, 1529 eine Strafe aufgebrummt, weil er den Untergebenen eines anderen Adeligen Schaden zugefügt hatte.

Änderungen nahm Ferdinand nur vor, wenn er sich der nötigen Unterstützung sicher war. Eine solche Änderung war die Teilung Prags in zwei Verwaltungsbezirke mit unabhängigen Magistraten. Zu der Zusammenlegung von Altstadt und Neustadt war es ohnehin erst 1517 gekommen, aufgrund der Machenschaften eines Freundes von Zdeněk Lev von Rožmital, eines gewissen Jan Pašeks, der denn auch Bürgermeister der zusammengelegten Gemeinden wurde. Von hier aus hatte er den Kampf gegen die lutherischen Elemente in der utraquistischen Kirche aufgenommen. Mit der Unterstützung des Vorsitzenden des Konsistoriums, Gallus Cahera, der von Luther abgefallen war, ließ er Bürger aus der Stadt entfernen, die ihm aus religiösen und politischen Gründen Widerstand leisten wollten. So berief sich Ferdinand 1528 auf ein altes Vorrecht der Könige von Böhmen, die Stadträte Prags zu ernennen, und teilte die Stadt aufs neue, indem er zwei verschiedene Magistrate einrichtete. Seine Maßnahme wurde von den Prager Bürgern freudig begrüßt, da die Zusammenlegung von Altstadt und Neustadt nie populär geworden war. In manchen Vierteln der Stadt jubelte man ihm sogar als neuem Karl IV. zu, einem Herrscher, unter dem Böhmen im 14. Jahrhundert eine Blütezeit erlebt hatte. Obwohl Pašek versuchte, sich mit ihm zu versöhnen, verwies ihn Ferdinand gemeinsam mit Cahera 1530 des Landes. Und alle jene, die Pašek seinerzeit hinausgeworfen hatte, durften zurückkehren.

Ebenso vorsichtig benahm sich Ferdinand in religiösen Angelegenheiten, und sein Katholizismus war für die konservativen Utraquisten weit weniger störend als der lutherische Glaube. So baten sie ihn, die Priesterehe zu verbieten und die Jungfrau Maria vor Angriffen zu schützen. Nach und nach betrachteten sie ihn als eine Art Verbündeten, der den Schutz des Nationalglaubens übernommen hatte. Vor seiner Wahl hatte Ferdinand ja auch den Ständen versprochen, daß er die aus dem 15. Jahrhundert stammenden *Compactata* respektieren würde, welche den Utraquismus in Böhmen und Mähren legitimiert hatten.

Er hatte auch versprochen, er würde den Papst bitten, die Vereinbarung formell zu unterstützen. Das hatte Rom allerdings nie getan. Auf der anderen

Seite stellte er die Katholiken zufrieden, indem er ihnen versprach, daß Prag wieder einen Erzbischof bekommen würde. Der Bischofsstuhl stand seit den Hussitenkriegen leer. Auch den Schlesiern versprach Ferdinand, Ordnung in das religiöse Durcheinander zu bringen. Sein größtes Problem aber stellte Mähren dar, wo das Sektierertum sich am meisten ausgebreitet hatte. 1526 hatten ihm die mährischen Stände um Religionsfreiheit gebeten. Er war dem ausgewichen, indem er ihnen versprach, die „Freiheiten, Gesetze und guten und alten Bräuche" des Landes zu respektieren, eine Formel, die der Landtag irrtümlich für das Zugeständnis der Religionsfreiheit hielt.[2]

Zu Beginn seiner Regierung in Böhmen war Ferdinand, wie wir gesehen haben, mit so vielen Problemen außerhalb des Landes beschäftigt, daß ihm wenig Zeit blieb, um sich mit dem religiösen Radikalismus in Böhmen auseinanderzusetzen. Außerdem konnte er sich kaum leisten, potentielle Hilfskräfte gegen die Türken vor den Kopf zu stoßen. Dabei waren ihm gerade in Böhmen einige Möglichkeiten gegeben, seinen großen Wunsch zu realisieren, nämlich dem Katholizismus in seinen Ländern wieder zur Vorherrschaft zu verhelfen.[3]

Mit den *Compactata* und dem „Jakobi Landtagsbeschluß" von 1508, den Wladislaw gegen die Böhmischen Brüder herausgegeben hatte, hatte er zwei legale Instrumente in der Hand, um gegen die Protestanten vorzugehen. Indem er die *Compactata* wörtlich nahm, hoffte Ferdinand die Gemäßigten für sich zu gewinnen. Im allgemeinen hatte er mit dieser Politik Erfolg, zumindest insoweit, als es ihm gelang, die guten Beziehungen zwischen dem Monarchen und den beiden etablierten Religionsgemeinschaften im Königreich aufrechtzuerhalten. Indem er die das Luthertum bekämpfenden Utraquisten unterstützte, gewann Ferdinand Einfluß auf die kirchlichen Angelegenheiten der von ihm Unterstützten. 1530 trafen der König und das Konsistorium eine Vereinbarung über die Rolle der hussitischen Kirche im Königreich, über die Gerichtsbarkeit des Konsistoriums und die Eliminierung der Häresie. Aber während ihm die utraquistischen Konservativen einige Sympathien entgegenbrachten, gelang es ihm nicht, Einfluß auf die Sekten, namentlich die Brüder und die Anabaptisten, auszuüben. Beide Sekten besaßen in Böhmen und Mähren adelige „Sponsoren", und obwohl Ferdinand sie sporadisch verhaften ließ, war seine Macht zu gering, um sie unschädlich zu machen. 1535 legten die verfolgten Bürger dem empörten König ihre Glaubensartikel vor und baten um Religionsfreiheit.

Abgesehen davon, daß ihn die konfessionelle Heterogenität des Landes störte, wünschte er sich auch wegen der Einkünfte eine effizientere Regierungsgewalt. Denn das Königreich war auch nach den politischen Unruhen der vierziger Jahre immer noch ein reiches Land. Ein Beweis dafür war die Steigerung der Importe aus dem Ausland gegen Ende des Jahrhunderts. Einem venezianischen Gesandten zufolge betrug zwischen 1552 und 1555 Ferdinands Einkommen, das er aus seinen Domänen, Minen und anderen Regalien bezog, 500.000 Taler. Fast alle diese Einkünfte waren jedoch durch Hypotheken belastet. Am nächsten kam dieser Summe noch Tirol mit 400.000 Taler. Aber der Wohlstand Tirols war nicht so solide wie der Böhmens, und daher war Tirol bei weitem nicht eine so zuverlässige Quelle für außergewöhnliche Einkünfte.[4]

Es gab kaum einen türkischen Feldzug, um dessentwillen er nicht eine Reise nach Böhmen unternehmen mußte; denn obwohl die Böhmen ihre ungarischen Nachbarn nicht besonders liebten, zogen sie dennoch die Magyaren, „er sey wie er sey", den Türken vor.[5] Was nicht hieß, daß es in den dreißiger Jahren nicht weiter Querverbindungen zu Zápolya und seiner Gefolgschaft gab.

Angesichts seiner sich ständig verschlechternden Finanzlage war Ferdinands Interesse an Böhmen in erster Linie wirtschaftlich orientiert. Denn die Einkünfte aus den österreichischen Ländern und aus Ungarn trafen nur unregelmäßig und manchmal gar nicht ein. Zu Profiten kam es nur höchst selten. Das lag zum guten Teil natürlich an seinen Auslagen. Aus den eher spärlichen Unterlagen geht jedoch hervor, daß die Unterhaltungskosten für seinen Hof und die Hofhaltung seiner Söhne keineswegs den größten Posten darstellten. In den Jahren 1543 bis 1546 gab es zwischen 275 und 300 Hofangestellte, also wesentlich weniger als die 472 Personen, die Maximilian I. um sich versammelt hatte, als er 1519 starb. Auch die Aufstellung von 1554, die eine Zahl von 451 nennt, in der wie bei Maximilian die Männer der Leibwache und der Gardekavallerie mitgerechnet sind, bleibt noch unter der Maximilians.[6] Man könnte natürlich argumentieren, daß Maximilian als Kaiser ein größeres Haus als sein Enkel, der ja vorläufig nur Thronerbe war, zu führen hatte. Aber es gibt auch noch andere Anzeichen dafür, daß Ferdinands Haushaltsführung nicht verschwenderisch war. Zum Beispiel war 1554 zwar die Zahl der Angestellten gestiegen, nicht aber ihr Lohn. Auch was seine eigene Person anging, war Ferdinand verhältnismäßig sparsam. 1549 betrugen seine persönlichen Ausgaben 1754 Gulden und 58 Kreuzer, das entsprach nur dem dreifachen Gehalt des Oberhofmeisters. 1530 verbrauchten er und Königin Anna nur etwa 190 Meter Samt für ihre Kleidung, was angesichts ihrer monarchischen Repräsentationspflichten und der üppigen Gewänder der damaligen Zeit nicht viel ist.[7]

Dazu kamen allerdings Sonderausgaben für zusätzlichen Luxus, und diese fielen schwerer ins Gewicht. Anna liebte Goldapplikationen auf ihren Samtkleidern und gab 1534 und von 1536 bis 1538 929 Gulden und 25 Kreuzer dafür aus, das heißt, sie hatte 1538 nur ein Drittel der Summe bezahlt. 1539 versprach Ferdinand dem Augsburger Kaufmann Leonhard Weiß, 1750 Gulden inklusive Zinsen – eine Summe, die fast den gesamten Auslagen für seinen persönlichen

Bedarf entsprach – für ein Kreuz mit vier Diamanten, einem Rubin in der Mitte und einer Perlendekoration zu zahlen. Manche dieser Sonderausgaben waren wahrscheinlich unvermeidlich wie zum Beispiel die 2328 Gulden, die zur Trauerausstattung seines Hofes nach dem Tod von Karls Frau Isabella 1539 gebraucht wurden. Weniger notwendig erscheinen uns heute die zahlreichen Vergünstigungen, die Ferdinand dem Hofpersonal zukommen ließ, womit er gleichsam das stagnierende Lohnniveau ausglich. So verpflichtete er sich 1524, einer gewissen Barbara von Weisproch, einer der Hofdamen der Königin, eine Heiratssteuer von 4000 Gulden zu zahlen und dazu 200 Gulden an jährlichen Zinsen bis zur vollen Auszahlung der Hauptsumme.[8]

Von 1526 an und noch in den vierziger Jahren aber stellten seine militärischen Ausgaben das eigentliche Problem dar, weil sie sein normales Einkommen weit überstiegen. Allein für die Ausgaben in Ungarn mußte er 1541 eine Anleihe von 184.975 Gulden aufnehmen, das war zweimal so viel wie sein Gesamteinkommen aus den königlichen ungarischen Domänen in den letzten vier Jahren. Nachdem er sich in den vierziger Jahren jährlich etwa 200.000 Gulden ausgeliehen hatte, nahm er 1548 eine Anleihe von 311.000 Gulden und 1549 insgesamt weitere 519.499 Gulden auf. Seine größten Gläubiger waren ausländische Kaufleute. 1530 schuldete er den Fuggern bereits 989.400 Gulden. Verglichen mit den deutschen Bankiers verhielten sich seine Verwandten geradezu kleinlich. Von den 218.018 Gulden, die er sich für den türkischen Feldzug von 1537 auslieh, kamen 83.278 von den Fuggern und nur 6000 von seiner Schwester Maria. 1540 lieh ihm Karl V. 50.000 Gulden, aber die Fugger und Leonhard Weiß immerhin 60.000. Weder 1541 noch zwischen 1547 und 1551 wird Karl V. oder ein anderes Familienmitglied unter den Gläubigern genannt.[9]

Angesichts dieser Tatbestände war Böhmen für Ferdinand eine attraktive Einnahmequelle, und er war denn auch von Anfang an darauf erpicht, seine Erträge hier zu steigern. So versuchte er zum Beispiel eine alte Verfügung Karls IV. wieder in Kraft treten zu lassen, nach der alle ins Königreich importierten Waren zuerst zur Verzollung nach Prag gebracht werden mußten. 1541 brachte er die böhmischen Stände dazu, einer allgemeinen Besitzsteuer zuzustimmen, die zu seiner Unterstützung in Ungarn eingesetzt werden sollte, und die mährischen, den Bierverkauf in den königlichen Städten zu besteuern sowie den Besitz gewisser Güter und den Import und Export von Wein. Nicht alle diese Maßnahmen waren ganz korrekt. Einheimische und ausländische Kaufleute versuchten die Prager Importsteuer dadurch zu umgehen, daß sie ihre Waren an den Grenzen des Königreichs verkauften. Tauchten die Zollbeamten auch in den Grenzstädten auf, dann wichen die Händler auf Nebenstraßen aus. 1538 protestierte auch Ferdinands böhmische Schatzkammer in aller Form gegen diese Maßnahmen, so daß er erlaubte, den Zoll in allen

28 königlichen Städten einzuheben. Trotzdem reichten alle diese Steuern nicht aus, um seinen Bedarf zu decken. 1546 beklagte er sich bitter über die geringe Unterstützung des Königreichs. Andere Herrscher, so murrte er, erhielten viel mehr von ihren Untertanen, auch wenn sie weit weniger Verpflichtungen hätten als er.[10]

Ferdinands Klagen über die Knausrigkeit der Böhmen wurden von den Ständen seiner anderen Länder übernommen. Die Steirer forderten die Böhmen 1536 und 1537 durch eine Abordnung auf, mehr Mittel gegen die Türken beizusteuern. 1541 wiederholte der steirische Gouverneur Hans Ungnad diese Forderung vor den böhmischen Ständen als Sprecher nicht nur seines eigenen Landes, sondern aller österreichischen Länder. Die Böhmen schlugen daraufhin ein Schema vor, nach dem sie und die anderen Länder der Wenzelskrone zwei Drittel eines jährlichen Beitrags von drei Millionen Gulden zahlen würden, wenn die österreichischen Länder die restliche Million übernehmen würden. Es war Ferdinand aber unmöglich, den österreichischen Generallandtag von 1542 um eine derartig hohe Summe zu bitten, auch wenn sie auf die Hälfte verringert wurde.[11]

Nun war es aber nicht so, daß nicht auch die Böhmen Ferdinands Pläne nur höchst unwillig unterstützten, zumal sie für seine Religionspolitik immer weniger Verständnis aufbrachten. Immer mehr Anabaptisten aus der Schweiz, Süddeutschland und Tirol ließen sich besonders in Mähren nieder. Ferdinand machte zwar aus seiner Abneigung für diese Glaubensrichtung kein Hehl, aber alle seine Anstrengungen, die Sekten aus Mähren zu vertreiben, bewirkten nur, daß er die Großgrundbesitzer gegen sich aufbrachte. Diese hatten nämlich erkannt, daß die Immigranten tüchtige Landarbeiter und Handwerker waren und sahen nicht ein, warum sie so gute Arbeitskräfte den Wünschen ihres Herrschers opfern sollten. Als Ferdinand nach 1535 mit der Verfolgung der Sekten begann, traf er daher auf den erbitterten Widerstand der Magnaten. So wurde zum Beispiel ein gegen die Anabaptisten 1545 in Mähren erlassenes Dekret einfach nicht zur Kenntnis genommen.[12]

Noch gefährlicher war der Widerstand, auf den Ferdinands gegen die Lutheraner gerichtete Maßnahmen stießen. Denn die Wittenbergische Reform breitete sich mehr und mehr unter den Utraquisten aus. 1543 versprach Ferdinand dem Papst, alle lutherischen Manifestationen in seinen Ländern gnadenlos zu unterdrücken, worauf es zum offenen Bruch zwischen dem König und dem Administrator des utraquistischen Konsistoriums, Jan Mystopol, kam. Der Kirchenmann hatte versucht, einige von Luthers Lehren, die er für gut hielt, in Böhmen einzuführen. Dies brachte ihm und seinen Anhängern ein Predigtverbot ein, das Ferdinand allerdings vorübergehend wieder aufheben mußte, weil die Gefahr eines Bürgeraufstands in Prag drohte. Schon ein Jahr später nahm er jedoch den Kampf gegen das Luthertum wieder auf und verbot dem böhmischen Adel, verheiratete Priester auf ihren Gütern zu tolerieren. Außerdem befahl er die Vertreibung aller Priester aus dem Königreich, die nicht die römischen Weihen empfangen hatten.

Dazu kam das wachsende Mißtrauen der Stände gegenüber Ferdinands politischen Ambitionen. Ferdinand hatte ja innerlich nie von seinem Vorhaben abgelassen, die böhmische Krone zu einem Erbgut der Habsburger zu machen. Nach seiner Wahl hatte er gezwungenermaßen erklären müssen, daß die Stände ihn zu ihrem Herrscher gewählt hatten, aber dadurch daß er ein Jahr später ihre Zustimmung zu der Krönung seines volljährigen männlichen Erben bekam, war er wieder ein Schritt näher an sein Ziel herangerückt. Die Niederlagen innerhalb Ferdinands politischer Laufbahn wurden bis zu einem gewissen Grad durch schieres Glück ausgeglichen. Auch 1541 geschah so ein glücklicher Zufall, den er wie gewöhnlich auch zu nutzen verstand. Ein Feuer zerstörte nämlich im Hradschin, dem königlichen Schloß in Prag, die böhmischen Landgesetze, und Ferdinand brachte es fertig, daß in den neu geschriebenen Gesetzen seine Anerkennung des Wahlprinzips nicht mehr vorkam. 1544 stimmte der in der Hauptstadt tagende böhmische Landtag seinem Antrag zu, daß die böhmische Krone für seine Familie erblich würde. Der gleiche Landtag gestand ihm das Recht zu, alle Ämter im Königreich zu besetzen, allerdings nur mit Einheimischen. Außerdem war er berechtigt, Landtage einzuberufen und größere Lehen zu vergeben.[13]

Aber es war mehr aufgrund von Unaufmerksamkeit und innerer Zerrissenheit als Kooperationswillen, daß der Landtag einem derartigen Ausverkauf seiner Privilegien zugestimmt hatte. Es war keine freudige Zustimmung gewesen. In einem Brief Jan Pernštejns an Ferdinand wirft dieser 1539 dem König vor, Unzufriedenheit unter seinen böhmischen Untertanen ausgesät zu haben, und zwar durch seine dauernden Steuerforderungen, durch seinen absolutistischen Regierungsstil und durch seine, wie Pernštejn es vorsichtig formulierte, extreme Strenge in religiösen Dingen. Ferdinand antwortete mit der Beredsamkeit eines, der sich in der Defensive weiß. Die hohen Steuern schrieb er der Türkengefahr zu, die nicht nur für Ungarn, sondern auch für Böhmen und die gesamte Christenheit ein Problem darstellte. Was nun seinen absolutistischen Regierungsstil anging, so wies er darauf hin, daß gerade in Böhmen die Untertanen mehr Regierungsgewalt besäßen als der König, was er, Ferdinand, nicht unterstützen könne. Und was die Religion beträfe, so schwöre er, daß er keinem Utraquisten Schaden zugefügt habe und zufügen wolle. Die anderen Sekten glaubten freilich weder an Gott, an die Sakramente noch an die Auferstehung. Sie seien daher für ihn nicht mehr als „Tiere“ und könnten nicht geduldet werden. Ihre Irrtümer beruhten nicht auf einem Mißverständnis, sondern auf Bosheit. Indem er sich bemühe, seinen Glauben zu verteidigen, danke er Gott für alles, was er ihm habe zukommen lassen – Gesundheit, ein ergebenes Weib, robuste Kinder, einen Bruder, der ihm mehr Vater als Bruder sei, und ein großes Erbe, das sich von selbst immer mehr vergrößere.[14]

Aber schöne Worte allein genügten nicht, um die Empfindlichkeit der Böhmen in den nächsten Jahren zu besänftigen. In den vierziger Jahren begann eine gegen die Habsburger gerichtete Koalition aus Adeligen und Bürgern Form anzunehmen. Und in allen seinen Erbländern nahm der religiöse Ungehorsam rapide zu. Es kam so weit, daß Ferdinand befürchten mußte, daß der Generallandtag von 1542 von ihm so unerhörte Dinge wie die Kommunion in beiderlei Gestalt, die Priesterehe und andere aufrührerische Partikel fordern würde. Zu seiner großen Erleichterung nahmen die religiösen Fragen bei jenem Landtag nicht so viel Raum ein, wie er erwartet hatte. Dennoch erfüllte ihn die Ausbreitung der neuen Lehre, die er für Ketzerei hielt, weiter mit großer Unruhe.[15]

Dadurch daß Böhmen und das Reich eine gemeinsame Grenze hatten, war es unmöglich, Gegenmaßnahmen gegen das Luthertum in dem einen Land zu ergreifen, ohne das andere in Mitleidenschaft zu ziehen. Umgekehrt überwand die neue Lehre mit umso größerer Leichtigkeit die Grenzen zu den Nachbarländern, als es nicht geglückt war, sie im Reich in ihre Schranken zu weisen. Die zu allen möglichen Kompromissen bereite Haltung der Habsburger hatte ihren Widerstand nur noch verstärkt. So hatte Karl V. auf dem Reichstag von Regensburg 1541 versprochen, die Protestanten in Ruhe zu lassen, wenn sie ihrerseits auf Gewaltanwendung verzichteten. Er wollte ihnen sogar den Zugang zum *Reichskammergericht* ermöglichen. Daraufhin benutzten sie die Reichstage von Speyer, Nürnberg und Worms in den Jahren 1542 bis 1545 dazu, um Ferdinand zu weiteren Konzessionen zu erpressen. Ferdinand mußte seine ganze Kunst aufbieten, um alle diese Anträge ausweichend zu beantworten, ohne seine Widersacher so weit zu erbittern, daß sie ihm den militärischen Beistand verweigerten. Daß 1545 das Konzil von Trient stattfand, war für ihn insofern günstig, als er nun, wenn auch nur für kurze Zeit, darauf drängen konnte, daß alle religiösen Fragen auf diesem Forum zu entscheiden seien. Trotz all seiner Kniffe aber war natürlich den Protestanten vollkommen klar, daß er nur Zeit gewinnen wollte, um sich ihrer Hilfe gegen die Türken zu vergewissern. Dabei hätten viele protestantische Fürsten lieber ihre eigenen Armeen unterhalten, als eine gemeinsame Verteidigungsarmee unterstützt.

Immer noch gab Ferdinand jedoch die Hoffnung nicht auf, daß die religiösen Meinungsverschiedenheiten sich im Reich doch noch auf friedlichem Wege lösen lassen würden, möglicherweise sogar durch einen Kirchenrat auf lokaler Ebene. In den vierziger Jahren nahmen jedoch die Unannehmlichkeiten zu, die die Protestanten ihm bereiteten, und parallel dazu auch seine Ungeduld mit ihnen. Dazu kam der Ärger über die zaudernde Haltung seiner katholischen Verbündeten.[16] Auf dem Nürnberger Reichstag von 1543 konnte er sich so wenig beherrschen, daß er wütend den Saal verließ, als der sächsische Kanzler Burkhardt seine Rede mit der Feststellung begann, die Protestanten würden sich nicht an dem Feldzug gegen die Türken beteiligen. Im nächsten Jahr schwor er vor Vertrauten, daß er mit den Ketzern keine Vereinbarungen mehr treffen würde und versprach, sich an ihnen zu rächen.[17]

Seine militante Haltung wurde durch die Aggressivität der Lutheraner in den vierziger Jahren verstärkt. Als 1545 die Länder Heinrichs von Braunschweig an den Schmalkaldischen Bund fielen, mußte Ferdinand annehmen, daß die Konföderierten durch diesen Sieg nun noch kühner werden würden. Er hatte das Stehvermögen des Bundes schlicht unterschätzt, als er sich 1543 gegen Braunschweig erhob. Noch beunruhigender war jedoch, daß Johann Friedrich von Sachsen begonnen hatte, militärische und politische Beziehungen zu den mit der böhmischen Krone assoziierten Ländern aufzunehmen. 1541 bat er den schlesischen Landtag um Hilfe für den Fall, daß Karl V. oder Ferdinand sein Land angreifen würden. Und im selben Jahr besetzte er ohne zu fragen die Abtei von Doberlug in der Niederlausitz, die er vorher als Lehen besessen hatte, bis sie ihm von einem Verwandten des Gouverneurs abgenommen worden war.

Nur der Kaiser aber konnte den Startschuß für bewaffnete Strafexpeditionen im Reich geben. Als es 1544 durch den Frieden von Crépy zu einem vorübergehenden Waffenstillstand mit Frankreich kam, begann der Kaiser ernsthaft eine Gewaltaktion gegen die Lutheraner zu erwägen. 1545 besprach er ein solches Projekt mit Ferdinand in Worms, und prompt verbreitete sich in Deutschland das Gerücht, der Kaiser wolle den neuen Glauben in Deutschland mit Waffengewalt besiegen. Ferdinand bestritt zwar ein solches Vorhaben vor den Ständen, aber tatsächlich hatten die beiden Brüder in Worms mit dem Gedanken gespielt, eine derartige Offensive zu starten. Nur die fortgeschrittene Jahreszeit hatte sie davon abgehalten.[18] So sehr Ferdinand sich wünschte, die Lutheraner mit Hilfe des Kaisers in die Knie zwingen zu können, so wenig wollte er, daß die Strafaktion als ein Angriff gegen das Luthertum als solches aufgefaßt würde. Daher wollte er die bewaffneten Aktionen Philipps von Hessen und Johann Friedrichs von Sachsen gegen andere weltliche und geistliche Fürsten als Vorwand benützen. Beim Regensburger Reichstag von 1546 bemühte sich Ferdinand, noch höflich zu bleiben. Aber nach dem abrupten Auszug der Führer des Schmalkaldischen Bundes aus der Sitzung ließ er die Maske der Höflichkeit fallen und beschuldigte die beiden Kurfürsten von Hessen und Sachsen des Ungehorsams unter dem Deckmantel der Religion.[19]

Bei der Ausarbeitung seines Schlachtplans wies Karl V. Böhmen zwei wichtige Aufgaben zu.[20] Da er es vermeiden wollte, Schießpulver in Deutschland zu kaufen, wollte er sich der reichen Salpetervorkommen von Mähren und Schlesien bedienen, und zweitens wollte er die Böhmen dazu einsetzen, Johann Friedrich an seiner Ostgrenze zu belästigen. Obwohl er noch als junger Mann an der juristischen Zuständigkeit des Reiches für Böhmen gezweifelt hatte, publizierte er nun im August 1546 ein Dekret, das Johann Friedrich von Sachsen und Philipp von Hessen für vogelfrei erklärte und die Böhmen aufforderte, sich daran zu halten. In der Tat hoffte er, daß sie auf der Stelle die Länder der beiden Kurfürsten überfallen würden.

Ferdinand bekam ebenfalls zwei Aufgaben zugewiesen. Die eine war die Truppenaushebung in Böhmen. Als er im Juli und August 1546 mit den Ständen zusammenkam, erklärte er daher den Ständen, der zu erwartende Konflikt, um dessentwillen er sie um Truppen bitten müsse, habe nichts mit religiösen Differenzen zu tun. Denn nur so konnte er das Vertrauen vieler Böhmen gewinnen, wenn er sie glauben machte, daß die Truppen zur Verteidigung der böhmischen Grenzen benötigt würden. Mit Verteidigung meinte er eigentlich eine vorbeugende Offensive, aber die Stände nahmen ihn wortwörtlich und versprachen ihm 4000 Mann Kavallerie und 20.000 Mann Infanterie samt Unterhaltskosten, unter der Bedingung, daß sie zu reinen Verteidigungszwecken eingesetzt würden. Damit war den Absichten des Kaisers freilich wenig gedient. Dazu kam, daß die Dienstzeiten der Truppen verschieden lang waren, die einen hatten Sold für einen Monat, die anderen für weniger oder mehr. Ferdinand entschloß sich, weiterzuverhandeln.

Der Erfolg seiner Bemühungen in Böhmen hing aber auch davon ab, wie gut oder schlecht er eine weitere Aufgabe erfüllte, die ihm Karl V. übertragen hatte. Dieser wünschte nämlich, den Cousin des Kurfürsten von Sachsen, den Herzog Moritz von Wettin, auf die habsburgische Seite zu ziehen. Dieser hatte Ferdinand während des ungarischen Feldzugs von 1542 durch seine Intelligenz und seinen Ehrgeiz auf sich aufmerksam gemacht und Ferdinand im folgenden Sommer in Böhmen unterstützt. Im Herbst nun führte er Moritz mit dem Kaiser zusammen, was ihn zu der kryptischen Bemerkung veranlaßte, er könne „nützlich sein, wenn er benutzt" werde.[21] Als es aber zu ernsthaften Verhandlungen kam, erwies sich der Sachse zu Ferdinands Mißvergnügen als überaus gerissen. Sein erklärtes Ziel war, sowohl Kurfürst als auch Herzog von Sachsen zu werden, und dazu brauchte er die Sanktionierung des Kaisers. Er zögerte aber verständlicherweise, das Land seines Blutsverwandten ohne die kräftige Unterstützung seiner Verbündeten zu überfallen. Damit meinte er die Böhmen. So mußte Ferdinand seinen böhmischen Untertanen vormachen, der Herzog würde nicht nur Reichslehen im kurfürstlichen Sachsen in seine Gewalt bringen, sondern auch böhmische, wenn sie ihm nicht beiständen, und er mußte andererseits Moritz davon überzeugen, daß die Böhmen dasselbe in seinen Ländern tun würden, wenn er sich nicht mit ihnen zusammentäte.[22]

Am 14. Oktober einigte er sich mit Moritz dahingehend, daß dieser die Reichslehen in Johann Friedrichs Ländern bekommen würde, inklusive der Lehen, die an Bistümer vergeben worden waren. Die Lehen der böhmischen

Krone sollten hingegen an Ferdinand fallen. Jeder Vertragspartner verpflichtete sich, dem anderen zu helfen, falls dieser in den neu eroberten Gebieten angegriffen würde. Nur die Übertragung des Kurfürstentitels samt der Vererbung wartete noch auf eine spätere Festlegung. Während der Verhandlungen wurden die böhmischen Stände nicht konsultiert, sondern erst am Schluß um ihre Zustimmung gebeten. Moritz und Ferdinand verpflichteten sich, auf der Stelle zum Angriff gegen Johann Friedrich vorzugehen.

Ferdinand hatte Moritz zwar versprochen, er würde ihm böhmische Truppen für den Angriff zur Verfügung stellen können, aber er zweifelte am Gelingen – mit Recht, wie er bald feststellen sollte. Denn die böhmischen Stände fühlten sich durchaus zu gar nichts verpflichtet. Ein Teil der Abmachungen mit Moritz bezog sich nämlich auf die Erneuerung einer sogenannten Erbeinigung zwischen Böhmen und dem herzoglichen und kurfürstlichen Sachsen, die aus dem 15. Jahrhundert stammte. Zu den Bedingungen dieses Vertrages gehörten gegenseitige Nichtangriffs- und Verteidigungsgarantien sowie der Verzicht Sachsens auf die böhmische Krone. Unter der Führung Prags verweigerten nun die großen böhmischen Städte und die Ritter ihre Zustimmung zu einer Vereinbarung, die mit Moritz allein getroffen worden war. Im August erhielten die Stände einen Drohbrief von Johann Friedrich, in dem er diese warnte, Karl V. würde, wenn er erst die deutschen Protestanten besiegt hätte, die böhmischen in die Knie zwingen. Dies war nicht gerade dazu angetan, die Stände habsburgfreundlich zu stimmen.

Trotz der Opposition der Stände, bekam aber Ferdinand doch genug Truppen von ihnen und aus seinen anderen Ländern zusammen, um eine Armee aufzustellen, die Ende Oktober ins kurfürstliche Sachsen einfiel. So pöbelhaft der Haufen auch war, er hatte so viel Erfolg, daß Karl V. zufrieden sein konnte. Johann Friedrich war so überrascht über den Überfall auf seine eigenen Länder, daß er sich aus dem Westen völlig zurückzog. Karl V. hatte mit seiner Taktik Erfolg gehabt.

Als Ferdinand die Offensive gegen den Schmalkaldischen Bund plante, hatte er sowohl die Interessen des Reiches als auch die eigenen im Auge gehabt. Zu seiner großen Freude hatte sich nun endlich sein Bruder im Reich engagiert; denn er war überzeugt, daß des Kaisers Anwesenheit im Reich Suleiman zu mehr Zurückhaltung zwingen würde. Je stärker Karls Position im Reich war, umso leichter würden es Ferdinand und seine Kinder haben, auch während der Abwesenheit des Kaisers. Auch die Opposition in Böhmen hoffte er ohne die Intervention des Kaisers bestrafen zu können.[23] Als er aber hörte, daß der Kurfürst von Sachsen sich näherte, um seine Länder zu verteidigen, bat er Karl V. doch wieder um Unterstützung. Die Nähe Böhmens zu Sachsen, die der König zuerst als einen Vorteil empfunden hatte, erschien ihm jetzt als ernste Gefahr. Angesichts der offenen Sympathie, die viele in Böhmen für die protestantische Sache aufbrachten, war zu befürchten, daß sie unter den Einfluß Johann Friedrichs und seiner Anhänger geraten konnten. Das Heer, das in Sachsen eingefallen war, zeigte bei Einbruch des kalten Wetters bereits Zerfallserscheinungen. Auch die Loyalität von Moritz ließ zu wünschen übrig. Denn dieser mußte jetzt nicht nur seinem Cousin bewaffnet gegenübertreten, er war außerdem auch der Schwiegersohn Philipps von Hessen.

Noch problematischer aber war für Ferdinand die Lage in Böhmen. Karl V. hatte die Stimmung des Volkes falsch eingeschätzt. Denn trotz Ferdinands Dementis glaubten die Stände noch immer, daß die Habsburger sie weniger zu einer Strafexpedition gegen aufmüpfige Vasallen als zu einem Kreuzzug gegen die Protestanten verführt hatten. Im September 1546 hatten Johann Friedrich und Philipp von Hessen die Stände darauf hingewiesen, daß Karl tatsächlich ihren Glauben ausrotten wollte, indem sie zum Beweis ihrer These auf die Hilfe hinwiesen, die der Kaiser vom Papst erhalten hatte. Auch Karl hatte begriffen, daß Ferdinands Beziehung zu Moritz die Böhmen störte. Und tatsächlich sollte dieses Bündnis Öl in das Feuer der Opposition gießen. Prag nämlich, das sich geweigert hatte, der Erneuerung der *Erbeinigung* mit Moritz allein zuzustimmen, zog Anfang November seine Truppen aus Sachsen zurück. Und im Dezember begann Ferdinand mit Strafmaßnahmen gegen seine aufmüpfigen Untertanen. Am 31. Dezember 1546 wurde ein Anführer in der Provinz, der sich seinem Befehl, Truppen nach Sachsen zu schicken, widersetzt hatte, enthauptet, und hätte sich nicht Königin Anna persönlich eingemischt, wäre es womöglich auch anderen so ergangen. Mit dem Plan, Vergeltung zu üben, ließ Ferdinand daraufhin Personen und Städte in ganz Böhmen ausforschen, die mit deutschen Ketzern in Verbindung standen, und bat Karl, der gerade mit kürzlich unterworfenen protestantischen deutschen Städten zu tun hatte, die Kontakte auszukundschaften, die von hier nach Böhmen und umgekehrt existiert hatten. All dies sollte dazu dienen, „den Gehorsam und die Sicherheit für mich und meine Erben in diesem Königreich und anderen Ländern" herzustellen.[24] Der ursprünglich als Strafexpedition gegen die Schmalkaldener geführte Feldzug hatte sich durch den Widerstand der Böhmen plötzlich zur Strafexpedition gegen diese selbst verwandelt. Wie Ferdinand schon durch die Revidierung der böhmischen Landordinanzen nach dem Brand von 1541 bewiesen hatte, war er nicht der Mann, der seine Chance nicht nutzte.

Bevor er aber wirklich Kapital aus der Situation schlagen konnte, mußte er eine der finstersten Phasen seines Lebens durchstehen. Anfang Januar 1547 zog nämlich Johann Friedrich seine Truppen in Thüringen und Sachsen zusammen und ließ sie am 10. des Monats die Grenze zur Niederlausitz überschreiten. Zu den politischen Sorgen aber kamen nun auch private, die die ersteren klein erscheinen lassen sollten. Ende Januar wurde die Königin von einer Tochter entbunden, das 15. Kind einer schon 26 Jahre bestehenden Ehe. Die Königin war zu schwach, die Nachgeburt auszustoßen und starb an den daraus entstehenden Komplikationen. Ferdinand war untröstlich. Wie kaum ein anderer Herrscher seiner Zeit war er seiner Frau, die er zärtlich liebte, immer treu gewesen. Dabei wirkte sie auf andere nicht besonders attraktiv, vor allem nicht mehr nach ihrer Heirat. Als sie ihren Mann 1522 auf den Reichstag nach Nürnberg begleitete, beschrieb ein Beobachter sie als auffallend wuchtige Erscheinung. Auch ihre acht Hofdamen dürften alles andere als hübsch gewesen sein. Was ihr äußerlich abging, schien sie jedoch durch ihr warmherziges Wesen wieder mehr als wettgemacht zu haben; denn nicht nur ihr Mann, auch ihre Untertanen und besonders die Böhmen waren ihr sehr zugetan. Als Zeichen seiner Trauer ließ Ferdinand sich einen Bart wachsen, den er wie die Trauerkleidung bis zu seinem eigenen Tod trug.

Zum ersten Mal und übrigens auch zum letzten Mal in seinem Leben bedrückten ihn gleichermaßen politisches und privates Unglück. Unmittelbar nach dem Einfall der Sachsen in der Niederlausitz befahl er Prag, eine Armee nach Leitmeritz marschieren zu lassen. Im Schmerz über Annas Tod wollte er zunächst einen seiner Söhne dorthin schicken, aber angesichts der prekären militärischen Situation entschloß er sich, selbst an Ort und Stelle zu eilen. In dem Augenblick nämlich, da Johann Friedrich zu seinem echten Gegner wurde, bekam Moritz es mit der Angst und bat Ferdinand um Hilfe im Sinne der *Erbeinigung*. Da die Böhmen sich wieder einmal querstellten, war Ferdinand gezwungen, den Markgrafen Albrecht von Brandenburg-Bayreuth und die Bischöfe von Würzburg und Bamberg um Hilfe zu bitten. Johann Friedrich hatte Sympathisanten im Reich, die bereit waren, ihn zu unterstützen. Als ihm auch die hanseatischen Städte Truppen schickten, wurde Moritz' Position immer gefährdeter. Ferdinand mußte alles daransetzen, um die Böhmen und Karl V. zu mobilisieren.

Die zweistündige Standpauke, die Ferdinand den böhmischen Truppen in Leitmeritz hielt, zeigte wenig Erfolg. Die Prager ließen ihm mitteilen, erst ein neuer Landtag könne über neue Truppenbereitstellungen entscheiden. Währenddessen war die Dienstverpflichtung der beim letzten Landtag bewilligten Truppen abgelaufen. Auf Ferdinands Appell, die Offensive der Sachsen in der Niederlausitz sei eine Verletzung der *Erbeinigung*, antworteten die Stände, die ursprüngliche *Erbeinigung* sei mit beiden Linien des Hauses Sachsen geschlossen worden, und man hätte sie nicht um ihre Zustimmung zu dem Angriff von Moritz auf den Kurfürsten gebeten. Aus all dem ging eindeutig hervor, daß die Stände der Überzeugung waren, Ferdinand wollte ihre traditionellen Freiheiten zerstören. Am 15. Februar 1547 gab eine Konföderation von 1738 Mitgliedern des höheren und niederen Adels zusammen mit Vertretern der Stadt Prag und anderen königlichen Städten ein Manifest heraus, in dem Ferdinand aufgefordert wurde, diese Probleme auf einem Landtag zu erörtern. In der Hoffnung, daß Karl V. inzwischen den Kurfürsten von Sachsen zur Vernunft gebracht haben würde, setzte Ferdinand für den 18. April einen solchen Landtag in Prag an. Bis zu diesem Datum aber durften keine Landtage und lokalen Konferenzen innerhalb der einzelnen Verwaltungsbezirke des Königreichs abgehalten werden.

In diesem Punkt aber ließen sich die Böhmen von Ferdinand nicht einschüchtern und beriefen Mitte März einen Landtag nach Prag ein. Ermuntert hatte sie dazu Johann Friedrich, der ihnen auch seinen Schutz versprochen hatte. Das Ergebnis dieser Versammlung waren 57 Artikel, die zum Teil Ferdinands vorheriges Aufbauwerk zur Stärkung seiner Position vernichteten. Denn auf den Rat der Bezirkshauptmänner beanspruchten die Stände jetzt auch für sich das Recht, Landtage einzuberufen, wenn der König es nicht tun wollte oder einfach abwesend war. Wenn Ferdinand darauf bestand, seine eigene Schatzkammer zu haben, dann mußte sie von Böhmen überprüfbar sein, zusammen mit Kuttenberg und den anderen königlichen Minen. Die von den Ständen 1546 genehmigte Biersteuer, die ungefähr 200.000 Gulden einbrachte, wurde wieder abgeschafft. Vor allem aber wurde Ferdinands Zusatzklausel in den neuen Landordinanzen von 1545 gestrichen, bei der es um das Erbrecht seiner Frau und um das Recht, seinen Sohn noch zu seinen eigenen Lebzeiten krönen zu lassen, ging. Und schließlich stimmte die Versammlung der Aufstellung eines Heeres unter dem Kommando eines gewissen Kašpar Pluh zu, der als ein alter Feind des Königs bekannt war. Abgesehen von der militärischen Gefahr für seine Person war dieser Schritt in Ferdinands Augen eindeutig illegal, da weder er noch seine Stellvertreter die Versammlung einberufen hatten. Dies war offene Rebellion, nichts sonst. Und prompt erschienen auch Flugblätter in den Straßen und Spelunken Prags, die sich über ihn und den Kaiser lustig machten.

Mitte Februar entschloß sich der Kaiser angesichts der Bedeutung, die die böhmisch-sächsische Front für sein Unternehmen in Deutschland hatte, seinem Bruder unter die Arme zu greifen. Zu seinem Entschluß hatte auch der Sieg Johann Friedrichs über Albrecht von Brandenburg beigetragen sowie die Nachricht, der Kurfürst habe Kuttenberg besetzt und könne jetzt nach Belieben Münzen prägen lassen.

Vor dem Eingreifen Karls V. aber hatten sich die Rebellen immer gefürchtet. Schon Johann Friedrich hatte sie seinerzeit davor gewarnt, daß der Kaiser sich, sobald er mit ihm in Sachsen fertig sei, nach Böhmen wenden werde. Die Prager aber erinnerten sich sehr gut an die Art und Weise, mit der Karl 1539 den Aufstand in Gent niedergeschlagen hatte. Nicht nur daß er der Stadt schwere Strafen aufgebrummt hatte, er hatte auch die Zünfte aller Privilegien entkleidet. Bei diesem Gedanken wurde so manchem Rebellen unbehaglich zumute. Dennoch gaben sie ihren Widerstand nicht auf und weigerten sich, dem Kaiser Vorräte für seine Truppen in Deutschland zu schicken. Daraufhin drohte der

Kaiser, daß er Ferdinand spanische Truppen unter Herzog Alba schicken würde. Die Rebellen tauften die Spanier „Sodomiten“ und warfen Ferdinand vor, die tschechische Sprache ausrotten zu wollen. Auf Initiative der Stände bildete sich rund um Vilém Křinecký am 22. April in Prag eine Allianz von Rebellen, die ihre Angriffe direkt gegen Ferdinand richteten, indem sie schworen, die Rechte und Freiheiten wiederherzustellen, die sie vor der Zerstörung der alten Landordinanzen besessen hatten. Auf Drängen des Kurfürsten kamen sie mit dessen Stellvertretern überein, daß Pluh die Sachsen mit seinen Truppen, allerdings nur versuchsweise, unterstützen sollte. Karls wiederholte Versicherungen, er sei den Ständen und ihrer Konfession nicht feindlich gesonnen, wurden nicht angehört.

Aber zwei Tage später konnte der Kaiser einen seiner größen Siege feiern. Es gelang ihm, die Protestanten bei Mühlberg in Sachsen entscheidend zu schlagen und im Verlauf der Schlacht Johann Friedrich von Sachsen und Philipp von Hessen gefangenzunehmen (24. April 1547). Bei den Dissidenten in Prag löste die Nachricht die verschiedensten Reaktionen aus. Während sich einige eilends auf den Heimweg machten, schworen andere, den Widerstand fortzusetzen. Am 3. Mai langte eine Delegation der Stände bei Karl V. ein, die dem Kaiser darlegte, man habe nur deshalb eine Truppe aufgestellt, um die Privilegien, die Krone und das Königreich zu schützen. Sie boten dem Kaiser an, ihm so viele Lebensmittel zu besorgen, wie er brauchte, und ihm nach besten Kräften gegen die Türken zu helfen, obgleich, wie einer von Marias Männern trocken bemerkte, zur Zeit von dieser Seite keine Gefahr drohte.[25] Karl und Ferdinand forderten die böhmischen Rebellen auf, ihre Liga aufzulösen, sonst, betonte der Kaiser, würde er seinem Bruder helfen, die Rebellion niederzuschlagen.

Ferdinand warf den Rebellen vier schwere Vergehen vor: daß sie einen Landtag ohne seine Erlaubnis einberufen, daß sie weiter Johann Friedrich von Sachsen unterstützt, daß sie eine Liga gegen ihren König gebildet und daß sie den kaiserlichen Truppen den Durchzug durch böhmisches Territorium verweigert hatten. Mitte Mai verabschiedete er sich von Karl V. in Wittenberg und kehrte ins Königreich zurück, um Ordnung zu schaffen. Die Brüder waren sich nicht ganz einig darüber, wie hart Ferdinand in Böhmen durchgreifen sollte. Karl trat hiebei für wesentlich härtere Maßnahmen als Ferdinand ein. Er ließ sich jedoch von Ferdinand überzeugen, daß man mit einer vorsichtigeren Strategie den Sieg bei Mühlberg wahrscheinlich besser nutzen könnte. Anfang Juni langte Ferdinand in Böhmen ein und traf sich mit den Delegierten der Stände, die er nach Leitmeritz gebeten hatte.

Vorab machte er den Delegierten erst einmal klar, daß er das volle Vertrauen des Kaisers besitze, was einer indirekten Drohung gleichkam, dann jedoch gab er sich großzügig und erklärte, er wolle allen verzeihen, die sich gegen ihn verschworen hätten, außer denen, die seine Ehre und seine Vorrechte zu grob verletzt hätten. Zugleich leugnete er, er habe die tschechischen Freiheiten zerstören wollen. Seine kalkulierte Großzügigkeit machte sich jedenfalls teilweise bezahlt. Ungefähr 200 Adelige nahmen seine Einladung nach Leitmeritz an sowie zahlreiche Städtevertretungen. Aber aufgelöst hatte sich die Liga keineswegs, und Prag war immer noch das Herz des Widerstands. Ferdinand bestürmte seinen Bruder, er möge den böhmischen Repräsentanten seinen Unwillen zeigen und ihnen den gefangenen Philipp von Hessen vorführen, in der Hoffnung, daß eine solche Manifestation kaiserlicher Macht sie vielleicht zur Vernunft bringen würde.

Obwohl sich Karl an die Weisungen seines Bruders hielt, dachten die Prager Rebellen nicht daran, nachzugeben, und Ferdinand mußte einsehen, daß er härter würde durchgreifen müssen. Dafür aber brauchte er eine größere Armee, die ihm nur Herzog Moritz und der Kaiser stellen konnten. In seiner Bedrängnis erklärte er sich sogar bereit, für die Truppen zu zahlen. Und tatsächlich schickte ihm Karl V. ein Kontingent unter dem Kommando des Marquis von Marignano, das am 6. Juli vor Prag aufmarschierte. Diese Machtdemonstration freilich genügte, um den Widerstand der Dissidenten zu brechen. Auch ein kurz vorher stattgefundenes Scharmützel mit Ferdinands eigenen Truppen mochte dazu beigetragen haben.

Ferdinand war sich mit den Zeitgenossen einig, daß dieser Triumph ohne Hilfe des Kaisers nicht möglich gewesen wäre. „Der Kurfürst von Sachsen ist von dem Kaiser besiegt worden, und die königliche Stadt Prag von bösen Geistern", steht auf einer Grabinschrift aus der damaligen Zeit.[26] Ferdinand dankte zwar Gott für seinen Sieg, wußte aber, daß die Hilfe seines Bruders ebenso wertvoll gewesen war. Nun ging es an die Abrechnung mit den Abtrünnigen. Dem für August angesetzten Landtag ging die Exekution von vier Aufständischen voraus. Ferdinand versuchte seinen Untertanen klarzumachen, daß er mit einem solchen Akt nicht auf ihre Freiheiten zielte, sondern die Rechte der Krone beschützen wollte. Diese Rechte verstand er freilich sehr einseitig. Das verdeutlicht die Tatsache, daß er die Stände zwang, die meisten ihrer 57 Artikel vom März wieder zu streichen und das Versprechen abzulegen, der Krönung seines Erben noch zu seinen Lebzeiten zuzustimmen.

Ganz konkret wurden die Freiheiten der Städte beschnitten. In den vierziger Jahren hatte Ferdinand sich immer mehr über die Langsamkeit der Städte geärgert, wenn es darum ging, ihm im Kampf gegen die Türken beizustehen, und fast der gesamte dritte Stand, einschließlich vieler königlicher Städte, hatte mit dem Schmalkaldischen Bund sympathisiert. Nun traf sein Zorn nicht nur Prag, sondern auch viele andere Städte. Königliche Gerichtsherren und ein sogenannter *hejtman* vertraten jetzt in den Städten die Interessen des Königs, und beim geringsten Verdacht einer Verschwörung wurde scharf durchgegriffen. Etwas später wurde ein königliches Appellationsgericht ins Leben gerufen, das nicht nur für die Städte, sondern für Rechtsfragen im ganzen Königreich zuständig war. Vorübergehend wurde den Städten auch das Recht entzogen, ihre Stimme im Landtag abzugeben.

Ebenso wichtig waren auch die materiellen Gewinne, die Ferdinand erzielte. Der Krieg mit den Schmalkaldern hatte ihn monatlich 73.972 Gulden und 40 Kreuzer gekostet.[27] Aber diese Verluste konnte er durch Konfiszierungen und durch von den Ständen bewilligte Einnahmen leicht wieder wettmachen. Auch hier rächte er sich wieder mehr an den Städten als am Adel. Das heißt nicht, daß der Adel gänzlich ungeschoren blieb. Václav von Vartemberk verlor ein Gebiet mit 161 Dörfern und einigen Zinnminen, während Graf Šlik einen ganzen Verwaltungsbezirk abtreten mußte. Bohus Kostka von Postupice wurde die Stadt Leitomischl abgenommen, der Hauptsitz der Böhmischen Brüder, die Ferdinand neuerlich verfolgen ließ. Wieder andere Adelige kamen mit Geldstrafen davon. Aber der König besaß auch treue Verbündete unter dem böhmischen Adel, wie z. B. die Rožmberks und die Pernštejns, und er wollte keinesfalls ein wie immer geartetes Klassenbewußtsein verletzen. Später sollte er einen Teil des konfiszierten Landes als Lehen wieder zurückgeben.

Insgesamt zahlten ihm die 25 königlichen Städte 80.000 „kop“ böhmischer Groschen. Damit waren die Kriegskosten für drei Monate gedeckt. Außerdem mußten die Städte sich mit der Einführung einer ständigen Biersteuer einverstanden erklären – zwei Groschen in den königlichen Städten, ein Groschen in den restlichen Städten. Und diese Steuer wurde wenig später im ganzen Land eingezogen und erwies sich als äußerst gewinnbringend. Zwischen 1553 und 1564 brachte sie jährlich etwa 28.00 *kop* (1 kop = 60 Groschen), und nur in den Jahren 1554 und 1564 wurden weniger als 25.00 *kop* eingenommen. Die konfiszierten Ländereien brachten Ferdinand 500.000 *kop*. Auf den Rat seines Finanzberaters Florian Griespeck von Griespach verkaufte er die Ländereien, jedoch nicht auf einmal, um nicht den Preis zu drücken, so daß der Verkauf auch noch während der Regierung seines Sohnes Maximilian und dessen Sohnes Rudolf betrieben wurde und auch diesen Herrschern noch gutes Geld brachte. Zwar forderten die Stände, daß konfisziertes Eigentum im Besitz der Krone zu bleiben habe, aber Ferdinand kümmerte sich wenig darum.[28]

Im allgemeinen vermieden die Stände jetzt unnötige Provokationen und genehmigten ihm ab 1548 jährlich zufriedenstellende Mengen von Truppen und Geld. Allerdings setzten sie Ausschüsse und Beamte ein, die zu kontrollieren hatten, ob die Mittel auch im Sinne der mit dem König getroffenen Abmachung genutzt würden. Und immer noch kostete es Ferdinand viel Zeit, wenn er mit dem Landtag verhandeln mußte, z. B. 1556, als es um die Militärhilfe gegen die Türken ging und ein Besitzstreit zwischen den Rožmberks und den Fürsten von Plauen geschlichtet werden mußte. Im großen und ganzen hatten die Stände nur mehr wenig Macht, um zu verhindern, daß immer mehr böhmische Einkünfte ins Ausland flossen. Und Ferdinand ergriff auch gleich die Gelegenheit, um eine alte Meinungsverschiedenheit zwischen ihm und dem böhmischen Kanzler zu seinen Gunsten zu entscheiden. Der Kanzler hatte nämlich auf seinem Kontrollrecht über die Staatsfinanzen bestanden. Nun bekam ein königlicher Beamter diese Aufgabe zugewiesen. Überhaupt wurden nach österreichischem Modell die Verwaltungen von Hof und Staat immer mehr zusammengelegt. Ein Beispiel dafür ist die Tatsache, daß königliche Geschenke aus Hofgeldern (milostivé dary) nun in den Abrechnungen der Staatskasse aufscheinen.[29]

1548 war Ferdinands Vertrauen in Böhmen so weit wiederhergestellt, daß er das Land der Obhut seines Sohnes Ferdinand als Statthalter überlassen konnte. Es sollte sich bald herausstellen, daß dies eine weise Entscheidung war; denn der junge Mann war nicht nur freundlich und entgegenkommend, er war auch ein geschickter Politiker. Allerdings übertraf er seinen Vater auch in der Verschwendungssucht, so daß sein Budget bald von 80.000 Gulden auf 120.000 Gulden im Jahr erhöht werden mußte. Denn der Erzherzog liebte es, Jagden, Bankette und allerlei theatralische Spektakel zu veranstalten, denen er die gleiche Aufmerksamkeit wie der Politik widmete. Da er auch anderen gegenüber großzügig sein konnte, wuchs seine Beliebtheit in Böhmen, und viele gaben offen zu, daß ihnen seine lebenslustige Art lieber war als der ernste Charakter seines Vaters, über den sich Jan von Pernštejn einst so bitter beklagt hatte. Noch lange nachdem er Böhmen verlassen hatte, besuchten ihn böhmische Adelige in seiner Residenz in Tirol.[30] Tatsächlich hatten die Ressentiments gegen Ferdinand ein langes Leben. Mitte der fünfziger Jahre verübelte man ihm noch immer, daß er die Freiheiten der Gemeinden so arg beschnitten hatte und daß er noch immer einige Adelige, die an dem Aufstand von 1547 teilgenommen hatten, auf ihren Schlössern einsperren ließ. Trotz der Wiedereinsetzung eines Erzbischofs in Prag 1562 und der scharfen Unterdrückungsmaßnahmen gegen die Böhmischen Brüder war es Ferdinand nicht gelungen, die Verbreitung dieser und anderer Sekten im Königreich zu stoppen. Immer mehr Utraquisten sympathisierten mit dem Luthertum und später entstandenen Reformideen, und auch der Anabaptismus fand weiter breiten Zulauf. Dennoch war das Jahr 1547 ein Wendepunkt in Ferdinands politischem Leben gewesen. In diesem Jahr war es ihm gelungen, sich die unabhängigen stolzen tschechischen Städte, allen voran Prag, zu unterwerfen, allerdings gerade zu einem Zeitpunkt, da ihr wirtschaftlicher Abstieg bereits begonnen hatte.[31]

Es war auch das Jahr, in dem er es schaffte, zumindest in einem seiner Königreiche so souverän zu regieren, wie er es sich für alle seine Länder wünschte. So hatte Karl V. in gewisser Weise doch sein Versprechen gehalten, das er einst seinem Bruder gegeben hatte, daß sie nämlich gemeinsam große Dinge vollbringen würden. Keiner der beiden Brüder konnte jedoch 1547 wissen, daß diese Gemeinsamkeit nicht mehr lange bestehen sollte.

XI.
Der Bruderzwist

1538 spielte Karl V. mit dem Gedanken, eine der Töchter seines Bruders mit dem Herzog von Orléans zu verheiraten. Zur Mitgift der jungen Frau sollte Mailand gehören, und Ferdinand sollte bis zur Volljährigkeit des französischen Prinzen diesem als eine Art Treuhänder dienen. Nun war aber allbekannt, daß Ferdinand selber ehrgeizige Pläne mit der lombardischen Metropole hegte, und man fragte daher den Kaiser, ob es nicht leichtsinnig von ihm sei, seinem Bruder derartig zu vertrauen. Karls Antwort hätte nicht deutlicher sein können: Auf Ferdinands Wort könne man sich verlassen, denn dieser liebe seine Ehre noch mehr als seinen Bruder.[1]

Karl hatte den Charakter Ferdinands richtig eingeschätzt, und das trotz der vielen Unstimmigkeiten, zu denen es zwischen den beiden Brüdern im Lauf der Jahre gekommen war. Ohne Reibungen geht es wohl kaum in einer langjährigen Beziehung ab, besonders nicht, wenn sie so ausschließlich politisch ist wie die der beiden Habsburger, die außerdem auch noch unter den Kommunikationsschwierigkeiten des 16. Jahrhunderts zu leiden hatten. Schon wegen ihrer verschiedenen territorialen und militärischen Interessen mußte es ja zu Differenzen zwischen den beiden Männern kommen: Karl V. war bis zu den Schmalkaldischen Kriegen hauptsächlich mit den Franzosen und den Türken im Mittelmeer beschäftigt, während Ferdinands Hauptsorge die islamische Gefahr in Mittel- und Osteuropa war. Dennoch war es zwischen ihnen zu keinem größeren Bruch gekommen, sicherlich auch, weil sie sich ihrer gegenseitigen Abhängigkeit bewußt waren. Dies galt vor allem für Ferdinand, für den der Bruder eine unentbehrliche Stütze bedeutete, während Karl nur teilweise auf die Hilfe seines Bruders angewiesen war. So ließen ihm z. B. seine italienisch-spanischen Interessen nur wenig Zeit, um sich systematisch mit den deutschen Angelegenheiten zu beschäftigen. Es war daher lebenswichtig für ihn, dort in der Person seines Bruders einen zuverlässigen Statthalter zu haben. Und sooft Ferdinand auch in der Reichspolitik eine andere Meinung als Karl vertrat, niemals waren davon die Interessen der Familie und seine Loyalität betroffen worden. Durch Karls häufige Abwesenheit vom Reich wurde Ferdinands untergeordnete Rolle insofern aufgewertet, als er praktisch der Regierungschef war, und zumindest konnte er sich damit trösten, daß er sich im Umgang mit den Fürsten schon jetzt die Geschicklichkeit erwarb, die er als ihr zukünftiger Souverän brauchen würde. Und trotz seiner Zweitrangigkeit kam ihm nie der Gedanke, auch seine Aufgaben als zweitrangig zu betrachten. Die böhmischen Stände waren in seinen Augen mindestens so schwierig zu behandeln wie die aragonischen, was sich schon an der Länge ihrer Beratungen ablesen ließ. So scheute er sich auch nicht, aufgrund seiner eigenen Erfahrungen dem Bruder hin und wieder einen Rat zu geben, wie dieser es ja auch zu tun pflegte. Als Granvella 1543 in Deutschland eine Armee gegen den Herzog von Kleve aufstellte, beeilte sich Ferdinand, Karl V. sein eigenes Desaster in Ungarn ins Gedächtnis zu rufen, um ihn zu ermahnen, die deutschen Truppen ja durch spanische und italienische zu verstärken.[2] Im allgemeinen läßt sich sagen, daß alle Unstimmigkeiten nur vorübergehende Störungen dieser auf Zusammenarbeit basierenden Beziehung waren.

Dies gilt auch für die vierziger Jahre, in denen sich Ferdinand häufig über die unregelmäßigen und unpräzisen Mitteilungen des Kaisers ärgerte. Karl ging in Ferdinands Augen unnötig arrogant mit den deutschen Ständen um, wenn er z. B., ohne sich zu entschuldigen, bei den Reichstagen immer wieder zu spät kam. Einmal folgte er dem Rat seines Bruders und schickte, als er den Reichstag von Speyer 1544 nicht eröffnen konnte, Kommissäre voraus.[3] Zu spät kam auch häufig seine der katholischen Liga zugesagte finanzielle Unterstützung, und von einer gemeinsamen Politik in Ungarn konnte immer weniger die Rede sein.

Dabei zeigte gerade der Ausgang der Schmalkaldischen Kriege, was eine Kooperation bringen konnte. Seit Pavia war ihrer gemeinsamen Politik kein solcher Erfolg mehr beschieden gewesen. Ferdinand mußte sich in seiner Überzeugung bestätigt fühlen, daß nur der Kaiser Ordnung in die deutsche Religions- und Verwaltungspolitik bringen konnte. Ebenso glaubte er ja auch, daß er nur mit Hilfe des Kaisers siegreich gegen die Türken würde vorgehen können. Und zu seiner Befriedigung gelang es ihm auch manchmal, Karl davon zu überzeugen. Dafür war Karls Regensburger Erklärung von 1541 ein Beweis. Denn daß er hier der lutherischen Lehre praktisch die Ausbreitung erlaubte, vorausgesetzt, es geschah auf friedlichem Wege, war nur möglich, weil ihm bewußt geworden war, daß Ferdinand und er die Hilfe der Protestanten angesichts eines drohenden französisch-osmanischen Angriffs nötig hatten. Deshalb auch erinnerte der Kaiser die rheinischen Kurfürsten 1543 an ihre Pflicht, dem König gegen Suleiman zu helfen. Ferdinand seinerseits gab sich alle Mühe, die Wünsche seines Bruders vorrangig vor den eigenen zu behandeln. Obwohl er Ende 1544 und Anfang 1545 seinem Bruder geschrieben hatte, seine ungarischen und böhmischen Geschäfte würden ihn daran hindern, den Reichstag von Worms zu eröffnen, beeilte er sich dann doch, um rechtzeitig dort zu sein. Bei diesem Reichstag bewährte sich die Zusammenarbeit der beiden Brüder insofern, als sie die Wahl von Otto von Truchseß, dem Kardinal von Augsburg, als Erzbischof von Mainz durchsetzen konnten.

Es bestand jedoch nie ein Zweifel daran, daß Ferdinand in der Beziehung der „Junior“ war und blieb, und er ließ es nur selten dem Älteren gegenüber an der nötigen Ehrerbietung fehlen. Als der Papst ihn 1549 aufforderte, einige Prälaten nach Trient zu schicken, tat er dies erst, nachdem Karl V. ihm den entsprechenden Auftrag gegeben hatte. Auch die Entscheidung, welcher seiner beiden ältesten Söhne ihn im September 1547 in Böhmen als Regent vertreten sollte, überließ er Karl V., da beide Jünglinge zu jener Zeit am Hof ihres Onkels lebten.[4] Als sich herausstellte, daß die Ehe seiner Tochter Elisabeth mit Sigismund August von Polen gescheitert war, schickte Ferdinand nicht nur seine eigenen Stellvertreter nach Polen, um die Situation zu klären, sondern bat auch den Kaiser um seine Vermittlung. Er bat ihn auch um Rat, als Sigismund August versuchte, den alten Freundschaftsvertrag zwischen den beiden Häusern zu erneuern, obwohl er selber nur wenig davon hielt. Auch in den ungarischen Angelegenheiten wandte er sich immer wieder ratsuchend an den Kaiser, zumal auch Martinuzzi und die Stände Kontakte mit dem Kaiser unterhielten. Der fünfjährige Waffenstillstand, den Ferdinand 1547 mit den Türken unterzeichnete, war ebenfalls vorher mit Karl V. abgesprochen worden. Und schließlich bat er den Kaiser auch um Rat und Hilfe, als der ungarische Landtag ihn 1548 aufforderte, den Papst dazu zu bringen, die Weihe von Bischöfen ohne die Zahlung von Annaten vorzunehmen, da nach den vielen Kriegen aus den Kirchengütern in Ungarn nichts mehr herauszuholen war.

Einige seltene Male konnten sich die Brüder auf keinen gemeinsamen Standpunkt einigen. So hatte Ferdinand gehofft, Karls Sieg über den Schmalkaldischen Bund würde zur Lösung einiger ihm unangenehmer deutscher Probleme beitragen. Er bedauerte es zum Beispiel sehr, daß Württemberg 1534 wieder unter den Einfluß Herzog Ulrichs und seiner protestantischen Verbündeten geraten war, und bestürmte den Kaiser, nachdem dieser das Herzogtum zurückerobert hatte, es nicht wieder Vater oder Sohn zu übertragen. Aber Karl brachte es nicht über sich, eine ganze Herrscherfamilie abzusetzen. So verzieh er Herzog Ulrich. Allerdings besetzte er einige Festungen im Herzogtum mit seinen Soldaten, was praktisch einer Besetzung des Landes gleichkam. Für Ferdinand war sein Vorgehen zu wenig bestimmt, und er hörte nicht auf, seinem Bruder deshalb Vorwürfe zu machen, was wiederum Maria dazu brachte, Ferdinand zu schelten, er habe ja nur seine eigenen Interessen dabei im Kopf.[5]

Karl V. zögerte in der Tat nur selten, die Hoffnungen seines Bruders der politischen Zweckmäßigkeit zu opfern. In den vierziger Jahren kamen mehrere von Ferdinands Kindern und zwei des Kaisers ins heiratsfähige Alter, und Ferdinand wandte sich automatisch an Karl, „seinen Vater und den Vater seiner Kinder“ als den Schiedsrichter in all diesen Fragen. Dabei hatte er selbstverständlich auch seine eigenen Vorschläge zu machen. Besonders viel lag ihm daran, die brüderlichen Linien durch Heiraten zu verbinden, eine Methode, die bis zum Verlöschen der spanischen Linie zu Beginn des 18. Jahrhunderts beibehalten wurde.[6]

Als im September 1545 der Herzog von Orléans, der Verlobte von Ferdinands zweiter Tochter Anna, starb, hoffte der König, seine Tochter jetzt mit seinem Neffen, dem zukünftigen Philipp II., verheiraten zu können. Karl dagegen hielt eine solche Verbindung für wenig nützlich und versuchte statt dessen 1547 seinen Sohn mit Margarete, der Tochter Franz' I., zu verheiraten, sozusagen als Teil eines allgemeinen Friedensvertrags mit Frankreich. Ferdinand bemerkte tapfer, er könne die „Wohlfahrt seiner Kinder nicht der öffentlichen vorziehen", aber seine Worte hätten seine Enttäuschung nicht deutlicher wiedergeben können.[7]

Schnell einig dagegen waren sich die beiden Brüder, als es darum ging, Erzherzog Maximilian mit Karls Tochter Maria zu verheiraten. Da Karl nur einen legitimen männlichen Erben besaß, war es nicht ausgeschlossen, daß auch die kastilische Nachfolge eines Tages an Maria fallen könnte; denn für das Königreich war die weibliche Thronfolge nichts Ungewöhnliches. Die Verbindung war also für Ferdinand ausgesprochen attraktiv. Weniger klar waren dagegen Karls Motive. Möglicherweise war es die Sorge, nur einen einzigen legitimen Thronerben zu besitzen, die ihn dazu brachte, unter den Söhnen seines Bruders einen Partner für seine Tochter zu suchen. Er drängte jedoch in keiner Weise so energisch auf die Verbindung wie Ferdinand, und er hätte sie sicher zugunsten einer anderen Verbindung fallengelassen, wenn die politische Situation ihn dazu gezwungen hätte.[8] Die Heirat fand jedoch statt, obwohl eine der Bedingungen des Kaisers Ferdinand einigen Ärger in Böhmen verursachte. Der Kaiser verlangte nämlich, daß Maximilian von den Ständen als zukünftiger Herrscher in Böhmen anerkannt würde. Die Stände fanden diese Forderung unannehmbar, schmeckte sie doch allzusehr nach erblicher Monarchie, und es bedurfte einiger Überredungskunst Ferdinands, um sie umzustimmen.[9]

Im großen Ganzen läßt sich sagen, daß es in den Beziehungen der beiden Männer keine Hinweise auf tiefgreifende Störungen gibt, die ihre Politik entscheidend verändert hätten. Wahrscheinlich gerade weil die Beziehungen so normal waren und während des Schmalkaldischen Krieges geradezu beispielhaft, wurde Ferdinand von Karls Plänen für die kaiserliche Nachfolge in den späten vierziger Jahren tief verletzt.

Das Versprechen des Kaisers, Ferdinand zu seinem Amtsnachfolger zu machen, stammte aus dem Jahr 1522 und war ein Teil der Vereinbarung von Brüssel, in der es um die Aufteilung des Erbes gegangen war. Karl löste sein Versprechen schon dadurch teilweise ein, daß er Ferdinands Wahl zum römischen König unterstützte. Allerdings wurde 1531 nicht festgelegt, welche

Linie nun wieder Ferdinand nachfolgen würde. Der König scheint sich aber doch Gedanken über dieses Problem gemacht zu haben; denn im November 1546 machte er dem Kaiser den Vorschlag, eine ständige Steuer zur Verbesserung der Justizorgane im Reich einzuführen, obgleich, wie er dazu bemerkte, durch diese zusätzlichen Einnahmen die Kaiserkrone womöglich so an Attraktivität gewinnen würde, daß einige deutsche Fürsten sie den Habsburgern streitig machen könnten. Um diesem vorzubeugen, schlug er dem Kaiser vor, er solle den Kurfürsten das Versprechen abnehmen, bei den nächsten zwei oder drei Wahlen nur Mitglieder des Hauses Österreich zu wählen. Für welche Linie der Familie sie sich dabei entschieden, stände ihnen frei. Allerdings ist zu vermuten, daß Ferdinand als direkter Nachfolger Karls alles getan hätte, um seine eigenen Kinder zu favorisieren, auch wenn er sich seinem Neffen Philipp gegenüber als ein sehr liebevoller Onkel verhielt.[10]

Auf dem Augsburger Reichstag von 1547 und 1548 machte jedoch das Gerücht die Runde, der Kaiser beabsichtige, seinen Sohn Philipp und nicht seinen Bruder zum Nachfolger zu machen. Obgleich keiner der Anwesenden darüber erfreut war, wurden doch keine Einwände erhoben. Was der Kaiser tatsächlich vorhatte, ist schwer festzustellen. Es ist jedoch mehr als wahrscheinlich, daß die Möglichkeit, jemand anders als Ferdinand könnte die Nachfolge antreten, vom Kaiser zumindest erwogen wurde, auch wenn er in seinem Testament für seinen Sohn, das er 1548 verfaßte, dem jungen Mann empfahl, die „kaiserliche Autorität" seines Onkels zu respektieren, und die Mühe erwähnt, die er sich gegeben habe, um Ferdinands Wahl zum römischen König durchzusetzen. Andererseits benahm sich Ferdinand gerade auf diesem Reichstag wie einer, der sich plötzlich Sorgen über seine Zukunft machen mußte. Im Gegensatz zu seinem Bruder umgab er sich gerne mit deutschen Gästen, die er verschwenderisch bewirtete und unterhielt. Ein Zeitgenosse berichtete, daß sein „Mundwerk" selten stillstand.[11]

Die Brüder scheinen die Angelegenheit also doch schon vor 1549 debattiert zu haben. Karl V. erwähnt einmal eine frühere Vereinbarung, in der Ferdinand sich offensichtlich verpflichtet hatte, die Nachfolgefrage solange nicht mit den Kurfürsten zu besprechen, bis sie nicht innerhalb der Dynastie geklärt sei. Im Juli 1549 beklagte sich denn auch Ferdinand in einem Brief an seine Schwester Maria bitter über die Gerüchte, der Kaiser wolle ihn in der Nachfolge übergehen. Diese Gerüchte verletzten seine Ehre und seine Reputation, schrieb er, „die doch mehr als alles andere einen Menschen präge".[12] Die Heftigkeit dieser Reaktion läßt darauf schließen, daß er die Gerüchte durchaus ernstnahm. Auch Karl V. und Maria hatten das sofort begriffen, und bevor Ferdinand noch dem Kaiser schreiben konnte, hatte dieser ihm schon einen Repräsentanten geschickt, der ihm versicherte, er, Karl, könne doch nie etwas so „Unbrüderliches" tun. Auch Maria versuchte ihn zu beruhigen. Im November äußerte dann der Kaiser, das Problem bestünde darin, daß man entscheiden müsse, ob Philipp oder Maximilian als Ferdinands Nachfolger vorzuschlagen sei. Damit war den Gerüchten um die Position Ferdinands theoretisch ein Ende bereitet.[13] Praktisch jedoch setzten Karls Minister die Diskussion untereinander fort. Allem Anschein nach favorisierte Karl V. seinen Sohn Philipp. So ließ er ihn 1549 und 1550 durch das Reich reisen, um sich den Fürsten persönlich vorzustellen. Ein Erfolg wurde die Reise jedoch nicht. Nie waren die Spanier und alles Spanische in Deutschland so unbeliebt gewesen wie jetzt in der Mitte des 16. Jahrhunderts, und der höfliche, aber schüchterne und schweigsame junge Philipp entsprach so gar nicht dem lebenslustigen Wesen der meisten deutschen Fürsten, auch wenn es ihm einmal gelang, sich zu betrinken.[14]

Erst im Sommer 1550 trafen sich Karl V. und Ferdinand zur Erörterung der Angelegenheit in Augsburg. Dafür, daß Ferdinand Philipp als seinen Nachfolger akzeptierte, sollte seine Tochter Margarete ihren spanischen Vetter heiraten. Ferdinand sollte zum Ausgleich einige Territorien und mehr Hilfe vom Reich in Ungarn erhalten. Der Kaiser bemühte sich anfangs offensichtlich um ein freundliches Klima, aber er konnte nicht umhin, seinen Bruder darauf aufmerksam zu machen, daß er, sollte er sich seinen Wünschen nicht fügen, ihn sehr wohl in seine Schranken weisen könnte.[15] Trotzdem wollte Ferdinand seine Einwilligung nicht geben, obwohl die Angebote des Kaisers einige langgehegte Wünsche für sich und seine Kinder erfüllt hätten. Vielleicht verübelte er es immer noch seinem Bruder, daß er zwei Jahre hatte vergehen lassen, bevor er den Gerüchten über die Nachfolge ein Ende bereitet hatte. Wahrscheinlicher aber ist, daß er die kaiserliche Nachfolge seiner eigenen Linie sichern wollte, sobald er selbst in Amt und Würden war. Dafür spricht, daß er schon 1545 in Nürnberg für sich und seinen Sohn Maximilian die gleiche Rüstung anfertigen ließ, womit er klar dem Beispiel Karls V. folgte.[16] Zweifellos aber übte auch Maximilian selber Druck auf Ferdinand aus. Der junge Erzherzog, dessen launenhafter Charakter bereits jetzt dem Vater zu Sorgen Anlaß gab, fungierte zur selben Zeit, da Philipp sich den deutschen Kurfürsten präsentierte, als Karls Regent in Spanien, was ein deutliches Licht auf die Nachfolgepläne des Kaisers warf. Ferdinand bestand jedenfalls darauf, daß Maximilian sofort aus Spanien zurückkehre, um an den Gesprächen teilzunehmen, auch wenn sich dadurch der Bruch zwischen den beiden jungen Männern vertiefen würde. Karl V. hielt dagegen, daß Spanien einen Regenten brauche, worauf Ferdinand erwiderte, wenn dem so wäre, dann solle doch Philipp in sein Vaterland zurückkehren. Im September gab Karl nach und befahl seinem Neffen, nach Augsburg zu kommen, wo dieser im Dezember eintraf. Kurz darauf, nämlich Anfang 1551, stieß auch Maria zu der Familienkonferenz, nachdem sie schon im August ihre Dienste als Vermittlerin angeboten hatte.

Ihre Aufgabe war schwerer, als sie befürchtet hatte. Das Verhältnis zwischen den beiden Brüdern hatte sich so verschlechtert, daß sie nicht mehr miteinander reden konnten. Selbst der König von Frankreich, beklagte sich der Kaiser, habe sich ihm gegenüber niemals so geäußert wie jetzt sein Bruder, der das noch nicht einmal zu bedauern schien.[17] Der unmittelbare Anlaß für diese Verstimmung war nicht sosehr die Nachfolgefrage, sondern waren Ferdinands erneute Bitten um militärischen Beistand in Ungarn. In der Nacht des 22. November kam es zu einem hitzigen Gespräch, in dem der Kaiser seinen Bruder mehrmals ärgerlich unterbrach.[18] Dieser brach daraufhin das Gespräch ab und schlug vor, jeder möge darüber für sich nachdenken. Am 14. Dezember wandte sich Ferdinand nochmals in derselben Angelegenheit an den Kaiser, indem er speziell um Hilfe in Siebenbürgen bat. Er befürchtete nämlich, daß die Türken Isabella Zápolya das Land wegnehmen wollten, und wies auf die strategischen und sonstigen Vorteile hin, die der Besitz Siebenbürgens ihnen bringen würde. Zuletzt erinnerte er seinen Bruder daran, daß es als Haupt der Christenheit seine Pflicht sei, die Christen zu beschützen, und daß es für ihn eine Gewissenssache sei, die Stände zur Hilfe gegen die Türken aufzurufen. Zu Karls vorher geäußerter Klage, er mache alles zu einer Gewissenssache, verteidigte er sich, er tue das nicht leichtherzig, aber der Fall Siebenbürgens sei insofern einmalig, als es hier um Materielles und Geistiges ginge.

Dies hatte Karl nun schon öfter zu hören bekommen. Die Stärke von Ferdinands Argumenten lag ja weniger in ihrer Subtilität als in der Hartnäckigkeit, mit der Ferdinand sie vortrug. Der eigentliche Grund aber für Ferdinands unnachgiebige Haltung war, so vermutete der Kaiser, eben doch die Nachfolgefrage. Das hieß nicht, daß er deshalb bereit war, dem Bruder sein Betragen zu vergeben und sich ihm zu beugen. Die Befriedung Deutschlands war ihm noch immer viel wichtiger als die ungarischen Wirren, an denen seiner Meinung nach ja Ferdinand selber nicht unschuldig war. Was aber Ehre und Gewissen angehe, so kenne er sehr wohl ihre Bedeutung, während seinem Bruder der Sinn für „öffentliche Angelegenheiten“ abginge.

Karl V. vermutete, daß Ferdinand deshalb so auf der deutschen Hilfe gegen die Türken bestand, weil er seine Verhandlungsposition in der Nachfolgefrage stärken wollte, aber es war ihm nicht gelungen, mehr darüber von Ferdinand oder Maximilian zu erfahren. Als er dem letzteren für seine Dienste als Regent in Spanien danken wollte, wechselte der Erzherzog abrupt das Thema, und zu Karls großem Verdruß begann der junge Mann bereits Stimmen für sich selbst zu sammeln, womit er in aller Offenheit die zwischen Karl und Ferdinand bestehende Vereinbarung verletzte, nach der über diese Angelegenheit nur innerhalb der Familie diskutiert werden durfte. Er und Philipp hätten sich daran gehalten, betonte der Kaiser, wobei unerwähnt blieb, daß Philipps Deutschlandreise durchaus anders interpretiert werden konnte. Schließlich wandte sich der Kaiser auch an den Sohn seines früheren Kanzlers Granvella, den Bischof von Arras, mit der Bitte um Vermittlung, und dieser, der bis zu Marias Ankunft als ihr Beobachter der Szene fungierte, ließ Ferdinand gegenüber pflichtschuldig die Bemerkung fallen, der Zwist zwischen ihm und seinem Bruder würde sich für beide unheilvoll auswirken. Ferdinand soll daraufhin geseufzt und leise geantwortet haben, er wisse, daß dem so sei. Maximilian würde sich mit jeder Abmachung einverstanden erklären, meinte er dann, und, indem ihm, laut Arras, die Röte ins Gesicht stieg, er könne schwören, nicht darüber mit Maximilian gesprochen zu haben. Seine einzige Sorge, habe er mehrmals wiederholt, gelte dem Wohl seiner Untertanen. Zum Schluß habe er den Bischof gebeten, dem Kaiser seine Entschuldigung für sein aufgebrachtes Betragen zu überbringen. Auch Karl war bereit, ihm in der Ungarnhilfe nun entgegenzukommen, und nahm die Verhandlungen wieder auf. Nach dem Eintreffen Marias wurden die Gespräche nun mit ihrer Vermittlung weitergeführt. Man verhandelte wochenlang – bis zu sieben Stunden täglich ohne Unterbrechung. Obgleich Ferdinand und Maximilian zumindest nach außen dem Kaiser wieder ihre alte Ehrerbietung zur Schau trugen, wußten doch die deutschen Fürsten genau, daß es zu einem ernsten Bruderzwist im Haus Habsburg gekommen war. Dementsprechend schlecht war auch der Gesundheitszustand des Kaisers. Er litt unter fiebrigen Erschöpfungszuständen und äußerte Todesahnungen. Bei der Wiederaufnahme der Gespräche ließ er Maximilian nicht mehr daran teilnehmen.

Daß es schließlich doch zu einer Einigung kam, war Maria und Arras zu verdanken, die trotz seiner Krankheit täglich mit dem Kaiser konferierten. Ihr Hauptinteresse bestand zweifellos darin, den Habsburgern die Kaiserkrone zu sichern. Und auch aus diesem Grund schlugen sie vor, daß Philipp und nicht Maximilian Ferdinand nachfolgen sollte, einfach weil der Spanier über mehr Machtmittel verfügte als sein österreichischer Vetter. Ein ähnliches Argument war ja auch seinerzeit gegen Ferdinands Kandidatur 1519 vorgebracht worden. Tatsächlich verfügte Maximilian zumindest auf dem Papier nicht annähernd über so viel Macht wie sein Vater. In seinem Testament von 1543 hatte Ferdinand Böhmen und Ungarn seinem ältesten Sohn vermacht, aber angeordnet, daß das österreichische Erbe unter allen drei Söhnen aufgeteilt werde. Um Ferdinand zu besänftigen, schlugen Maria und Arras anfangs eine Heirat zwischen Philipp und einer von Ferdinands Töchtern vor. Auch eine Heirat seines zweiten Sohnes und einer anderen spanischen Cousine mit einer angemessenen Mitgift sowie zusätzliche Hilfe in Ungarn plus Württemberg wurden offeriert. Aber alle diese Trostbonbons verloren ihren Wert, als Arras mit der Idee herausrückte, so bald wie möglich einen zweiten römischen König wählen zu lassen, der Ferdinand als Koadjutor zur Seite stehen sollte, nach dem Modell der episkopalen Administration.[19]

Wie vorauszusehen war, reagierte Ferdinand negativ auf diesen Vorschlag. Indem er sich auf die Tradition berief, meinte er, dafür gäbe es in der Geschichte des deutschen Reiches keinen Präzedenzfall. Wo es wie zwischen dem Kaiser und dem Papst zu einer Machtaufteilung gekommen sei, beruhe diese auf ganz getrennten Verantwortungsbereichen. Zudem sei ja er bereits schon eine Art Koadjutor für Karl V. Es sei doch aber unmöglich, daß einem Koadjutor noch ein zweiter an die Seite gestellt würde. Außerdem hielt er den Plan auch für politisch unklug. Wenn, wie zu erwarten war, die Kurfürsten dem Plan nicht zustimmten, würde das ihrem Ansehen sehr schaden, und nach Karls und seinem Tod würden die Kurfürsten sicherlich das ganze Arrangement für ungültig erklären und sich einen Kaiser aus dem Ausland holen. Das sei doch mehr als gefährlich für ihr Haus, schloß er.[20]

Seine Vorbehalte setzten sich durch, und Maria und Arras ließen die Idee fallen. Dieser Sieg wirkte sich wohltuend auf Ferdinands Stimmung aus, und er stimmte nun Philipps Nachfolge zu, wenn gewisse Bedingungen eingehalten würden. Zu diesen gehörten erstens die Erörterung einer eventuellen Nachfolge Maximilians nach Philipp, damit die Deutschen damit rechnen konnten, eines Tages von jemandem regiert zu werden, der ihre Sprache verstand; zweitens wollte er sich vergewissern, daß weder Philipp noch der Erzherzog sich in seine Regierungsgeschäfte einmischen dürfte, sobald er einmal Kaiser sei; drittens bestand er auf der Heirat seines Neffen und einer seiner Töchter, wieder mit der Begründung, daß man damit den Deutschen einen Gefallen täte, und viertens wollte er Garantien für Philipps Beistand, wenn im Reich ein Aufstand ausbrechen sollte, sowie für militärischen Beistand in Ungarn und Siebenbürgen. Karl V. war seinerseits bereit, alle diese Forderungen zu erfüllen beziehungsweise sie ernsthaft zu überdenken. So akzeptierte er Maximilians eventuelle Nachfolge nach Philipp und Ferdinands Unabhängigkeit im Reich. Aber er hatte auch seinerseits eine Bedingung zu stellen. Angesichts der Wirren in Italien forderte er, daß Philipp dort als Ferdinands Statthalter während dessen Abwesenheit fungieren sollte, genauso wie er und Ferdinand es im Reich hielten. Mehr brauchte es nicht, damit Ferdinand aufs neue die Stacheln aufrichtete und entgegnete, dies käme einer Zerstückelung des Reiches gleich, weil damit die Halbinsel den Spaniern abgetreten würde, auch wenn Karl verspräche, daß damit keine Lehensrechte in Mantua, Montferrat und Ferrara verbunden seien. Zwei Regierungshäupter würden in Italien nur Verwirrung stiften und das Ansehen schmälern, das der Kaiser aus seiner italienischen Position bezöge. Um Karl abzulenken, machte er das Angebot, die Heirat Philipps mit einer seiner Töchter ganz Karl zu überlassen und die Forderung auf militärischen Beistand in Ungarn fallenzulassen.[21]

Aber am 9. März war Ferdinand doch so zermürbt, daß er Philipps Statthalterschaft in Italien während seiner Abwesenheit akzeptierte. Er bestand nur auf den Heimfallsrechten in den vorher erwähnten Herzogtümern und in Florenz sowie auf seinem Recht, von diesen Provinzen Kontributionen für die Türkenkriege verlangen zu dürfen, und außerdem stellte er die Forderung, daß sein Neffe ihn über alle italienischen Angelegenheiten informiere. Dank seiner Flexibilität war nun der Weg frei für die Abfassung einer endgültigen Regelung. Ferdinand versprach darin, die Wahl Philipps als seinen Nachfolger im Reich vorzubereiten, während Philipp dasselbe mit Maximilian zu tun versprach. Während Ferdinands Abwesenheit von Italien würde Philipp ihn dort vertreten, allerdings durfte er die italienischen Einkünfte nicht ohne Bewilligung seines Onkels ausgeben, auch nicht zu seiner eigenen Verteidigung. Umgekehrt durfte Ferdinand sich sehr wohl dieser Gelder, ohne seinen Neffen zu fragen, bedienen. Sollte Ferdinand seiner Verpflichtung nicht nachkommen, alles für die Wahl Philipps zu tun, würde die Heiratsklausel annulliert werden, die eine Verbindung von Philipp mit einer der Töchter Ferdinands vorsah.[22]

Abgesehen von den italienischen Bedingungen, die Ferdinand nur unter Protest akzeptierte, bot der Vertrag durchaus auch Vorteile für Ferdinand. So war ihm niemals zuvor schwarz auf weiß im Bedarfsfall Hilfe gegen die Türken zugesagt worden.[23] Kaum aber war der Vertrag unterschrieben, als man sich im Reich und in seiner eigenen Familie darüber aufzuregen begann. In Deutschland konnte man der Idee nichts abgewinnen, dereinst von Philipp regiert zu werden, und Maximilian selbst konnte den Vertrag nur als persönliche Beleidigung auffassen. Bestärkt wurde er hierin von seinen Anhängern, deren politisches Programm die Stärkung der österreichischen Habsburger innerhalb des Reiches war. Daß Maximilian auch vor den deutschen Fürsten kein Blatt vor den Mund nahm, war sicherlich nicht im Sinne der habsburgischen Familienpolitik, aber seine Zuhörer schienen ihm reichlich Beifall gespendet zu haben, wenn man den französischen Berichterstattern glauben darf.[24] Schon bei seiner Rückkehr aus Spanien hatte der venezianische Gesandte ihm eingeredet, daß sein Vater doch zu stark vom Kaiser abhängig sei, um sich ihm ernstlich zu widersetzen. Maximilian hatte ihm zugestimmt, und im Lauf der nächsten Wochen sollte sein Verdruß parallel zu seinem Ehrgeiz immer größer werden.[25]

Auch Ferdinand hatte natürlich gewisse Vorbehalte, was die Aufrichtigkeit seines Bruders anging, zumal schon 1551 Gerüchte in Deutschland kursierten, Karl V. beabsichtige, ihn auszubooten, indem er Philipp als seinen direkten Nachfolger einzusetzen wünsche. Als er von seiner Schwester Maria hörte, Maximilian benähme sich seinem Onkel gegenüber sehr ehrerbietig, antwortete er ihr zwar, sein Sohn und er würden sich auch in Zukunft so verhalten, aber innerlich schloß er die Möglichkeit nicht aus, daß er gegebenenfalls auch anders auftreten könnte.[26]

Ferdinands Dilemma war die Abhängigkeit von seinem Bruder auf der einen Seite und die Feindschaft seines Sohnes und dessen deutscher Anhängerschaft auf der anderen Seite. Was er in seinem Innersten über die Vereinbarung dachte, bleibt uns verschlossen. Er hielt sich jedenfalls getreu an das Versprechen, Philipps Nachfolge zu arrangieren, und er benutzte auch in Zukunft keine der vielen Gelegenheiten, um den Kaiser zu irgendwelchen Änderungen des Vertrages zu erpressen. Wahrscheinlich war er aufrichtig, wenn er immer wieder betonte, seine größte Sorge sei es, daß die Kaiserkrone nicht den Habsburgern verlorenginge. Das zumindest konnte man ja auch aus dem Vertrag von 1551 herauslesen.[27] Aber auch die offenbare Übereinstimmung in ihrem wichtigsten Ziel konnte doch nicht über die schweren Differenzen hinwegtäuschen, die es zwischen den beiden Brüdern gab. Die Ursache für diese Meinungsverschiedenheiten war auch nicht, wie oftmals behauptet wird, der verschiedene Blickwinkel der beiden Brüder. Zwar war es tatsächlich so, daß Ferdinand in Diskussionen immer wieder den deutschen oder den mitteleuropäischen Standpunkt vertrat, während Karl V. alles mehr aus der universalistischen Perspektive zu betrachten schien.[28]

Von größerer Bedeutung aber waren sicher die Veränderungen, die sich durch die Nachfolgekrise für Ferdinands Stellung innerhalb der Dynastie ergaben. Bisher nämlich hatte er seinen Ehrgeiz nur immer in Einklang mit den Plänen seines Bruders bringen müssen. Auch wenn er anderer Meinung war, hatte er diese nie öffentlich desavouiert oder abgelehnt. Die Herausforderung aber, die er Karl V. 1550/51 entgegenschleuderte, bürdete ihm nun eine ganz neue Verantwortung auf, nämlich die Wiederherstellung des Zusammenhalts der Familie, damit diese weiter in der Lage war, das kaiserliche Amt auszuüben und kooperativ an der internationalen Front zu agieren. Demnach mußte er nicht nur die Kaiserwürde den Habsburgern sichern, sondern umgekehrt auch die Habsburger der Kaiserwürde.

Daher zögerte er auch nicht, schon sehr bald nach der Unterzeichnung des Vertrages seinen guten Willen zu zeigen. Noch im selben Frühling nahm er Gespräche mit den Kurfürsten von Sachsen und Brandenburg über Philipps Nachfolge auf und schlug Karl vor, daß sie beide ihre Vertreter zu diesen Gesprächen schicken sollten. Karls Vertreter verhandelten nämlich bereits mit den anderen vier Kurfürsten, und Ferdinand wollte vermeiden, daß Sachsen und Brandenburg sich schlecht behandelt fühlten. Zwar machte er deutlich, daß auch Maximilians „Zukunft" in dem Arrangement mit den sieben Kurfürsten vorkommen müsse, aber zugleich war er routinemäßig besorgt um die Gefühle und Vorrechte des Bruders.[29] Nachdem er eine seiner Töchter Johann Sigismund Zápolya als Teil der mit Isabella getroffenen Vereinbarung zur Ehe versprochen hatte, bat Ferdinand Karl um Vergebung dafür, daß er diesen Schritt ohne seine Erlaubnis getan hatte. Er entschuldigte sich, daß er unter Zeitdruck gestanden habe, und als Karl V. seine nachträgliche Einwilligung gab, dankte er ihm demütig. Überhaupt behielt er in seinen Briefen die ehrerbietigen Anreden von früher bei. 1552 nannte er ihn seinen „Herrn, Vater und Bruder", während Karl seine Bindung an Ferdinand exakterweise mit „brüderlich" zu bezeichnen pflegte. Auch noch 1555 bat Ferdinand seinen Bruder um seinen „väterlichen Rat". Und als er einmal keine Zeit hatte, ihm zu schreiben, mußte sein Sekretär ihn dafür entschuldigen.[30]

All dies stellte seine Selbstbeherrschung und seine diplomatischen Fähigkeiten auf die äußerste Probe. Als 1554 die Franzosen versuchten, den Nachfolgestreit dazu zu benutzen, einen Keil zwischen ihn und Karl zu treiben, verweigerte Ferdinand den französischen Gesandten die Einreise in die österreichischen Länder, sehr zum Mißvergnügen seines Sohnes. Und dabei kursierten zur selben Zeit Gerüchte in Spanien, daß Philipp direkt seinem Vater in Deutschland nachfolgen sollte. Ferdinand war es wohl klar, daß diese Gerüchte weniger vom Kaiser als von seinem Hof ausgingen, andererseits muß es ihm eine gewisse Befriedigung verschafft haben, daß diese Gerüchte in Deutschland eine derartige Feindseligkeit hervorriefen, war dies doch ein deutliches Zeichen dafür, daß die Deutschen eine spanische Nachfolge zutiefst verabscheuten.[31]

Ferdinand war nämlich selber nicht ganz unschuldig an dieser Entwicklung. Auch an seinem eigenen Hof existierte eine antispanische Partei, die das Feuer der Opposition gegen Philipp im Reich schürte. Der Führer dieser Gruppe, deren erklärtes Ziel es war, eine ferdinandfreundliche Partei in Deutschland aufzubauen, war Ulrich Zasius, der Sohn eines bedeutenden Humanisten und ein Mitglied von Ferdinands Geheimem Rat. Ziel seiner Angriffe waren selbstverständlich Philipp und der Bischof von Arras, Antoine Perrenot. Dieser war Karls neuer Kanzler, der natürlich seine Spione in Deutschland hatte und daher von Zasius als Vater der spanischen Spionage beschrieben wurde.[32]

Den bereitwilligsten Zuhörer hatte Zasius in Maximilian. Denn trotz Marias Drängen hatte der Kaiser wenig getan, um sich die Zuneigung seines Neffen zurückzugewinnen. Selbst als Maximilian ihn um einen ihm angemessenen Posten in seinen Diensten bat, hatte der Kaiser ihn zurückgewiesen. Auch die Langsamkeit, mit der er die Mitgift seiner Tochter auszahlte, war nicht dazu angetan, den Erzherzog seinem Onkel gegenüber freundlicher zu stimmen. 1553 und 1554 führte Zasius jedenfalls einen offenen Feldzug für die Anerkennung Maximilians als Ferdinands unmittelbaren Nachfolger, und er schien Erfolg damit zu haben. So konnte er stolz vermelden, daß der Kurfürst von der Pfalz nichts von Philipps Herrscherqualitäten hielt und daß der Kurfürst von Hessen ein erklärter Anhänger des Erzherzogs sei.[33]

Ferdinand und Karl hätten die Machenschaften des Zasius jederzeit stoppen können, wenn sie gewollt hätten. Zasius selbst war sich der Gefährlichkeit seiner Position zwischen zwei so mächtigen und dazu noch verwandten Herrschern bewußt.[34] Aber Ferdinand brachten die Umtriebe des Zasius nicht nur Ärger ein, sondern auch Vorteile.

Dadurch, daß er diese zuließ, bekam er das Flair eines Herrschers, dem die deutschen Interessen am Herzen lagen, und das war wichtig für seine eigene Nachfolge, die ihm mindestens ebenso am Herzen lag. Die Tatsache außerdem, daß die Differenzen zwischen den beiden Zweigen der Familie quasi durch „Stellvertreter" wie Maximilian, Philipp, Arras und Zasius ausgetragen wurden, gab den beiden Senioren der Dynastie die Möglichkeit, sich von ihrem Streit zu distanzieren und ihn aus der Ferne unter Kontrolle zu halten. Manche als zu extrem verstandene Stellungnahme konnte als Gerücht verharmlost werden, bevor sie weiteren Schaden anrichtete, vorausgesetzt, man hatte sich nicht zu sehr mit ihr identifiziert. Und schließlich mußte den Spaniern Ferdinand, wenn man ihn mit seinem immer schwierigeren Sohn verglich, geradezu als die personifizierte Mäßigung erscheinen. Es machte ihm nichts aus, immer wieder zu leugnen, daß sein Sohn ernste Ressentiments gegen die Spanier hegte, und tat sein Möglichstes, um den spanischen Hof davon zu überzeugen, daß der Erzherzog ihm nicht böse gesinnt sei.[35]

Wie auch immer, ohne daß Ferdinand besonders aktiv zu werden brauchte, trat ganz von selbst eine Wendung zu seinen Gunsten ein. Angesichts der starken antihabsburgischen Stimmung im Reich war es unrealistisch von Karl gewesen, anzunehmen, er könne die Kurfürsten dazu bringen, den Augsburger *Hausvertrag* zu schlucken. 1555 traten die Ressentiments in solcher Stärke hervor, daß selbst Philipp zweifelte, ob er jemals die Nachfolge seines Onkels würde antreten können. Außerdem waren durch die Heirat mit Maria Tudor seine ehrgeizigen deutschen Pläne etwas in den Hintergrund getreten. Jedenfalls trat im August jeweils ein spanischer Bevollmächtigter vor den Wiener Hof und vor den Augsburger Reichstag, um Philipps Verzichterklärung bezüglich der im *Hausvertrag* getroffenen Nachfolgebestimmungen zu überbringen. Zugleich versprach Philipp, die Kandidatur seines Vetters zu unterstützen. Was auch immer seine Motive gewesen sein mögen – möglicherweise wollte er sich dadurch die italienische Statthalterschaft sichern –, damit beendete Philipp den Streit um die spanische Nachfolge in Deutschland, auch wenn diese weiter die internen Beziehungen der Dynastie bis zu Ferdinands Tod vergiftete.

Auch in der Heiratspolitik war Ferdinand nun nicht länger bereit, sich ständig den Wünschen seines Bruders unterzuordnen. Dies zeigte sich schon 1553 und 1554 bei den äußerst heiklen Heiratsverhandlungen der Dynastie mit England, als es um die Hand der Königin Maria Tudor ging. Eines der am gewissenhaftesten respektierten Vorrechte Karls als Oberhaupt der Dynastie war ja seine Führung der Heiratsgeschäfte gewesen. Das hieß nicht, daß Ferdinand nicht auch eigene Vorstellungen vertrat – er war ja einer der einfallsreichsten Heiratspolitiker seiner Tage –, aber Karl konnte jedes Arrangement, das ihm unvorteilhaft vorkam, verhindern und durch ein ihm günstiger erscheinendes ersetzen. So hatte Ferdinand z. B. gehofft, seine Töchter Anna und Maria mit Philipp II. und Herzog Albrecht von Bayern verheiraten zu können, aber dann ging Anna nach Bayern und Maria heiratete den Herzog von Kleve, weil dies Bestandteil eines Vertrages war, den Karl mit dem Herzog von Kleve vor dem Angriff auf den Schmalkaldischen Bund geschlossen hatte.

Wie auch auf anderen Gebieten fiel es Ferdinand auch in der Heiratspolitik sichtlich schwer, immer hinter seinem Bruder zurückstehen zu müssen. Als Karl 1545 eine Verbindung zwischen Margarete, der Tochter Franz' I., und Philipp erwog, hätte auch Ferdinand gerne eines seiner Kinder in die französische Königsfamilie einheiraten lassen, nachdem der Herzog von Orléans, der mit einer seiner Töchter verlobt gewesen war, plötzlich verstorben war.[36] Es kam jedoch nicht zum offenen Streit darüber.

Kaum jedoch hatte Ferdinand Maria Tudor als passende Partie für seinen zweiten Sohn Erzherzog Ferdinand ins Auge gefaßt, als Karl V. seinen Sohn Philipp ins Rennen brachte. Und diesmal ging es nicht nur um Karls Vorrechte im Heiratsvermittlungsgeschäft, diesmal ging es auch um seine Politik. Denn nachdem er 1553 nicht ohne einige Bitterkeit feststellen hatte müssen, daß es um Philipps Chancen im Reich schlecht bestellt war, war er nun entschlossen, ihn als ein Instrument seiner Englandpolitik zu benutzen. Da er aber seine Pläne so lange geheimhalten wollte, bis er Maria Tudor selber dafür gewonnen hatte, informierte er auch seinen Bruder nur unvollständig. Erst im September 1553 war es kein Geheimnis mehr, daß Philipp dabei war, die für ihn geplante portugiesische Heirat in eine englische umzutauschen.[37] Nun war eine lückenhafte Kommunikation zwischen den beiden Brüdern, auch wenn es um wichtige Dinge ging, an sich nichts Neues. Ferdinand hatte sich immer wieder darüber beklagt. Aber neu war, daß Ferdinand unabhängig von seinem Bruder Karl seine Fühler ausgerechnet nach England ausgestreckt hatte, das klar zu der Interessensphäre der spanisch-burgundischen Linie und nicht der österreichischen gehörte. Karl muß über seines Bruders Vorgehen tief schockiert gewesen sein. Denn es ging dabei nicht nur um England, sondern auch um Burgund. Maria hatte kundgetan, daß sie ihre Statthalterschaft niederzulegen wünschte. Nun kamen sowohl Philipp als auch Maximilian und Erzherzog Ferdinand für den Posten in Frage. Zu Karls Mißvergnügen hatte sich der gesellige Ferdinand bereits viele Freunde in den Niederlanden gemacht. Als König von England, fürchtete Karl V., würde er aufgrund seiner Beliebtheit Philipp auch aus den Niederlanden verdrängen und das Gleichgewicht der Macht zwischen den beiden Zweigen der Familie gefährlich verändern.[38]

Im Juli 1553 schickte König Ferdinand nun einen Gesandten, Martin Guzmán, mit einem Porträt seines Sohnes nach England. Dieser mußte aber seine Reise in Brüssel unterbrechen, um sich über Karls Pläne, Maria Tudor betreffend, zu informieren. Karl V. gab ihm nur die Erlaubnis, seine Reise fortzusetzen, wenn er der Königin lediglich Ferdinands Grüße überbrächte. Um in diesem Punkt sicher sein zu können, schickte ihm Karl in Gestalt seines spanischen Botschafters Simon Renard einen Spion nach, der ihm auf Schritt und Tritt zu folgen hatte. Immer wenn also Guzmán bei Maria Tudor vorsprach, war auch Renard zur Stelle. Und immer wenn Guzmán wagte, die Heiratspläne seines Herrn zu proponieren, pflegte Renard eilig einzuwerfen, dies sei nicht „zweckdienlich". Obwohl Ferdinand Guzmán ausdrücklich den Auftrag gegeben hatte, Erzherzog Ferdinand nur ins Gespräch zu bringen, wenn er damit nicht Philipp im Weg stände, müssen die beiden Männer bei ihren Versuchen, sich gegenseitig auszutricksen, unfreiwillig komisch gewirkt haben.[39] Daß Ferdinand nach Guzmán noch eine zweite Gesandtschaft nach England schickte, diesmal unter Alonso de Gamez, war nicht dazu angetan, das Mißtrauen, mit dem man in Spanien seine Schritte beobachtete, zu beseitigen.

Auch Gamez unterbrach seine Reise im Herbst 1553, um dem Kaiser zu versichern, daß sich Ferdinand mit seiner Bewerbung für seinen Sohn nicht vordrängen wollte. Karl V. bemerkte daraufhin streng, alle Meinungsverschiedenheiten zwischen seinem Bruder und ihm in dieser Angelegenheit könnten zu katastrophalen Folgen für die Dynastie führen, und er erwähnte einige Männer um Ferdinand, die er nicht namentlich nannte, die an einem Bruch zwischen den Brüdern in ihrem eigenen Interesse höchst interessiert seien.[40] Tatsächlich waren es dieselben Persönlichkeiten, die sich Philipps Nachfolge im Reich widersetzten und zugleich Ferdinands Bewerbung in England forcierten, nämlich hauptsächlich Maximilian und Zasius. Maximilian machte aus seiner Enttäuschung kein Hehl, daß sein Bruder Ferdinand nur an zweiter Stelle im Londoner Rennen lag, ebenso wie er sich immer wieder über die, wie er fand, schäbige Behandlung seines Vaters durch seinen Onkel beklagte. Auch nachdem Karl klar seine Absicht geäußert hatte, Philipp mit Maria Tudor zu vermählen, fuhr Zasius fort, über die Popularität des Erzherzogs in England zu schwärmen, die unter anderem auf seine milde Behandlung der religiösen Sekten in Prag zurückzuführen sei, was im übrigen höchst zweifelhaft war.[41] Schließlich setzte der junge Ferdinand selber allen diesen Umtrieben ein Ende, indem er seinem Bruder Maximilian 1554 erklärte, daß er im Moment an einer Heirat überhaupt nicht interessiert sei.[42]

Maximilian kritisierte weiter in scharfen Worten die Laschheit, mit der seiner Meinung nach sein Vater aus Angst vor dem Kaiser das englische Projekt verfolgt habe. Tatsächlich taktierte Ferdinand immer vorsichtiger und schickte zum Beispiel Ende 1553 Maria Tudor einen Brief, in dem er sich für Philipp und nicht für seinen Sohn aussprach. Wahrscheinlich war diese Formulierung an die Adresse des Kaisers gerichtet, der sich denn auch wohlgefällig dazu äußerte, obwohl er fortfuhr, sich über seines Bruders Mangel an Ehrlichkeit bei den Verhandlungen zu beklagen. Tatsächlich unterhielt Ferdinand bis zur offiziellen Verlobung Maria Tudors mit Philipp weiterhin Kontakte mit der ersteren und ihren Beratern. Er rechtfertigte dies damit, daß der Kaiser ja niemals ausdrücklich geleugnet habe, daß auch der Erzherzog als passender Bewerber in Frage käme. Warum sollte er außerdem die Beziehungen zu der englischen Königin abbrechen, mit der ihn ja Blutbande verbänden.

Den größten Gewinn erwarteten sich selbstverständlich die Franzosen von einem echten Bruch zwischen den Brüdern. Agenten Heinrichs II. von Frankreich hatten denn auch schon mit ihren Annäherungsversuchen bei Ferdinand begonnen, aber ein derartiger Verrat war nun wirklich nicht seine Sache. Anfang 1554 mußten die französischen Gesandten einsehen, daß ihre Anstrengungen vergeblich waren. Ferdinand meinte es also ehrlich, wenn er dem Kaiser gegenüber immer wieder seine Loyalität betonte, was durch die Verzichterklärung des jungen Ferdinand noch glaubhafter wurde.[43] Tatsächlich konnte sich Ferdinand durchaus auch Vorteile aus der Verbindung Philipps mit der englischen Königin erwarten. Denn die spanisch-englische Ehe würde aller Voraussicht nach Frankreich davon abhalten, mit Spanien Krieg zu führen, und dies wiederum würde den Kaiser befähigen, sich mehr in Osteuropa zu engagieren. Und da er immer noch nicht gänzlich ohne die Hilfe seines Bruders auskommen konnte, mußte Ferdinand darauf drängen, daß Maximilian seinen Ärger runterschluckte und einsah, daß die Versöhnung mit Spanien Vorrang vor allem anderen hatte. So ging Ferdinand letzten Endes aus beiden Krisen, die er teilweise mitverschuldet hatte, als Gewinner hervor. Denn durch sein geschicktes Taktieren war es ihm erstens gelungen zu verhindern, daß man ihn aus der kaiserlichen Nachfolge hinausmanövrierte, und zweitens dadurch, daß er Philipp den Vorrang bei den englischen Verhandlungen gelassen hatte, dafür zu sorgen, daß nun eher Maximilian als Philipp sein Nachfolger sein würde.

Aber in dem Verhältnis der beiden Brüder hatte sich etwas Grundlegendes geändert. Daß der Ton in den Jahren 1551 bis 1555 an Schärfe erheblich zugenommen hatte, war vielleicht der Tribut, den Alter und Streß von ihnen forderten. Auch ihr Großvater Maximilian war von dieser Entwicklung nicht verschont geblieben.[44] Aber es war noch mehr dahinter. Durch den Nachfolgestreit hatte sich Ferdinand innerlich von seinem Bruder entfremdet;[45] bis zu welchem Grad ist bei einem so verschlossenen Charakter schwer zu sagen. Aber gerade die stilistische Monotonie ihrer Briefe läßt die kleinen Unterschiede umso bemerkenswerter erscheinen. Kurz nachdem er den Nachfolgevertrag unterschrieben hatte, benutzte Ferdinand die Wendung „unsere Häuser Österreich und Burgund ..." Er tat dies nicht zum ersten Mal, aber zu diesem Zeitpunkt wirkte diese für ihn sehr ungewöhnliche Formulierung doch sehr bedeutungsvoll. Er sollte sie auch nie wieder genauso verwenden.[46] Wie konnte ein Mann, dessen dynastischer Ehrgeiz ihm zur zweiten Natur geworden war, besser zum Ausdruck bringen, daß er sich nicht mehr in der bisherigen Weise seinem Bruder unterzuordnen gedachte?

XII.
Getrennte Wege

So subtil oft Ferdinands Vorgangsweise in der Deutschlandpolitik anmutete, so wenig subtil war das Ziel, das er erreichen wollte. Er hatte nie geleugnet, daß er das Reich als eine wichtige Hilfe bei seinen Kämpfen in Osteuropa betrachte, auch wenn er sich über die Langsamkeit der Stände und über das, was sie ihm schließlich schickten, wiederholt beklagte. Als ein Mann, den Prestige und Macht außerordentlich faszinierten, erfüllte ihn auch das kaiserliche Amt mit tiefer Ehrfurcht. Allein die Möglichkeit, daß sich eine andere europäische Dynastie der Kaiserwürde bemächtigen könnte, mußte ihm daher als eine Katastrophe erscheinen. Es kam ihm deshalb auch nicht in den Sinn, zwischen dem Wohl des Reiches und dem des Hauses Habsburg eine Unterscheidung zu machen. Worum immer es ging, ob um den religiösen Frieden im Reich, um die Kriegserklärung gegen Frankreich, zu der er die Stände überreden wollte, um Württemberg, um das Datum eines Reichstags oder die Struktur der Reichsverwaltung, Ferdinand drückte sich immer so aus, als ginge es vor allem immer um das Prestige seines Hauses.

Wie wir gesehen haben, bot der Religionskonflikt die meisten Möglichkeiten für Widerstand und offenen Aufstand. Auch für Ferdinands Allheilmittel eines allgemeinen Kirchenkonzils standen die Chancen nicht allzu gut. Schon die erste Sitzung des Trienter Konzils von 1545 wurde von den Protestanten boykottiert, und auch was Papst Paul III., der Kaiser und die anderen Herrscher Europas davon hielten, war nie ganz klar. In den vierziger Jahren waren zudem Ferdinands Beziehungen zu Rom auch nicht gut, und sie sollten sich auch in den nächsten Jahren nicht sehr verbessern.

Aber angesichts seiner Verteidigungsschwierigkeiten in Osteuropa und der gefährdeten Position seines Hauses hatte Ferdinand gar keine andere Wahl, als im Reichstag zu einer religiösen Einigung, und sei sie auch nur provisorisch, zu kommen. Auch hier befand er sich – wie während der Nachfolgediskussion – in einer recht unbehaglichen Zwischenposition, die jetzt noch viel unbehaglicher war, als er diejenigen, die er für Ketzer hielt, persönlich tief verabscheute. Einer seiner innigsten Wünsche war, sie für immer unschädlich zu machen, und jedes kleine Anzeichen, daß sich dieser Wunsch erfüllen könnte, registrierte er mit großer Freude. Seine natürlichen Verbündeten waren die katholischen Mitglieder der Reichsstände, die rheinischen Erzbischöfe und Salzburg sowie die Bischöfe von Bamberg und Würzburg und natürlich die Bayern, die ihm schon 1547 in Böhmen geholfen hatten. Ohne ihre Unterstützung wäre seine Position im Reichstag äußerst gefährdet gewesen, andererseits konnten weder er noch Karl V. es sich leisten, die Protestanten zu sehr vor den Kopf zu stoßen.[1] Nun waren diese selber so in sich gespalten, daß Ferdinand sich gelegentlich auf die Gemäßigteren unter ihnen stützen konnte. So bot ihm Joachim von Brandenburg, der glücklose kaiserliche Kommandant von 1542 in Ungarn, im gleichen Jahr auch an, als Vermittler zwischen Ferdinand und den militanteren Protestanten beim Reichstag von Speyer tätig zu sein, ein Angebot, das Ferdinand mit Freuden akzeptierte. Denn der Schmalkaldische Bund besaß in den Königen von Frankreich mächtige Freunde, und die sächsischen Länder waren von eminenter Bedeutung für Ferdinands Sicherheit im Osten. Von großer Wichtigkeit war aber selbstverständlich auch die Geldfrage, und da Geld eines der wenigen Dinge war, die nicht durch die religiöse Überzeugung des Spenders vergiftet wurden, waren Karl und Ferdinand bereit, alle Einkünfte, von wo immer sie herkamen, entgegenzunehmen.[2]

Einerseits also durfte Ferdinand es sich nicht ganz mit den Protestanten verderben, andererseits mußte er treu zu seinen katholischen Verbündeten und nicht zuletzt zu seiner eigenen religiösen Überzeugung stehen. Von 1540 bis zum Ausbruch des Schmalkaldischen Krieges entwickelten sich die beiden Brüder zu wahren Meistern in dieser Kunst und erhielten in den meisten Fällen die finanzielle Unterstützung, um die es ihnen ging. Am Ende jedoch hatten alle genug von den ständigen Kompromissen, am meisten sie selber.

Die Kompromisse hatten mit der umstrittenen Deklaration von Regensburg 1541 begonnen, die den gegen die Protestanten gerichteten Schikanen des Reichskammergerichts ein vorläufiges Ende bereiten sollte. Ende November des gleichen Jahres mußte sich Ferdinand mit der Forderung der vier einflußreichsten protestantischen Fürsten – es waren dies die beiden sächsischen Vettern sowie Joachim von Brandenburg und Philipp von Hessen – auseinandersetzen, die auf einen zwanzigjährigen Religionsfrieden zielte. Er versprach, diese Forderung auf dem nächsten Reichstag in Speyer zu unterstützen, obwohl ihm klar war, daß er damit die Katholiken verstimmen würde. Und so war es auch. Kaum waren die Stände zusammengetreten, als die Lutheraner auch schon eine formelle Garantie für die Regensburger Konzessionen und ihre Zulassung zum Reichskammergericht forderten. Um sie zu besänftigen, gab Ferdinand ihnen insofern ein formloses Versprechen, den Religionsfrieden einzuhalten, als er die religiösen Streitfragen vor ein Konzil zu bringen versprach. Allerdings war dies nicht im sogenannten Reichstagsabschied enthalten.

Die Katholiken, die schon Karl V. verübelt hatten, daß er die Formulierung von 1541 akzeptiert hatte, stellten daraufhin an Ferdinand den Antrag, er solle erklären, daß eine endgültige Lösung des deutschen Problems nur von Rom kommen könne. Dies war ein Bestandteil der Regensburger Erklärung. Ferdinand brauchte sie also nur zu wiederholen. Darüber hinaus bat er auch seinen Bruder, er möge den Katholiken, besonders Bayern und dem Erzbischof von Mainz, schriftlich versichern, daß nichts geschehen sei, was ihren Interessen und ihrem Glauben schaden könnte. Dennoch machte er sich auch immer wieder zum Anwalt der protestantischen Interessen. Auf dem Nürnberger Reichstag desselben Jahres bat er Karl, nicht gerade die Herzöge von Bayern als kaiserliche Bevollmächtigte einzusetzen, da man ihnen auf protestantischer Seite mit besonderem Mißtrauen begegne. Auch riet er dem Kaiser, alle Untersuchungen des Reichsgerichtshofes so lange einstellen zu lassen, bis er selber nach Deutschland käme. Als 1543 die Vorverhandlungen für das Konzil von Trient weder Protestanten noch Katholiken befriedigten, wandte sich Ferdinand mit der dringenden Bitte an Karl, er möge Papst Paul III. dazu bringen, Legaten und Kommissäre nach Trient zu schicken, um die Klage beider Seiten entgegenzunehmen.[3]

So ermüdend und letztlich ergebnislos alle diese Manöver waren, sie hatten auch eine positive Seite für Ferdinand. Es zeigte sich nämlich, daß er sich im Lauf der Jahre eine Kompetenz in allen Reichsangelegenheiten erworben hatte und daß er die deutschen Realitäten besser einzuschätzen verstand als sein Bruder. So glaubte er auch fest an die Bedeutung persönlicher Kontakte und belehrte seinen schweigsamen Bruder, der Wert der „Galaessen", die er für die einzelnen Fürsten gäbe, bestände nicht darin, „daß sie unsere, sondern daß wir ihre Absichten kennenlernen".[4] Er konnte überzeugend reden und sich zur gleichen Zeit äußerst flexibel zeigen, so daß es ihm manchmal gelang, in einem Gespräch unter vier Augen Vorteile für sich herauszuholen, die niemand für möglich gehalten hätte. So hatte 1545 das *Reichskammergericht* eine Klage, die der Kaiser gegen Hamburg geführt hatte, zugunsten Hamburgs entschieden. Die Hansestadt Hamburg hatte nämlich das Gesuch um Hilfe gegen die Türken mit der Begründung abgelehnt, sie sei dem Reich nicht unmittelbar unterstellt. Daraufhin traf sich Ferdinand privat mit den Repräsentanten der Stadt und erreichte, daß sie 8000 Gulden an Hilfsgeldern zahlen wollten, wenn sie dafür von den Subsidien der Stände befreit würden. Unter den bestehenden Umständen war dies die bestmögliche Lösung. Sein Sinn für die Realität lehrte ihn auch bald, daß allein der Platz, wo ein Reichstag stattfand, von ausschlaggebender Bedeutung für das heikle Gleichgewicht zwischen Katholiken und Protestanten war. 1543 mußte er erleben, wie sich in Nürnberg die protestantische Seite durchsetzte.[5]

Es kam sogar manchmal vor, daß er den deutschen Interessen die eigenen und die seines Bruders opfern wollte. Zum Beispiel hatte Karl immer wieder betont, daß das Reich keine legalen und fiskalen Kompetenzen in jenem Teil der Niederlande besäße, der in der Reichsterminologie der „burgundische Kreis“ genannt wurde. Als er aber in den vierziger Jahren Geldern und Utrecht in seinen Besitz brachte, versuchte er, sie einfach in die burgundischen Länder zu inkorporieren. Dagegen opponierte nun Ferdinand aufs heftigste, weil er fürchtete, ein solcher Schritt würde im Reich nicht widerspruchslos aufgenommen werden.[6] Bei dieser und anderer Gelegenheit zeigte sich, daß Ferdinand als engagierter Freund der deutschen Verfassungsrechtler auftreten konnte. Die Schwierigkeiten, die er mit den deutschen Ständen hatte, bezogen sich ja zum Großteil auf ihre nur zögernd gewährte Hilfe gegen die Türken; in dem Maße aber, da die Reichspolitik seine eigenen Pläne immer mehr bestimmte, kam er immer öfter in die Situation, wenn schon nicht für Deutschland, so doch als deutscher Habsburger zu sprechen.

Trotz seiner Überzeugung, daß der Kaiser die besten Mittel zur Verteidigung der deutschen Interessen und ihres Hauses (Habsburg) besaß, hatte er immer weniger Lust, Karls Führung auch dann zu akzeptieren, wenn dieser die Situation in Deutschland offensichtlich falsch beurteilte. Eine solche Fehleinschätzung war sicher die Auslösung der Nachfolgekrise gewesen, eine andere seine Behandlung Johann Friedrichs, des ehemaligen Kurfürsten von Sachsen, und Philipps von Hessen. Beide Fürsten bereiteten seit Jahren den Habsburgern ununterbrochen Unannehmlichkeiten, nicht nur als Führer des lutherischen Widerstandsgeistes in Deutschland, sondern auch als potentielle Verbündete Frankreichs. Ferdinand war daher schon auf die Idee gekommen, sie in den Niederlanden an die Spitze von Marias Truppen gegen Franz I. zu stellen, um unter anderem diesen daran zu hindern, in Hessen und Sachsen wie bisher für seine Armee Rekrutierungen vorzunehmen. Auch nach der Niederlage der Schmalkaldener brachte es Ferdinand nicht über sich, Johann Friedrich zu vergeben. Und selbst als ihm der Kaiser alle seine Länder rund um Wittenberg, mit denen auch sein Titel und sein Amt verknüpft waren, abgenommen hatte, so daß ihm nur noch Thüringen, Weimar, Gotha, Eisenach und Coburg blieben, war Ferdinands Haß noch immer so groß, daß er ihn am liebsten ganz aus Deutschland vertrieben hätte. So schlug er Tirol als möglichen Ort für seine Inhaftierung vor.[7]

Ganz anders stand er dagegen dem Landgrafen gegenüber, nicht weil er ihn mehr mochte oder ihm mehr vertraute, sondern weil Philipp der Schwiegervater von Moritz, dem neuen Kurfüsten von Sachsen, war. Dieser aber hatte es zu einer Bedingung seiner Allianz mit den Habsburgern gemacht, daß man ihn nicht dazu zwingen dürfe, gegen den Landgrafen vorzugehen.[8] Nun setzte er sich für die Freilassung Philipps ein. Da aber Karl strikt dagegen war, zumindest was die nächste Zukunft anging, sah sich Ferdinand erneut dem Druck von zwei Seiten ausgesetzt.

Martin Luther

Obwohl der Landgraf im Herbst 1546 nach Karls triumphalem Donaufeldzug die Friedensfühler ausgestreckt hatte, wollte der Kaiser nichts davon wissen. Sowohl Philipp als auch Johann Friedrich waren weiterhin Todfeinde für ihn, und er war entschlossen, sie „auszurotten", wie er es selber ausdrückte. Offensichtlich hatte es ihn tief getroffen, daß die Führer des Schmalkaldischen Bundes ihn im August 1546 schriftlich zum Rücktritt aufforderten und ihn, als hätte er die Abdankung schon vollzogen, mit „Karl von Gent" anredeten. Kein Wunder also, daß für ihn die Entfernung seiner beiden Todfeinde von der politischen Bühne die Grundvoraussetzung für die Befriedung Deutschlands war.[9]

Ferdinand dagegen gab zwar zu, daß die beiden Fürsten zu weit gegangen waren, aber er verhielt sich ausgesprochen ausweichend, als der Kaiser 1546 von ihm die Gefangennahme Philipps verlangte, wenn er Kontakte zu seinem Schwiegersohn aufnehmen sollte. Er versprach lediglich, alles zu tun, was in ihren gemeinsamen Interessen läge, und erklärte Ende Dezember dem Kaiser, Philipp könne doch ohne Johann Friedrich wirklich wenig ausrichten.

Als sich Moritz im Februar 1547 bei ihm für eine Versöhnung zwischen seinem Schwiegervater und dem Kaiser einsetzte, machte sich Ferdinand zum Anwalt seines Bruders und teilte Moritz mit, das mindeste, das der Landgraf tun könne, sei, seine wichtigsten Festungen Karl zu überlassen. Auch der Herzog von Württemberg habe dies getan. Als Moritz Philipp dazu bringen wollte, dieser Aufforderung Folge zu leisten, lehnte dieser ab. Trotzdem versuchte Ferdinand den Kaiser zu einer großzügigeren Haltung dem Gegner gegenüber zu überreden.[10]

Nach der Schlacht bei Mühlberg wurden die beiden Anführer des Schmalkaldischen Bundes ins kaiserliche Lager gebracht. Hier bot sich nun die Gelegenheit zu einem Arrangement mit Philipp, besonders da Kaiser Karl plante, eine Art Fürstenbund zur Wahrung des Friedens zu schließen. Die Versöhnung mit Philipp hätte dieser Idee in Deutschland sicher zu mehr Popularität verholfen. Als in den nun einsetzenden Verhandlungen die beiden Geschlagenen um Schonung ihres Lebens und ihres persönlichen Eigentums baten, war Karl bereit, ihnen dies zu gewähren, und versprach auch, daß keiner von ihnen lebenslang inhaftiert würde. Allerdings bestand er auf einer kurzen Gefängnisstrafe für Philipp. Ferdinand, der die anderen kaiserlichen Forderungen wie Schleifung der schmalkaldischen Festungen, Ablieferung der Schußwaffen, diverse Geldstrafen und Huldigungseide voll unterstützte, war jedoch gegen eine Einkerkerung Philipps. Ohne Waffen und Festungen reiche es doch, wenn er streng bewacht würde, meinte er, und warnte den Kaiser vor den Ressentiments der Kurfürsten. Obgleich er den Plural benutzte, meinte er doch vor allem Moritz damit.[11]

Dieser war aufrichtig gekränkt über die Behandlung seines Schwiegervaters durch den Kaiser. Der Landgraf war nämlich nur im Glauben, man habe ihm freies Geleit zugesagt, nach Wittenberg gekommen. Und es waren der Kaiser und seine Räte, die diesen Eindruck hatten entstehen lassen. Von Philipps Söhnen wurde nun Moritz für die Freilassung ihres Vaters verantwortlich gemacht. Und es ist verständlich, daß dieser nicht eben zimperliche Mann nun nicht als Verräter dastehen wollte. Nachdem er zusammen mit dem Kurfürsten von der Pfalz Philipp im Juli 1547 einen Besuch abgestattet hatte, baten die beiden Maximilian um seine Vermittlung beim Kaiser, vielleicht weil dieser bereits als ein Befürworter deutscher Interessen galt.

So hatte sich Karl V. schon im Herbst 1547 die politische Feindschaft eines seiner tüchtigsten Verbündeten im Schmalkaldischen Krieg eingebrockt, und auch seine Bemühungen um den religiösen Frieden auf dem ersten Reichstag nach der Schlacht bei Mühlberg, der 1547/48 in Augsburg stattfand, waren nicht dazu angetan, ihm viele Freunde zu machen. Er hatte diesen Reichstag, der später der „geharnischte" heißen sollte, weil viele seiner Mitglieder in der Rüstung, die sie in der letzten Schlacht getragen hatten, erschienen waren, aus mehreren Gründen einberufen. Erstens wollte er zu einer weiteren provisorischen Lösung des religiösen Konflikts kommen, zweitens wollte er nach dem Modell der alten schwäbischen Liga den vorher erwähnten Friedensbund bilden, und drittens wollte er eine Verwaltungsreform beschließen.

Ferdinand äußerte sich zunächst sehr skeptisch über den Nutzen aller dieser Ligen. Er riet daher Karl, diese Organisation möglichst klein zu halten und nur Mitglieder aufzunehmen, die relativ abhängig von den Habsburgern waren. Wesentlich mehr begeisterte ihn die Aussicht auf eine interimistische religiöse Einigung. Anfang 1547, kurz nach der ersten gescheiterten Sitzung des Konzils von Trient, legte Ferdinand dem Kaiser eine sogenannte „Christliche Reformation" vor, die er mit Gelehrten und Theologen aus seiner Umgebung ausgearbeitet hatte. Das Dokument forderte die Bildung einer vom Papst und dem Konzil sanktionierten Kommission zur Lösung des deutschen Religionsproblems. Die Hauptaufgabe dieser Kommission sollte die Vermittlung zwischen dem Konzil einerseits und Rom und den Reichstagen andererseits sein. Ferdinand hoffte aber auch, damit protestantische „Verschwörungen" verhindern zu können.[12]

Verwirklicht wurde weder die geplante Liga, noch kam es zu einer Beilegung der religiösen Konflikte. Denn was Karl als provisorische Lösung vorschlug, verschärfte nur die bestehenden Probleme, wenn das überhaupt noch möglich war. Das sogenannte *Augsburger Interim* nahm nämlich den Lutheranern alle rechtlichen Garantien wieder weg, die sie sich bis zu diesem Zeitpunkt mühsam erkämpft hatten, auch wenn andererseits ein *Status quo de facto* anerkannt wurde. Einige wenige Konzessionen waren die Priesterehe und die Kommunion in beiderlei Gestalt. Bei der ersteren mußte jedoch jeweils die Bewilligung Roms eingeholt werden. Die Rechtfertigung durch den Glauben wurde halbherzig sanktioniert, wobei nicht unterlassen wurde, auch auf die Verdienste hinzuweisen. Die sieben Sakramente, die Transsubstantiation, die Zuflucht zu der Vermittlung von Heiligen und der Jungfrau, Fasten und kunstvolles Zeremoniell wurden nicht angetastet. Obwohl das *Augsburger Interim* von allen außer einigen wenigen lutherischen Querköpfen akzeptiert wurde, war keiner der Anwesenden zufriedengestellt. Das Resultat war, daß die Richtlinien stillschweigend umgangen wurden. So weigerten sich die Bischöfe, verheiratete Priester zu weihen und die Kommunion in beiderlei Gestalt zu tolerieren. Für Ferdinand jedoch war das Interim ein Beweis des habsburgischen guten Willens und Vertrauens.[13]

Nach dem Schmalkaldischen Krieg war Ferdinands Haltung religiösen „Dissidenten" gegenüber wesentlich vorsichtiger geworden. 1549 bat er Karl dringend, sich mit der Stadt Magdeburg gütlich zu einigen. Die Stadt hatte sich gegen ihren Erzbischof erhoben, und es bestand die Gefahr, daß die Stadt in die Hände weltlicher Herrscher fallen könnte. Auch in den Verhandlungen mit Moritz über die Einführung des Interims in Sachsen zeigte er sich als außerordentlich vorsichtiger Partner. Moritz fürchtete nämlich, sich mit den religiösen Neuerungen die Feindseligkeiten seiner neuen Untertanen zuzuziehen. Trotzdem war er anfangs bereit, das Interim zu befolgen, was Ferdinand „großzügig" nannte, aber zugleich riet er seinem Verbündeten, nichts zu übereilen, damit es zu keinen Unruhen käme, die sich womöglich wieder in ganz Deutschland ausbreiten könnten. Als sich Moritz in der Folge zunehmend besorgt über die Folgen des Interims in seinen Landen äußerte, machte Ferdinand ihn zwar darauf aufmerksam, welche Folgen sein Ungehorsam haben würde, andererseits bat er Karl, mit dem Kurfürsten und seinen Bevollmächtigten „großzügig" zu verhandeln. Moritz sei launenhaft und könne sich womöglich zu Bündnissen mit seinen Nachbarn entschließen. Als Moritz ein Angriff der Söhne Johann Friedrichs drohte, war er wieder mehr bereit, das Interim einzuführen, aber Ferdinand riet ihm, sich mit dem Kaiser zu beraten, und bat Karl, einige Beauftragte nach Sachsen zu schicken, um die Angelegenheit so schnell wie möglich zu bereinigen.[14]

Aber trotz Ferdinands Betulichkeit wurde Moritz immer unzufriedener mit den Habsburgern. Der allgemeine Unmut über die Inhaftierung Philipps von Hessen vergiftete zunehmend die Atmosphäre in Deutschland. Ferdinand warnte den Kaiser Anfang November 1551, daß es in Deutschland Diskussionen über Konföderationen von Städten und Fürsten gäbe. Im Zentrum dieser Verschwörung stände Moritz zusammen mit Markgraf Albrecht Alkibiades von Bayreuth, dessen miserable Finanzlage ihn zum willigen Verbündeten für jeden, der seine Situation zu verbessern versprach, machte. Nach Ferdinands Meinung bestand die einzige Möglichkeit zur Entschärfung der Situation darin, daß man Philipp freiließ und damit Moritz wieder ins habsburgische Lager zurückholte.[15] Er wiederholte seine Befürchtungen und bat Karl um die Freilassung Philipps, indem er betonte, daß der Landgraf sich alles in allem ehrenhaft benommen habe.

Was für Moritz die Inhaftierung Philipps war, war für die deutschen Stände der *Hausvertrag* gewesen: ein Anlaß, um zu Gegnern der habsburgischen Politik zu werden. In dem *Hausvertrag* sah man ganz allgemein nichts anderes als ein habsburgisches Komplott mit dem Ziel, die Kaiserkrone zum permanenten Familienbesitz zu machen. Dazu kamen nun noch Karls ungeschickte Machenschaften zugunsten seines Sohnes Philipp. 1551 drohte er Philipp von Hessen, er würde Johann Friedrich nur dann freilassen und ihm den kurfürstlichen Besitz von Wettin übergeben, wenn Moritz ihm verspräche, die Wahl Philipps zum römischen König zu unterstützen. Der Bruderzwist im Hause Habsburg hatte zur Folge, daß die Fürsten, und hier vor allem der opportunistische Moritz, sich ernsthaft fragten, ob sie nicht mehr zu gewinnen hätten, wenn sie Ferdinand anstelle des störrischen Karl zum Herrscher hätten. 1550 hatte der Sachse Maximilian in Augsburg seiner Hilfe versichert, im Winter 1551/52 bot er Ferdinand seine Unterstützung in Ungarn an.[16]

Karl V. reagierte auf die Gefahrenzeichen mit einer solchen Gleichgültigkeit, daß selbst seine nächsten Berater verblüfft waren. Arras konnte sich diese Passivität nicht anders erklären, als daß er sich durch seine beschränkten Mittel zu ihr verurteilt glaubte. Aber woran es auch lag, Karl weigerte sich zu begreifen, warum Moritz so viel Wert auf die Freilassung Philipps von Hessen legte. Markgraf Albrecht hatte bereits eine Pension von Karl bezogen, auf die er nun freiwillig verzichtete.[17]

Für Beobachter der deutschen Szene konnte es daher kaum eine Überraschung gewesen sein, als am 15. Januar 1552 Moritz und Wilhelm, der älteste Sohn Philipps von Hessen, einen Bündnisvertrag mit Heinrich II. von Frankreich in Chambord unterzeichneten. In einer vorher getroffenen Vereinbarung mit dem Markgrafen Hans von Küstrin, einem der erbittertsten Gegner des Augsburger Interims, war nur die Rede von einer Opposition gegen Karl gewesen, während man sich Ferdinand gegenüber neutral verhalten wollte. Der französische Vertrag hingegen machte keine Unterschiede. Hier wurde beiden Habsburgern die Feindschaft erklärt, und die Vertragspartner versprachen einander, mit „dem Kaiser, seinen Erben und seinen Anhängern“ nicht ohne die ausdrückliche Billigung der anderen Frieden zu schließen. Als Gründe für diesen Aufstand wurden die Behandlung Philipps von Hessen und Karls angeblicher Wunsch, die deutschen Freiheiten abzuschaffen, angeführt. Tatsächlich begannen im März 1552 in verschiedenen Gebieten des Reiches französische Truppen aufzumarschieren. Der Kaiser schlug sein Hauptquartier in Innsbruck auf.

Er kam von dem Gedanken nicht los, daß Ferdinand und Maximilian den Fürstenaufstand gegen ihn angezettelt hatten. Ferdinands Informationen über die Situation in Deutschland kamen ihm jetzt im nachhinein so vage vor und so bar jeder praktikablen Strategie, der man sich gegen die Aufrührer bedienen sollte, daß er vermutete, sein Bruder habe sich mit ihnen abgesprochen. Auch von seinem Neffen hielt er es für möglich, daß er direkte Kontakte mit Moritz unterhielte, und lehnte es ab, diesen als Oberkommandierenden in die Niederlande zu schicken. Als Grund führte er das „Verhältnis" zwischen ihm, Moritz, und dem Erzherzog an.[18] Maximilian leugnete dergleichen zwar heftig ab, aber als er den Kaiser just in dem Moment, da dieser anfing, seine Kräfte zu mobilisieren, um 300.000 Dukaten aus seiner Mitgift bat, war dies nicht gerade dazu angetan, das Vertrauen Karls in ihn wiederherzustellen, glaubte dieser doch, auch dies sei mit Wissen Ferdinands geschehen, um ihn zu schwächen.[19]

Die Finanzen des Kaisers waren nämlich in einem so miserablen Zustand, daß sich in ganz Deutschland kein Kaufmann fand, der für den Feldzug gegen die deutsch-französische Koalition die finanzielle Grundlage schaffen wollte. Und auch dafür machte Karl seinen Bruder verantwortlich. Denn angesichts des osmanischen Einfalls in Siebenbürgen 1551 war Ferdinand tatsächlich nicht an einem Krieg hinter seinem Rücken interessiert. Als dieser nicht mehr zu umgehen war, weigerte er sich denn auch, seinem Bruder mehr als nominelle Hilfe zu leisten, mit der Begründung, die Verteidigung gegen die Türken sei wichtiger. Die wenigen Truppen, die er aufmarschieren ließ, waren nur für die Verteidigung seiner österreichischen Grenzen gedacht.

Die Drohung Karls, ihn in Zukunft nicht mehr zu unterstützen, war vergeblich. Vergleicht man Ferdinands jetzige Haltung mit seiner Haltung vor 30 Jahren, als er alle Kräfte aufgeboten hatte, um seinem bedrängten Bruder vor Pavia zu Hilfe zu eilen, in einem Moment, da er selbst unter dem Streß der Bauernaufstände im eigenen Land stand, so ist der Kontrast frappierend. Es schien, als wären die Wunden des Nachfolgestreites von Augsburg erneut aufgebrochen oder nie verheilt gewesen. Als seine Schwester Maria ihn schalt, er liebe Ungarn mehr als das Reich, gab er zurück, er habe Karl im vorigen Jahr gewarnt, daß der *Hausvertrag* böse Folgen in Deutschland haben würde. Hätte sich sein Bruder seine Warnung zu Herzen genommen, dann wäre ihnen diese mißliche Lage erspart geblieben.[20]

Abgesehen davon aber, daß Ferdinand tatsächlich dem Osten eine gewisse Priorität einräumte, gab es keinen Grund, an seiner Loyalität für Karl zu zweifeln. Wie Maria war er der Meinung, daß das Reich den Habsburgern verlorengehen würde, wenn es den Aufständischen jetzt gelänge, Karl abzusetzen.[21] Noch bevor der Vertrag von Chambord publik wurde, bestand kein Zweifel bei ihm darüber, daß seine Interessen immer noch mit denen Karls fest verknüpft waren und daß der Aufstand beiden Schaden zufügen würde. Weiters kann nicht behauptet werden, daß seine Kontakte zu den Fürsten über das Übliche hinausgingen. Seine Briefe an Moritz, in denen er ihn um Hilfe in Ungarn bittet, lassen freundliche Töne kaum aufkommen, da Ferdinand den Kurfürsten streng auf die verbrecherische Natur seines Aufstandes hinweist, sowie auf die Möglichkeit aufmerksam macht, daß die Türken und Franzosen sehr wohl die sächsischen Länder verwüsten könnten, und schließlich das Schicksal all derer beschwört, die Karl zuvor herausgefordert hatten, wie zum Beispiel Johann Friedrich.[22] Letztendlich waren es auch rein praktische Gründe, die gegen Ferdinand als Mitverschwörer sprachen. So war es mehr als unwahrscheinlich, daß die Fürsten ihn in ihren innersten Kreis aufgenommen hätten, da doch die meisten überhaupt keine Unterschiede in den ehrgeizigen Interessen der Brüder sahen. Die Demütigung Karls hätte seine Chancen als Kaiser nicht gerade vergrößert, ja schlimmer, in Ungarn hätte er sich weniger denn je behaupten können. Und den Aufständischen wäre besser gedient gewesen, wenn sie aus dem gedemütigten Kaiser alle möglichen religiösen Konzessionen herausgepreßt hätten.[23]

Ferdinands wiederholte Bitten, Philipp von Hessen freizulassen und Albrecht Alkibiades abzufinden, lassen darauf schließen, daß er es noch immer für möglich hielt, mit den „Dissidenten" zu einer Einigung zu kommen. Im März 1552 hielt auch Karl V. Verhandlungen für seine einzige Alternative. Inzwischen hatte er Ferdinands Kompetenz in der Reichspolitik schätzengelernt, und da auch die Korrespondenz, die dieser mit Moritz von Sachsen führte, über jeden Zweifel erhaben schien, beauftragte der Kaiser seinen Bruder, die Gespräche für ihn zu führen mit der Auflage, ihn aber zu konsultieren. Die Fürsten sollten nicht glauben, daß sie es nur mit Ferdinand zu tun hatten.[24]

Mit ziemlicher Sicherheit steht fest, daß Ferdinand nie ein Mitglied irgendeiner Verschwörung gegen seinen Bruder gewesen war. Das hieß nicht, daß die Brüder sich über jedes Detail einig waren. Von Anfang nahm Karl eine widersprüchliche Haltung ein. Es war klar ersichtlich, daß er nur geringe Hoffnungen auf eine religiöse Einigung setzte. Einerseits betonte er, er habe sich genau an die Reichstagsabschiede gehalten, die ein Konzil zur Lösung der konfessionellen Probleme forderten, andererseits weigerte er sich, die Autorität dieses Organs anzurufen. Lieber wolle er tot sein, sagte er, als einer Einigung zuzustimmen, die sich gegen den katholischen Glauben wende. Zugleich allerdings rief er Ferdinand zu mehr Flexibilität bei den Verhandlungen auf. Kein Wunder also, daß Ferdinand seine Haltung während des ganzen Linzer Treffens vage und „widersprüchlich" fand. Dennoch versprach er, sich an die Reichstagsabschiede halten zu wollen und die religiösen Skrupel des Kaisers nicht zu verletzen.[25]

Tatsächlich akzeptierte er auch nichts in Linz, was einer groben Verletzung gleichgekommen wäre. Dabei wurde aber starker Druck auf ihn ausgeübt, anders zu verfahren. Sogar seine nächsten Berater bedrängten ihn, sich von Karl zu trennen, wenn der Letztere ihn nicht genügend bei den Verhandlungen unterstützte, und die militärischen Angelegenheiten selbst in die Hand zu nehmen. Er aber versicherte Karl immer wieder seiner Treue und bat ihn um Instruktionen hinsichtlich seines Verhaltens dem Kurfürsten Moritz und den anderen Kurfürsten gegenüber. Offenbar rechnete er noch gar nicht mit einer Einigung, er wollte grundsätzlich zunächst nur die Basis einer solchen Einigung erkunden.[26] Zu Beginn ihres Zusammentreffens am 19. April verkündete er also mit Rückendeckung des Kaisers, daß Philipps Freilassung bevorstände und daß das Augsburger Interim aufgehoben werden würde. Weder er noch Karl, sagte er, hätten in religiöser Hinsicht je etwas unternommen, das im Widerspruch zu den Reichstagsbescheiden gestanden sei. Er versprach auch, daß der Reichstag Gelegenheit haben würde, die Beschlüsse des Trienter Konzils kennenzulernen, bevor diese in Deutschland zur Durchführung gelangen würden. Abschließend rief das Linzer Treffen zu einer gegenseitigen Waffenruhe auf und beschloß ein weiteres Treffen zur Erörterung der religiösen Streitfragen Anfang Mai in Passau.

Darüber war der Kaiser nun gar nicht erfreut; denn er war absolut dagegen, das Religionsproblem außerhalb des offiziellen Forums des Reichstags behandelt zu sehen. Im Moment war er jedoch nicht in der Lage, dagegen einzuschreiten. Er hatte jetzt Wichtigeres zu tun. Ferdinand hatte ihn davon überzeugt, daß er jetzt zu den Waffen greifen müßte. Anfang April entschloß er sich daher, Tirol zu verlassen. Die österreichischen Verteidigungskräfte seien in der Tat etwas schwächlich, meinte er mild zu Ferdinand. Der König bat ihn nur, er möge sich mit seinem Rückzug nicht zu sehr beeilen; denn er wollte die Linzer Gespräche in Ruhe zu Ende führen, und mit dem Kaiser in nächster Nähe hatte er einen guten Status. Ein zu hastiger Rückzug würde sowohl in Italien als auch in den Niederlanden einen schlechten Eindruck hinterlassen.[27]

So blieb Karl bis in den Frühling hinein in Innsbruck. Am 11. Mai trat der in Linz beschlossene Waffenstillstand in Kraft. Aber knapp eine Woche später schlug sich ein Regiment unter Herzog Georg von Mecklenburg, der entweder über den Waffenstillstand nicht informiert worden war oder ihn negierte, durch die Ehrenburger Klause nach Tirol durch und stand plötzlich einige Meilen vor der Tiroler Landeshauptstadt. Um nicht in Gefangenschaft zu geraten, floh der Kaiser bei Nacht und Nebel nach Südosten und hielt erst in Villach an der Grenze Kärntens nach Italien an.

Verschiedentlich ist vermutet worden, daß Ferdinand diese Demütigung des Kaisers inszeniert habe. Tatsächlich hatte Ferdinand den Soldaten, die die Alpenpässe nach Tirol verteidigen sollten, befohlen, sich zu ergeben, wenn die Übermacht des Feindes zu groß sei. Aber dies geschah wohl im Einverständnis mit dem Kaiser, der sehr wohl wußte, daß die Pässe unterbesetzt waren und für ihn eine Gefahr darstellten. Die Tiroler Verteidiger hatten die Truppen Herzog Georgs auch erst nach einigen Verhandlungen, zu denen Arras sie autorisiert hatte, ins Land gelassen. Auch die oberösterreichischen Stände hatten vor einiger Zeit dem Kaiser erklärt, daß sie nicht in der Lage seien, sich zu verteidigen, weil sie alles, was sie hätten, nach Ungarn schicken müßten.[28]

Als Ferdinand Anfang Juni mit den Fürsten, ihren Stellvertretern und Karls Beauftragten in Passau zusammentraf, war es sein größter Wunsch, zu einer schnellen Einigung zu kommen, damit er und sein Bruder sich endlich aus der, wie er fand, äußerst gefährlichen Situation befreien könnten. Um dies zu erreichen, mußte er aber möglichst vertrauenswürdig erscheinen. So bemühte er sich erfolgreich um das Vertrauen Philipps von Hessen, dessen Freilassung jetzt der Gegenstand ernsthafter Verhandlungen war, und Moritz' von Sachsen, der sich bereits für den Zwischenfall in der Ehrenburger Klause entschuldigt hatte. Aber um die kaiserlichen Kommissare nicht mißtrauisch zu machen und um andererseits die Fürsten zu beruhigen, ernannte er sich selber zum Vermittler zwischen den beiden Seiten. Karl stimmte zu, weil er hoffte, die Gegner dadurch zu verwirren. Ferdinand sah sich nicht ungern in der Rolle des Vermittlers und nahm sich die Freiheit heraus, ohne vorherige Absprache mit Karl den Ständen ein Datum für die Freilassung Philipps zu nennen.

Dabei hatte Ferdinand nicht die Absicht, unabhängig von seinem Bruder zu einer Einigung zu kommen, und Karl war zufrieden mit Ferdinands Verhandlungsführung und gratulierte ihm sogar zu seiner Geschicklichkeit im Fall Philipps von Hessen.[29] So hatten die Fürsten gar nicht so unrecht, wenn sie ihren jetzigen und ihren zukünftigen Kaiser für unzertrennliche Brüder hielten. Alle waren sich darüber einig, daß Ferdinand in den Verhandlungen – die er nach seinen eigenen Worten mit einem Eifer betrieb, als stände die ewige Seligkeit auf dem Spiel – mit äußerster Sorgfalt auf die Interessen seines Bruders achtete, so daß sich seine eigenen Minister genötigt sahen, ihn immer wieder auf die türkische Gefahr in Ungarn hinzuweisen.[30] Als Ferdinand erfuhr, daß Heinrich II. den Bischof von Bayonne als seinen Vertreter zu den Verhandlungen schicken wollte, obwohl Moritz sich bereit erklärt hatte, als Sprecher des französischen Königs in Passau zu fungieren, fragte Ferdinand sofort seinen Bruder um Rat, wie man jetzt verfahren solle. Karl wurde auch konsultiert, als Albrecht Alkibiades Schwierigkeiten machte und Moritz von Sachsen auf bestimmte Bedingungen bei der Freilassung Johann Friedrichs bestand.[31]

Karl V. hatte gleich zu Beginn der Passauer Gespräche wissen lassen, daß er nichts akzeptieren würde, was er nicht voll billigen könne. Vieles von dem, was von Ferdinand und den Fürsten betreffend der Dissidenten ausgehandelt wurde, fand hingegen seine Zustimmung. Aber obwohl Ferdinand versucht hatte, die Diskussion der religiösen Fragen auf den regulären Reichstag zu verschieben, wie Karl V. es gewünscht hatte, waren die Glaubensdinge nicht auszuklammern, so daß in dem Katalog der Passauer Beschlüsse schließlich auch die Aufhebung des Augsburger Interims und die Anerkennung aller bisher durchgeführten Säkularisierungen gefordert wurden. Auf dem nächsten Reichstag sollte darüber entschieden werden, wie und von wem das Religionsproblem zu lösen sei: durch ein internationales oder ein nationales Konzil, durch eine theologische Konferenz oder durch die Stände selber. Wenn aus alldem nichts würde, dann sollte ein unbegrenzter religiöser Frieden auf der Basis des *Status quo* geschlossen werden.[32]

Ferdinand gab sich nicht der Illusion hin, daß die Passauer Beschlüsse eine ideale Lösung der deutschen Schwierigkeiten darstellten. Karl gegenüber bezeichnete er die Bedingungen als „exorbitant“ und schlug vor, sie zu ändern, sobald sie sich in einer günstigeren Position befänden. Im Moment ging es Ferdinand darum, Zeit zu gewinnen. Deshalb gab er zwar zu, daß Karls Ruf möglicherweise durch seine Unterschrift unter den Vertrag leiden könnte, andererseits würde durch ein befriedetes Deutschland seine Position Frankreich gegenüber gestärkt werden, während ein ihm feindlich gesinntes Reich alle seine Wiederaufrüstungsversuche behindern würde. Schließlich deutete er Karl gegenüber an, daß Philipps Zukunft in Mitteleuropa womöglich durch die Feindschaft der deutschen Fürsten beeinträchtigt würde.[33]

Ferdinand hatte aber auch ein eigenes Interesse an einer schnellen Einigung mit den aufmüpfigen Fürsten. Von dem noch immer wütenden Albrecht Alkibiades wurde berichtet, er sei auf dem Weg nach Eger, während in Siebenbürgen die Türken ihr Unwesen trieben. Obwohl er also auch selber unter Druck stand, überließ Ferdinand dem Kaiser ehrerbietig die Entscheidung, den Vertrag entweder zu akzeptieren oder ihn abzulehnen. Als jedoch in der letzten Juniwoche schlechte Nachrichten aus Siebenbürgen eintrafen und er noch immer keine Reaktion des Kaisers auf den Vertrag in Händen hielt, griff er zur Feder und bat ihn, den Vertrag ohne Änderung zu akzeptieren. Seine ganze Hoffnung beruhte darauf, daß nach Karls Zustimmung die Stände ihrerseits den wiederholt diskutierten „allgemeinen Pfennig“ bewilligen würden, der wiederum die Ungarn ermuntern würde, sich mit mehr Elan an der Verteidigung Siebenbürgens zu beteiligen. Wenn hingegen Karl den Vertrag ablehnte, würde das Reich ihn seinerseits auch ablehnen, was in Ferdinands Augen schlimme Folgen für seine eigene Position haben könnte.[34]

Beobachter der Passauer Szene waren noch viel pessimistischer als Ferdinand, was die Zustimmung des Kaisers anging. Als schließlich am 3. Juli das kaiserliche Kommuniqué eintraf, in dem er seine Ablehnung formulierte, war der König sichtbar getroffen. Die Verlesung des Kommuniqués vor den Ständen kostete ihn soviel Überwindung, daß er „diese Arbeit“ um einen Tag verschob. Nachdem er sich der unangenehmen Aufgabe entledigt hatte, versprach er den

Ständen, seine ganze Überzeugungskraft einzusetzen, um den Kaiser zu einer Sinnesänderung zu bewegen. Zu diesem Zweck bat er Moritz von Sachsen, den Waffenstillstand um acht Tage zu verlängern, und als der Kurfürst dies ablehnte, drohte er mit der Einstellung aller Vermittlungsversuche, worauf der Sachse einlenkte und mit Ferdinand übereinkam, daß, wenn Karl den Vertrag ohne Änderung unterschriebe, er und die Konföderierten dasselbe tun würden. Er stellte jedoch klar, daß er Ferdinand erst dann helfen würde, wenn er sähe, welchen Weg Karl zu gehen gedenke.[35]

Karls Ablehnung war nicht feindselig formuliert, im Gegenteil, man spürt, daß er seine Reaktion bedauerte. Schließlich war er sich bewußt, daß seine Ablehnung unangenehme Folgen für seinen Bruder haben könnte. In den Botschaften an seine Beauftragten war davon die Rede, daß er nichts so sehr zu vermeiden wünschte, wie den Ruin Ferdinands und der deutschen Fürsten und Städte zu verursachen, die ohnehin unter solchen Unruhestiftern wie Moritz von Sachsen und Albrecht schwer zu leiden hätten. Aber die Appelle seines Gewissens und sein Pflichtgefühl seien stärker als alle diese Erwägungen. Er ermächtigte Ferdinand übrigens, den Vertrag in seinem eigenen Namen zu unterschreiben, wenn dies in seinem Interesse läge. In diesem Fall müßte er aber hinzufügen, daß für Karl der Vertrag nur Geltung besäße, wenn gewisse Bedingungen erfüllt würden. Und er müßte überdies schriftlich erklären, daß weder er noch Maximilian je gegen den Kaiser vorgehen würden. Offensichtlich war Karl immer noch davon überzeugt, daß die deutschen Fürsten beabsichtigten, die Brüder zu entzweien.[36]

Möglicherweise war es gerade diese letzte Bedingung, die Ferdinand dazu brachte, den Schriftverkehr mit seinem Bruder einzustellen und ihn statt dessen persönlich aufzusuchen. Am 8. Juli traf er in Villach ein, um sich zwei Tage lang bis in die tiefe Nacht mit seinem Bruder zu besprechen. Alles, was wir darüber wissen, stammt aus kaiserlichen Protokollen. Ferdinand hat lediglich zwei Jahre später kurz und bündig erklärt, die Verhandlungen seien „emsig" gewesen, und er habe alle nur erdenklichen Argumente benutzt, um den Kaiser umzustimmen. Sein Hauptargument war der Hinweis, Karl habe doch dieselben Forderungen in früheren Reichstagsabschieden ohne Änderung akzeptiert, weil nämlich damals der Erfolg seiner verschiedenen militärischen Unternehmungen im Ausland auf dem Spiel stand. Nun, da es nur um die deutschen Interessen ginge, sei er weit weniger flexibel. Dazu bemerkte der Kaiser, er habe die damaligen Konzessionen nur gemacht, um Ferdinand in Ungarn helfen zu können und die Entscheidung darüber dem nächsten Reichstag zu überlassen. Dies mußte Ferdinand als richtig zugeben. Schließlich kamen ihm die Tränen, als er die Gefahr beschwor, in der sich seine Länder befanden.[37]

Aber trotz dieser Tirade und bei allem Mitgefühl für seinen Bruder verharrte Karl auf seinem Standpunkt. Der Religionsfriede und sämtliche anderen

Forderungen der Stände konnten nur auf dem nächsten Reichstag erörtert werden. Entweder die Kurfürsten und Fürsten akzeptierten seine Berichtigungen oder Ferdinand unterschrieb nur in seinem eigenen Namen. Der Kaiser beauftragte seine Gesandten in Passau damit, eine Rechtfertigung seiner Position anzufertigen, ohne sich darüber noch einmal mit Ferdinand zu besprechen.

Bei strömendem Regen verließ Ferdinand am 11. Juli Villach, um nach Passau zurückzukehren. Obwohl für ihn kein Zweifel daran bestand, daß seine Bemühungen gescheitert waren, tat er sein Bestes, um die Gespräche mit dem Kaiser vor den Ständen in einem positiven Licht erscheinen zu lassen. Einige Fürsten wollten wütend die Versammlung verlassen, als sie vernahmen, daß der Kaiser nicht nachgegeben hatte. Ferdinand war über diese Haltung zutiefst betroffen. Nachdem sie sich aber beraten hatten, kamen die Fürsten zu ihm und fragten ihn, ob es denn gar keine Möglichkeit gäbe, den Kaiser in Sachen Religion umzustimmen. Ferdinand antwortete, im Augenblick nicht, aber er würde dennoch nichts unversucht lassen.

Inzwischen langten immer schlimmere Nachrichten über das Vorrücken der Türken in Ungarn ein, und Ferdinand nahm sich die Freiheit heraus, Truppen nach Ungarn zu schicken, die Karl für seine eigenen Zwecke in Böhmen rekrutiert hatte. Währenddessen setzte Moritz Ferdinand weiter unter Druck und machte seine schon versprochene Hilfe in Ungarn davon abhängig, daß Karl während seiner Abwesenheit Johann Friedrich unter Kontrolle hielt.[38]

Schließlich kam der Kaiser seinem Bruder auf halbem Wege entgegen. Da ihm seine Agenten berichtet hatten, daß es in Ungarn wirklich „böse" aussah, zeigte er Verständnis für Ferdinands Probleme im Osten und tadelte ihn nicht allzusehr wegen seiner eigenmächtigen Verschickung der böhmischen Truppen. Er übernahm sogar das Vokabular seines Bruders, als er sagte, er wolle nicht den „vollständigen Ruin des Königs und seiner Kinder" erleben.[39] Zwar äußerte er noch immer keinen genauen Termin für die Entlassung Philipps von Hessen, aber am 19. August gelangte seine Einwilligung zu dem Passauer Vertrag dennoch in die Hände der Fürsten. Abgesehen von der schon erwähnten Freilassung des Landgrafen forderte der Vertrag freie Religionsausübung für die Lutheraner bis zu einem nationalen Konzil, bei dem Karl den Vorsitz führen sollte. Hier sollte erneut das Augsburger Interim in Frage gestellt und eine Lösung für die Religionsprobleme gesucht werden. Offen blieb, was der Kaiser tun sollte, wenn das Konklave zu keiner Entscheidung kommen würde, er betonte jedoch seinen guten Willen. Langsam ließen sich die Stände für diesen Punkt gewinnen, besonders als Karl Mitte Juli aufzurüsten begann.

Bitter bemerkte Karl zu seinem Bruder, er habe den Passauer Vertrag nur seinetwegen unterschrieben, ihm selbst sei damit nicht gedient. Säuerlich fügte er hinzu, er hoffe, daß sich Ferdinand einmal dankbar für die ihm erwiesene

Gunst erweisen würde. Er warnte ihn allerdings, daß er, Karl, sich nicht an den Vertrag gebunden fühlen werde, wenn dieser von Moritz gebrochen würde. Ferdinand bedankte sich bei ihm in zurückhaltenden Worten für diesen ihm und seiner Familie erwiesenen Dienst und versicherte ihn seiner Ergebenheit.[40]

Im September traf Moritz mit seinen Truppen in Ungarn ein und verschanzte sich in den Festungen Raab und Komorn. Dies ermutigte die Besatzung von Eger, eine osmanische Belagerung erfolgreich abzuwehren, und trug dazu bei, daß die Osmanen sich zu einem Waffenstillstand bereit erklärten. Die für beide Seiten so nützliche Zusammenarbeit zwischen Ferdinand und dem Kurfürsten setzte sich weiter fort. Ferdinand eilte Moritz 1553 zu Hilfe, als Johann Friedrich nach seiner Freilassung versuchte, das kurfürstliche Sachsen wiederzugewinnen, und Moritz half Ferdinand gegen den marodierenden Albrecht Alkibiades, der den Passauer Vertrag nicht akzeptieren wollte.

Wie im Nachfolgestreit war es auch jetzt Ferdinand gelungen, aus einer Krise persönliches Kapital für sich zu schlagen – zu Lasten des Kaisers. Denn dadurch, daß er den Kaiser dazu gebracht hatte, den Passauer Vertrag aus Solidarität mit der Familie zu akzeptieren, bekam er die Hilfe von den Deutschen, die er brauchte. Wie weit sich dadurch seine politische Stellung zum Kaiser und zum Reich veränderte, ist eine schwierig zu beantwortende Frage. Nahm er in religiösen Fragen nun tatsächlich einen anderen Standpunkt als sein Bruder ein und war er auf der Suche nach einem *modus vivendi* für den Kaiser und die Stände?[41] Wir wissen zum Beispiel, daß Wilhelm von Hessen, der Ende August 1552, als sein Vater noch immer nicht freigelassen war, den Habsburgern äußerst mißtrauisch gegenüberstand, dann, nachdem er Kontakt mit Ferdinand aufgenommen hatte, höchst überrascht über dessen Unabhängigkeit von seinem Bruder war.[42]

Tatsächlich zeigte Ferdinand während und nach Passau ungewohnt viel Verständnis für die deutschen Gefühle, und es ist auch wahr, daß er die Lutheraner mit zunehmender Nachsicht behandelte. Als Karl V. die Bildung eines Reichsrats erwog, schlug er ihm den Namen Ludwig von Stolburg und Kungstein vor, der „zwar mit den Lutheranern etwas zu tun gehabt hatte, sich aber niemals an einem Aufstand beteiligt hatte".

Wenn man aber Ferdinands Verhältnis zum Protestantismus 1552 analysieren will, muß man unbedingt zwischen dem Taktiker und dem Gläubigen unterscheiden. Immer schon war er bereit gewesen, seinen konfessionellen Gegnern vorübergehende Konzessionen zu machen, wenn er zum Beispiel ihre Hilfe in Ungarn benötigte. Wenn man berücksichtigt, welchen Raum das türkische Problem mit seiner Korrespondenz mit Karl in den Jahren 1551 und 1552 einnimmt, dann besteht kein Grund anzunehmen, daß seine in Passau demonstrierte Flexibilität einen grundsätzlichen Wechsel in seiner Stellung zu den Lutheranern bedeutete. Denn sosehr er sich auch im Moment für den

Religionsfrieden einsetzte, der sehr gut zu der Legalisierung der neuen Religion führen konnte, er ließ immer die Möglichkeit offen, in fernerer Zukunft doch an den getroffenen Vereinbarungen Korrekturen vorzunehmen; denn Ferdinand war ein für Verhandlungen allzeit bereiter Politiker, unter der Voraussetzung allerdings, daß er die Trumpfkarte seines Amtes ausspielen konnte.

Es läßt sich auch nicht beweisen, daß er sich erkennbar von der traditionellen Position entfernt hatte, die die Habsburger den Ständen gegenüber einzunehmen pflegten. Es war vielmehr Karl V., der sich verändert hatte. Während er der persönlichen Überzeugung immer mehr Wichtigkeit beimaß, begann er sich bereits von seiner Position im Reich zurückzuziehen und war geistig schon im Kloster von Yuste. Ferdinand hingegen banden seine Interessen immer stärker an den kaiserlichen Posten.

XIII.
Der Religionsfriede und ein neuer Kaiser

Obwohl Karl 1552 zum ersten Mal klar erkennen ließ, daß er demnächst von seinem Posten zurücktreten würde, zeichnete sich der Zeitpunkt aber noch in keiner Weise ab. Die Amtsübergabe vollzog sich als ein langsamer Prozeß mit unregelmäßigen, nicht berechenbaren Intervallen. Für Ferdinand begann damit der schwierigste Abschnitt seiner Karriere. Denn während einerseits seine Verantwortung im Reich deutlich zunahm, war er doch andererseits immer noch der Untergebene seines Bruders, auch als dessen physische und politische Schwäche immer deutlicher zutage trat.

Nach wie vor stand der umstrittene *Hausvertrag* wie eine unsichtbare Barriere zwischen den beiden Brüdern. Ferdinand unterließ es nicht, seinen Bruder, sooft er konnte, darauf aufmerksam zu machen, daß dieser Vertrag der Grund für die geringe Hilfsbereitschaft der Deutschen sei, auch wenn er im selben Atemzug beteuerte, daß er sich treu an ihn halte. Bis zu Philipps offizieller Verzichterklärung wollten die Gerüchte nicht schweigen, die den König des geplanten Vertragsbruchs bezichtigten. Ihm an die Seite wurde Moritz gestellt in dem gemeinsamen Bestreben, keine weiteren Spanier mehr in Deutschland zu dulden. Während sich also der *Hausvertrag* als eine Belastung für die Beziehungen der beiden Männer und ihrer Position in Deutschland herausstellte, war der genaue Inhalt dieser Vereinbarung nicht einmal den Fürsten bekannt. Nichtsdestoweniger nahm man allgemein an, daß er die Freiheiten der Kurfürsten irgendwie einschränken wollte.[1] Und auch zwischen den spanischen und den österreichischen Beratern der beiden Brüder ging die Saat des Mißtrauens auf. Immer häufiger sprach Ferdinand jetzt von den beiden „Häusern" der Familie.[2] Solange jedoch Karl Kaiser war, blieb Ferdinand sein Untergebener, der sich seinen Wünschen zu beugen hatte, auch wenn die eigenen Interessen dagegen standen. Dagegen sparte er nicht mit Beifall, als Karl versuchte, Metz zurückzugewinnen, das er 1552 an die Franzosen verloren hatte. Als das Unternehmen fehlschlug, war Ferdinand voll aufrichtigen Mitleids.[3]

Die noch immer ungelöste württembergische Frage war dagegen ein Beispiel dafür, wie ungern sich Ferdinand oft den Wünschen seines Bruders beugte. Als Verbündeter Johann Friedrichs von Sachsen und Philipps von Hessen während des Schmalkaldischen Krieges hatte sich Herzog Ulrich in Ferdinands Augen eindeutig als Rebell gegen seinen Lehnsherrn erhoben. Ferdinand war daher der Meinung, daß das Herzogtum wieder an ihn und seine Erben zurückfallen sollte. Als Ulrich 1550 starb, behauptete aber nun sein Sohn und Erbe, Herzog Christoph, daß er sich nicht an Ferdinands Thronansprüche gebunden fühle. Und da Karl aus finanziellen Gründen gerne seine spanischen Truppen aus Württemberg abgezogen hätte, versuchte der schlaue Herzog, Ferdinand über den Kaiser und seinen Günstling Arras zu seinen Gunsten zu beeinflussen.

Sowohl die spanischen als auch die österreichischen Minister wollten sich auf ihre Weise an der Affäre bereichern. Ein Vertrauter Ferdinands, Dr. Hans Jonas, hatte recht, wenn er vermutete, daß Arras bereits Bestechungsgeschenke von Herzog Christoph erhalten hatte. Der Bischof hatte sich 1550 nämlich nicht gescheut, dem Herzog seine Dienste anzubieten, und hatte entzückt einige Fässer Neckarwein in Empfang genommen. Durch seinen *majordomo* gab er auch diskret bekannt, daß er sich über jedes Wild freuen würde, das ihm der Herzog nach Augsburg, seinem damaligen Aufenthaltsort, schicken würde.[4] Auch Ferdinands Mitarbeiter, allen voran Jonas, waren äußerst anfällig für die Gewinne, die bei der württembergischen Affäre für sie abfallen könnten. So hatte Herzog Albrecht von Bayern, der Christoph und Ferdinand als Vermittler diente, den Eindruck, daß Ferdinand bereits die Lust an dem Territorium verloren hatte, aber so unter dem Druck seiner Untergebenen stand, daß er nicht auf die Seite seines Bruders überwechseln konnte.[5]

1551 kam ein weiterer Grund für Karl dazu, Herzog Christoph freundlich zu behandeln. In Trient sollte das Konzil zum zweiten Mal zusammentreten, und natürlich wünschte der Kaiser die Teilnahme der Protestanten. Ein verärgerter Christoph hätte aber sicher alles darangesetzt, um die Protestanten aufzuwiegeln. Karl V. brachte also zuerst Maria, seine Statthalterin in den Niederlanden, und schließlich auch Ferdinand auf seine Seite. Dieser gab im April 1552 in Linz zu verstehen, daß er einzulenken gedenke. Die Verhandlungen begannen daraufhin in Passau. Albrecht von Bayern arbeitete einen Vertrag aus, nach dem es in Württemberg nur dann zu einer habsburgischen Thronbesteigung käme, wenn Christophs männliche Linie aussterben würde. Als Kompensation sollte Ferdinand 250.000 Gulden erhalten, die ihm ab 1553 innerhalb von drei Jahren ausgezahlt werden sollten. Die Vereinbarung entsprach der Linie, die Karl und Arras seit 1550 verfolgt hatten, und Ferdinand betonte zwar, das Trostgeld stände ihm zu Recht zu, aber er ließ auch erkennen, daß er seinem Bruder keine Schwierigkeiten machen wollte.[6]

So beugte sich der König ungeachtet der Einflüsterungen seiner Höflinge und Minister dem Kaiser. Tatsächlich hatte Ferdinand in diesem Fall wenig Chancen, dem energischen Wunsch des Kaisers zuwiderzuhandeln. Es war andererseits sicher nicht leicht für ihn, einem Beschluß zuzustimmen, der so launenhaft und egoistisch war, daß er sicher nicht als Basis für eine gemeinsame Politik anzusehen war.

Das Dilemma, in dem sich Ferdinand befand, wurde erst so richtig deutlich, als er und Karl 1552 und 1553 eine Art Verteidigungsorganisation innerhalb des Reiches zu gründen versuchten. Diese Idee war Karl auf dem Augsburger Reichstag von 1547/48 gekommen. Damals hatte sich Ferdinands Begeisterung noch in Grenzen gehalten, erst nach 1552, als er sich der Schwäche der Habsburger mehr denn je bewußt war, gewann die Sache für ihn an Reiz. Karl wollte damit die Schwäbische Liga wieder aufleben lassen und streckte zunächst seine Fühler zu den Fürsten aus, ohne Ferdinand zu informieren. Trotz dieser Zurücksetzung stand Ferdinand voll hinter ihm, ja trieb ihn sogar noch zu weiteren Aktivitäten an. Er selbst führte darüber Gespräche während seiner Verhandlungen in Passau. Ein Jahr später, als die Struktur der Organisation in Memmingen zur Debatte stand, bat Ferdinand Karl um genauere Instruktionen, um die Arbeit der kaiserlichen Stellvertreter besser unterstützen zu können. Da der Kaiser jedoch nicht darauf reagierte und noch andere Ungeschicklichkeiten beging, brachten die Gespräche nicht den erwünschten Erfolg. So hatte Karl auch den Markgrafen Albrecht Alkibiades von Bayreuth in die Liga aufgenommen, obwohl es gerade seine Untaten waren, gegen die die Liga vorgehen sollte. Außerdem drängte der Kaiser wieder einmal auf die Wahl Philipps zum römischen König, womit er nur bewirkte, daß die Begeisterung der Fürsten für alle anderen Ideen ihres Herrschers spürbar nachließ.[7]

Ferdinands Interessen deckten sich ohnehin nur teilweise mit denen der Liga. Seine Mitgliedschaft hätte sich nur auf seine Titel in Tirol und Pfirt im Elsaß beschränkt, so daß nur diese habsburgischen Länder von der Liga verteidigt worden wären. Denn die zukünftigen Mitglieder hatten sich geweigert, Niederösterreich in ihr Verteidigungsbündnis aufzunehmen, weil sie Angst davor hatten, dieses Land dann vor den Türken beschützen zu müssen. Der Osten aber bereitete Ferdinand viel mehr Sorgen, nicht nur wegen der drohenden Gefahr aus Konstantinopel, sondern auch wegen der Raubzüge des Markgrafen Albrecht Alkibiades, der im Frühjahr 1553 in Böhmen einzufallen drohte und prahlerisch verkündete, er gedenke sich die Wenzelskrone aufzusetzen. Die Angst seiner Untertanen vor diesem letzten Raubritter, der es liebte, in voller Rüstung mit wehenden Federn am Helm übers Land zu reiten, war so groß, daß Ferdinand fürchtete, sie könnten ihre Verteidigung selbst in die Hand nehmen und eine eigene Miliz aufstellen.[8]

Bevor es aber dazu kam, wandte sich Moritz von Sachsen mit einem attraktiven Vorschlag an Ferdinand. Da er sich nicht nur von dem „wilden" Albrecht bedroht fühlte, sondern auch noch immer den Haß des ehemaligen Kurfürsten Johann Friedrich zu fürchten hatte, schlug er vor, daß er sich an der Verteidigung aller österreichischen habsburgischen Länder gegen die Türken beteiligen würde, womit er weit über die ursprüngliche sächsisch-böhmische *Erbeinigung* hinausging. Ferdinand konnte gar nicht anders als begeistert über dieses Angebot sein, wenn er an den vorbildlichen militärischen Beistand dachte, den ihm der Kurfürst in Ungarn und im Schmalkaldischen Krieg geleistet hatte. Außerdem hoffte er, den etwas wankelmütigen Kurfürsten auf diese Weise fester an sich binden zu können, und bat daher den Kaiser um die Unterstützung dieser Idee.

Aber der Plan erregte beim Kaiser nur Mißtrauen, nicht ganz ohne Grund im übrigen. Denn immerhin war bekannt, daß der Sachse sich zu gleicher Zeit bei Heinrich II. beliebt zu machen versuchte, was Karl V. nun freilich mehr als verdächtig vorkommen mußte.[9] Außerdem schien sich Ferdinand in seinen Augen immer mehr zum Anwalt des sächsischen Kurfürsten zu machen, so sehr er auch die Gemeinsamkeit ihrer Interessen betonte. Am meisten aber verdroß ihn, daß Ferdinand mit dem Sachsen zu verhandeln begonnen hatte, ohne ihn zuerst zu konsultieren. Daher war er auch nicht bereit, etwas Positives an dem geplanten Bündnis zu sehen, und meinte mürrisch, die Hauptlast der Verteidigung Osteuropas hätten ja doch wieder er und Ferdinand zu tragen.[10]

Als Moritz Mitte Februar 1553 Ferdinand einen Entwurf für das Bündnis vorlegte, bat dieser den Kaiser nochmals um seinen Beitritt. Höflich, aber bestimmt lehnte Karl V. ab. Ferdinand verhandelte trotzdem mit Moritz und den Stellvertretern anderer interessierter Fürsten während des Frühlings in Eger weiter. Zwar stellte sich heraus, daß es unmöglich war, alle Interessen unter einen Hut zu bringen – so fürchteten einige Anwesenden, daß sie als Mitglieder der Liga und des Reiches womöglich doppelte Verteidigungslasten zu tragen hätten, worauf diese und andere Fragen auf eine spätere Behandlung verschoben werden mußten –, aber bis Juni hatte sich dann doch eine aktive Koalition gegen Markgraf Albrecht mit Moritz als Oberkommandierenden gebildet. Am 1. Juli gab die sogenannte Liga von Eger eine Proklamation gegen Albrecht heraus, in der Ferdinand und Moritz als die großen Verteidiger des Reiches auftraten und Karl als eine unscheinbare Nebenfigur.

Da änderte der Kaiser plötzlich seine Meinung und wollte doch der Liga beitreten. Allerdings waren die Bedingungen, die er mit seiner Mitgliedschaft verknüpfte, so einschränkend, daß diese dadurch eigentlich bedeutungslos wurde. Außerdem lehnte der Kaiser es glatt ab, Markgraf Albrecht mit dem Reichsbann zu belegen, als Ferdinand und Moritz ihn darum baten. Möglicherweise waren es seine erst vor kurzem stattgefundene Annäherung an den Markgrafen, vielmehr aber noch sein altes Ressentiment gegen Moritz von Sachsen, die ihn daran hinderten, ein aktiveres Interesse an der Liga zu zeigen. Erst als Moritz im Juli 1553 in der Schlacht gegen Albrecht bei Sievershausen tödlich verwundet wurde, änderte sich seine Haltung. Nun, da sein ärgster Widersacher im Fürstenaufstand von 1552 von der Bühne abgetreten war, drängte Karl seinen Bruder, die Organisation der Liga so schnell wie möglich durchzuführen und ihn über die Fortschritte auf dem laufenden zu halten.[11] Ferdinand war zwar sehr erfreut über das neu erwachte Interesse des Kaisers an den Problemen Osteuropas, andererseits lag nun die Last des Krieges gegen den Markgrafen allein auf seinen Schultern; denn Karl war immer noch nicht bereit, diesen zu bannen.[12]

Angesichts dieser etwas unklaren Haltung des Kaisers zu Albrecht Alkibiades war es nicht leicht für Ferdinand, den Beistand der Fürsten zu gewinnen. Noch während der Verhandlungen in Eger formierte sich bereits eine weitere Liga im Reich. Einige Fürsten waren nämlich durch neue Gerüchte über die Kandidatur Philipps für das kaiserliche Amt aufgeschreckt worden und hatten sich unter der Führung Christophs von Württemberg, Wilhelms III. von Kleve-Jülich, des Pfalzgrafen und Albrechts von Bayern, der zugleich als Ferdinands Sprecher fungierte, zusammengeschlossen. Der Zweck dieser Vereinigung, die eine rein ständische Angelegenheit war, war erstens die Vermittlung zwischen Frankreich und Karl V., zweitens der Friede zwischen Albrecht Alkibiades und den fränkischen Bischöfen und drittens eine breitere Befolgung des Passauer Vertrages in Deutschland. Und daher hatte man auch den Kaiser wohlweislich nicht gebeten, Mitglied zu werden, was dieser natürlich mit Argwohn zur Kenntnis nahm. Seine Mitgliedschaft stand aber umso weniger zur Debatte, als Karl im Januar 1553 Herzog Christoph von Württemberg gegenüber betonte, er habe nicht die Absicht, das Kaisertum für erblich zu erklären, kenne aber keinen besseren Kandidaten für das Amt als Philipp.

Diesem Fürstenbund schickte Ferdinand im Juli 1553 zu seiner Tagung nach Heilbronn einen Delegierten, der die Fürsten auffordern sollte, ihm im Kampf gegen den Markgrafen beizustehen. Da unbekannt war, wie Karl V. sich verhalten würde, verhielten sich auch die Fürsten abwartend.[13] Durch Moritz' Tod aber war es für Ferdinand nun noch dringender geworden, zusätzlich Hilfe zu finden. Wenigstens akzeptierte Bayern den Beitritt des Habsburgers, nicht als römischer König, sondern als deutscher Fürst, dessen westliche Grenzen seine Teilnahme rechtfertigten.

Aber obwohl Ferdinand selbst die Kontakte zu der neuen Organisation hergestellt hatte, zögerte er jetzt, als es nur noch um seine Entscheidung ging. Da er vermeiden wollte, daß sein Bruder möglicherweise negativ darauf reagieren könnte, hätte er gerne die Diskussion auf den nächsten Reichstag verschoben. Aber besonders sein bayrischer Schwiegersohn und Maximilian übten starken Druck auf ihn aus, dem Fürstenbund beizutreten. Maximilian war mehr denn je nach Deutschland hin orientiert. Der Tod Moritz' von Sachsen hatte ihm einen schweren Schock versetzt, und er verargte jetzt seinem Vater das Zögern, sich mit den Fürsten auf eine festere Bindung einzulassen.[14]

So trat Ferdinand im August doch der Liga bei, obgleich einige Bedingungen seiner Mitgliedschaft noch einer Klärung bedurften. Karl billigte zwar Ferdinands Beitritt, stand aber der Organisation weiter argwöhnisch gegenüber, schon weil von seinem Beitritt keine Rede war. Er tadelte seinen Bruder, daß seit seinen Verhandlungen mit Moritz Geheimverhandlungen anscheinend für ihn die Norm geworden seien, und ließ erkennen, daß er dies absolut nicht guthieß.[15] Ferdinand tat natürlich sein Bestes, um ihn zu beruhigen, und sagte, er handle nur aus militärischer Notwendigkeit und selbstverständlich ohne jede konspirative Absicht. Der Zweck der Gruppe, betonte er, sei, die Autorität des Kaisers und die Gesetze, auf denen sie beruhte, zu schützen. Auffällig war, wie streng er seinen Sohn behandelte. Als dieser im September 1553 persönlich auf einer Tagung der neuen Liga in Heilbronn erscheinen wollte, wurde ihm dies von seinem Vater glatt verboten.[16] Ob er denn alle Beziehungen zu seinem Onkel zerstören wolle, fragte er ihn und nannte ihn einen „Heißsporn", der nur an sich selbst denke. Maximilian schäumte vor Wut. Er konnte einfach nicht verstehen, daß sein Vater immer Partei für den Kaiser ergriff, der doch so wenig für ihn getan hatte. Aber Ferdinand gab nicht nach, und so mußte sich Maximilian der väterlichen Autorität beugen.[17]

Letzten Endes waren die verschiedenen Ligen kein Erfolg für Ferdinand. Sowohl der Herzog von Württemberg als auch der Pfalzgraf mißtrauten Ferdinands Absichten und weigerten sich, gegen Albrecht Alkibiades ins Feld zu ziehen. Zum Glück für Ferdinand schwanden auch die Kräfte seines Gegners 1554 sichtlich dahin. Im Sommer dieses Jahres floh dieser zuerst nach Lothringen und dann nach Frankreich. So konnte nun Ferdinand seine Energien wieder voll den deutschen religiösen Differenzen zuwenden und auf diesem Gebiet seinen oft geübten Balanceakt zwischen seinen eigenen Interessen und denen seines Bruders fortsetzen und zu einem Höhepunkt führen.

Der Passauer Vertrag von 1552 hatte gefordert, daß die entscheidende Diskussion über die religiöse Frage auf einem demnächst einzuberufenden Reichstag stattfinden sollte. Auch der politische Friede im Reich, den er mit seinen Ligen herzustellen versuchte, war nur auf der Grundlage des Religionsfriedens möglich. Ebenso war Ferdinand davon überzeugt, daß von einem Kirchenkonzil nur dann etwas Positives zu erwarten war, wenn der Kaiser vorher den Mißbräuchen innerhalb dieser Institution energisch zu Leibe gerückt war. Aber auch die Lutheraner mußten zu einer nachgiebigeren Haltung im Hinblick auf die Ländereien gewonnen werden, die sie der Kirche abgenommen hatten, indem sie entweder dafür regulär bezahlten oder diese zurückgaben. Weil es sich hierbei um überaus diffizile Probleme handelte, hatten es weder Ferdinand noch Karl sehr eilig, den Reichstag zusammenzurufen. Ferdinand wurde überdies 1554 dringend in seinen eigenen Landen benötigt, aber vor allem wollte er erreichen, daß sich die Fürsten und die anderen Ständevertreter ausreichend auf die Tagung vorbereiten könnten.[18]

Die Kurfürsten und Fürsten ließen sich aber ohnehin nicht zur Eile drängen.

Einige Anzeichen sprachen dafür, daß die beiden Brüder nicht in allem die gleiche Ansicht vertreten würden. So wollte es das Gerücht Ende 1553, daß Karl nicht gedachte, die Einzelheiten des Passauer Vertrages anzuerkennen, was wiederum Ferdinand Sorgen bereitete, weil er mit Recht fürchtete, daß man ihn für einen derartigen Verrat zur Verantwortung ziehen würde. Im Gegensatz zu Karl betrachtete er den Vertrag als eine Arbeitsgrundlage für jede zukünftige Regelung.[19] Ob tatsächlich von Karls Seite ein Vertragsbruch vorlag oder nicht, ist nie ganz geklärt worden. Von Anfang an wußte Ferdinand um seine Vorbehalte, und schon 1552 hatte sein Vizekanzler Matthias Seld eine Art Widerruf ausgearbeitet. Jahre später verwies Arras auf das Dokument, obgleich er zugeben mußte, daß es auf Ferdinands Verlangen nicht veröffentlicht worden war. Philipp II. dagegen behauptete, nichts davon gehört zu haben.[20] Wie immer es sich damit verhalten haben mochte, der Passauer Vertrag war sicherlich ein heißes Eisen. Nur so ist zu verstehen, warum kurz vor der Eröffnung des Reichstags im August 1555 eine Delegation des Kaisers bei Ferdinand dringend darum bat, den Vertrag bei seinem an die Stände gerichteten Antrag nicht zu erwähnen.

Dabei war sich Ferdinand nicht einmal sicher, ob Karl überhaupt an diesem Reichstag teilnehmen und wie er sich zu den Beschlüssen verhalten würde. Zu Recht, wie sich herausstellen sollte. Zwar hatte er anfangs offensichtlich seine Teilnahme geplant, denn der Tagungsort Augsburg gefiel ihm schon deshalb, weil es dort Truppen gab, die für seinen persönlichen Schutz sorgen konnten. Aber zu Beginn des Jahres 1554 schwand seine Bereitschaft dahin. Da Ferdinand so viel Freunde im Reich besäße und die zur Diskussion stehenden Fragen ihn ja direkt beträfen, meinte er, sei es viel wichtiger, daß er, Ferdinand, von Anfang an dabei wäre und nicht der Kaiser. Im Juni war es dann klar, daß er überhaupt nicht kommen wollte und konnte. Einmal, weil es ihm gesundheitlich nicht gut ging, vor allem aber aus religiösen Gründen. Denn seine Vorbehalte, die er Ferdinand vor zwei Jahren in Villach dargelegt hatte, galten nach wie vor. So drückte er seinem Bruder sein Vertrauen aus, daß dieser nichts billigen würde, was gegen sein Gewissen wäre oder die konfessionellen Diskrepanzen vergrößern würde. Seine Unterhändler würde er dahingehend instruieren, daß sie Ferdinand tatkräftig unterstützen sollten. Sie würden nicht ermächtigt sein, irgend etwas in seinem, Karls, Namen zu tun. Obwohl er sich in Brüssel aufhielt, sollte es offiziell heißen, daß er in Spanien sei und damit außerhalb des Reiches. Als römischer König sollte Ferdinand versuchen, ohne ihn zu einer Einigung zu kommen. Dies erschiene ihm absolut legal. Karl hatte übrigens zu diesem Zeitpunkt schon auf Philipps Nachfolge in Deutschland verzichtet, und er hoffte, mit seiner Abwesenheit verdeutlichen zu können, daß er diese Idee fallengelassen hatte.[21]

Ferdinand war allerdings über das Fernbleiben Karls ganz und gar nicht glücklich. Daß er als römischer König jetzt die Verhandlungen zu führen hatte, war zumindest unüblich und würde das Mißtrauen der Fürsten erwecken, besonders da ja Karls Haltung zu den religiösen Problemen bekannt war. Erst im Januar 1555 willigte er in aller Form ein, daß Karl ihm die erforderlichen Vollmachten übertrug.[22]

Damit war Karl seinem geplanten Rücktritt von allen seinen Ämtern und Verpflichtungen sehr nahe gekommen. Wahrscheinlich hatte er schon vor fünf Jahren Ferdinand bei ihrer Konfrontation in Augsburg über seine Absichten unterrichtet, die er aber dann wegen kriegerischer Auseinandersetzungen und auch wegen Philipps englischer Heirat auf die lange Bank schieben mußte.[23] Ohne daß aber ein offizieller Rücktritt vorlag, war es eigentlich unrealistisch von ihm, anzunehmen, daß die Stände ohne ihn eine Vereinbarung treffen würden. Schon kursierte auch das Gerücht, Ferdinand, Karl V., der Papst, Philipp und einige deutsche Fürsten hätten ein Komplott gebildet, um das Luthertum zu unterdrücken. Tatsache war aber, daß beide Brüder an das Passauer Abkommen gebunden waren und daß sie sich in der religiösen Frage nun auch wieder nicht so weit entfernt hatten, zumindest nicht im Prinzip. Allgemein besagten Karls Instruktionen für seine Kommissare, daß sie für eine Entschärfung der religiösen Gegensätze im Reich sorgen sollten, ohne dem katholischen Glauben Schaden zuzufügen. Seiner Meinung nach stellte ein allgemeines Konzil nach wie vor die beste Möglichkeit einer Entschärfung dar, aber er war auch bereit, einem nationalen Kolloquium zuzustimmen, wenn die Stände sich nicht zu einer größeren Versammlung entschließen wollten. Es gab allerdings auch kein Anzeichen dafür, daß er einem bedingungslosen Religionsfrieden zustimmen würde oder etwa gar das Ziel der Wiedervereinigung der beiden Religionen aufgegeben hatte. Prinzipiell war dies auch Ferdinands Haltung. Er hatte einmal ein religiöses Kolloquium innerhalb des Reichstags für möglich gehalten, diese Idee aber wieder aufgegeben, da der Kaiser nichts davon gehalten hatte. Während der Tagung sollte er die orthodoxen Interessen hartnäckig verteidigen, wie es einem Mann entsprach, der die spanische Inquisition eine „heilige“ Institution nannte. Er bat auch darum, daß ihm während der ganzen Tagung ein päpstlicher Legat an die Seite gestellt würde, offensichtlich, damit dieser Rom gegenüber bezeugen konnte, daß er größere Konzessionen nur gezwungenermaßen akzeptiert hatte.[24]

Es ist daher kaum überraschend, daß die Stände immer noch der Ansicht waren, daß Ferdinand nur stellvertretend für seinen Bruder handelte. Und auch der König und die kaiserlichen Unterhändler konnten sich von Ende Dezember 1554 bis Anfang Februar 1555 nicht darauf einigen, in wessen Namen nun der Reichstag geführt werden und welchen Platz die religiöse Frage darin einnehmen sollte. Ferdinand führte eigentlich zwei Verhandlungen gleichzeitig, die eine mit seinem Bruder und dessen Gesandten, die andere mit den Ständen. So war er gezwungen, Tag und Nacht zu arbeiten, „im Gegensatz zu den Praktiken der anderen deutschen Fürsten", wie ein Beobachter der Szene notierte. Eines seiner Hauptanliegen war es, daß der Name seines Bruders in allen Resolutionen vorkam, weil, wie er betonte, zu Karls Lebzeiten kein Verhandlungsergebnis ohne seine Bewilligung Gültigkeit besäße.[25] Da sich der Kaiser in den Niederlanden ja praktisch auf Reichsboden befand, war es unlogisch, zu leugnen, daß Ferdinand nur an seiner Statt fungierte. Zwar stimmt es, daß die Reichstagsabschiede von Speyer und Nürnberg 1542 und 1543 auch nur von Ferdinand unterzeichnet waren, aber nur in Zusammenhang mit dem Satz „anstelle und im Namen Seiner Kaiserlichen Majestät und in meinem eigenen".[26]

Der kaiserliche Antrag, der im Februar dem Reichstag vorgelegt wurde, stellte einen Kompromiß dar, mit dem niemand so recht glücklich war. Ferdinand hatte eine Passage entworfen, in der erklärt wird, Karl habe seinen Bruder gebeten, den Reichstag in seinem Namen abzuhalten. Diese Passage wurde von Karls Beauftragtem Felix Hornung gestrichen. In der Begrüßungsadresse, die Jonas, der Sprecher des Königs, den Ständen darbrachte, wurde hingegen Ferdinand doch wieder als Stellvertreter des Kaisers dargestellt. Tatsächlich wurde in allen Diskussionen immer wieder auf den Kaiser verwiesen, und zwar sowohl von Ferdinand als auch von den Ständen. Als man im Juni schließlich die Diskussion über die religiöse Frage aufnahm, sagten manche Mitglieder, der Kaiser habe sie alle hier zusammengerufen, um den Frieden im Reich wiederherzustellen, und er habe Ferdinand die Vollmacht dazu erteilt. Sich selbst bezeichneten sie als gehorsame Untertanen „beider Majestäten". Und Ferdinand und seine Räte betonten immer wieder, daß sie sich als Bevollmächtigte des Kaisers betrachteten.[27]

Obwohl der Kaiser absichtlich dem Reichstag ferngeblieben war, versuchte er jetzt aus der Ferne Einfluß auf die Tagesordnung zu nehmen. Ferdinand hatte im Februar zur Eröffnung den Antrag gestellt, die Punkte Religion, Hilfe gegen die Türken und Bürgerkrieg auf die Tagesordnung zu setzen. Karls Vertreter nun verlangten, daß die Religion erst nach der Innenpolitik auf die Tagesordnung gesetzt würde, da sie angesichts der in Passau erlebten lutherischen Unnachgiebigkeit daran zweifelten, daß eine Annäherung zwischen den Religionsgegnern überhaupt noch möglich war. Als Ferdinand diese Änderung der Tagesordnung mit Unterstützung der Kurfürsten von Trier und Köln durchdrücken wollte, stieß er auf den Widerstand nicht nur aller weltlichen Kurfürsten, sondern auch der anderen Fürsten, die unbedingt die religiöse Frage als erste behandelt sehen wollten. Nachdem sie dieses nun durchgesetzt hatten, schleppten sich die Gespräche allerdings in einem unglaublich langsamen Tempo dahin. Ferdinand dagegen, der als einer der ersten in Augsburg erschienen war, hätte die Beratungen gerne beschleunigt, um möglichst bald wieder in seine eigenen Länder zurückkehren zu können, wo die Türken und Isabella Zápolyas Umtriebe dringend seine Anwesenheit erforderlich machten. Die Debatten in den drei Kammern des Reichstags kreisten aber nicht nur um inhaltliche Fragen, sondern vor allem um die verfahrensrechtlichen Bestimmungen. Erst am 21. Juni stellten die Fürsten ihren formalen Antrag über die religiöse Frage. Sie hatten sich nicht einigen können und über verschiedene Punkte getrennt abgestimmt. Die Protestanten hatten dafür gestimmt, daß alle Regelungen des Reichstags, die religiöse Frage betreffend, auch für das Reichsrittertum und die Städte Geltung haben sollten, die nicht unmittelbar dem Kaiser unterstellt und auch nicht im Reichstag vertreten waren. Die Katholiken ihrerseits forderten, daß kirchliche Ländereien, auch wenn ihre Verwalter den Glauben gewechselt hatten, im Besitz der katholischen Kirche blieben. Und die rabiateren unter den Fürsten drohten bereits, den Reichstag zu boykottieren, wenn sich der König nicht ihren religiösen Wünschen beugte. Die Gesandten des Papstes waren so verschreckt über den Ton der Diskussionen, daß sie auf eine Vertagung der Sitzung durch den König hofften. Auch Ferdinand selbst kamen Zweifel am Erfolg der Veranstaltung. So schlug er vor, den Reichstag entweder zu vertagen oder aufzulösen. Im letzteren Fall hätte man einen neuen einberufen müssen.

Dabei lag den Fürsten aber doch außerordentlich viel an einer konfessionellen Einigung. Kurfürst August von Sachsen, der Nachfolger von Moritz, sprach vielen aus dem Herzen, wenn er sagte, niemand sei über das Augsburger Interim glücklich. Protestanten und Katholiken würden sich erst dann verstehen, wenn alle Wurzeln des Mißtrauens zwischen ihnen ausgerissen seien. Eine solche Wurzel aber sei für sie das Augsburger Interim. Zugleich machte er darauf aufmerksam, daß ohne die Wiederherstellung des Friedens keine wirksame Zusammenarbeit im Krieg gegen die Türken zu erwarten sei, eine Einsicht, die Ferdinand nicht neu war. Trotzdem begegnete er den lutherischen Annäherungsversuchen ziemlich kühl und äußerte wiederholt die Absicht, die Sitzung zu vertagen. Ob absichtlich oder nicht, es war eine gute Strategie. Denn die Protestanten bekamen nun Angst, daß der Aufschub nur wieder eine habsburgische List sei, damit Karl inzwischen Frieden mit Frankreich und Ferdinand mit den Türken schließen könnten, um sich dann mit ganzer Kraft auf ihre religiösen Gegner zu stürzen, wie sie es schon einmal im Schmalkaldischen Krieg getan hatten. Eine ähnliche Taktik hatte Karl auch 1545 in Worms angewandt, als er den Reichstag auf das nächste Jahr in Regensburg vertagt hatte und in der Zwischenzeit im Reich eingefallen war. Ferdinand aber wußte genau, daß er sich das Vertrauen der Stände total verscherzen würde, wenn nicht eine Art religiöser Friede bei den gegenwärtigen Verhandlungen herauskäme. So erwog er eine Regelung innerhalb des Rahmens des Passauer

Abkommens. Auch die Fürsten, ob protestantisch oder katholisch, zeigten jetzt plötzlich mehr Flexibilität. Als der König sich bereit erklärte, von einer Vertagung des Reichstags abzusehen, erklärten sich auch Kurfürst August und andere Protestanten kompromißfreudiger. Am 30. August nahm Ferdinand die Führung der Gespräche energisch in die Hand und brachte es mit Ausdauer und Geschick zustande, daß es nach einer nur dreiwöchigen Verhandlungsdauer tatsächlich zu einer Resolution kam. Selbst seine Gegner konnten ihm ihre Anerkennung nicht versagen.[28]

Ferdinands Ziel war es, zu einem Religionsfrieden zu kommen, der das Primat der römischen Kirche im Reich möglichst wenig einschränkte. So akzeptierte er die schon überall geläufige Regelung des *cuius regio, eius religio* als endgültige Einrichtung, bestand aber darauf und wurde von den Ständen darin unterstützt, daß dies nur für Lutheraner und Katholiken gelte und nicht für andere Sekten. Während er zustimmte, daß das Luthertum auch bei den Rittern und Hansestädten, die nicht offizielle Mitglieder der Reichsstände waren, toleriert wurde, bekam er seinerseits die Garantie, daß diese beiden Gruppen ihrerseits Katholiken tolerieren würden. Damit galt das *cuius regio* nur für Mitglieder der Stände.

Dagegen konnte er die Protestanten nicht für den sogenannten „geistlichen Vorbehalt" gewinnen, auch nicht mit seiner Zusicherung, daß der Religionsfriede endgültig sein sollte. Diese Regelung besagte nämlich, daß, wenn die Verwalter von Bistümern, kirchlichen Stiftungen und Pfründen den Glauben wechselten, die betreffenden Länder Besitz der katholischen Kirche blieben. Ferdinand, der hier unter starkem Druck von Rom stand, war in diesem Punkt äußerst hartnäckig. Ebenso hartnäckig war allerdings der Widerstand der Protestanten. Schließlich hatte er seine Gegner so weit, daß sie ihm gestatteten, die Vorbehaltsklausel in seinem eigenen Namen zu proklamieren, ein beliebter Trick des Kaisers und auch Ferdinands. Dies bedeutete also, daß diese Regelung sozusagen eine Privatsache des Königs war und nicht vom *Reichskammergericht* durchgesetzt werden konnte. Ein umstrittener Punkt also, der nur von wenigen Protestanten, wie zum Beispiel von Philipp von Hessen, akzeptiert wurde. Dieser war als ein gebrochener Mann aus seiner fünfjährigen Gefangenschaft entlassen worden und fürchtete nichts so sehr wie einen neuen Krieg mit den Katholiken. Aber die meisten anderen widersetzten sich der Regelung, so daß Ferdinand einen weiteren Schritt unternahm, um sie umzustimmen. Die geistlichen Fürstentümer besaßen Adelige und Städte, die lutherisch geworden waren. Ferdinand versprach nun offiziell den Protestanten des Reichstags, daß ihre Anhänger in den geistlichen Fürstentümern ungehindert ihre Religion ausüben durften. Diese sogenannte *Declaratio Ferdinandea* brachte ihm natürlich auf der Stelle scharfe Kritik von katholischer Seite ein. Die beiden anderen großen Streitfragen des Reichstags – die Hilfe gegen die

Türken und die Wiederherstellung des Friedens in Deutschland – wurden ebenfalls in der abschließenden Resolution behandelt. Anstelle von Adhoc-Ligen sollte eine solide Organisation von Kreisen des Reiches mit einer effizienten Führung gebildet werden. Die Entscheidungsgewalt über diese Kreise lag jedoch bei den Ständen, nicht beim Kaiser.

Obwohl Ferdinand zweifellos der Architekt des Augsburger Friedens war, war er es nicht aus eigener Autorität, zumindest hörte er nicht auf, es zu betonen. Von Juni bis September hatte er den Kaiser über alle wichtigen Verhandlungsschritte informiert und um seinen Rat gebeten. Noch am 6. September bezog sich Ferdinand auf die ihm vom Kaiser verliehene Macht, als davon die Rede war, daß die ungelöst gebliebenen Probleme auf dem nächsten Reichstag behandelt werden müßten und er sein Erscheinen dort im Namen des Kaisers in Aussicht stellte. In den letzten Tagen des Reichstags wurde noch einmal von seiten der Stände und Ferdinands erklärt, daß er die Verhandlungen für den Kaiser und mit dessen Vollmacht geführt hatte.[29]

Trotzdem ließ der Kaiser Ferdinand mit strengen Worten wissen, daß er es nicht dulden würde, wenn sich auf die Dauer an der Position der katholischen Kirche im Reich etwas ändern würde. In der Tat bedrückte es ihn, daß er so wenig zu ihrem Schutz tun konnte. Schon was er über die religiösen Vorgespräche auf dem Reichstag gehört hatte, gefiel ihm nicht besonders. Ihm schien es, als seien die Gesprächspartner weit über das in Passau Vereinbarte hinausgegangen, ebenso wie über die Beschlüsse der bisherigen Reichstage. Dabei tadelte er nicht Ferdinand persönlich.[30] Das war nicht seine Art. Als der Reichstagsabschied publiziert wurde, sagte er, der König hätte getan, was er konnte. Mit Leuten dieses Schlages als Verhandlungspartner hätte er selbst wahrscheinlich auch nicht mehr vermocht. Er nannte Ferdinand seinen „guten Bruder" und drückte ihm sein Verständnis dafür aus, daß er die Tagung zu einem Ende bringen wollte, um seine Aufmerksamkeit wieder den Türken zuwenden zu können.[31]

Aber gerade das machte er für Ferdinand unmöglich. Schon Mitte August hatte Karl kryptisch angedeutet, daß möglicherweise doch etwas Entscheidendes verändert werden müßte, das aber wiederum hinge von einem Gespräch mit Philipp ab. Dann wurde kein Wort mehr darüber verloren. Aber am 25. September, eine Stunde bevor der Augsburger Reichstagsabschied verkündet werden sollte, traf eine Botschaft vom Kaiser an seinen Bruder ein, in der er ihm seine Absicht kundtat, zurückzutreten, und ihn instruierte, daß der Reichstagsabschied nicht in seinem, Karls, Namen proklamiert werden sollte. Wieder einmal führte er als Grund seine altersbedingten Unpäßlichkeiten an und erklärte, daß er die spanischen Königreiche und die überseeischen Besitzungen Philipp und das Reich Ferdinand übergeben wollte.[32]

Nichts anderes hatte sich Ferdinand immer gewünscht, aber zu einem anderen Termin. Er war nicht müde geworden, Karl daran zu erinnern, daß der Reichstag in seinem Namen einberufen worden war, daß die Fürsten wußten, daß er im Namen seines Bruders verhandelte, daß er nur römischer König war und daß er zu Lebzeiten des Kaisers nichts ohne dessen Zustimmung tun konnte. Tatsache war, daß er den Reichstagsabschied ohne nochmalige Konsultation Karls abgefaßt hatte. Daran waren die Türken, die mangelnde Unterstützung des Papstes und Karls Konflikt mit Frankreich schuld gewesen.[33]

Nun aber, da der Kaiser sich glatt weigerte, die Augsburger Vereinbarung zu ratifizieren, war die ganze Autorität eben dieser in Frage gestellt. Ferdinand stand nun vor der Wahl, entweder die Wünsche seines Bruders zu publizieren und sich damit dem Vorwurf auszusetzen, neun Monate unter falschen Voraussetzungen verhandelt zu haben, oder einfach den Willen des Kaisers nicht zur Kenntnis zu nehmen. Wie immer kam ihm sein Erfindungsreichtum zu Hilfe. Indem er anführte, daß er wegen der Türken und wegen eines in seinen eigenen Ländern einzuberufenden Landtags nicht länger bleiben konnte, ließ er die Resolution verlesen und schickte dann die Deutschen nach Hause, ohne das Dokument zu ratifizieren, mit der trockenen Begründung, Karl habe noch nicht alle Fragen diesbezüglich beantwortet.[34] Zwar regten sich die Stände nicht sonderlich darüber auf, aber die Legalität des Abkommens war damit in Frage gestellt. Genügten Ferdinands Vollmachten, um eine Vereinbarung rechtskräftig zu machen, ohne daß der Kaiser sie ratifizierte? Ferdinand verhielt sich in dieser Frage ausweichend. Als er 1558 offiziell Kaiser wurde, sagte er in seiner vor den Ständen abgelegten Kapitulationserklärung, daß der Friede gültig sei, weil sein Name stellvertretend für den des Kaisers stände.[35] Trotz all dieser problematischen Begleitumstände gefiel ihm das Augsburger Ergebnis. Er hielt es für fruchtbarer als alle vorangegangenen und stimmte mit Karl überein, daß er sein Möglichstes getan hatte. Er hoffte, daß die Regelung dazu beitragen würde, ihm Beistand gegen die Türken zu verschaffen, mehr Vertrauen zwischen ihm und den Ständen herzustellen und für einen dauerhaften Frieden im Reich zu sorgen.[36]

Was nun die religiösen Fragen anging, immerhin das Herzstück des Vertrags, blieben seine Wünsche unerfüllt. Zu seinen Lebzeiten hörten die Klagen über den Religionsfrieden nicht auf. 1556 legte ihm der Reichstag die Forderung vor, den „geistlichen Vorbehalt“ zur Gänze abzuschaffen. Ferdinand lehnte ab und meinte, dann wolle er lieber auf die ganze Militärhilfe der Deutschen verzichten. Obwohl er sich so viel Mühe gegeben hatte, bei der Abfassung des Dokuments Zweideutigkeiten zu vermeiden, behaupteten jetzt die Protestanten, der Wortlaut des Papiers habe ihre Situation nur noch schwieriger gemacht. Die auseinandergehenden Interpretationen der einzelnen Textpassagen waren in der Tat dazu angetan, die Kluft zwischen Protestanten und Katholiken im Lauf der nächsten Jahre noch zu vertiefen. Auch seine

Bemühungen, den Katholizismus in Österreich durch die Einführung des *Cuius-Regio*-Prinzips zu stärken, stieß auf heftigen Widerstand der dortigen Stände.

Aber im Licht seiner eigenen Karriere gesehen war die zweite Auseinandersetzung, der er sich in Augsburg stellen hatte müssen, nämlich die mit seinem Bruder, siegreich für ihn verlaufen. Er und nicht Karl war nun klar das Haupt der Familie. Und es waren Ferdinands und nicht Karls Interessen, die nun fest mit dem Reich verknüpft waren. Dies hatte nun auch der alte Mann eingesehen, und er hatte aufgehört, zumindest in seiner eigenen Vorstellung, eine öffentliche Figur zu sein. Dabei war Ferdinand über diese Wendung nicht glücklich, ebensowenig wie andere Mitglieder seiner Familie. Maria und Philipp befürchteten, daß die überstürzte Abdankung des Kaisers und die Neuwahl in Deutschland die Franzosen zu unerfreulichen Schritten provozieren würden. Ferdinand mußte sich also der unangenehmen Aufgabe unterziehen, Karl an seine Pflichten zu erinnern. Und Philipp war seinem Onkel unendlich dankbar, daß er Karl davon abhalten konnte, Brüssel zu verlassen und sich gleich nach Spanien zurückzuziehen.[37] Es ging ja doch um die habsburgischen Interessen. Ferdinand mußte nun dafür sorgen, daß die Macht und der Einfluß seiner Familie nicht Schaden nahmen durch die inopportune Weltmüdigkeit seines Bruders.

XIV.
Die Dynastie

Karl V. starb am 21. September 1558. Für Ferdinand aber hatte er schon längst Abschied vom Leben genommen, in dem Moment nämlich, als er seinem Status offiziell entsagt hatte. Weder Ferdinand noch sein Sohn Erzherzog Ferdinand waren bei der zeremoniellen Abdankung in Brüssel im Oktober 1555 zugegen. Erzherzog Ferdinand, der seinen Vater vertreten sollte, hatte sich verspätet und traf erst in Brüssel ein, als der feierliche Akt beendet war. Seltsamerweise ist Ferdinand dennoch auf den beiden Bildern, die den Festakt schildern, dargestellt, als ob beide Maler damit die Bedeutsamkeit dieses Ereignisses für Ferdinand zum Ausdruck bringen wollten. Seltsam ist auch, daß beide Maler Ferdinand noch ganz in seiner Rolle als jüngeren Bruder zeigen. Das frühere der beiden Bilder, das in der ersten Hälfte des 17. Jahrhunderts gemalt worden ist, zeigt Karl V. in majestätischer Pose auf dem Thron sitzend und mit beiden Händen auf Philipp, seinen Sohn, und Ferdinand, seinen Bruder, zeigend. Dieser steht baren Hauptes vor seinem Bruder, als wollte er mit dieser demütigen Haltung seine bisherige Abhängigkeit vom älteren Bruder zum Ausdruck bringen. Das ältere Bild ist möglicherweise noch zu Lebzeiten Ferdinands entstanden. Es zeigt ebenfalls Karl V. als thronenden Herrscher, aber diesmal sind nicht nur Ferdinand und Philipp, sondern ist auch Erzherzog Maximilian anwesend. So „schwach" das Gemälde auch als solches ist, in der totalen Beziehungslosigkeit der Personen liegt ein Kern Wahrheit. Denn das Jahr 1555 erlebte den endgültigen Bruch der politischen und persönlichen Beziehungen zwischen den beiden Brüdern, und diesen Bruch hatten möglicherweise die Zeitgenossen schneller realisiert als die Betroffenen selbst.

Daß nach 1555 auch die Korrespondenz zwischen den beiden Habsburgern verebbt, ist ebenfalls ein wichtiges Indiz für den eingetretenen Wandel. Wenn überhaupt, dann haben sie sich nur noch triviale Dinge mitzuteilen. So weist Ferdinand seinen Bruder immer wieder darauf hin, daß er ihm noch 200.000 Gulden schulde, gemäß ihrer Vereinbarung von 1522. Karl V. pflegte die brüderliche Mahnung mit dem Argument abzutun, er habe diese Schuld durch seine Hilfe gegen die Türken, durch sein Engagement in Württemberg und durch seine Unterstützung bei der Wahl zum römischen König mehr als wettgemacht. Sodann führte er einige Vereinbarungen an, die ihn von der Zahlung ausdrücklich entbunden hätten, und schließlich habe er sich für

Philipps Verzicht auf den Kaisertitel ja auch nichts zahlen lassen. Ferdinand hörte jedoch nicht auf, ihm weiter zuzusetzen, und wurde dabei immer kleinlicher. Als zum Beispiel 1556 seine spanische Schwiegertochter den Wunsch äußerte, ihren Vater zu besuchen, gab Ferdinand Maximilian den Rat, Karl die Reise als Krankenbesuch hinzustellen, damit er sich eventuell an den Reisekosten beteilige.[1]

Am eigentlichen Begräbnis Karls V. nahm Ferdinand nicht teil, wohl aber an einer aufwendigen Totenmesse 1559 in Augsburg, die er selbst in Auftrag gegeben hatte. Als die Stadtväter erfuhren, daß er zu Fuß an der Prozession teilnehmen wollte, mußten die Zimmerleute der Stadt für den Kaiser einen Steg von der kaiserlichen Residenz zur Frauenkirche bauen. Der erste Trauerzug, der sich zur Kirche bewegte, bestand aus 1500 hochgestellten Gästen und 200 eigens dafür ausgesuchten Armen, die alle überdimensional große brennende Kerzen trugen. Philipp war bei dieser Zeremonie nicht anwesend.[2]

So glatt Karls Rückzug aus dem Leben vor sich gegangen war, so kompliziert gestaltete sich die Übergabe der Macht. Schon der Zeitpunkt kam Ferdinand höchst ungelegen. 1555 hatte es beunruhigende Signale von den Türken gegeben, so daß Ferdinand wieder seine ganze Aufmerksamkeit nach Südosten zu richten hatte. Dazu kam, daß eine Bestimmung bei seiner Wahl zum römischen König 1531 besagte, daß Ferdinand nur im Falle einer *Erledigung* des Amtes, also nach Karls Tod, Kaiser werden konnte. Da Karl V. aber noch nicht tot war, würde viel Zeit vergehen, bis die Kurfürsten sich besprochen und eine formale Wahl abgehalten hätten, nicht gerechnet die schwierigen Verhandlungen, die er seinerseits mit ihnen zu führen haben würde. Ferdinand war sich außerdem mit Maria und Philipp einig, daß die Kurfürsten womöglich auf Drängen der Franzosen die Gelegenheit ergreifen würden, einen ganz neuen Kandidaten zu wählen. Und trotz Philipps deklariertem Desinteresse wurde Ferdinand die Befürchtung nicht los, daß Karl ihn doch wieder drängen würde, Philipps Thronfolge zu unterstützen.[3]

Obwohl Karl nichts sehnlicher wünschte, als alle seine Verpflichtungen abwerfen zu können, sah er 1556 doch ein, daß Ferdinand recht hatte mit seinen Einwänden. Er riet, die Kurfürsten zu einem ihnen genehmen Zeitpunkt zusammenzurufen, und versprach, seine Repräsentanten zu dieser Versammlung zu schicken, wo es darum ging, daß die Deutschen Ferdinand als seinen Nachfolger akzeptierten. Sollten sie nicht dafür zu gewinnen sein, wollte Karl den Titel weiter führen, aber Ferdinand seine Ämter übergeben. Ein solches Arrangement hatte der jüngere Habsburger dem älteren schon vor einem Jahr vorgeschlagen. Damals aber hatte Philipp alles getan, um seinen Vater von diesem Schritt abzuhalten, fürchtete er doch, daß Karls Verzicht auf die Macht zu einer Schwächung seiner Ansprüche in Burgund und Italien führen könnte.

So blieb es bis einige Monate vor Karls Tod offen, auf welche Weise er abdanken würde,[4] wohingegen es jedem klar war, daß Ferdinand seine Dienste als Verwalter des Reiches nur als vorübergehend betrachtete. 1556 begann er sich bei den Kurfürsten über seine Chancen bei der Kaiserwahl zu informieren, 1557 traf er sie persönlich, im Februar 1558 erhielt er ihre Zustimmung, einen Monat später wurde ihm der Titel übertragen, „als sei seine kaiserliche Majestät bereits gestorben".[5]

Trotz aller Differenzen waren sich Karl und Ferdinand einig, daß es zwischen den beiden Zweigen der Familie zu keiner Fehde kommen durfte.[6] Das war nicht so einfach zu bewerkstelligen, da sowohl in Spanien als auch in Österreich erhebliche Ressentiments bestanden. Hauptsächlich ging es um finanzielle Schwierigkeiten. Philipp warf Ferdinand vor, Renten zu verkaufen, über die er gar nicht zu verfügen hatte; Ferdinand seinerseits wollte Philipp alte Schulden anhängen, die Karl schon von Maximilian I. übernommen hatte. Und noch 1561 gab es unter Philipps Ministern, besonders bei Arras, starke Ressentiments wegen Philipps Verzicht auf die Kaiserwürde. Ferdinand und Maximilian begegneten dagegen jedem Anzeichen von spanischen Machtgelüsten im Reich mit äußerster Empfindlichkeit. Philipp wiederum zeigte sich zunehmend besorgt über die Sympathien, die sein Cousin offensichtlich für die Protestanten hatte, und war ganz und gar nicht damit einverstanden, daß Ferdinand so vorsichtig mit ihnen umging. In der Tat deckten sich die politischen Vorstellungen des neuen Kaisers durchaus nicht immer mit denen des neuen Königs von Spanien.[7]

Andererseits verfügten beide Herrscher über genügend Intelligenz und Höflichkeit, um die interfamiliären Beziehungen aufrechtzuerhalten. Als guter Sohn hatte sich der junge Prinz 1548 die Instruktionen seines Vaters zu Herzen genommen, in denen es darum ging, enge Beziehungen zu seinem Onkel und seinen Cousins zu pflegen, und trat seine Regierung mit dem festen Entschluß an, gut mit Ferdinand zusammenzuarbeiten.[8] Auch bei den größten Meinungsverschiedenheiten ließ er es daher niemals an Ehrerbietung fehlen. Seine Haltung erinnert uns in vielem an die Haltung Ferdinands seinem älteren Bruder gegenüber. Denn nun war es Ferdinand, der als Familienoberhaupt die Mitglieder der Familie zu beaufsichtigen hatte, ungeachtet des Alters oder des Verwandtschaftsgrades. So war es selbstverständlich, daß Philipps Halbschwester Margarete von Parma als Statthalterin der Niederlande ihren Onkel konsultierte, bevor sie einen ihrer Untertanen zu ihrem Stellvertreter in Geldern bestimmte. Und ebenso selbstverständlich war es, daß Philipp, als es um die Heirat ihres Sohnes Alexander ging, Ferdinands Einwilligung einholte.[9]

Auch Ferdinand zeigte sich seinem Neffen gegenüber von seiner diplomatischsten Seite: fest, aber nicht unbeugsam, kompromißbereit, aber seine politischen Ziele nicht aus dem Auge lassend, und immer im Bewußtsein dessen, was dem spanischen König und seinen politischen Interessen zuzumuten war. Als er seinem Neffen versicherte, der spanische Sieg von 1557 über die Franzosen bei St. Quentin sei dem Triumph Karls über die Franzosen bei Pavia gleichzusetzen, machte er Philipp das schönste Kompliment, das man einem jungen Mann machen konnte, der seinen Vater so ehrfürchtig verehrte wie Philipp.[10] Wenn er betonte, er respektiere seinen Neffen in gleichem Maß wie seinen älteren Bruder, so bewies er dies tatsächlich durch seine kollegiale Zusammenarbeit. Wenn in Ferdinands Kanzlei Informationen einliefen, die für die Spanier von Interesse sein konnten, so wurden sie direkt nach Spanien weitergeleitet. Als besondere Begünstigung bekam Philipp 1556 die Erlaubnis, in Tirol und im Reich Truppen für den spanischen Dienst auszuheben. Auch Maximilian wurde dahingehend erzogen, daß er gute Beziehungen zu seinem Cousin zu unterhalten habe.

Wenn möglich, dann versuchte Ferdinand bei Meinungsverschiedenheiten Philipp mit Vernunftgründen von der Richtigkeit seines Standpunktes zu überzeugen. Als er 1562 hörte, daß Philipp seinen Sohn Don Carlos lieber mit einer portugiesischen Prinzessin als mit Maximilians Tochter, Erzherzogin Anna, verheiraten wollte, versuchte Ferdinand, Philipps Botschafter in Wien, Graf de Luna, davon zu überzeugen, daß doch seine Enkelin die viel passendere Partie sei. Ja, er bot ihm auch die Option auf eine andere seiner Enkelinnen an, wenn er glaubte, Anna sollte besser in das französische Königshaus einheiraten. Während nun der spanische König die eine Möglichkeit gegen die andere abwog, die darin bestand, seinen Sohn mit Maria Stuart zu verheiraten, bedrängte der Kardinal von Lothringen, der Onkel der schottischen Prinzessin, Ferdinand, er solle seinen Neffen dazu bringen, sich zu entscheiden, und der Kaiser lehnte dieses Ansinnen mit der Begründung ab, es sei nicht recht, Philipp so zuzusetzen.[11]

Onkel und Neffe waren nicht zuletzt auch durch das Vertrauen verbunden, das jeder in die religiösen Überzeugungen des anderen setzen konnte. Und Philipp konnte sehr wohl zwischen Ferdinands persönlicher Strenggläubigkeit und seiner eher liberalen Politik oder gar Maximilians konfessioneller Ungebundenheit unterscheiden. Ferdinand dagegen bewunderte, wie sein Neffe es verstand, den katholischen Glauben in seinen Ländern zu schützen und zu fördern, und er beneidete ihn um seinen gebildeten und frommen Klerus, der in den österreichischen Ländern und weiter östlich auf auffällige Weise fehlte. Als er Philipp bat, ihm einen Beichtvater und einen Hofprediger für Erzherzog Karl zu suchen, betonte er, der erstere sollte aus Burgund oder ein Flame sein und der letztere ein Spanier, denn diese Völker brächten die besten Priester hervor. Und so wandte er sich auch nach Spanien und Portugal, als es darum ging, Priester für sein neugegründetes Jesuitenkolleg in Prag zu gewinnen und Deutsche auf den Eintritt in den römischen Jesuitenorden vorzubereiten. Für

Kaiser Ferdinand I.

ein 1563 in Innsbruck gegründetes Kloster bat er Philipp, ihm Hieronymus-Brüder zu schicken und die Neugründung in den spanischen Orden zu inkorporieren. Zwar wurde dieses Projekt nicht realisiert, aber es zeigt deutlich die Achtung, die der Kaiser in Glaubensdingen vor allem Spanischen hatte. Und Philipp war natürlich mehr als glücklich, ihm helfen zu können, „hierbei und bei allem sonst“.[12]

An der funktionierenden Zusammenarbeit waren auch einige Persönlichkeiten beteiligt, die in den Diensten beider Herrscher standen und gleichermaßen ihre Sympathien besaßen. So vertrat Philipps Gesandter in Wien, Graf de Luna, der bei Ferdinand gut gelitten war, nicht nur Philipps, sondern auch Ferdinands Interessen beim Trienter Konzil, während einige von Ferdinands Beratern, vor allem sein Vizekanzler Georg Seld, auch von Philipp dafür bezahlt wurden, daß sie dem spanischen König notwendige Informationen lieferten.[13]

Eine der Hauptursachen für die bekannten Spannungen zwischen Karl und Ferdinand war der Mangel an Verständnis gewesen, das jeder für die Interessen des anderen aufgebracht hatte. Karl hatte immer erwartet, daß Ferdinand ihm im Westen helfen würde, während Ferdinand es nicht begreifen wollte, daß Karl ihm nicht bei seinen Schwierigkeiten in Ungarn zu Hilfe eilen wollte. Diese ständigen Reibereien gab es zwischen Ferdinand und seinem Neffen nicht. Ferdinand war kaum Kaiser geworden, als er seine Absicht kundtat, sich nicht in Philipps Angelegenheiten mischen zu wollen, damit meinte er die Probleme, die Philipp in Frankreich und in den Niederlanden hatte, wo man sich gegen seine Regierung aufzulehnen begann. Philipp begriff und verzichtete seinerseits darauf, seinen Onkel beim Vertrag von Câteau-Cambrésis von 1559 als Partner zu beteiligen. Aus gutem Grund, denn in diesem Vertrag wurde den Franzosen der Besitz der einstigen Reichsbesitzungen Metz, Toul und Verdun zugesprochen. Ferdinand beklagte dies zwar, enthielt sich aber jeder heftigeren Reaktion.[14] Als Haupt der Christenheit bat er zwar gelegentlich seinen Neffen um Hilfe auch in Gebieten, die jenseits der spanischen Interessensphäre lagen – so versuchte er wiederholt, aus dem „burgundischen Kreis“ Subsidien gegen die Türken zu pressen –, aber er bot immer auch eine Art Kompensation an und versuchte Philipp davon zu überzeugen, daß die Hilfe in seinem eigenen Interesse läge. So bot er 1558 seine Vermittlung zwischen Heinrich II. und Philipp an, weil er hoffte, daß ihm Philipp nach dem Friedensschluß gegen die Türken helfen würde. Von 1559 bis 1561 verband er alle seine an Philipp und Margarete von Parma gerichteten Bitten um Hilfe gegen einen bevorstehenden russischen Angriff in Livland mit der Versicherung, die Hilfe zurückzuerstatten, weiters wies er darauf hin, daß alle Unruhen im Ostseeraum den Handel auch weiter westlich beeinträchtigen würden.

In den meisten Fällen erkannte Ferdinand die Souveränität seines Neffen in den Niederlanden an und bestand nicht weiter auf seinen eigenen Ansprüchen.

Als 1562 einige Kölner Bürger dagegen protestierten, daß ihre Güter in Brabant konfisziert worden waren, sollte Ferdinand den Fall entscheiden. Während er einerseits feststellte, daß das Herzogtum ein Teil des Reiches war, konzidierte er andererseits, daß Philipp hier gewisse Vorrechte besaß, und überließ somit ihm die Entscheidung, in der Hoffnung, daß ein Austausch von Steuerfreiheiten das Problem lösen würde. Philipp war nicht nur aus finanziellen Gründen froh, daß Ferdinand sich nicht in seine niederländischen Angelegenheiten einzumischen gedachte; er lebte in ständiger Angst, daß seine beiden Cousins, Maximilian und Ferdinand, Ansprüche auf die Niederlande stellen würden. Daher pflegte er sich taub zu stellen, wenn es darum ging, einem der beiden die Regentschaft über das Land zu übertragen.[15]

So wenig Ferdinand bereit war, die militärischen Unternehmungen seines Neffen finanziell zu unterstützen, so sehr bemühte er sich, ihm auf andere Weise zu helfen. Zum Beispiel, indem er ihm wichtiges Nachrichtenmaterial aus dem Reich, und hier vor allem aus Niedersachsen, das mit den niederländischen Dissidenten im Bunde zu stehen schien, zukommen ließ und ihn im Mittelmeerraum über die venezianische und türkische Politik informierte. Graf de Luna benutzte seinen Posten in Wien, um von Konstantinopel einlaufende Nachrichten nach Spanien weiterzuleiten. Und Ferdinand gab seinem Gesandten bei der Pforte den Auftrag, mit Philipps Emissären zusammenzuarbeiten. Als Philipp 1563 einen Waffenstillstand mit Suleiman schließen wollte – nachdem er 1560 von den Türken vernichtend geschlagen worden war –, bat er seinen türkenerfahrenen Onkel um Vermittlung und versprach, er würde alles unterschreiben, was immer Ferdinand für ihn aushandeln könnte. Der Kaiser unterzog sich mit Freuden dieser Aufgabe. Sein damaliger Repräsentant in Konstantinopel, Albert de Wyss, war denn auch tatsächlich in der Lage, einen achtjährigen Frieden für Philipp abzuschließen. Obwohl, oder weil er in der Folge diese Abmachung häufig brechen sollte, war Philipp über diese äußerst erfreut. 1564 gelang Ferdinands erfahrenstem Friedensstifter, Ogiers de Busbecq, die Befreiung einiger von Philipps Untertanen, die der Sultan gefangen hielt.[16]

Ferdinands Fähigkeit, seine Interessen mittels vernünftiger Argumente zu vertreten und in allen Nebensächlichkeiten bereitwillig nachzugeben, war es zu verdanken, daß es auch wegen Philipps Einfluß in Italien zu keinem Zerwürfnis zwischen den beiden Herrschern kam. Spätestens 1546 war klar gewesen, daß Karl die Absicht hatte, seinen Sohn eine wichtige Rolle auf der Halbinsel spielen zu lassen, als er nämlich Philipp, nach vorheriger Absprache mit Ferdinand, mit Mailand belehnte. Er deklarierte diesen Schritt als Schutzmaßnahme für das Reich, eine Formulierung, die Philipp ebenso gerne im Munde führte.

Ferdinand hatte dem zugestimmt, weil er Karls Zustimmung für die

Nachfolgevereinbarung von 1551 brauchte. Er hatte jedoch nicht vor, die Sache auf sich beruhen zu lassen. Von Giovanni Delfino, dem päpstlichen Nuntius in Wien, der Ferdinand sehr nahe stand, wissen wir, daß Philipps italienische Ambitionen seinem Onkel mehr Sorge bereiteten als die mit der Übergabe des Kaisertitels verbundenen Schwierigkeiten. Das war sicher übertrieben, dennoch war etwas Wahres daran. Tatsächlich spielte Karl in jenem Jahr mit der Idee, für Philipp eine erbliche Statthalterschaft in Italien einzurichten.[17]

Im Frühling 1558 drängte Arras, Philipps engster Berater in außenpolitischen Angelegenheiten, den König, wegen der Statthalterschaft Druck auf seinen Onkel, Kaiser Ferdinand, auszuüben. Was aber dann Don Alvaro de la Quadra, der Bischof von Aquila, dem neuen Kaiser vorlegte, war lediglich die Forderung, die in dem *Hausvertrag* von 1551 vorgesehenen italienischen Vorkehrungen einzuhalten.

Ferdinands erste Reaktion war dennoch bei aller Verbrämung eindeutig negativ. Für eine solche Entscheidung brauche er Zeit zum Nachdenken, besonders da er sich noch nicht vollständig von seiner letzten Krankheit erholt habe, was glatt gelogen war, da ihn noch nie eine Krankheit von irgend etwas abgehalten hatte und er sogar vom Totenbett aufstand, um jagen zu gehen. Sodann erklärte er, er habe dem *Hausvertrag* nur aus brüderlichem Gehorsam zugestimmt, obwohl er gewußt habe, daß er viele ungelöste Probleme enthalte. Der Bischof entgegnete, Philipp hielte die Vereinbarung im Gegenteil für eine Möglichkeit, den kaiserlichen Einfluß in Italien zu bewahren. Ferdinand wiederholte nur, er hielte nichts davon und brach das Gespräch ab.[18]

Er war aber dennoch sehr bedacht, es zu keinem offenen Bruch mit seinem Neffen kommen zu lassen, und war sich mit Philipp und Arras vollkommen einig, daß Maximilian nicht über diese Gespräche informiert werden sollte, da er genau wußte, wie sehr die feindselige Haltung seines Sohnes die Beziehungen mit dem spanischen Zweig der Familie im Jahre 1551 belastet hatte. Zugleich aber erklärte er, warum er die italienische Statthalterschaft für so problematisch hielt, und erinnerte Philipp daran, wie empört man in Deutschland 1551 auf den Nachfolgevertrag reagiert und daß er diese Reaktion vorausgesehen habe. Jetzt die italienischen Klauseln erfüllen hieße nur Öl in das schwelende Mißtrauen der deutschen Fürsten zu gießen, die ja nach wie vor befürchteten, daß die Habsburger das Reich zu ihrem erblichen Familienbesitz machen wollten. Damit meinte er, indem man Philipp zu einem fast unabhängigen Herrscher über die Reichsbesitzungen in Italien mache, gehe man ja mit diesen Besitzungen genauso um, wie die Habsburger mit ihrem Erbbesitz. Über die rechtliche Seite dieser Angelegenheit müsse der Reichstag entscheiden. Schließlich bat er ihn, zu bedenken, daß die Statthalterschaft ihn zwingen würde, in Italien zu leben, was für seine iberischen, niederländischen und englischen Interessen nicht sehr förderlich sein würde. Um aber seinen Neffen nicht vor den Kopf zu stoßen, bot er ihm an, ihn zu seinem *locumtenens* auf der Halbinsel zu ernennen und ihm je nach Möglichkeit auch militärisch beizustehen.[19]

Ferdinands Reaktion kam für Arras nicht überraschend, da er dieselbe Angelegenheit schon einmal mit ihm als römischem König besprochen hatte. Daher war dieses Gespräch für ihn auch nicht mehr als ein neuer Vorstoß, dem er noch viele folgen lassen würde. Jedenfalls stimmten er und Philipp zu, daß sie mit ihrer Forderung vor den Reichstag zu gehen hätten und daß dafür die Zeit jetzt denkbar ungünstig war. Deshalb betrieben sie die Sache nicht weiter und nahmen sie erst 1562 wieder auf, als im Reich die Wahl Maximilians debattiert wurde. Indem er sich für seinen Cousin stark machte, betonte Philipp aufs neue, daß seine italienische Statthalterschaft Maximilians Position in Deutschland nur stärken würde, worauf Ferdinand entgegenhielt, die Zeit sei noch nicht reif, um eine solche Entscheidung zu treffen. Und dabei blieb es.[20]

Obgleich der König von Spanien es ablehnte, das Problem mit seinem Onkel persönlich zu erörtern, da er nicht um etwas bitten wollte, das ihm rechtens zustand, schien er Ferdinand nicht wirklich böse zu sein.[21] Dies war nicht nur Ferdinands diplomatischem Geschick zuzuschreiben. Er mochte gespürt haben, daß Ferdinand tatsächlich bereit war, ihm, so weit er konnte, entgegenzukommen. Auch de Luna beschrieb Ferdinand stets als einen Menschen guten Willens. Allerdings hatte der Gesandte einige Zweifel, was den guten Willen von Ferdinands Staatsrat anging. Diese Zweifel bestätigten sich übrigens, als Ferdinand selbst de Luna mitteilte, er wünsche nicht, daß diese Körperschaft über den Inhalt ihrer Gespräche informiert würde.[22] Während er also Philipp die Statthalterschaft verweigerte, tat Ferdinand doch sonst alles, um Philipps Position in Italien zu stärken. 1560 übertrug er ihm Siena mit dem Recht, es als Lehen weiter zu vergeben. Sodann erklärte er sich bereit, eine seiner Töchter mit dem Herzog von Ferrara zu verheiraten, einzig, um einen französischen Bewerber aus dem Feld zu schlagen, der womöglich Philipps Macht bedroht hätte. 1564, nur wenige Tage vor seinem Tod, bestätigte er Philipp als Herzog von Mailand und erklärte den Titel als erblich für sämtliche legitime Nachkommen Philipps.

Aber auch Ferdinand sah sich belohnt für sein Entgegenkommen. Als Philipp 1559 hörte, daß der Herzog von Mantua die Tochter des Herzogs von Ferrara heiraten wollte, bat er den Marquis von Pescara, den Schwiegersohn Mantuas, er möge den Herzog davon abbringen. Er solle sich lieber um eine Tochter des Kaisers bewerben. Er sei sehr froh, dem Kaiser diesen Dienst erweisen zu können, erklärte er. Tatsächlich entschloß sich der Herzog von Mantua, die Erzherzogin Eleonore zu heiraten.[23]

Und obwohl er in Deutschland keinen guten Stand hatte, spielte Philipp dennoch eine Schlüsselrolle bei der Machtübernahme seines Onkels im Reich.

Da er 1555 noch immer Krieg gegen die Franzosen in den Niederlanden führte, riet er Ferdinand, solange mit den Kurfürsten in keine direkten Verhandlungen zu treten, bis es ihm gelungen sei, Heinrich II. entscheidend zu schlagen und ihn damit als potenten Störenfried auszuschalten. Tatsächlich schuf er mit seinem Sieg über die Fanzosen bei St. Quentin im August 1557 die Voraussetzungen für fruchtbare Verhandlungen mit den Kurfürsten, die sechs Monate später zu Ferdinands Wahl führten.

Aber kaum war er als Kaiser in Deutschland anerkannt worden, als man ihm die Würde von anderer Seite streitig machen wollte: nämlich von Rom. Nach dem Tod Julius' III. und Marcellus' II. 1555 war der leicht erregbare Gianpietro Caraffa zum neuen Papst gewählt worden, der sich nunmehr Paul IV. nannte. Ferdinand reagierte auf Caraffas Wahl zunächst gelassen. Er bedauerte die profranzösische Haltung des neuen Papstes, schätzte ihn aber andererseits als gebildeten und angesehenen Mann.[24] Paul IV. dagegen haßte die Habsburger schon allein wegen ihrer Machtansprüche in Italien, besonders aber haßte er Karl V., weil er ihn für das Emporkommen des Protestantismus in Deutschland verantwortlich machte. Diesen Haß nun übertrug er auf den jüngeren Habsburger, den Mitverursacher des Friedens von Augsburg, dem er seine versöhnliche Rolle in Augsburg schwer verübelte. Den richtigen Kampf aber nahm er erst nach Ferdinands Wahl zum deutschen Kaiser 1558 auf. Obwohl sich dieser bei der Wahl der protestantischen Forderung widersetzt hatte, sich nicht mehr als Verteidiger der Christenheit *und* des Papsttums zu bezeichnen, wollte Ferdinand jeden unnötigen Ärger mit seinen Glaubensfeinden tunlichst vermeiden. Daher erneuerte er den Augsburger Vertrag und lud den päpstlichen Nuntius zu seiner Krönung in Aachen im März nicht ein. Paul IV. legte nun Protest gegen die Art und Weise der Amtsablöse ein und machte geltend, daß nur er allein Karl V. von seinem Treueeid entbinden könne. Da es ein Papst gewesen war, der den Deutschen das Recht, den Kaiser zu wählen, übertragen hatte, könne weder der Herrscher sein Amt nun einfach niederlegen noch ein neuer Kaiser gewählt werden, ohne die Einwilligung des Papstes einzuholen.

Tatsächlich hatte Karl V. den Papst noch nicht einmal von seiner Abdankung offiziell in Kenntnis gesetzt. Das Argument, Ferdinand sei doch bereits vorher gewählt worden, beantwortete Paul IV. mit der Bemerkung, ein wahrer Christ hätte sich nie so benommen. Seiner Ansicht nach war eine Wahl, an der Ketzer teilgenommen hatten, überhaupt ungültig. Und schließlich kritisierten sowohl der Papst als auch die Kurie heftig die Zurückhaltung, mit der Maximilian und Ferdinand den Protestanten gegenübertraten. Paul IV. verglich den Kaiser mit Eli, dem Priester Samuels I., der die Sünden seiner Söhne nicht bestrafen wollte.[25] Pauls Kardinäle spannen dieses Thema weiter aus, indem sie meinten, Ferdinand sei zwar in der Öffentlichkeit ein tadelloser Katholik, aber er teile heimlich die Sympathien seines Sohnes. Und sie gaben zu bedenken, daß sowohl Maximilian I. als auch Karl V. sich als nur „gewählte Kaiser" bezeichnet hätten, solange sie noch nicht vom Papst die Krone empfangen hätten.

Ferdinand versuchte sich auf verschiedene Weise zu rechtfertigen. Sein Gesandter in Rom, Martin Guzmán, kam der Kurie insofern entgegen, als er zustimmte, daß der Kaiser nicht von Ketzern gewählt werden könne. Da aber, lautete sein Argument, Karl nicht auf seinen Titel verzichtet, sondern ihn nur abgetreten habe, sei er nun mit Recht auf Ferdinand übergegangen. Für eine derart angestrengte Logik konnten sich die Kardinäle verständlicherweise nicht erwärmen. Sie akzeptierten aber auch nicht die um vieles überzeugendere Formulierung von Ferdinands Vizekanzler Georg Seld, die besagte, die Kurfürsten seien in weltlichen Angelegenheiten absolut unabhängig, solange sie eine klare Mehrheit für ihren Kandidaten zusammenbrächten. Nur in dem Fall, daß hinter ihm nur eine Minderheit stehe oder er selbst der Ketzerei verdächtigt sei, könne Rom seine Krönung in Frage stellen.[26] Obwohl sich Ferdinand über den Streit mit dem Papst äußerst erbittert zeigte, war er nach wie vor von tiefster Ehrfurcht für das päpstliche Amt erfüllt und versuchte sein Bestes, um den 81jährigen Pontifex zu besänftigen. Vergeblich. Paul IV. berief seinen Nuntius von Ferdinands Hof ab und brach damit die offiziellen Beziehungen zu einem der aufrichtigsten Verteidiger des Christentums ab. Auch Karls Tod führte zu keiner Änderung. Im Gegenteil, der Papst kritisierte nun den neuen Kaiser umso heftiger, beschuldigte ihn, Häretiker in seinen Ländern zu dulden, und warf ihm vor, die kirchlichen Interessen nicht genügend zu wahren.

Obgleich die deutschen Kurfürsten Ferdinand auf dem Reichstag in Augsburg 1559 versicherten, Papst Pauls Weigerung, seine Wahl anzuerkennen, wäre ihnen gleichgültig, war die Situation für Ferdinand schwer erträglich, sowohl in allgemein politischer als auch in persönlicher Hinsicht. Dies war nun der Moment, da Philipp sich als außerordentlich nützlich erweisen sollte. Ferdinand benötigte nämlich einen für den Papst akzeptablen Repräsentanten in Rom. Und niemand schien dafür geeigneter zu sein als der König von Spanien, der dem Papst als untadeliger Katholik erscheinen mußte, besonders auch, nachdem er sich öffentlich von der religiösen Versöhnungspolitik seines Onkels in Deutschland distanziert hatte. Ferdinands Entscheidung, den Deutschen 1557 ein theologisches Kolloquium in Worms zu gestatten, war sowohl von Paul IV. als auch von Philipp II. heftig kritisiert worden. Philipp hatte geäußert, daß solche Treffen nur zur Schwächung des Katholizismus im Reich beitragen könnten, indem die Teilnehmer verunsichert und in die Arme des Protestantismus getrieben würden. Außerdem drohte eine solche Versammlung die Arbeit des zukünftigen Kirchenkonzils zu unterminieren. Dem mußte Ferdinand zustimmen, da aber das Kolloquium 1552 in Passau beschlossen worden war, konnte er es unmöglich rückgängig machen.[27] Daß dann die

Katholiken unter der Führung des Jesuitenpaters Canisius fähig waren, die Protestanten auf der Versammlung untereinander zu spalten, wurde in Rom Philipps Einfluß auf seinen Onkel zugeschrieben. Tatsächlich war dieser nicht unbeträchtlich. Als zum Beispiel die Protestanten auf dem Reichstag von 1559 erneut den „geistlichen Vorbehalt" angriffen, konnte Philipp den Kaiser dazu bringen, diese Regelung zu verteidigen, um nicht schon wieder den Argwohn des Papstes zu erregen.

Obwohl also Philipp II. das Vorgehen Ferdinands gegen die Protestanten oft zuwenig energisch fand, verteidigte er seinen Onkel vehement gegenüber dem Papst im Juni 1558, indem er ihn als einen Mann schilderte, der mit ganzem Herzen der katholischen Sache diente. Außerdem pflichtete er Ferdinand bei, daß die Anwendung von Gewalt die Ketzer in Deutschland nur noch stärker gegen Rom einen würde. Und wie der Kaiser trat er für eine gründliche Reform des Papsttums selber ein. Obwohl sein Auftritt keine unmittelbaren Folgen zeigte, begann sich doch nach und nach eine Änderung in der Haltung der Kurie gegenüber dem Kaiser abzuzeichnen. Daran hatte allerdings auch der spanische Gesandte Francisco de Vargas einen großen Anteil. Immerhin überwand sich jetzt die Kurie so weit, daß sie öffentlich feststellte, sie billige zwar nicht die Religionspolitik des Kaisers, könne sich aber über sein eigenes religiöses Betragen nicht beklagen. Philipp riet dem Kaiser, auf diskrete Weise dem Papst sein Bedauern über die den Protestanten gemachten Konzessionen auszudrücken sowie über Maximilians Verhalten und anderer Vergehen (in den Augen Roms), wie zum Beispiel die Verleihung kirchlicher Würden im Reich, ohne die Bewilligung Roms einzuholen. Ferdinand, der weder die Christenheit durch einen endgültigen Bruch mit Rom schockieren noch die Kurfürsten dadurch beleidigen wollte, daß er ihre Bedeutung bei der Kaiserwahl herunterspielte, nannte den Rat Philipps „klug" und „katholisch".[28]

Philipps vermittelnde Dienste übten tatsächlich eine beruhigende Wirkung auf Paul IV. aus, der sich bereit erklärte, die Diskussion mit Ferdinand wieder aufzunehmen. Aber bevor hier echte Fortschritte erzielt werden konnten, starb der Pontifex und machte Pius IV. Platz, der sofort bereit war, das Angebot des Kaisers zu akzeptieren, sich privat bei ihm zu entschuldigen, um sich damit die Anerkennung seiner Wahl in Deutschland einzuhandeln. Die rituelle Handlung wurde von Ferdinands neuem Botschafter in Rom, Scipione d'Arco, ausgeführt, und zwar mündlich; denn Philipp hatte von allen schriftlichen Zeugnissen abgeraten, die nach Deutschland gelangen und Verdacht erregen könnten.[29] Das Ansinnen Roms, sich in Italien krönen zu lassen, lehnte Ferdinand ab, aus Furcht, die Protestanten (in Deutschland) zu provozieren. Trotzdem machte 1561 das Gerücht die Runde, er sei heimlich in Rom gekrönt worden. Daß Rom ihn nun endlich als Kaiser anerkannte, bedeutete ihm viel, auch wenn er die Sanktion der Kirche nicht in dem Maße erlangt hatte, wie es ihm lieb gewesen wäre. Im April 1560 kam der neue päpstliche Nuntius, der polnische Bischof Stanislaus Hosius, nach Wien, der selbst ein Vorkämpfer gegen das Luthertum war. Als Antwort auf die Antrittsrede des Gesandten versicherte Ferdinand ihn seiner tiefen Gläubigkeit und seines Wunsches, die Autorität des Papstes mit allen Kräften zu verteidigen. Dabei wurde er von Rührung übermannt und brach in Tränen aus. Und auch Hosius war so bewegt, daß er mitweinen mußte. Nachdem sie ihre Fassung zurückgewonnen hatten, gestand Ferdinand, daß er in seinem Leben erst einmal zuvor geweint hätte: beim Tod seiner Frau. Nach dieser Szene und dem nachfolgenden Gespräch hegte der Bischof keine Zweifel mehr an der Strenggläubigkeit des Kaisers.[30]

Daß die beiden Herrscher ihre Zusammenarbeit durch die Jahre hindurch beibehielten, ist insofern bemerkenswert, als ihre politischen Interessen sich keineswegs deckten. Am sichtbarsten wurde die gegenseitige Unterstützung natürlich innerhalb der Religionspolitik. Sowohl Karl als auch Ferdinand hatten immer wieder erklärt, daß sie ein allgemeines Kirchenkonzil, in dem weltliche und geistliche Stimmen zu Wort kommen würden, für eine adäquate Lösung hielten, aber keinem von beiden war je der Zeitpunkt für ein solches Konzil günstig erschienen. Auch Philipp dachte so. Wie Ferdinand fühlte er sich persönlich für die Einheit der Christenheit verantwortlich und lehnte daher wie dieser den Vorschlag des Kardinals von Lothringen ab, 1560 ein französisches Nationalkonzil zu veranstalten. Zu Meinungsverschiedenheiten kam es allerdings, als der spanische König in seiner militanten Art in Rom noch um militärische Hilfe gegen die französischen und deutschen Protestanten ansuchte, während das Konzil bereits festere Umrisse anzunehmen begann. Ferdinand, der überzeugt war, daß jede militärische Aktion den Erfolg des Konzils gefährden würde, legte sogleich schärfsten Protest bei seinem Neffen ein. Und dieser zeigte sich verständig, nannte die Reaktion des Kaisers „besonnen" und ließ seinen Plan fallen.[31]

Ferdinand hatte sich in dieser Situation so verhalten, wie er sich immer bei Meinungsverschiedenheiten mit seinem Neffen verhalten hatte: Indem er sich bemühte, den Standpunkt des anderen zu verstehen, hatte er das Konzil weiter vorangetrieben, auf das er so viel Hoffnungen gesetzt hatte. Zu weiteren Spannungen kam es, als sich Philipp II. und die Franzosen über die Sitzordnung der Delegierten zu streiten begannen. Die Franzosen behaupteten nämlich, daß ihre Repräsentanten bei derartigen Konzilen im Vergleich mit den Spaniern immer die angeseheneren Plätze eingenommen hätten. Dagegen mußte Philipp natürlich protestieren, beziehungsweise lehnte er es ab, darüber zu verhandeln. Ferdinand hatte dafür Verständnis und schlug zugleich einen Kompromiß vor: Die französischen Gesandten durften bei öffentlichen und Konzilssitzungen in der Nähe der kaiserlichen Gesandten Platz nehmen, aber bei Prozessionen und anderen festlichen Gelegenheiten hatten die Spanier die bevorzugten Plätze.

Der Prestigestreit zog sich durch das ganze Konklave und wurde letztendlich von Pius IV. zugunsten der Franzosen entschieden. Ferdinand setzte sich weiterhin für die Interessen seines Neffen ein, war aber zugleich bedacht, alles zu vermeiden, was die Erfolgschancen des Konzils hätte zerstören können. Er bat ihn daher immer wieder in aller Dringlichkeit, sich mit dem König von Frankreich über die Rangordnung zu einigen, damit das Konklave nicht an etwas scheiterte, was er „menschliche Anmaßung" nannte.

Manche Meinungsverschiedenheiten zwischen Onkel und Neffen regelten sich auch von selbst beziehungsweise durch die Umstände. So waren sie sich zum Beispiel nicht über die Form einig, in der die letzte Sitzung des Konzils vor sich gehen sollte. Der Augsburger Friede und der vorausgegangene Passauer Vertrag hatten zwar einen vorläufigen Frieden im Reich hergestellt, aber andererseits bei den Protestanten die Illusion entstehen lassen, daß aus Ferdinand noch mehr herauszuholen sei. Dies paßte weder Philipp II. noch Karl V. Ferdinand war aber nach wie vor davon überzeugt, daß man die religiöse Einheit nicht mit Waffengewalt wiederherstellen konnte. Umso besorgter zeigte er sich 1561 über den Inhalt der päpstlichen Bulle, die zur Fortsetzung des 1552 unterbrochenen Konzils von Trient aufrief, welches durch seine antiprotestantische Haltung geprägt gewesen war. Ferdinand war anders als der Papst und Philipp der Ansicht, daß man die Protestanten nur an den Verhandlungstisch bekommen würde, wenn man ein ganz neues Konzil veranstaltete, und zwar nicht in Trient, denn mit diesem Namen verbanden sich für die Protestanten zu viele unangenehme Erfahrungen. Er schlug daher Köln als Austragungsort des Konzils vor.[32]

Das Problem regelte sich von selbst. Die Protestanten zeigten nämlich weder für das eine noch für das andere Konzil Interesse. Es gab aber eine noch viel schwerwiegendere Meinungsverschiedenheit zwischen den beiden Habsburgern, und zwar über die Konzessionen, die Ferdinand den Protestanten in seinen Ländern machen wollte. Melanchthon hatte überzeugend dargelegt, daß die Protestanten für die Kirche zurückgewonnen werden könnten. Dazu müßte die Doktrin in zwei Punkten geändert werden: Kommunion in beiderlei Gestalt und die Priesterehe. Und auf Ferdinand war nach 1556 starker Druck von seinen Untertanen ausgeübt worden, ihnen den Kelch zu gestatten. So hatte Ferdinand 1560 in Rom um Erlaubnis gebeten, sowohl die Kommunion in beiderlei Gestalt als auch die Priesterehe in Deutschland zu gestatten.[33]

Aber Ferdinand ging es nicht nur um gewisse Konzessionen des Papstes, ihm ging es vor allem um wirksamere Mittel zur Stützung und Förderung der katholischen Kirche in seinen Ländern. Als Anhänger des Erasmus von Rotterdam glaubte der Kaiser, daß nur ein moralisch geläutertes Papsttum die Abtrünnigen wieder unter seinen Einfluß bringen könnte. Wenn aber weder der Papst noch das Konzil zu Reformen bereit wären, war Ferdinand entschlossen, selbst die Initiative zu ergreifen. Ende 1561 erklärte er dem Konzil, er würde in seinen Ländern nun selbst die Reform des klösterlichen Lebens in die Hand nehmen.[34]

Um aber die Einflußnahme weltlicher Gewalten auf das Konzil möglichst auszuschalten, hatte der Papst darauf bestanden, daß nur seine Legaten das Recht besaßen, die Tagesordnung des Konzils zu bestimmen. Dagegen aber hatten sich Philipp II. und Ferdinand I. von Anfang an gewehrt, eben weil sie die Möglichkeit für Reformen offenhalten wollten. Der Kaiser faßte seine Vorstellungen in seinem „ersten Reformlibell" im Juni 1562 zusammen. In dieser Schrift forderte er, daß das Konzil zu einer gründlichen Reform der Kirche aufrief und alle dogmatischen Streitfragen auf später verschieben sollte. Großen Wert legte er auf eine bessere theologische Ausbildung und die Beschaffung von geeignetem Lesestoff für Klerus und Laien. Auch die Vergabe kirchlicher Pfründe sollte besser geprüft werden.[35]

Alle diese Vorschläge stießen auf nur wenig Widerstand und wurden in der Tat am Ende in die Beschlüsse des Konzils aufgenommen. Das Reformlibell Ferdinands enthielt aber auch seine Forderungen, in Deutschland, Österreich und Böhmen den Kelch und die Priesterehe zuzulassen. Und da ihm an diesen Forderungen, besonders am Kelch, außerordentlich viel lag, war er bereit, mit dem Papst und dessen Legaten in der Frage, wer die Tagesordnung zu bestimmen habe, einen Kompromiß zu schließen. Er stimmte also zu, daß die päpstlichen Legaten diese seine Forderungen auf die Tagesordnung setzten, und signalisierte damit, daß er der kirchlichen vor der weltlichen Macht das Vorrecht einräumte, die Geschäftsordnung des Konzils zu bestimmen.

Philipp II. war aber nicht nur gegen die Konzessionen, die sein Onkel zu erreichen trachtete, sondern er war auch nicht bereit, sich seine eigene Macht über die spanische Kirche rauben zu lassen und daher bestrebt, die Tagesordnung des Konzils dahingehend zu beeinflussen. Um den offenen Krach sowohl mit Philipp als auch mit Rom zu vermeiden, versprach Ferdinand jeder Seite, was sie von ihm wollte. Während er den päpstlichen Legaten das Recht zusprach, die Tagesordnung zu bestimmen, gab er auf der anderen Seite Philipp recht, indem er sich bedauernd darüber äußerte, daß die Stellvertreter des Papstes seine Vorschläge so lange zerpflücken würden, bis nichts mehr von ihnen übrig wäre.[36]

Die Forderung, den Kelch zu gestatten, stieß denn auch sowohl beim Papst als auch beim Konzil auf den heftigsten Widerstand und wurde mit „irrig" bezeichnet. Die Protestanten seien mit ihrer Kelchforderung nicht aufrichtig gewesen, argumentierte der Jesuit Jaime Lainez; denn sie hätten nie die Absicht gehabt, in den Schoß der Kirche zurückzukehren. Da Ferdinand spürte, daß er so nicht weiterkam, gab er mit seinen religiösen Beratern im Juni 1563 eine Neufassung seines Programms heraus, das sogenannte „zweite Reformlibell", in dem so umstrittene Forderungen wie die Priesterehe gestrichen waren. Der Kelch aber und eine grundlegende Reform von Papsttum und Kirche waren weiter in ihr enthalten. Er billigte hierin auch weitgehend den Legaten das Recht zu, seine Vorstellungen dem Konzil zu präsentieren, aber nicht so ausdrücklich, daß er damit den König von Spanien vor den Kopf gestoßen hätte. Zu Philipp meinte er, er solle seine Ansichten darüber ruhig weiter vorbringen, ohne allerdings das Konzil dadurch zu gefährden, so wie er Philipp niemals direkt aufforderte, seine Einwände zurückzuziehen, sondern es vorzog, seinen von Natur aus vorsichtigen Neffen zu noch größerer Vorsicht zu erziehen. Zugleich gab er Philipp das Gefühl, daß er mit ihm in allen Punkten zusammenarbeiten würde, in denen es ihm möglich war. Und de Luna konnte im März 1563 berichten, daß der Kaiser sogar nach Rom reisen würde, wenn Philipp dies nötig erschiene.[37] Aber erst im Dezember 1563 erklärte sich Philipp bereit, seine Einwände gegen die Art und Weise, wie die Tagesordnung bestimmt worden war, fallen zu lassen, nachdem man seinetwegen die Beschlüsse des Konzils etwas abgeändert hatte.

Die Entscheidung über die Kelchfrage übertrug das Konzil Papst Pius IV., worauf dieser Ferdinand im April 1564 die Erlaubnis für den Kelch in Österreich und Böhmen erteilte. Philipp, den seine Theologen gewarnt hatten, mit einem solchen Schritt Präzedenzfälle zu schaffen, äußerte Ferdinand gegenüber seine Unzufriedenheit mit dieser Regelung. Und Ferdinand wiederholte einmal mehr sein Argument, daß die religiöse Situation in ihren Ländern so verschieden sei, daß sie auch verschiedene Strategien zu entwickeln hätten. Für ihn sei dies die einzige Möglichkeit, Deutschland für die katholische Kirche zu retten. Auch Karl V. habe Paul III. um den Kelch für die streitsüchtigen Deutschen gebeten, führte er an und hoffte damit den „Sohn“ in Philipp zu treffen. Dabei hatte Papst Paul III. damals den Kelch nur in Einzelfällen gestattet, im Zusammenhang mit dem Augsburger Interim. Philipp antwortete, er wolle nichts mit Ferdinands Religionspolitik zu tun haben, worauf Ferdinand, dessen Gesundheitszustand nicht mehr der beste war, nichts zu erwidern wußte.[38] Immerhin war es ihm wieder einmal gelungen, seine Wünsche in den wesentlichsten Punkten zu realisieren, ohne sich mit seinem Neffen zu entzweien, der guten Grund dazu gehabt hätte. Dies war zum Teil dem Umstand zu verdanken, daß auch Philipp dazu erzogen worden war, vor allem Rücksicht auf die Interessen der Dynastie zu nehmen; zum anderen und größeren Teil der geschickten Mischung von psychologischer Menschenführung, gesundem Egoismus und klarer Zielsetzung, mit der Ferdinand I. die Familiengeschäfte zu führen pflegte.

XV.
Die Familie

In den Beziehungen Ferdinands I. zu seinen Verwandten – zu Karl, zu Philipp, zu seinen Kindern – spielte also bei aller Gleichgesinntheit und Sympathie durchaus auch die Berechnung eine dominierende Rolle. Wie die Kredite der süddeutschen Kaufleute mußten auch die Blutsbande dafür herhalten, seine politischen Ziele zu verwirklichen, ob sie sich nun mit denen seines Bruders und Neffen deckten oder nicht. Bei seinen Kindern war es insofern komplizierter, als er hier seine egoistischen Ziele nur durch ihr Wohlergehen realisieren konnte. Er tat daher wesentlich mehr zu ihrer Protektion, als er je für Karl und Philipp getan hatte, und ließ keine Gelegenheit zur Förderung ihrer Interessen vorbeigehen.

Eine bewährte Methode, um seinen Zielen näher zu kommen, war die dynastische Heiratspolitik, und Ferdinand war denn auch einer der erfolgreichsten Heiratsvermittler seiner Epoche. Es gelang ihm, alle seine Töchter – bis auf eine, die er ins Kloster steckte – mit regierenden Herrschern zu verheiraten. In dem Fall, daß ihre Verlobten noch minderjährig waren, wurde im Heiratsvertrag ausdrücklich festgestellt, daß der betreffende junge Mann nach seiner Großjährigkeit den Herrscherthron besteigen würde. Der einzige, der bei diesen Ehegeschäften nicht mitspielen wollte, war er selber. Kurz nach seinem 44. Geburtstag zum Witwer geworden, mochte er keine neue Ehe mehr eingehen, was in krassem Gegensatz zu den Gepflogenheiten seiner Zeitgenossen in ähnlichen Positionen stand. Schuld daran war zum guten Teil die Tatsache, daß er nie aufhörte, um seine erste Frau zu trauern, zum Teil waren es aber auch rein praktische Erwägungen, die ihn davon abhielten. So lehnte er es 1557 ab, sich mit einer portugiesischen Prinzessin zu vermählen, weil er angesichts der Größe seiner Familie und der Last der Türkenkriege nicht noch mehr territoriale Verpflichtungen auf sich laden wollte.[1] Seine Kinder verheiratete er dagegen quer durch Mittel-, Ost- und Südeuropa, von Mantua, Ferrara und Toskana nach Kleve, Bayern und Polen. Damit sind nur die Ehen angeführt, die tatsächlich zustande gekommen waren und nicht die Fülle der nicht realisierten Projekte.

Von unserem heutigen Standpunkt erscheinen uns diese Praktiken reichlich herzlos und unmenschlich, da doch der Zweck dieser Ehen ein rein politischer und symbolischer war. Man muß aber Ferdinand zubilligen, daß er nicht ohne väterliche Gefühle gerade für seine Töchter war und oftmals Verständnis für die schwierigen Situationen aufbrachte, in denen sie sich manchmal befanden. So war es im Fall Elisabeths, seines ältesten Kindes, und ihrer Schwester Katharina, die beide nacheinander unglücklich mit Sigismund August von Polen verheiratet waren. Daran waren sowohl ihre Schwiegermutter, Königin Bona, als auch der König selber schuld, der die Ehe mit seiner zweiten habsburgischen Frau nicht vollzog. Ferdinand schickte eigens Maximilian an den jagellonischen Hof, um zu erforschen, auf welche Weise er hier helfen könnte.[2] Auch seine Schwiegertöchter, zumindest die, die es aufgrund regulärer Heiratsverhandlungen wurden, behandelte er durchaus nicht nur als Handelsobjekte. Zum Beispiel war er seiner spanischen Nichte, die Maximilians Frau wurde, sehr zugetan und bekümmerte sich um ihre zahlreichen Schwangerschaften und Geburten mit ebensoviel Hingabe wie ihr Gatte. Die Schwiegertöchter gehörten zu seiner Familie, und er teilte ihre Freuden und Leiden.

Vorrang hatte natürlich die Möglichkeit, durch die Ehen seiner Söhne zusätzliche Kronen in die Dynastie einzubringen. So wurde auf Ferdinands Drängen Maximilians Frau in dem Verlobungsvertrag ausdrücklich als eine potentielle Erbin der spanischen Kronen bezeichnet. Und so sehr ihn Katharinas unglückliche Ehe bekümmerte, so wenig hielt es ihn davon ab, die Kinderlosigkeit dieser Ehe als Voraussetzung für die Bewerbung seines ältesten Sohnes als polnischer König zu sehen. Die sonst unübliche weibliche Thronfolge in England und Schottland ließ Ferdinand auch zugunsten seiner jüngeren Söhne Ferdinand und Karl aktiv werden. Im Fall Maria Stuarts stellte er die Bedingung, daß sie katholisch bleiben und als Herrscherin ihres Königreichs anerkannt werden müßte. Den Vertrag, den er dagegen zwischen Karl und Elisabeth I. abzuschließen wünschte, hätte den jungen Mann zum Verwalter des Königreichs gemacht, um, wie Ferdinand sagte, „seinen Sohn in der Nähe der Macht“ anzusiedeln.[3]

Das größte Hindernis bei all diesen Heiratsplänen waren oftmals konfessionelle Schwierigkeiten. So beschloß er auf dem Reichstag von Speyer 1544 mit dem Kurfürsten Johann Friedrich von Sachsen die Eheverbindung zwischen dem Sohn des Kurfürsten und Erzherzogin Eleonore unter der Bedingung, daß man im Reich zu einem Religionsfrieden gelange. Als daher 1553 Johann Friedrich bei Ferdinand anfragen ließ, ob er die Abmachung einhalten wolle, lehnte Ferdinand ab mit der Begründung, man habe ja seine religiösen Bedingungen nicht akzeptiert. Tatsächlich hatte er schon in seinem Testament von 1547 auf den Heiratsplan verzichtet. Nur in seltenen Fällen war er bereit, seine religiösen Bedenken beiseite zu schieben. Zum Beispiel, als es um die Ehe mit Elisabeth I. von England ging. In diesem Fall schien ihm die Verbindung deshalb so wichtig, weil auch Frankreich und Dänemark sich um die Königin bewarben und damit die Möglichkeit bestand, daß England unter die Herrschaft des größten Feindes der Habsburger oder einer lutherischen Macht geriete. Angesichts dieser Perspektiven forderte Ferdinand seine Gesandten zu äußerster Vorsicht in allen konfessionellen Angelegenheiten auf und hoffte, daß die Religionsprobleme bei den Verhandlungen möglichst nicht im Mittelpunkt ständen, eine Hoffnung, die insofern realistisch war, als Elisabeth sich ja noch nicht unwiderruflich zu einer der in Frage kommenden Religionen bekannt hatte.[4] Schließlich verboten ihm aber seine katholischen Gefühle dann doch, auf die Forderungen Elisabeths bezüglich seines Sohnes einzugehen. Außerdem versprach er sich einige Vorteile davon, daß sie einen Anglikaner heiratete, weil sich damit die katholische Opposition in England nur verstärken würde.[5]

Als Hemmschuh erwies sich auch der zerrüttete Zustand seiner Finanzen. So klagte er in der zweiten Hälfte der fünfziger Jahre, daß er kaum die täglichen Kosten seiner eigenen Küche decken könnte, und machte Maximilian darauf aufmerksam, daß er in dieser Hinsicht nichts von ihm zu erwarten hätte. Ein Grund für die Leere in der Staatskasse waren wie immer die Kosten der Türkenkriege, die umso drückender wurden, je höher die Inflationsrate stieg und die Ressourcen dahinschwanden. 1554 gab es in Slawonien 56.000 Haushalte, die für Militärzwecke 2324 Gulden Steuern zahlen sollten und nur 1327 aufbrachten. Die Preise für Grundnahrungsmittel wie Brot und Käse waren in den letzten 50 Jahren drastisch gestiegen, was sich in der Folge auf alle anderen Preise auswirkte, auch auf die Kreditzinsen.[6] Von 1552 bis 1555 hatte Ferdinand 1,270.000 Gulden Schulden gemacht, und nun wurde es immer schwieriger für ihn, das Geld für die Zinsen aufzubringen. Bis 1562 lieh er sich weitere 1,610.083 Gulden aus, aber nun wurden langsam auch die Kreditgeber knapp. 1563 fand Maximilian nur noch 10.867 Dukaten in der Kriegskasse vor. Er brauchte aber 30.000 Dukaten für einen Tribut, den Ferdinand aufgrund des Vertrages von 1562 an die Pforte zu zahlen hatte. Nach vielem Hin und Her brachte er es auf 8000 Dukaten aus habsburgischen Besitzungen in Kärnten. Dazu kamen 120 Goldmark vom Erzbischof von Salzburg und einige Taler, die in Konstantinopel in Dukaten umgerechnet werden mußten.[7]

Dabei waren Ferdinands Lebensgewohnheiten und der äußere Rahmen seines Lebens trotz der Anhäufung von immer neuen Würden einfach geblieben. Aus den Illustrationen des *Thurnierbuches* des burgundischen Edelmannes Hans von Francolin von 1560 geht hervor, daß sich die Wiener *Hofburg* seit Ferdinands erstem Betreten nur wenig verändert hatte. Der einzige Schmuck seiner damaligen Burg war das Renaissanceportal des Schweizertors von 1552/53, das in den Hof führt. Seine Großzügigkeit anderen gegenüber nahm allerdings in den letzten Jahren seines Lebens extravagante Züge an. Nur ein Teil dieser Auslagen war wirklich notwendig. Aber in einem Zeitalter, in dem die Art der Darstellung eine wichtige funktionelle und symbolische Rolle spielte, konnte es sich ein Herrscher kaum leisten, an seinem Hof auf allen Prunk zu verzichten. In dem oben zitierten *Thurnierbuch* wird Ferdinand auch an der Tafel gezeigt, umgeben von einem zahlreichen Gefolge und mehreren Mitgliedern seiner Familie, die letzteren in den österreichischen Farben rot-weiß gekleidet, nämlich in roten Samt mit weißem Hermelinbesatz. Alle tragen Goldketten, und im Hintergrund erkennt man ein Tischchen mit goldenem Tafelgeschirr, das sichtlich zur Schau gestellt wurde, um den Betrachter zu beeindrucken. Die Wände zieren riesige Wandteppiche.

Nun genügte es aber nicht, daß nur das Oberhaupt der Herrscherfamilie Prunk entfaltete. Die Kraft eines dynastischen Systems beruhte ja darauf, daß die Familie als ganze an der Regierung ihrer Länder beteiligt war. So brauchte jedes Familienmitglied seinen eigenen Hof, und jeder Hof, besonders von den männlichen Familienmitgliedern, mußte einen gewissen Glanz widerspiegeln. Zu Ferdinands Ausgaben für seinen eigenen Hof kamen also die Ausgaben für seine Söhne und das Damenstift in Tirol, in dem er seine unverheirateten Töchter unterbrachte. Maximilian war nun weit verschwenderischer veranlagt als sein Vater und hatte nie die notwendigen Mittel beisammen, um seinen Verpflichtungen nachzukommen. So wollte er 1552 für die fällige Tributzahlung an die Türken eine Mitgiftzahlung Karls V. verwenden. Als diese nicht kam, sah er sich zu seinem großen Ärger gezwungen, „viele seiner besten Stücke“ zu verkaufen, wie sein Vater es nannte. 1551/52 gab er für seine Hofhaltung 224.277 Gulden aus. 1564 überstiegen die Ausgaben in Tirol die Einnahmen um 31.000 Gulden. Über die Hälfte der gesamten Ausgaben waren in die Innsbrucker Hofhaltung und in die Verwaltung der Länder geflossen. Die Erzherzoginnen, die 1553 bis 1555 noch mit 30.100 Gulden ausgekommen waren, verlangten nun für ein Jahr allein 40.000.[8]

Zu diesen Summen kamen nun noch Hunderte und Tausende von Gulden, die für Bestechungen und Entlohnungen verschwendet wurden. Ausländische Beobachter an Ferdinands Hof stellten fest, daß bei der Vergabe von Geldern für die Haushalte der Kinder und für die Bezahlung ihrer Diener und Ratgeber große Summen veruntreut wurden. Das Geld wurde nämlich nicht nach Posten gegliedert, so daß viele reichlich Gelegenheit fanden, von Ferdinands Achtlosigkeit in diesen Dingen zu profitieren. Auch dem päpstlichen Nuntius Vincenzo Pimpinella kam diese Großzügigkeit zustatten, als nämlich das Geld für seinen Unterhalt aus Rom ausblieb und Ferdinand ihm monatlich 200 Gulden zukommen ließ.[9] In den fünfziger Jahren bestand Ferdinands engster Mitarbeiterstab aus Johann Trautson, der von 1544 bis 1558 sein Oberhofmeister war, aus seinem Vizekanzler, Jacob Jonas, und Georg Gienger, seinem Stellvertreter in Augsburg. Alle waren von niederer Abstammung, alle hatten in bescheidenen Verhältnissen gelebt, als sie in Ferdinands Dienste traten, und alle konnten sich eines wachsenden Wohlstandes erfreuen. 1548 berichtete Martin Guzmán, daß von zehn Männern, die sein Herr kürzlich in seine Dienste genommen hatte, acht über 100.000 Gulden jährlich verdienten und zwei über 50.000 Gulden. Guzmán selber, der zu Ferdinands Vertrauten zählte, hatte von dem damaligen König einmal 30.000 Taler geschenkt bekommen. Nach 1559 begannen seine Diener ihn zu verlassen, weil er ihnen keine Geschenke mehr machen konnte. Was sie für sich auf die Seite gelegt hatten, bleibt reine Vermutung.[10]

Vermutung bleibt auch, warum er sich so ausnehmen ließ. Gienger und Jonas waren deklariert deutschfreundlich, und Ferdinand fand es möglicherweise politisch opportun, sie an der Spitze der Regierung zu sehen. Zweifellos fand er auch Gefallen an ihrem geistigen Niveau. Ferdinand liebte nämlich die Gesellschaft von Leuten, die wie er ihre Frömmigkeit mit kosmopolitischer Kultiviertheit verbanden. Die vorher Genannten aber überboten sich in diesen Eigenschaften, so daß Grund zur Annahme besteht, daß Ferdinand sich von ihrem Verhalten blenden ließ.[11]

Man muß hier aber auch hervorheben, daß sich Ferdinands Hof in dieser Hinsicht nicht von allen anderen Höfen seiner Zeit unterschied. Die Verwaltungsfachleute des 16. Jahrhunderts übernahmen im allgemeinen ihre Posten mit der Absicht, sich an ihnen privat zu bereichern, denn reguläre Pensionen waren unbekannt. Schließlich dürfte Ferdinand einfach keine andere Wahl gehabt haben. Es war nicht immer leicht, kompetente Männer für die Verwaltungsarbeit und die Diplomatie zu finden, die den Ansprüchen der Habsburger gerecht wurden, und noch weniger, sie zur Moral in finanziellen Dingen zu erziehen. Als 1547 Karl V. geeignete Männer suchte, um kürzlich verstorbene Räte zu ersetzen, zum Beispiel seinen Vizekanzler im Reich, Johann Naves, wußte Ferdinand keinen Ersatz. Die einzigen, die er für geeignet hielt, konnten zwar Deutsch und Latein, aber kaum Französisch und Spanisch, oder sie konnten Latein besser als Deutsch oder wollten aus persönlichen Gründen ihre gegenwärtige Position nicht aufgeben. Bei den Militärs sah es ähnlich aus. Einer der wenigen kompetenten Kommandanten, die Ferdinand hatte, der Marquis de Marignano, der auch den unglückseligen Feldzug von 1542 mitgemacht hatte, war sich ebenfalls nicht zu gut, aus seinem Dienst Profit zu schlagen. Ferdinand wußte davon und verabscheute derartige Praktiken, er konnte ihn jedoch nicht missen, und auch Karls hohe Einschätzung des Marquis milderte seine Strenge.[12]

Aber wo auch immer die Gründe für Ferdinands allbekannte Armut liegen mochten, sie verringerte die Heiratsaussichten seiner Kinder und machte sie sogar manchmal zunichte. Zumindest sorgte sie für peinliche Situationen. Als 1548 der Herzog von Mantua darum bat, daß ihm seine Verlobte geschickt würde, da beide ins heiratsfähige Alter gekommen waren, versuchte Ferdinand mit allen Mitteln, die Reise zu verschieben, weil er die Mitgift nicht bezahlen konnte. Diese aber konnte er nicht bezahlen, weil er noch nicht einmal seinen finanziellen Verpflichtungen gegenüber seinen Schwiegersöhnen Albrecht von Bayern und Herzog Wilhelm von Kleve nachgekommen war. Philipp wurde daher mit der Mission betraut, den Herzog von Mantua in Flandern, wo die Verlobten sich treffen sollten, so lang wie möglich zu unterhalten, damit die Vollziehung der Ehe so lang wie möglich hinausgeschoben wurde. Und Maria Stuarts Berater zögerten nur deshalb, den jungen Erzherzog Karl als Brautwerber anzuerkennen, weil sie ihn für zu mittellos hielten, um der Gatte einer Frau zu werden, deren Sinn für finanzielle Realitäten hinlänglich bekannt war.[13]

Es war also nicht weiter verwunderlich, daß Ferdinands beengte finanzielle Verhältnisse zur Folge hatten, daß seine Söhne nur wegen ihrer Titel und nicht wegen ihres privaten Vermögens in Europa für attraktive Bewerber gehalten wurden. Daher erhielten Ferdinands testamentarische Verfügungen ein außerordentlich hohes Gewicht. Seine Entscheidung, seine Länder zu teilen und Maximilian Niederösterreich, Böhmen und Ungarn, seinem Sohn Ferdinand dagegen Tirol und Vorderösterreich, und Karl schließlich Steiermark, Kärnten, Krain und Friaul zu übertragen, war einer seiner umstrittensten Beschlüsse, zumindest in der Gelehrtenwelt. Denn in gewissem Sinn widersprach er damit dem zentralistischen Modell, das er doch in seiner Verwaltung anstrebte. Die Zeitgenossen interpretierten seine Entscheidung so, daß er aufgrund der individuellen Schwächen seiner Söhne, womit Maximilians schlechter Gesundheitszustand, Ferdinands Unbeherrschtheit und Karls schwacher Charakter gemeint ist, keinen von ihnen mit dem gesamten Besitz belasten wollte. Aber er teilte nicht nur seine Länder, sondern auch seine Schulden, so daß manch einer daraus folgerte, er habe die Länder nur deshalb geteilt, damit jeder Sohn in der Lage sein würde, seinen Teil der väterlichen Verpflichtungen zu tragen. Maximilian hatte dasselbe mit Karl und Ferdinand versucht, wobei der letztere am Ende den Löwenanteil der großväterlichen Schulden übernahm und dafür von seinem Bruder mit mehr Ländern versorgt wurde, als ursprünglich vorgesehen war.[14]

Die 1554 erschienene testamentarische Verfügung, die als legale Rechtsbasis für Ferdinands tatsächlich durchgeführte Teilung diente, sprach von der Aufteilung des Erbes als einem Mittel, Neidgefühle zwischen den Brüdern auszuschalten. Und man mochte Ferdinand zubilligen, daß er sich auf diesem Gebiet auskannte. Allerdings gab es gerade bei den Söhnen Ferdinands wenig Anzeichen dafür, daß so etwas zu erwarten war. Und man sollte auch nicht vergessen, daß Ferdinand sich mit seiner Teilung an den damals üblichen Usus hielt. Wie viele Testamente des 16. Jahrhunderts empfahl auch die *Verordnung* von 1554 ebenso wie die frühere Version von 1543 die Länderteilung nur als letztes Mittel, um die Einheit der Familie zu bewahren. Und wie seine deutschen Herrscherkollegen legte auch Ferdinand seinen Söhnen ans Herz, gemeinsam zu agieren, auch wenn das Erbe zwischen ihnen aufgeteilt wurde. Er selber tat sein Bestes, um eventuelle Spannungen klein zu halten. So erinnerte er 1547 seine Söhne daran, daß schon im 132. Psalm der Friede zwischen Brüdern gepriesen wurde: „Ecce quam bonum et quam jucundum abitare (sic!) fratres in unum.“ Zugleich machte er sie darauf aufmerksam, daß jeder, auch ihre eigenen Diener, es versuchen würde, Zwietracht zwischen ihnen auszusäen, und empfahl ihnen die christliche Nachsicht als einfachstes Mittel, um die harmonischen Beziehungen in der Familie aufrechtzuerhalten. Sollte einer der Brüder den anderen verletzen, so sollte dieser die Beleidigung ruhig hinnehmen. Ferdinand verwies auf seine eigene Geduld in den oft problematischen Beziehungen mit seiner Schwester, Maria von Ungarn. Gott, meinte er, würde ein solches Verhalten in der Ewigkeit belohnen und womöglich schon in dieser Welt. Aber Ferdinand war ein zu großer Realist, um nicht die wahre Bedeutung der Friedfertigkeit in der Familie für das Diesseits zu erkennen, und er tat sein Bestes in seinem Testament, um dies zu unterstreichen. So ordnete er an, daß die Einkommen aus den verschiedenen österreichischen Ländern vereinheitlicht werden sollten, auch wenn der eine Bruder über ein wesentlich kleineres Gebiet herrschte als der andere. Trotz der vielen Lasten, die Maximilian als König von Ungarn und Böhmen allein an Verteidigungskosten erwarteten, bürdete Ferdinand ihm noch die Last einer jährlichen Summe für die jüngeren Erzherzöge und deren legitime Erben auf, die er aus den Einkünften beider Königreiche zu entnehmen hatte. So entsprach es im übrigen der Tradition beider Königreiche. Dagegen waren Karl und Ferdinand verpflichtet, dem König gegen die Osmanen Hilfe zu leisten.[15]

Dabei verlor Ferdinand niemals den Zusammenhang zwischen den zukünftigen Besitzungen seiner Söhne und einem möglichen Gebietszuwachs aufgrund erfolgreicher Ehen aus dem Auge. In dieser Hinsicht am schwierigsten erwies sich Erzherzog Karl, seitdem im Ehevertrag Maximilians mit seiner spanischen Cousine festgelegt worden war, daß er König von Böhmen sein würde, und seitdem Erzherzog Ferdinand 1557 eine morganatische Ehe mit Philippine Welser geschlossen hatte. Den endgültigen Entschluß, die Länder zu teilen, faßte Ferdinand übrigens während der Verhandlungen mit Maria Stuart 1563. Indem er nämlich die Trümpfe seines Sohnes aneinanderreihte, ließ er sich zu einer glühenden Beschreibung seiner glänzenden Zukunft hinreißen, die er mit der Behauptung beendete, nicht einmal Kaiser Friedrich III. hätte so viele Länder im südöstlichen Teil des habsburgischen Erbes beherrscht.[16]

Ob reich oder arm, die jungen Erzherzöge wurden von früh auf dazu erzogen, Autorität auszuüben; denn auf ihrer persönlichen Mitregentschaft ruhte das dynastische System, besonders wenn es sich wie bei Ferdinands Herrschaftsbereich um so viele verschiedene Volksgruppen handelte. Als 1551 eine aus allen Teilen Europas zusammengestellte Armee die Burg Lipa in

Ungarn stürmte, meinte der venezianische Botschafter Michele Suriano, der Angriff wäre sicher viel erfolgreicher gewesen, wenn der König selbst oder einer seiner Söhne ihn geleitet hätte. Damit hatte er insofern recht, als Ungarn, Böhmen und Deutsche schlecht miteinander auskamen und sie sich nur einig in ihrem Haß auf die Spanier und Italiener waren.[17] Manchmal griff Ferdinand auch auf seine Schwiegersöhne als Stellvertreter zurück, z. B. auf Albrecht von Bayern, der 1556 in seinem Namen den Reichstag von Regensburg eröffnete. Aber meistens waren es doch die eigenen Söhne, die ihn vertraten, genauer gesagt, hauptsächlich Maximilian und Ferdinand, da Karl als 1540 Geborener noch zu jung war. 1544 nahm der Kaiser den 17jährigen Maximilian und seinen um zwei Jahre jüngeren Bruder mit nach Speyer, um sie in aller Form den Fürsten vorzustellen.

Zuweilen schien Ferdinand die Söhne nur als Informanten und Kuriere benutzt zu haben, dann wieder ging es um entschieden mehr Verantwortung. So wurde Maximilian 1546 damit beauftragt, den Landtag der Oberlausitz zu eröffnen und mit dem böhmischen Adel in Prag zu verhandeln, während Ferdinand zu einem Treffen mit Karl V. nach Regensburg eilte. 1555 waren bereits alle drei Erzherzöge Mitglieder des Geheimen Rates. 1556 übertrug er Maximilian die militärische Verwaltung Ungarns. Zwar hatte er ein wachsames Auge auf ihn, besonders bei seinen Verhandlungen mit den Türken, aber im allgemeinen unterstützte er die Aktivitäten seines Sohnes und hielt sich mit seiner Kritik zurück. Wenn etwas schiefging, dann tröstete er ihn, und wenn er Erfolg hatte, sparte er nicht mit Lob.[18] Als er 1556 seinen neuen *Hofkriegsrat* einrichtete, ernannte er Maximilian zu seinem Stellvertreter und wandte sich auch an ihn, als er Schwierigkeiten hatte, entsprechende Leute für den neuen Rat zu finden.

Sein Vertrauen ist umso höher zu bewerten, als alle drei Söhne nicht ganz den Erwartungen entsprachen, die der Vater in sie gesetzt hatte. So mißfiel ihm verständlicherweise die Heirat seines Sohnes Ferdinand mit Philippine Welser zutiefst. Als er das junge Paar bestrafte, beklagte er allerdings ausdrücklich die Heimlichkeit ihrer Handlung und die Übertretung des väterlichen Willens und nicht so sehr die Unangemessenheit der Verbindung, möglicherweise, weil er es sich nicht leisten konnte, den angesehenen und reichen Augsburger Kaufmann Welser zu beleidigen.[19] In dem Dokument von 1561, in dem Ferdinand das junge Paar dazu zwang, sich bei ihm zu entschuldigen, stellte er ausdrücklich fest, daß die männlichen Nachkommen dieser Verbindung keinen Anspruch auf das habsburgische Erbe besaßen, es sei denn, die männliche Hauptlinie starb aus. Er bewilligte aber den Kindern Ferdinands und seiner Frau angemessene Einkünfte und, nach einiger Zeit, auch dem Erzherzog selbst, dem er das Schloß Ambras in Tirol als Residenz zuwies. Ferdinand sollte hier eine der berühmtesten Kuriositätensammlungen der Spätrenaissance zusammenstellen.

Am meisten Sorgen bereitete jedoch Maximilian seinem Vater, schon allein weil sein Status als Erstgeborener ihn zu höherer Verantwortlichkeit als die anderen verpflichtete. Dabei hatte der Sohn viel von seinem Vater. Um 1550 zeigt sein Gesicht eine ähnliche Übererregbarkeit, die einst seinen Vater ausgezeichnet hatte, und beide Männer waren von einer unüberwindlichen Lust zum Regieren erfüllt. Während aber Ferdinand zwischen dem verschwenderischen Prunk des Hoflebens und seinem wesentlich kargeren Privatleben wohl zu unterscheiden wußte, war Maximilian nicht dazu fähig. Ferdinand hatte seit seiner Jugend gelernt, sein Temperament zu zügeln, und bestach alle durch seinen Charme und seine Höflichkeit. Auch Maximilian war lebhaft, konnte sich jedoch schlecht beherrschen und lehnte sich immer wieder gegen die hierarchische Organisation seiner Familie auf, die ihm Ehrerbietung vor den Ranghöheren abverlangte. Von seinem Onkel hatte er den Hang zur Schweigsamkeit geerbt. Auch das unterschied ihn von seinem eher mitteilsamen Vater.

Bei aller Geselligkeit bewahrte sich Ferdinand immer eine gewisse Würde. Sein Leben lang liebte er gute Musik, beschäftigte sich wie viele an seinem Hof mit dem Gedankengut des Erasmus von Rotterdam und befleißigte sich in seinen persönlichen Beziehungen gerne eines belehrenden Tones. Maximilian war als Jugendlicher dagegen alles andere als seriös und schockierte schon 1546 und 1547 oftmals seinen Vater durch sein Verhalten. Am liebsten beschäftigte er sich damit, auf einer Harfe zu klimpern und mit einem gezähmten Bären zu spielen.[20] Später, als er seinen Onkel während des Schmalkaldischen Krieges ins Lager begleitete, begann er zu trinken und unternahm mit Leuten, die sein Vater „leves homines" nannte, Sauftouren in München und an anderen Orten Süddeutschlands. 1546 verweigerte er dem Kaiser offen den Gehorsam, indem er es ablehnte, den ihm befohlenen Wachdienst auszuüben. Ferdinand warf ihm ärgerlich vor, er hielte sich wohl für klüger als der Kaiser, und zitierte ein italienisches Sprichwort: „... qui asino e et cervo se crede al saltar del fosco se vede ..."[21] (zu deutsch: Wer ein Esel ist und sich für einen Hirsch hält, sollte sich hüten, über den Graben zu springen.)

Auch aus gesundheitlichen Gründen machte sich Ferdinand Sorgen über die exzessive Lebensführung seines Sohnes. Vor allem aber fürchtete er, daß sich Maximilian auch später von seiner Vergnügungssucht leiten lassen und sich mit Beratern umgeben würde, die ihm nach dem Mund redeten. Deshalb erinnerte er ihn an Rehabeam, den Sohn Salomos, der lieber dem Rat der jungen Männer um sich herum folgte als dem der Weisen des Königreichs und einen Aufstand machte, der zur Teilung der Stämme Israels führte.[22]

Nach seiner Heirat gab nun Maximilian tatsächlich sein liederliches Leben auf. Seine Frau gebar ihm 15 Kinder, die gleiche Anzahl, die auch seine Eltern hervorgebracht hatten, und es scheint, daß er seiner Frau genauso treu gewesen war wie sein Vater seiner Mutter. Hingegen boten seine politischen und religiösen Allüren weiter Anlaß zur Sorge. Dazu kam seine dauernde Unzufriedenheit mit seiner finanziellen Situation. Zwar stellte sich seine Ehe als emotionell zufriedenstellend heraus, aber sie hatte ihm wenig materiellen Gewinn gebracht. So bat er seinen Vater immer wieder um Geld, zum Beispiel um die schlesischen Einkünfte von 20.000 Talern jährlich, die Ferdinand selber dringend benötigte.

Der Haß, den er auf alles Spanische, ausgenommen seine Frau, hatte, nahm beängstigende Züge an. Auch als Karl V. sich nach 1555 und 1556 bemühte, seine persönlichen Beziehungen zu seinem Schwiegersohn und die Beziehung zwischen dem Erzherzog und Philipp zu entschärfen, machte Maximilian wenig Anstalten, seine Haltung zu ändern. Seiner Ansicht nach hatte sein Vater ihm wenig Gutes erwiesen, und sein Onkel noch weniger. Die Liste der Lieblosigkeiten, die er hatte erdulden müssen, war lang. Zum Beispiel hatte er gehofft, Regent in den Niederlanden zu werden, statt dessen war es Philipp geworden. Dabei war seine Frau Maria früher mit dem Herzog von Orléans verlobt gewesen, dem man als Teil der Mitgift entweder Flandern oder Mailand versprochen hatte. Karls Heiratsstrategien hatten sich immer nur zugunsten seiner eigenen Kinder ausgewirkt. „Unbrüderlich" nannte Maximilian dies. Schlimmer fand er aber noch, daß seines Vaters Respekt vor seinem Bruder die Schwierigkeiten mit Deutschland nur noch verstärkt und zum teilweisen Verlust Ungarns geführt hatte. Nach Maximilians Ansicht hatte Karl V. nur deshalb 1552 und 1553 nicht den Reichsbann über Albrecht Alkibiades verhängt, weil er ihn und seine Brüder weiter abhängig von ihrem Onkel machen wollte. Und nicht nur Maximilian, sondern alle Erzherzöge und auch einige von Ferdinands Höflingen verübelten dem Kaiser, daß er seinen Bruder von der spanischen Erbfolge ausgeschlossen hatte. Niemand wußte, wie Ferdinand darüber dachte. Man wußte nur, daß er sich in der Öffentlichkeit um die größtmögliche Einigkeit mit dem Kaiser bemühte, um seinen Besitz nicht zu gefährden.[23]

Auch noch nach Philipps öffentlichem Verzicht auf die kaiserliche Thronfolge, nämlich 1555, spielte Maximilian mit dem Plan, die deutschen Fürsten und die Franzosen in einer Liga gegen Spanien zusammenzuschließen. Man kann sich vorstellen, wie empört Ferdinand auf dieses unsinnige Projekt reagiert hat, worauf der Erzherzog seinem Vater vorwarf, ein zu empfindliches Gewissen zu haben und unter dem Einfluß von seinen spanischen Beratern, namentlich Martin Guzmáns, zu stehen, den er haßte.[24] Das einzige, was seine Haßgefühle Spanien gegenüber etwas milderte, war die Hoffnung, daß eines Tages einer seiner Söhne den spanischen Thron besteigen könnte, da der voraussichtliche Erbe Don Carlos an einer Geisteskrankheit litt. Daher erklärte er sich sogar 1560 bereit, über die Erziehung seiner beiden ältesten Söhne am spanischen Hof zu verhandeln.[25]

Kaiser Maximilian II.

Schlimmer noch als Maximilians Unberechenbarkeit in politischen Angelegenheiten waren in Ferdinands Augen seine religiösen Ansichten. Wann genau der Erzherzog begann, mit protestantischem Gedankengut zu spielen, ist schwer zu sagen. 1555 wurde in Deutschland jedenfalls verbreitet, daß er sich in Kürze als Lutheraner deklarieren und nicht mehr zur Messe gehen würde. Dazu sollte es aber nie kommen. Maximilian blieb praktizierender Katholik. Allerdings beschäftigte er sich ernsthaft mit den protestantischen Schriften und korrespondierte mit Melanchthon.

Schon 1543 hatte Ferdinand Maximilian und den jüngeren Ferdinand dazu ermahnt, dem katholischen Glauben treu zu bleiben. Er tat dies aufs neue im Februar 1547, als er Maximilian darauf aufmerksam machte, daß die Aufspaltung der Protestanten ein Zeichen dafür sei, daß sie einem Irrglauben anhingen. Der Teufel, schrieb er, sei wegen der *superbia* aus dem Himmel verstoßen worden, und wer die Rechtfertigung durch gute Werke, die Reue und die Beichte ablehne, beginge dieselbe Sünde. Die gleichen Gedanken tauchten in einem Zusatz zu seinem Testament von 1554 auf, in dem er sich jetzt allein an Maximilian als seinen Haupterben wandte. Er malte ihm nicht nur die Gefahren ewiger Verdammnis aus, wenn er dem „Vaterglauben" den Rücken zuwende, er erinnerte ihn auch daran, wie viele Mitglieder der Familie als treue Katholiken zu Wohlstand und Ehre gekommen seien. Die Ehe von Ferdinand und Isabella hatte eine Familie hervorgebracht, die mit Ausnahme Schottlands in jedem königlichen Haus in Europa ein Mitglied hatte. Dann verwies er auf die habsburgischen Besitzungen in der Neuen Welt. Alles dies, wollte er sagen, verdankte die Dynastie ihrem katholischen Glauben.[26]

Aber Ferdinand hatte Maximilian nicht nur ein ähnliches Temperament vererbt, er war auch in gewisser Weise schuld an seinen religiösen Neigungen. Obwohl Ferdinand am Protestantismus nichts Positives entdecken konnte – im Gegensatz zu seinem Sohn –, wies er die neue Lehre doch auch nicht ungeprüft von sich. Für ihn war der Protestantismus vielmehr ein Symptom für gewisse Übel in der Kirche, die korrigiert werden mußten. Niemand zweifelte an seiner eigenen Strenggläubigkeit, zumindest nie lange. Von allen zeitgenössischen Herrschern war er der, der am meisten Zeit mit theologischen Fragen verbrachte. Dies machte ihn allerdings zu einem Kritiker Roms, der nicht zögerte, den Papst und die Kurie für ihren moralischen Verfall verantwortlich zu machen. Seiner Familie gab er das Beispiel eines engagierten, aber kritischen Katholiken, der streng darüber wachte, ob auch die irdischen Hüter seines Glaubens ihrem Amt gerecht wurden. Die theologische Atmosphäre an seinem Hof hatte daher noch nichts von der kompromißlosen Orthodoxie, die die Höfe seiner Nachfolger im 17. Jahrhundert prägte. Die vielen Erasmus-Jünger, die er sich zu Beratern in Glaubensdingen gewählt hatte, bestärkten ihn nur in seiner gemäßigten Haltung. Unter den ersten an seinem Hof war Johannes

Heigerlin (oder Johannes Faber), der 1523 zu dem jungen Erzherzog kam. Möglicherweise hatte dieser von Erasmus selbst die Formel *cuius regio, eius religio* übernommen, die dann der Reichstag von Speyer 1526 empfehlen sollte. Fabers Koadjutor und späterer Nachfolger als Bischof von Wien kam den Ideen des Erasmus mit noch mehr Wohlwollen entgegen. Als der holländische Humanist 1536 starb, hatte er bei den Reformern und Papisten schon keine Freunde mehr. Nausea aber schrieb ihm eine der schönsten Lobreden, die je verfaßt worden waren, in der er seine Mäßigung pries und die Welt daran erinnerte, daß einmal Päpste, Könige und Kaiser um seine Aufmerksamkeit gewetteifert hätten. Für Nausea war Erasmus kein normaler Sterblicher, für ihn konnten seine Schriften nur unter dem direkten Einfluß des Heiligen Geistes entstanden sein.

Aber seine Jünger bildeten eine recht buntgescheckte Runde. Selbstverständlich waren in ihr auch strenggläubige Katholiken vertreten. Aber einer von Ferdinands Oberhofmeistern, Leonhard von Eck, glaubte so ziemlich an gar nichts. Und sogar Ferdinands Schatzmeister, Hans Hofmann, wurde für einen Lutheraner gehalten. Ferdinand entließ ihn dennoch nicht, da er für ihn ein nützlicher Kontaktmann zu den Protestanten war. Ein weiteres Mitglied der Runde war Friedrich Staphylus, der als Lutheraner von 1545 bis 1552 an der Universität von Königsberg unterrichtete. 1553 trat er zum Katholizismus über und spielte eine Schlüsselrolle bei der Ausarbeitung des Reformplanes, den Ferdinand 1562 dem Konzil von Trient und dem Papst vorlegte.[27]

Ferdinand dachte aller Wahrscheinlichkeit nach bei weitem nicht so liberal wie manch anderer in der Runde. Er selber hat bei verschiedenen Gelegenheiten zugegeben, daß die Türken ihn oftmals zu Kompromissen gezwungen hätten. Und eine Quelle, allerdings eine protestantische, zitiert ihn mit den Worten, er würde, wenn er die Osmanen besiegt hätte, die Christenheit mit dem Schwert zu einigen wissen.[28] Da aber das vernünftige Argument für ihn sonst ein normales Mittel war, um Konflikte zu lösen, ist mit Recht anzunehmen, daß dies auch sein *modus operandi* in Religionsangelegenheiten war. Und dafür gibt es auch zahlreiche Beweise.

Wie auch immer, er stellte sich nur selten schützend vor die religiösen Ansichten dieser Runde, und man fragt sich, was ihn überhaupt bewog, diese Leute um sich zu dulden. Da war der angesehene Humanist Caspar Ursinus Velius, einer der Unterzeichner der sogenannten *Dunkelmännerbriefe*, einer vorreformatorischen Attacke gegen den Obskurantismus aller Arten, besonders aber gegen das Dunkelmännertum, das von einem halb literarischen und abergläubigen katholischen Klerus unterstützt wurde. Ferdinand empfahl er sich wahrscheinlich durch seine unerschütterliche Loyalität zum Haus Österreich. Bis zu seinem Tod 1539 schrieb der Gelehrte an einer Geschichte der ferdinandeischen Regierung. Später sollte seine Arbeit als Basis für das noch umfassendere Projekt seines Nachfolgers Wolfgang Lazius dienen. Ursinus hat auch die Höhepunkte von Ferdinands Leben in Versen verewigt, zum Beispiel seine Hochzeit mit Anna, die 1521 in Linz stattfand, sodann die Türkenkriege, in denen Österreich als Bollwerk der Deutschen gegen die Türken bezeichnet und die Türken der grausigsten Taten beschuldigt werden. Und auch wo der Humanist Kritik an den Deutschen übt, zum Beispiel wenn er das Verhalten der deutschen Truppen bei der Belagerung Wiens 1529 kritisiert, wußte er wohl, daß er sich damit den Beifall Ferdinands errang.

Es ist jedoch schwer einzusehen, warum er zahlreiche andere Geistliche und Gelehrte tolerierte, die an seinem Hof lebten, zum Beispiel Georg Cassander, den Autor der 1561 erschienenen Schrift mit dem Titel *Über die Pflicht des frommen und wahrhaft friedliebenden Mannes in diesem Zwist der Religion*, in der für die christliche Einheit in einigen apostolischen „grundlegenden Punkten“ plädiert wurde. Dies war nicht weiter bemerkenswert, aber Cassander wagte sich dann weiter vor, indem er meinte, daß, wenn alle Gläubigen sich an diese Punkte hielten, sie in anderen ihre eigenen Wege gehen könnten. Die christliche Liebe sollte den Menschen als Brücke dienen, auch wenn es doktrinäre und rituelle Differenzen zwischen ihnen gäbe. Ein anderer Freigeist an Ferdinands Hof war Johannes Crato, der Stadtphysiker von Breslau und ehemalige Protegé von Luther und Melanchthon. Er wurde 1563 an den Wiener Hof geholt und hielt sich bis zu Ferdinands Tod fast ununterbrochen in seiner Nähe auf, obwohl er aus seinem Haß auf die Jesuiten keinen Hehl machte. Erstaunlich ist auch, daß Ferdinand dem Augsburger Reichstag von 1555 einen Mann als seinen Hofkaplan vorstellte, der im Begriff war, seinen Übertritt zum Protestantismus anzukündigen: Paul Skalich, ein Ungar von etwas zweifelhafter adeliger Abstammung. Kurz darauf zog er sich allerdings den Zorn Ferdinands und der Jesuiten zu und mußte Wien den Rücken kehren. Er blieb jedoch auch im Exil Ferdinand treu ergeben und dankte ihm für seine Großzügigkeit in zwei Vorworten, die er für sein *Exilium* schrieb. In diesem Werk erklärte er seine theologischen Überzeugungen.

Aber vielleicht liefert uns der Fall des Niederländers Kaspar von Nidbruck den besten Beweis dafür, daß es auch erklärte Protestanten zu einem gewissen Einfluß am habsburgischen Hof in Wien bringen konnten. Um in Ferdinands Dienste zu kommen, mußte er wohl sein Luthertum verschwiegen haben, aber als er es einmal geschafft hatte und Ferdinands Rat geworden war, bot er seinem ehemaligen Lehrer Flacius Illyricus, einem fanatischen Lutheranhänger, seine Hilfe bei der Zusammenstellung der sogenannten *Magdeburger Centurien* an. Dabei handelte es sich um eine umfassende Geschichte der christlichen Kirche, genauer gesagt, um ihr Überleben unter päpstlicher Herrschaft bis zu ihrer Restaurierung durch Luther und seine Anhänger. In seiner Funktion als Leiter der Hofbibliothek beschaffte er sich möglicherweise hier und aus

Maximilians Privatbibliothek das Material für sein Werk. Marcus Wagner, der die Quellen für die *Centurien* zusammenstellte, verbrachte ein halbes Jahr in Wien, um Exzerpte aus Nidbrucks eigener Buchsammlung zu machen.[29]

Maximilian wurde also der Zugang zu den revolutionären religiösen Schriften seiner Zeit sehr erleichtert. Aber es waren auch politische Gründe, die ihn bewogen, sich dem Protestantismus freundlich zu nähern. Denn die Kurie hatte sich in dem kaiserlichen Nachfolgestreit eher prospanisch verhalten. Das allein hätte genügt, den jungen Habsburger zu einem Gegner der Kirche Roms werden zu lassen. Wenn nun dazu als Alternative sich interessante revolutionäre Ideen boten, wie sollte dem ein junger Mann widerstehen, zumal wenn sein Vater sich an seinem eigenen Hof mit den Männern umgab, die diese Ideen verbreiteten?

Auf die Empfehlung von Nidbruck lud Ferdinand 1554 den Mann nach Wien ein, den er später mehr als alle anderen für die Abtrünnigkeit seines Sohnes verantwortlich machte, den Hofprediger Johannes Pfauser. Die Tatsache allein, daß Pfauser Frau und Kinder besaß, hätte ihn ja in Ferdinands Augen verdächtig machen müssen, aber entweder hatte Ferdinand dies nicht bemerkt, oder er wollte es nicht bemerken. Pfausers Anwesenheit am Hof zeigte jedenfalls schon nach kurzer Zeit ihre Folgen. Nicht nur daß er mitverantwortlich für Skalichs Konvertierung zum Luthertum war, er beeinflußte auch den Erzherzog in unübersehbarer Weise. 1555 kam Jan Blahoslav, der prominenteste Pastor der Böhmischen Brüder, nach Wien, um Pfauser für die Sache der Brüder zu gewinnen. Außerdem hoffte Blahoslav, über den Erzherzog, den er ganz unter dem Einfluß Pfausers dachte, den Vater freundlicher für seine Mitbrüder stimmen zu können. Der Erzherzog hingegen zeigte zwar Verständnis für seine Schwierigkeiten, gab aber zu verstehen, daß er nur wenig Einfluß auf seinen Vater habe, zumal dieser den religiösen Neigungen seines Sohnes ablehnend gegenüberstand.[30]

Pfausers religiöser Standpunkt, den er weder als lutherisch noch als katholisch definierte, war typisch für viele von Ferdinands theologischen Beratern, und in seinem Glauben an eine unifizierte Kirche war er sich mit Ferdinand vollkommen einig. In seinen Predigten berief er sich hingegen ausschließlich auf die Autorität der Bibel und wollte zum Beispiel nichts von der Heiligenverehrung wissen. 1555 war er in Wien bereits eine populäre Erscheinung, und die Mengen drängten sich bereits zwei, drei Stunden vor Beginn seiner Predigten vor der Augustinerkirche, um einen Platz zu bekommen. Ferdinand selber schien nichts Anstößiges an seinen Predigten gefunden zu haben. Vielleicht hatte dies auch politische Gründe. Denn fest steht, daß ihm zum Beispiel Maximilians Sympathien für den Protestantismus im Reich positiv angerechnet wurden, so daß er sich scheute, seinen Sohn zu energisch auf seine Irrtümer aufmerksam zu machen.[31]

In einem persönlichen Gespräch, das Ferdinand im Oktober 1555 mit Pfauser führte, kamen allerdings die Differenzen deutlich zum Ausdruck. Ferdinand machte den Geistlichen darauf aufmerksam, daß er den Glauben zu sehr über die guten Werke stellte und überhaupt die Heilslehre zu sehr vom christologischen Standpunkt aus interpretiere. Dies müsse geändert werden, meinte Ferdinand. Pfauser lehnte ab, und Maximilian verteidigte ihn. Darauf wurde Ferdinand so zornig wie selten zuvor. Als Maximilian wagte, die Heiligenverehrung für sinnlos und götzendienerisch zu erklären, brach er die Diskussion ab. Pfauser wurde aber keineswegs vom Hof verbannt und durfte seine Predigten fortsetzen, allerdings nicht mehr in der Augustinerkirche neben der Hofburg, sondern in einer anderen Kirche der Stadt, die Maximilian für ihn ausfindig machte. Auch mußte er versprechen, nicht die katholische Lehre zu diffamieren. Zum Hofprediger seines Sohnes bestellte Ferdinand nun Bischof Urban aus Gurk. Aber der Erzherzog änderte seine Einstellung nicht.[32]

Im Gegenteil, seine Verehrung für Pfauser nahm eher zu. Und dadurch, daß dieser die Jesuiten als „Heuchler, Schurken und Blutmenschen" bezeichnete und mit ihnen öffentliche Streitgespräche führte, wuchsen auch Maximilians Antipathien gegen den Orden, bis er schließlich fest davon überzeugt war, daß es die Jesuiten waren, die ihn in Böhmen nicht hochkommen ließen. Hier war er zwar der gesetzliche Thronerbe, aber es war sein Bruder Ferdinand, der das Land als Gouverneur regierte. Er und Ferdinand I. waren engagierte Anhänger der Jesuiten. Für Ferdinand waren sie genau der Typ Klerus, den die Kirche zu ihrer Rettung dringend benötigte. So gründete er 1556 ein Jesuitenkollegium in Prag und war mehr als zufrieden mit dem, was dort geleistet wurde. Da für Ferdinand die Wurzel allen Übels, an dem die Kirche litt, die religiöse Erziehung war, zeigte Ferdinand großes Interesse an dem neuen deutschen Katechismus, an dem Peter Canisius Anfang der fünfziger Jahre arbeitete. Maximilian aber, der an seines Vaters Stelle in Wien regierte, während dieser auf dem Reichstag in Augsburg war, hielt die Publikation des Katechismus absichtlich zurück, obwohl oder gerade weil dieser eine Einführung seines Vaters enthielt.[33]

Auch bei anderen religiösen Problemen kam es zu heftigen Meinungsverschiedenheiten zwischen Vater und Sohn. 1556 ging es um die Erziehung von Maximilians Kindern. Ferdinand hätte sie gern den Jesuiten anvertraut, aber Maximilian engagierte einen gewissen Georg Muschler, der an der Universität Wien unterrichtete und dessen religiöse Richtung eher verdächtig war. So mußte Ferdinand eine spanische Erziehung für die beiden ältesten Söhne, Rudolf und Ernst, immer wünschenswerter erscheinen. Und schließlich wurde dieser Wunsch auch realisiert. Eine andere gefährliche Situation entstand, als die Basler Herausgeber der *Magdeburger Centurien* in der Hoffnung an den Erzherzog herantraten, daß er ihr Unternehmen unterstützen werde. Ferdinand hatte aber wahrscheinlich unbewußt solchen Aktionen vorgebeugt, indem er seinen Sohn finanziell so knapp hielt, daß ihm nicht viel Spielraum blieb. Selbst wenn er gewollt hätte, sagte Kaspar von Nidbruck, konnte Maximilian nur wenig tun, weil er noch über keine eigenen Einkünfte verfügte, sondern von den Zuwendungen des Vaters lebte.[34] Im Juni 1557 weigerte sich Maximilian, an der Fronleichnamsprozession in Wien teilzunehmen, und einige Wochen später wiederholte sich dasselbe in Prag. Ferdinand glaubte ihm nicht, als er behauptete, er sei krank, und bat ihn, wenigstens einige Schritte an seiner Seite zu tun. Als Maximilian auch dies ablehnte und sein Gewissen vorschützte, entschloß sich auch sein Vater, unter diesen Umständen auf die Teilnahme zu verzichten. Auch Maximilians Frau machte sich über die protestantischen Neigungen ihres Mannes so viel Sorgen, daß sie sich bei ihren Geschwistern in Spanien beklagte. Worauf diese Karl V. baten, von Yuste einen Appell an seinen Schwiegersohn zu richten. Und der alte Kaiser sandte tatsächlich eine Gesandtschaft mit Ermahnungen an seinen Schwiegersohn nach Wien. Zu seinem Glück starb er, bevor man ihm mitteilen konnte, daß die Mission erfolglos gewesen war. Auch ein weiterer Versuch mit dem spanischen Theologen Gallo blieb ohne das gewünschte Ergebnis.[35]

1558 kam es zu einem zweiten Gespräch zwischen Ferdinand und Pfauser, das noch stürmischer als das erste verlief. Es steht uns zwar nur die dramatische Schilderung des Geistlichen als Information zur Verfügung, aber da er Ferdinand in einer für ihn charakteristischen Weise beschreibt, ist diesem Zeugnis wohl zu trauen. Pfauser zufolge begann Ferdinand ziemlich gelassen mit Ermahnungen an den Priester, nicht weiter auf seinen Irrtümern zu bestehen. Viele hervorragende Menschen hätten Fehler begangen und sie dann später korrigiert. Als Pfauser an seinem Standpunkt festhielt, lernte er Ferdinand als einen Menschen kennen, der es nicht vertragen konnte, wenn man seine Wünsche nicht respektierte. In scharfem Ton wies er den Geistlichen zurück und machte ihn darauf aufmerksam, daß er weder wohlgeboren noch gelehrt sei. Als Pfauser immer noch nicht seine Fehler einsehen wollte, wurde Ferdinand beleidigend und beschimpfte ihn in einem Gemisch von Deutsch, Latein und Italienisch, nannte ihn eine Bestie und ein Monstrum, spuckte ihm ins Gesicht und fauchte ihn an, er möchte lieber mit der Kirche in die Hölle fahren als mit Luther in den Himmel. Pfauser, der annehmen mußte, nun entlassen zu sein, wollte zur Tür, aber der Kaiser trat ihm in den Weg und zog den Dolch, an dem er schon während des ganzen Gesprächs nervös herumgefingert hatte. Pfauser dachte, daß er nun erstochen werden würde, aber statt dessen zog Ferdinand ein Papier aus der Brusttasche, reichte es Pfauser und forderte ihn auf, es zu lesen. Es enthielt einige Artikel über religiöse Fragen. Pfauser sollte nach der Lektüre seine Meinung dazu äußern. Als er meinte, sie klängen mehr nach Canisius als nach Ferdinand, der vorher behauptet hatte, der Autor zu sein, schrie dieser gekränkt Pfauser an, er glaube wohl, er könne nicht schreiben. Daraufhin schickte er ihn weg. Er durfte aber weiter in Wien bleiben.[36]

Während Papst Pius IV. sich ernsthaft zu fragen begann, ob der Erzherzog wohl dazu geeignet sei, römischer König und zukünftiger Kaiser zu werden, forderten die protestantischen Stände auf dem Augsburger Reichstag von 1559 ihren neuen Kaiser auf, zugunsten Maximilians zurückzutreten. Ferdinand bemühte sich, die Meinungsverschiedenheiten mit dem Erzherzog auf religiöse Fragen zu beschränken – so entschuldigte er sich einmal in überströmenden Worten bei dem jungen Mann, als Ferdinands Sekretäre seine persönlichen Briefe geöffnet hatten –, aber er verstärkte den theologischen Druck auf ihn und setzte ihm fast täglich zu. Er schreckte auch nicht davor zurück, ihm mit vollständiger Enterbung zugunsten seines Sohnes Ferdinand zu drohen. Maximilian konterte mit der Forderung, endlich zum Regenten von Böhmen ernannt zu werden, was wieder den Protest des jüngeren Bruders zufolge hatte, der immer noch als seines Vaters Gouverneur dort tätig war. Um ihm den katholischen Glauben schmackhaft zu machen, erwähnte Ferdinand die Möglichkeit einer spanischen Erbschaft für Maximilian in dem Fall, daß der schwächliche Don Carlos Philipps einziger Erbe bliebe. Und um die finanzielle Notsituation des Erzherzogs aufzupolieren, kaufte er ihm die Rechte von Pardubitz in Böhmen, die ihm ein jährliches Einkommen von 25.000 Gulden sicherten. Darauf meinte Maximilian lakonisch, dies könne sein Gewissen nicht beeinflussen.[37]

Angesichts der Zweifel, die Papst Pius offensichtlich an Maximilians Eignung hatte, beschrieb Ferdinand ihn als einen guten Katholiken, der von Pfauser in die Irre geleitet worden wäre. Und im Herbst 1559 drohte er damit, den lästigen Geistlichen in „einen tiefen Brunnen" werfen zu lassen.

Mehr brauchte Maximilian nicht, um zuzustimmen, daß sein geistiger Mentor von seinem Hof entfernt würde. Da er annahm, daß sein Vater ihn wirklich verfolgen ließ, bat er den Kurfürsten von der Pfalz um Asyl für Pfauser, dem er versprach, niemals seinen Glauben aufzugeben. Aber weder der Kurfürst von der Pfalz noch ein anderer Kurfürst wollten dem Erzherzog helfen, und dies schien ihm doch sehr zu denken zu geben.[38] Schon bei früheren Gelegenheiten hatte er bewiesen, daß er sehr wohl die religiösen Probleme hinter die dynastischen zu stellen wußte, wenn es erforderlich war. Als er zum Beispiel als Stellvertreter seines Vaters 1556 die österreichischen Stände mobilisieren sollte, sich an den Kriegskosten gegen die Türken zu beteiligen, und diese ihn vorweg darum baten, den Protestantismus anzuerkennen, wies er sie streng zurück und meinte, sie sollten erst einmal ihren Kriegsbeitrag leisten. Und als Ferdinand ihm 1561 andeutete, er würde keinen Finger für seine Wahl im Reich rühren, wenn er nicht sein religiöses Verhalten ändere, gewann sein politischer Ehrgeiz die Oberhand, und er begann nachzugeben. So jedenfalls waren wohl seine Worte im April 1561 zu verstehen, als er sagte, daß er seinem Vater in allen weltlichen Angelegenheiten gehorchen wollte, solange seine Seele nicht zu Schaden käme. Und auch dieser letzte Vorbehalt löste sich im Lauf der Jahre auf. Bestehen blieb allein der Wunsch, die Kommunion in beiderlei Gestalt zu empfangen.

Gerade in diesem Punkt hielt aber auch Ferdinand einen Kompromiß für möglich. Zwar kam für ihn persönlich eine derartige Neueinführung nicht in Frage, schon gar nicht mehr, nachdem er Kaiser geworden war und sich als Nachfolger Karls V. betrachtete, aber die Kommunion in beiderlei Gestalt hielt er für tolerierbar, sofern sie nicht zu weiteren Abweichungen ermunterte. Als ihm mitgeteilt wurde, daß zu Ostern 1558 die Kommunion *sub utraque* am Hof seines Schwiegersohnes Wilhelm von Kleve gefeiert worden war, zeigte er sich zwar bekümmert, sah aber keinen Grund, dagegen einzuschreiten, solange nicht weitere Veränderungen um sich griffen.[39]

So begann er im März 1560 in dieser Angelegenheit Verhandlungen mit Papst Pius IV. Zu diesem Zeitpunkt war Maximilian schon drei Jahre lang nicht mehr zur Kommunion gegangen; denn auf seine Bitte, den Kelch nehmen zu dürfen, hatte Ferdinand ihn angeherrscht, es sei Sache des Papstes, eine solche Erlaubnis zu erteilen, nicht die seine. Den Papst erinnerte er daran, daß Ostern vor der Tür stand, und machte ihn darauf aufmerksam, daß der Erzherzog womöglich ohne die Kelcherlaubnis ganz aus der Kirche austreten könnte. Als einen Monat später ein päpstlicher Gesandter in Wien eintraf, hatte er wider alle Erwartungen nicht die Zustimmung des Papstes im Gepäck. Der Erzherzog reagierte darauf in einer Weise, daß Ferdinand fest damit rechnete, daß er nun in aller Form zum Protestantismus übertreten würde.[40]

Glücklicherweise war aber Pius weniger gegen den Inhalt als gegen die Form der Anfrage gewesen. Er konnte nämlich Ferdinands Handschrift nicht lesen und wollte den Brief niemandem anderen zu lesen geben, aus Angst, es könnten Geheimnisse darin stehen. Im Oktober 1561 schrieb ihm Ferdinand daher noch einen Brief, diesmal mit beigefügter Kopie des Sekretärs. Der Dispens sei jetzt eine Staatsangelegenheit geworden, erklärte ihm Ferdinand. In Ungarn würde demnächst ein neuer König gewählt, und unter den Bewerbern befände sich auch Johann Sigismund Zápolya, Isabellas Sohn, der inzwischen Fürst von Siebenbürgen geworden war. In der ungarischen Krönungszeremonie würde aber die Kommunion *sub uno* vom neuen König verlangt, und obwohl er alles unternommen habe, um Maximilians Widerstand zu brechen, sei es vergeblich gewesen. Mit dem Placet des Papstes aber würde die Kommunion in beiderlei Gestalt für alle akzeptabel werden. Wenn sich andererseits Maximilian gezwungen sähe, in diesem einen Punkt der Kirche zuwiderzuhandeln, würde er es auch bald in anderen tun, gäbe aber Papst Pius nach, dann könnte der

Erzherzog wahrscheinlich für den katholischen Glauben zurückgewonnen werden. Während Ferdinand im Sommer 1561 auf die Antwort des Papstes wartete, setzte er seinen Disput mit dem Sohn fort und entschloß sich sogar, einen Landtag zu verschieben, den er in Ungarn einberufen hatte, um vorerst die Regelung von Maximilians religiösen Schwierigkeiten abzuwarten.[41]

Im Dezember 1561 sprach Papst Pius endlich den gewünschten Dispens aus, und zwar auf äußerst großzügige Weise. Ferdinand hatte ja nur um einen Dispens für die ungarische Krönung angesucht, nun erlaubte der Papst ihm, von dem Dispens, wann immer es ihm gut schien, Gebrauch zu machen. Die erste Gelegenheit dazu bot sich bei der böhmischen Krönung 1562. Zugleich versprach Ferdinand aber dem Papst, den Dispens nicht unsinnig zu verschleudern. Das Resultat dieser Zusammenarbeit von Kaiser und Papst war, daß Maximilian seinem Vater wieder näher kam. Im September 1562 versprach er seinem Vater, daß er für seine Söhne Erzieher suchen würde, die orthodoxer wären als die bisherigen. Und schließlich legte er im Februar 1562 vor seinem Vater, dem Geheimen Rat und seinen Brüdern in Prag den Eid ab, daß er die Kirche nicht verlassen würde. Dies, nachdem Vater und Sohn fast 20 Tage lang ununterbrochen diskutiert hatten.[42] Ob er diesen Schritt aus Überzeugung tat, ist anzuzweifeln, aber Ferdinand hatte auf dieser Erklärung bestanden. Nun konnte er alles daransetzen, um so schnell wie möglich Maximilians Krönung als Thronfolger in Böhmen und Ungarn über die Bühne gehen zu lassen, und auch seiner Wahl als römischer König stand nun nichts mehr im Wege. Für diese war es nämlich wichtig gewesen, durch ein klares „Statement" Maximilians die Unterstützung der Kurfürsten von Mainz und Trier zu gewinnen.[43]

Denn Ferdinand hatte sich von seinen Sorgen über Maximilians religiöse „Kapricen" nicht davon ableiten lassen, an einem Fundament für Maximilians Wahl zu arbeiten, mit anderen Worten, sich um die Zustimmung der Kurfürsten zu bemühen. Von dem Moment an, da er Kaiser wurde, war seine Politik demnach darauf ausgerichtet, die Antipathien abzubauen, die er oder sein Bruder je bei den Deutschen hervorgerufen hatten. Da er 1559 durch einen Waffenstillstand mit den Türken den Rücken freihatte und auch Spanien und Frankreich den Frieden von Câteau-Cambrésis geschlossen hatten, wandte er nun seine Aufmerksamkeit der Befriedung des Reiches zu. Obwohl er über die Einführung des Calvinismus in der Pfalz nicht glücklich war, mischte er sich nicht ein und versprach 1559 den Deutschen, daß der Reichshofrat nur mit Beamten aus Deutschland und den österreichischen Ländern besetzt werden sollte. Um den inneren Frieden zu sichern, ermunterte er zur Bildung von Ligen, für die er sich schon mit Karl zusammen erwärmt hatte. Die Liga von Landsberg sollte zum Beispiel für Sicherheit im östlichen Teil des Reiches sorgen, und dasselbe, wenn auch in kleinerem Maßstab, war für den westlichen Teil geplant und wäre wahrscheinlich auch zur Durchführung gelangt, wenn nicht der Kurfürst von der Pfalz durch seinen Widerstand das Projekt verhindert hätte.

So sehr ihm an einer starken militärischen, gegen die Türken gerichteten Armee gelegen war, er war bereit, seine Ansprüche herunterzuschrauben, wenn es die deutschen Gegebenheiten erforderlich machten. So verzichtete er auf dem Augsburger Reichstag von 1559 auf Kontributionsforderungen und stellte nur den Antrag auf ein ständiges Komitee der Stände, das in Notfällen für die Aufstellung einer Armee zu sorgen haben würde. Dieser Antrag wurde abgelehnt. Da Ferdinand im Moment durch den Waffenstillstand mit der Pforte den Rücken frei hatte, war er auf keine sofortige Hilfe angewiesen, und er sah ein, daß die Stände sich von den letzten Kriegslasten erholen mußten, bevor man sie wieder um Hilfe bat. Seine wachsende Identifizierung mit deutschen Problemen kam ihm dabei zu Hilfe. Obwohl er sich noch nicht so ganz als deutscher Herrscher fühlte wie später Maximilian II., bewies er doch schon viel mehr Fingerspitzengefühl im Umgang mit den deutschen Fürsten als Karl V. und bedachte bei seinen politischen Maßnahmen stets die Wirkung, die sie in Deutschland hervorrufen würden. Dies galt im Kleinen wie im Großen. Als Philipp 1562 vorschlug, eine von Ferdinands jüngeren Töchtern, nämlich Johanna oder Barbara, mit dem Herzog von Parma zu verheiraten, wandte der Kaiser ein, daß die Ehe wenig für seine Autoritätserweiterung in Deutschland tun würde. Einige Gespräche mit führenden Persönlichkeiten im Reich hatten nämlich erbracht, daß die Tatsache, daß der gegenwärtige Herzog der Sohn eines Bastards war, in Deutschland übel vermerkt wurde und die Heirat eines seiner Kinder mit einer so wenig angesehenen Persönlichkeit die Fürsten zutiefst schockieren würde.[44]

Auch die Wahlverhandlungen für seinen Sohn führte er äußerst behutsam. Er hatte sein Versprechen bei seiner Wahl 1558 nicht vergessen, daß die Kurfürsten alle Freiheiten bei der Wahl seines Nachfolgers haben würden. Wie weise es von ihm gewesen war, sich immer um gute Beziehungen mit Spanien zu bemühen, wurde deutlich, als der Kurfürst von Trier gerade dies zu einer Bedingung für seine Unterstützung machte. 1561 begann er seine Fühler zu den habsburgfreundlicheren der Kurfürsten auszustrecken, zum Beispiel zum Kurfürsten von Brandenburg. Da sich viele Sorgen über die zunehmend schlechte Gesundheit des Kaisers machten, begannen sie Druck auf ihn wegen seiner Nachfolge auszuüben, und die Protestanten hätten gerne gewußt, wie es nun wirklich um die religiösen Neigungen ihres zukünftigen Herrschers stand.

Die Zeiger standen also günstig für die Wahl des Erzherzogs. Im Oktober 1562 traf Ferdinand mit Maximilian in Frankfurt ein, um sich mit den Kurfürsten zu treffen und eine Entscheidung zu fällen. Ferdinand begann seine Proposition mit der Ermahnung an die Kurfürsten, sie selbst hätten einst zu ihm gesagt, man solle dem Reich ein Interregnum ersparen. Er bat sie also darum, einen römischen König zu wählen, mit dem er einverstanden sein könne. Die Gespräche verliefen im allgemeinen freundlich, was zum Teil sicher der Höflichkeit und dem Takt der beiden Habsburger zuzuschreiben war. Ferdinands vorheriges Zaudern, Maximilian für seine religiösen Neigungen zu bestrafen, erwies sich jetzt als politisch äußerst klug; denn Katholiken und Protestanten waren zumindest eine Zeitlang davon überzeugt, ihr neuer Herrscher sei ein Anhänger und Verteidiger ihrer eigenen Konfession. Als Ferdinand die Nachricht von Maximilians Wahl überbracht wurde, trat er mit den Reichsinsignien vor die Kurfürsten und andere Ständevertreter. Am Ende seiner Begrüßung des neuen römischen Königs überkam ihn die Rührung, so daß er weinen mußte.[45]

Die letzte Hürde, die für Maximilian zu nehmen war, war die Reaktion des Papstes. Papst Pius IV. stand ihm aber seit 1561 bedeutend positiver gegenüber, nachdem das Gerücht nach Rom gedrungen war, die Deutschen würden sich womöglich einen König wählen, ohne Papst und Kaiser zu fragen. So stimmte er im Prinzip Maximilians Wahl zu, unter der Bedingung, daß Ferdinand versprach, er würde deutsche Bischöfe zum Trientiner Konzil schicken. Dennoch wollte er Maximilians Eignung für das höchste weltliche Amt der christlichen Welt zunächst testen. Denn es stand nämlich wieder einmal die Krönung durch den Papst zur Debatte; Ferdinand, der auch nicht vom Papst gekrönt worden war, hatte auch für Maximilian keine diesbezüglichen Anordnungen getroffen. Papst Pius schickte einen Nuntius nach Frankfurt, aber dieser traf hier erst ein, nachdem Maximilians Wahl schon über die Bühne gegangen war. Als daher Maximilian um den päpstlichen Konsens zu seiner Wahl bat, bat sich der Papst Bedenkzeit aus. Und als Martin Guzmán im Dezember 1562 nach Rom fuhr, um die Bestätigung einzuholen, gab der Papst ihm zu verstehen, er wünsche überzeugendere Loyalitätsbezeichnungen des neuen Königs. Im März 1563 forderte er Maximilian auf, eine solche Erklärung mündlich und schriftlich abzulegen.

Nun sprang Ferdinand zur Verteidigung seines Sohnes in die Bresche. Er erwiderte dem Papst einen Monat später, für eine solche Forderung gäbe es keinen Präzedenzfall und eine einfache schriftliche Treueerklärung würde es wohl auch tun. Seine eigene Krönung verschob er auf unbegrenzte Zeit, obwohl Papst Pius ihn dazu nach Bologna einlud. Im großen und ganzen fand er jetzt Maximilian durchaus „vernünftig". Der letztere erklärte sich zu einem schriftlichen Versprechen seiner Loyalität bereit und versicherte dem Papst, er würde für ihn dasselbe tun wie sein Vater und sein Onkel.[46]

Auch in dieser Situation hatte Philipp II. dem österreichischen Zweig der Familie gute Dienste erwiesen, indem er alles daransetzte, Pius für die Denkungsart seines Onkels und Maximilians zu gewinnen: Zugleich ergriff Ferdinand die Gelegenheit, seinen Sohn zu einer orthodoxeren Haltung zu bereden, was wiederum den König von Spanien mit Befriedigung erfüllte. Als es Philipp im September 1563 tatsächlich gelang, die Zustimmung des Papstes einzuholen, brachte Maximilian sein Treuebekenntnis zu Papier, und Ferdinand dankte Philipp für seine Hilfe.[47]

Die Jahre 1562 und 1563 waren Wahl- und Krönungsjahre für den habsburgischen Thronfolger, in Prag fand 1562 die böhmische Krönung statt und in Preßburg am 8. September 1563 die ungarische. Aber keine dieser Festlichkeiten ging so glatt über die Bühne wie die Kaiserwahl. Bei der Prager Zeremonie dämpfte die gerade ausgebrochene Pest die festliche Stimmung, und bei der Preßburger gelang es nicht, die deutschen, böhmischen und ungarischen Gefolgsleute davon abzuhalten, übereinander herzufallen. Aber Ferdinand hatte sich längst an die Unvollkommenheit des Lebens gewöhnt. Und andererseits hatte er allen Grund, sich zu freuen. Hatte er doch das wichtigste dynastische Ziel erreicht, das er sich selbst gesetzt hatte: die habsburgische Thronfolge (in seiner Linie) in den beiden östlichen Königreichen und im Reich. Außerdem war die Katastrophe eines Abfalls zum Protestantismus vermieden worden. Zudem schien Maximilian ihm nun versöhnlicher gegenüberzustehen. Wenige Monate vor seiner Krönung in Prag hatte der junge Mann Ferdinand für die „väterliche" Art gedankt, mit der er ihn behandelt hatte, und dafür, daß er so viele Lasten seinetwegen auf sich genommen hatte.[48] Angesichts der Umstände, hätte der Kaiser gesagt, konnte er nicht mehr verlangen.

Schlußwort

Noch in der Mitte der fünfziger Jahre bestand durchaus die Möglichkeit, daß der Kaiser alle seine Söhne überlebte.[1] Maximilian schlug sich bereits mit einigen chronischen Leiden herum, die ihn sein Leben lang quälen sollten, Karl war überhaupt von schwächlicher Konstitution, und Ferdinand hatte die größte Mühe, seine Triebe im Zaum zu halten. Ihr Vater dagegen war bemerkenswert gesund und hatte zeit seines Lebens immer auf seine Gesundheit geachtet.

Anfang der sechziger Jahre allerdings begannen sich auch bei ihm gewisse Abnützungserscheinungen bemerkbar zu machen: immer wieder auftauchende und lang anhaltende Fieberzustände sowie eine gewisse Lethargie, die zuweilen an Karls depressive Stimmungen erinnerte. In dem Vorwort zu seinem *Thurnierbuch*, das eine Reihe von Ritterspielen beschreibt, die 1560 in Wien veranstaltet worden waren, beschreibt Hans von Francolin die Atmosphäre, die er am kaiserlichen Hof vorfand: „Der Kayserlich hof mit vil trefflichen gelerten (beretten) tugentreichen und anshenlichen Leuthen ersetzt ist/Die sich aber jrer khunst vnd verstande nur bey sich selbst erfreyen/vn(d) gedanckhen allain dahin richten/damit jre wehr vn(d) rüstungen/wol aussgebutzt vn(d) in lustiger ordnung zur hausszier an der wand hangen . . .“ Auch äußerlich veränderte sich der Kaiser. Klein war er immer schon gewesen, nun aber magerte er so ab, daß seine Ärzte sich ernsthaft Sorgen machten. Sie schafften es aber noch nicht einmal, ihn von seinem immer wieder auftretenden quälenden Husten zu befreien. Trotz vorübergehender Besserung, besonders nach Maximilians Krönung in Böhmen Anfang 1563, war es ihm selbst und vielen anderen klar, daß es dem Ende zuging.[2] Während seines, wie sich später herausstellte, letzten Aufenthaltes in Innsbruck von Februar bis Juni 1563 ging es mit ihm sichtbar bergab. Dennoch wagte er es, die Heimreise nach Wien per Schiff zu machen. Nachdem er den Winter relativ ruhig in Wien verbracht hatte, trat Anfang 1564 eine neuerliche Verschlechterung seines Zustandes ein. So setzte er im April 1564 seinen ältesten Sohn zu seinem Regenten ein. Einen Montat später war er bereits bettlägrig und gab zu, daß er sich außerordentlich schwach und müde fühlte.[3]

Offensichtlich war er nun bereit zu sterben. Auf Fragen, sein Befinden betreffend, erwiderte er, es ginge ihm so, wie es Gott gefiele. Die Religion nahm verständlicherweise sehr viel Platz in seinem Denken ein. Sein lutherischer Arzt Crato wußte später zu berichten, der Kaiser habe sich sehr zufrieden darüber geäußert, daß es ihm gelungen sei, den Religionsfrieden im Reich wiederherzustellen, womit er auf seine Rolle in Augsburg 1555 anspielte. Wenn das stimmt – man kann Crato hier nur mit Vorbehalt Glauben schenken –, dann starb Ferdinand glücklicher als sein Bruder Karl V. Maximilian, der sich in beispielhafter Weise um seinen Vater kümmerte, sorgte dafür, daß ihm regelmäßig Augustinus vorgelesen wurde und Kammermusiker ihm jeden Tag seine Lieblingsmusik vorspielten. Seine historische Rolle im Sinn, die er im östlichen Teil Europas gespielt hatte, hoffte er übrigens vergeblich, daß er wie Konstantin der Große am Pfingstfest sterben würde. Wie lebendig aber andererseits seine Verbundenheit mit Westeuropa, mit Spanien, war, zeigt sein Wunsch, mit dem Namen des heiligen Jakob, des spanischen Apostels, auf den Lippen sterben zu wollen. Der Tod trat in der Nacht des 25. Juli ein. Woran genau er starb, ist schwer zu sagen. Es gibt Anzeichen dafür, daß er seit seiner Jugend eine gewisse Anfälligkeit für Atembeschwerden besaß. Den Zeugen zufolge gab es keinen Todeskampf. Vielmehr schien sein Lebensfunke immer schwächer zu glühen, um schließlich still zu verlöschen, wie Maximilian es beschrieb.[4] In einem Bericht steht auch, daß er an seinem Sterbetag sehr lang ein Bildnis Annas betrachtet haben soll, das in seinem Gebetbuch befestigt war. Ein zeitgenössischer Biograph meinte, er sei wie ein Heiliger gestorben. Wie er es vorher angeordnet hatte, brachte man seinen Sarg nach Prag, wo er neben Anna bestattet wurde.

Über die Bestattungsfeierlichkeiten wissen wir nur sehr wenig. Möglicherweise waren sie nicht sehr aufwendig. Das würde zu dem Mann passen, der fast sein ganzes Leben in den Dienst der Kirche und der Familie gestellt hatte. In seinem Testament von 1537 hatte er lediglich bestimmt, daß sein Grab „sopald immer muglich ist, aus weissem marmelstein gemacht und oben ringsweise mit guldin buchstaben unsers namen, tittl, herkomen, jar und tag unsers absterbens". Diese Anordnung wurde auch im Testament von 1543 wiederholt.

Aber genauso wie in seinem Leben nicht alle Projekte immer gleich zur Ausführung gelangt sind, so dauerte es auch Jahre, bis die Arbeiten an seinem Grab vollendet waren. Ende 1564 schickte Ferdinand von Tirol einen Künstler nach Prag, der an dem Denkmal Maximilians I. gearbeitet hatte, aber aus irgendeinem Grund wurde er nicht engagiert. Erst 1571 entschied Maximilian II., welche Position die Figuren seiner Eltern auf ihren Grabsteinen einnehmen sollten. Er selbst sollte nicht erleben, wie diese endgültig aufgestellt wurden; denn die Skulpturen wurden erst 1581 fertiggestellt, als bereits Ferdinands Enkel Rudolf II. Kaiser war. Dieser ließ das Grab erweitern, um auch seinen Vater darin zu bestatten. So wurde das Monument erst 1589 vollendet und nicht ganz so, wie Ferdinand es sich vorgestellt hatte. Aus dem

Grabmal für sich und seine Frau war eine Familiengedenkstätte geworden. Zweifellos aber war auch dies in seinem Sinne. Und mit noch etwas wäre er sicherlich einverstanden gewesen, wenn man ihn gefragt hätte: mit den relativ hohen Kosten für seine Sterbemaske, die 1157 Gulden und 31 Kronen betrugen.

Auch das, was allgemein zu seinem Gedenken geäußert wurde, verhielt sich adäquat zu dem, was er selber über sich dachte. So gab Kurfürst Friedrich von der Pfalz trotz aller Meinungsverschiedenheiten, die er mit seinem König und Kaiser gehabt hatte, schon vor dessen Tod offen zu, daß ihn sein Tod betrübe. Während er seinen Blick erwartungsvoll auf seinen neuen Herrscher Maximilian II. richtete, pries er Ferdinand I. als Friedensmacher für Deutschland. Margarete von Parma fand ähnliche Worte und lobte zudem den aufrechten Katholizismus ihres Onkels.[5] Nun pflegen Staatsoberhäupter immer Derartiges zu äußern, wenn einer ihrer Kollegen sich verabschiedet hat, bemerkenswerter sind daher für uns die Wertschätzungen von anderer Seite. So lobte Hans von Francolin in dem Vorwort seines *Thurnierbuchs* den Kaiser nicht nur, weil er „sovil trefflich und geschickte khöph in allerlay khünsten unnd sprachen erhelt, und reichlich versorgt . . .", sondern auch, weil er wohl in aller Objektivität sagen könne, daß „jr befürderung des fridens, auch gelehrter Leuth, und deren gueten ingenien so allain in zeit des fridens stath haven verordent worden, darumben dann jrer Mayt. die drey theil der Welt, und sunderlich Europa höchlich nit wenig zu dancken haben".

Dabei war Ferdinand I. kein Pazifist in unserem Sinn, wie sein Engagement im Schmalkaldischen Krieg und seine ständige Bereitschaft, in Ungarn gegen Zápolya in die Offensive zu gehen, beweisen. Andererseits konnten ihn zwar die dekorativen Attribute des Kriegers, Rüstung und Waffen, ins größte Entzücken versetzen, aber das Kriegführen selber machte ihm wenig Vergnügen. Und da er lieber verhandelte und Kompromisse schloß und hierin ein außerordentliches Geschick bewies, kann man ihn mit Recht, gemessen an den Maßstäben des 16. Jahrhunderts wie an seinen eigenen, als einen Mann des Friedens bezeichnen. In den fünfziger Jahren hatten Karl V. und Philipp II. aus politischen Gründen Kritik an seinem Katholizismus geübt, Rom brach sogar die Beziehungen mit ihm ab, aber am Ende konnten sowohl Philipp II. als auch das Papsttum ihm ihre Achtung vor seinem religiösen Engagement nicht versagen, zumal es ihm gelang, auch den schon fast verlorenen Sohn zurück in den Schoß der Kirche zu führen. Ferdinand selbst hatte an seinen religiösen Überzeugungen wenig Korrekturen vorzunehmen. Die größte Ausnahme stellte wohl seine Erlaubnis dar, die Kommunion *sub utraque* sowohl in seiner eigenen Familie als auch in einigen seiner Länder zu dulden, aber auch hier hatte er vorsichtigerweise vorher die Erlaubnis des Papstes eingeholt. Was äußerlich vielleicht als ein Mangel an Orthodoxie erscheinen mochte, war im Gegenteil eigentlich ein Beweis für die Tiefe und Festigkeit seines Glaubens. So jedenfalls wurde es von zahlreichen Zeitgenossen empfunden und bewertet. Am glücklichsten hätten ihn wohl die Worte gemacht, die seine Söhne und sein Neffe, der König von Spanien, nach seinem Tod für ihn fanden. Seine Anstrengungen, zwischen den österreichischen und spanischen Mitgliedern der Familie gute Beziehungen zu unterhalten, trugen nun Früchte. Philipp hob in seiner Gedenkrede die Liebe hervor, die sein Onkel ihm gegenüber bewiesen hatte, und gab der Hoffnung Ausdruck, daß ein ähnlich gutes Verhältnis auch zwischen Maximilian und ihm herrschen möge. Und er trug seinem Gesandten in Wien auf, mit allen drei Söhnen des toten Kaisers Kontakt aufzunehmen. Maximilian bekam zu hören, wie viel sein Vater für „unsere Häuser, welche alle zusammen eines bilden ...“ getan habe. In seiner Antwort auf das Kondolenzschreiben seines Cousins spricht Erzherzog Ferdinand von dem „Band des Blutes“, das sie alle vereint.[6]

Dagegen dürfte sich keiner der Söhne über den Schuldenberg von 7,604.277 Gulden gefreut haben, den der Vater ihnen überlassen hatte. Ferdinand hatte ihnen jedoch mit den Schulden auch Land und Ämter hinterlassen, somit fiel ihnen in den Schoß, was ihr Vater sich unter Aufbietung aller seiner Kräfte erkämpfen hatte müssen. Was einst zum Schutz der Herrschaft innerhalb der einen Linie ersonnen worden war, hatte sich als äußerst vorteilhaft für Ferdinands Söhne erwiesen.

Wie weit sich dieses dynastische System auch vorteilhaft für ihren Vater erwiesen hatte, ist weit schwieriger zu beantworten. Fest steht, daß er nur durch seine Beziehung zu Maximilian I. und dessen Recht, das habsburgische Erbe zu teilen, in den Besitz der österreichischen Lande gekommen war. Bei seinen Expansionsversuchen jedoch in östlicher Richtung kamen ihm dynastische Ansprüche kaum zustatten. Es waren auch weniger die Glücksfälle der habsburgischen Heiratspolitik, die *felix austria* ihre Territorialgewinne einbrachten, wie es das Sprichwort will, sondern Ferdinands Bereitschaft zu zahlen und zu kämpfen, wenn es erforderlich war. Diese Bereitschaft war es, die der neuen Dynastie in Böhmen und besonders in Ungarn die Legitimation verschaffte. Nur in einem einzigen Punkt erwiesen sich seine dynastischen Beziehungen als nützlich und verhalfen ihm in seinen neuen Königreichen zu Ansehen: Das war seine Beziehung zu seinem kaiserlichen Bruder. Und die galt bedeutend mehr als die formalen Mechanismen des Erbrechtes. In Böhmen gelang es ihm überhaupt nur mit Karls Hilfe, das Königreich so weit in den Griff zu bekommen, daß die Nachfolgefrage immerhin innerhalb der Familie geregelt werden konnte, was praktisch einer erbrechtlichen Lösung gleichkam.

So spielten die dynastischen Vorrechte bei der Realisierung seiner territorialen Ziele nur eine untergeordnete Rolle. Sie kamen nur da zur Geltung, wo das Haus Habsburg schon lange präsent war, nicht aber da, wo es sich ein neues

Terrain erobern mußte. Auch als System gegenseitiger Unterstützung ließ es für Ferdinand viele Wünsche offen. Die Habsburger mochten noch so lautstark ihre familiäre Loyalität betonen und sie zuweilen auch ausspielen, im allgemeinen erwiesen sich die eigenen territorialen und militärischen Interessen als wesentlich stärker als die der anderen Familienmitglieder. Die Ausdehnung des habsburgischen Landbesitzes im 16. Jahrhundert sollte nicht als Zeichen für die nachlassende Kraft des lokalen und regionalen Eigeninteresses mißverstanden werden. Und die mittelmeerischen und atlantischen Interessen des spanischen Königs und des burgundischen Herzogs berührten sich kaum mit denen des regierenden Erzherzogs von Österreich und Königs von Ungarn und Böhmen, obwohl die Amtsinhaber Brüder waren. Die Entwicklung, die die beiden Brüder in dieser Hinsicht durchlaufen hatten, war trotz aller Verschiedenheit der Temperamente bemerkenswert ähnlich. Karl, der in seiner Jugend von Burgund nach Spanien gekommen war, hatte zeit seines Lebens dem Land seiner Kindheit die Treue bewahrt, auch wenn er dort immer weniger Zeit verbrachte und sich schließlich in ein spanisches Kloster zurückzog, um sich auf die Ewigkeit vorzubereiten. Und auch Ferdinand, der als Kind Spanien gegen Österreich und Deutschland eintauschen mußte, zerriß nie die psychologischen und politischen Bande, die ihn mit dem Land seiner Kindheit verknüpften. Die österreichischen Erblande aber waren nun sein einziger Besitz, und so machte er ihre Interessen zu den seinen, so wie es umgekehrt für seine neuen Untertanen keine andere Möglichkeit gab, als ihren Frieden mit ihm und seiner Politik zu machen. Es gibt Anzeichen dafür, daß er sich mit dem Gedanken trug, den Sitz seiner Regierung nach Prag zu verlegen. Zu der Zeit seiner Wahl zum böhmischen König machte in Prag das Gerücht die Runde, er würde die österreichischen Lande mit denen der Wenzelskrone verschmelzen lassen. Aber dazu sollte es nie kommen, auch wenn die Habsburger und vor allem Ferdinand I. immer wieder nach Möglichkeiten gesucht hatten, die böhmische und ungarische Verwaltung an die österreichische anzuhängen – ein Zeichen dafür, daß Ferdinand I. sein altes Familienerbe als Kernstück seiner Macht betrachtete.

Als Herrscher über einen wirklich paneuropäischen Machtblock hätten sowohl Ferdinand als auch Karl sich um eine viel konsequentere Zentralisierung im politischen Bereich und um eine bessere Finanzverwaltung bemühen müssen. Aber dazu war keiner von ihnen in der Lage gewesen. Selbst wenn sie bereit gewesen wären, ihre persönlichen Ausgaben einzuschränken, so hätte es ihnen wenig genutzt, insofern als die militärischen, politischen und religiösen Anforderungen so vielfältig waren, daß eine koordinierte Politik fast unmöglich war, zumindest mußte es den Herrschern und ihren Ministern so erscheinen. Ferdinand konnte diese Erfahrung schon sehr bald im regionalen Bereich machen. Zwar wurden Österreich, Böhmen und Ungarn von ihrem gemeinsamen Feind, den Türken, praktisch in eine Schicksalsgemeinschaft gezwungen, aber die bürokratischen Reformen, die diese Gemeinsamkeit untermauert hätten, ließen zu wünschen übrig, zum Teil auch, weil die Zwänge der Tagespolitik Ferdinand keine Zeit ließen, seine Regierung zu rationalisieren. So fuhr er immer wieder von Landtag zu Landtag, um die Stände um Hilfe gegen die Türken zu bitten, auch wenn er noch so viel theoretische Einwände gegen die Vorgangsweise hatte. Auch überschritten seine Vorstellungen von einer politischen Neuorganisation nie die traditionellen Grenzen des Hofes und der Stände. Er hatte noch keinen Blick für die Gesellschaft als Ganzes. Eben der aber wäre nötig gewesen, um den größtmöglichen Nutzen aus dem flüssigen Kapital zu ziehen, über das auch die bescheidenste Volkswirtschaft verfügt. Obwohl er sich häufig über die Korruptheit des ungarischen Adels beklagte, brachte er immer wieder ihre Forderungen mit seinen ehrgeizigen Zielen in Einklang. Und dasselbe galt für Böhmen. Selbst als er hier gegen den Adel zu Felde zog, schaffte er keineswegs seine Privilegien ab, sondern schränkte sie nur ein wenig ein.

Trotz der Schwachpunkte des habsburgischen Systems hatte es aber Ferdinand gerade auf dem Gebiet der interterritorialen Zusammenarbeit gute Dienste geleistet. Man braucht nur zu fragen, was er ohne das System getan hätte. Ohne die Befürwortung seines habsburgischen Großvaters, der in seinem Testament die Teilung des Familienbesitzes angeordnet hatte, und ohne die Hilfe seines Bruders hätte er weder die Herrschaft über die österreichischen Länder antreten können, noch wäre er römischer König geworden. So wenig effektiv Karls militärischer Beistand oft tatsächlich war, so bedeutsam war seine moralische Unterstützung, galt er doch als der mächtigste Herrscher Europas. Und wenn man sich so oft am Rande der Katastrophe befand wie Ferdinand, dann pflegte man selbstverständlich eine solche Beziehung, wie wenig greifbare Resultate sie auch zeigte. Trotz der vielen Schwierigkeiten, die die spanische Linie ihm bei seinen Bemühungen um die Festigung seiner Stellung in Mitteleuropa machte, im Endeffekt war es doch die Gutwilligkeit seines Bruders und seines Neffen, der er einen großen Teil seines Erfolges verdankte. Man braucht sich nur klarzumachen, wie viele Kriege Maximilian I. in ganz Europa zur Wahrung der habsburgischen Interessen geführt hatte, um zu begreifen, wie vorteilhaft es war, daß es nun zwei etablierte Zweige der Familie gab, die gemeinsam jede Bedrohung ihrer Macht abwehren konnten. Aus Furcht, daß Karl V. und Ferdinand tatsächlich ihre Kräfte vereinen könnten, stellten zwar die Türken und Franzosen ihre expansionistische Politik nicht ab, aber bremsten sie aller Wahrscheinlichkeit doch ein. Als der weit schwächere der beiden Brüder profitierte Ferdinand sicher am meisten von dieser Situation.

Man sollte Ferdinand jedoch auch nicht als bloßen Nutznießer der dynastischen Macht sehen. Mit demselben Recht könnte man auch fragen, was diese Dynastie wohl ohne ihn gewesen wäre. Aus der Perspektive seiner eigenen Linie war seine Rolle von entscheidender Bedeutung. Dadurch, daß er Böhmen und Ungarn dazuerwerben konnte, schuf er sich eine Position, die der seiner spanischen Vettern durchaus vergleichbar war. In den historischen Schriften von Ferdinands Hofgeschichtsschreiber Wolfgang Lazius nehmen die Länder östlich von den österreichischen Erbländern zuweilen mehr Raum ein als diese selbst. Dies mag als Zeichen dafür gelten, daß auch andere die steigende Bedeutung Ungarns und Böhmens für Ferdinands Erben erkannt hatten. Die Möglichkeit, aus den habsburgischen Erbländern ebenfalls ein Königreich zu machen, wurde nicht ernsthaft erwogen. Vielleicht liegt hier die Erklärung dafür, daß die Bewohner der österreichischen Länder in der Entwicklung einer nationalen Identität weit hinter ihren magyarischen und slawischen Nachbarn zurückstanden. Für die Habsburger stieg dadurch der Besitzwert der östlichen Königreiche nur noch mehr.

Nach der Auflösung des Heiligen Römischen Reiches zu Beginn des 19. Jahrhunderts wäre das Haus Österreich wenig mehr gewesen als ein Fürstentum unter anderen Fürstentümern, und sicher nicht das reichste, wenn nicht die Königreiche Böhmen und Ungarn dazugehört hätten. Ferdinand war ja nicht der erste gewesen, der die Verbindung der beiden Kronen mit dem Haus Österreich für wünschenswert hielt. Als sich daher die Gelegenheit bot, zögerte er keinen Augenblick und setzte alle Mittel ein, um sie zu erringen. Ein Vorsichtigerer hätte gewartet, bis ihm die nötige Unterstützung zuteil wurde, Ferdinand wollte keine Zeit verlieren und riskierte es mehr denn einmal, auf eigene Faust loszuschlagen und die nötigen Hilfsmittel erst hinterher aufzutreiben. Diese Politik brachte ihm einige Niederlagen ein, aber am Ende war sie doch erfolgreich, und sie zeigte ihre Resultate, zumindest im Kern, bis 1918.

Zur Festigung des österreichischen Imperiums war aber Ferdinands eigensinnig verfolgte Bewerbung um die Kaiserkrone mindestens so wichtig, auch wenn in gewisser Weise dieser Ehrgeiz etwas Anachronistisches an sich hatte. Die Territorialpolitik hatte längst den letzten Rest von politischer Einheit zerstört, den das mittelalterliche Reich noch für sich in Anspruch nehmen konnte. Zu Ferdinands Zeit dämmerte bereits die Erkenntnis, daß die Zukunft der deutschen Politik bei den kleineren und kompakteren Fürstentümern lag. Zwar hatten die Titel König, Herzog, Markgraf, Landgraf im 16. Jahrhundert noch durchaus ihre Bedeutung, insofern sie nämlich auf Ämter mit gewissen Privilegien hinwiesen, aber beim Kaisertitel fiel dies weg, weil die damit verbundene Autorität viel indirekter und traditioneller war als die der Fürsten.

Nun spielt allerdings auch die Tradition in der Politik eine nicht zu unterschätzende Rolle, und die Deutschen sollten sich auch in den nächsten Jahrhunderten eine gewisse Ehrfurcht vor der kaiserlichen Position bewahren.

Und daher war es durchaus richtig, daß Ferdinand sich durch kein Hindernis davon abhalten ließ, den Kaisertitel für seine Linie zu erringen. Dies war deshalb so schwierig, weil im 15. und 16. Jahrhundert die Beziehungen der habsburgischen Herrscher mit den deutschen Fürsten einen Tiefpunkt nach dem anderen überwinden mußten. Aber die Bedrohung durch die Türken und die expansionistische Politik Frankreichs während des Dreißigjährigen Krieges gaben manchem deutschen Fürsten genug Anlaß, über seine feindselige Haltung dem Haus Österreich gegenüber nachzudenken. Daraus resultierte eine bemerkenswerte Harmonie in den Beziehungen des Kaisers und der Fürsten unter Leopold I., was der habsburgischen Position in Deutschland und Osteuropa zugute kam. Eine solche Entwicklung kann man sich dagegen nur schwer vorstellen, wenn die Kaiserkrone an Philipp II. und seine spanischen Erben gefallen wäre, wie Karl V. es offensichtlich einmal gewünscht hatte. Dabei identifizierte sich Ferdinand, wie wir wissen, erst allmählich mit Deutschland. Seine spanische Kindheit und Jugend prägten ihn zeit seines Lebens, und seine humanistischen Interessen gingen weit über die Grenzen Deutschlands hinaus. Ohne die ständig drohende Türkengefahr in Mitteleuropa hätte er sich vielleicht nie die deutschen Angelegenheiten so zu Herzen genommen, wie er es dann tat. Für seine Erben war es dann schon viel leichter, die Rolle eines deutschen Kaisers zu spielen, aber eben nur, weil Ferdinand so gründlich geklärt hatte, daß seine Linie und nicht die unbeliebte spanische den höchsten Rang in Mitteleuropa bekleiden sollte.

Dafür hatten seine österreichischen Untertanen einen hohen Preis zahlen müssen. Ferdinands Expansion nach Osten kostete Österreich wahrscheinlich nicht nur den Status eines Königreichs, es mußte auch auf einen erheblichen Teil seines Wohlstandes verzichten. Denn die österreichischen Länder hatten viel Geld und Menschen in die habsburgischen Kriege stecken müssen, besonders bei der Verteidigung Ungarns gegen die Türken. Andererseits wäre es den Türken mit aller Wahrscheinlichkeit auch gelungen, bis nach Wien vorzustoßen, wenn Ludwig von Ungarn länger regiert hätte, und es wäre für Ferdinand wesentlich schwieriger gewesen, seine Erbländer gegen die Türken zu schützen, wenn er auf Ludwig angewiesen gewesen wäre. Als König konnte er den böhmischen und ungarischen Ständen doch immer wieder bedeutsame Kontributionen gegen die Türken abringen.

Aber so persönlich und dynastisch die Motive waren, die Ferdinand zu der Bewältigung seiner verschiedenen Aufgaben trieben, er hat dennoch einen bedeutsamen Beitrag zur Entwicklung des modernen Österreich geleistet. Zwar gelang es ihm nicht, die Erbländer so homogen zusammenzuschließen wie die Könige von Frankreich die französischen Provinzen und Karl V. und Philipp II. die Länder der Iberischen Halbinsel, aber er besaß ein intensives Gefühl für die österreichischen Territorialinteressen und war immer bereit, sie zu verteidigen, was durch die paneuropäische Position seines Bruders nicht gerade erleichtert wurde. Für das Österreich des 16. Jahrhunderts war es demnach ein Glück, daß es von den beiden Enkeln Maximilians I. Ferdinand als Herrscher zugeteilt bekam.

Über den meteorhaften Aufstieg des Hauses Habsburg zu Ende des 16. Jahrhunderts ist viel geschrieben worden, damals wie heute. Innerhalb eines Zeitraumes von nur 50 Jahren konnte sich eine kleine Fürstenfamilie, die gelegentlich das Kaiseramt übernahm, zu Herrschern über zwei Großreiche mausern. Dieser erstaunliche Aufstieg barg selbstverständlich gewisse Gefahren in sich, besonders für die österreichischen Länder.

Als Karl V. die Regierung antrat, war es klar, daß seine politischen Interessen hauptsächlich im Westen und im Mittelmeerraum lagen. Wie immer seine Vorstellungen von dem Weltreich aussahen, über das er herrschen wollte, sie basierten auf Karls kombinierter Rolle als Kaiser und König von Spanien. Der Erzherzog von Österreich kam dabei nicht vor. Daher spielten auch die österreichischen Länder, besonders die östlicheren, nur eine zweitrangige Rolle in seiner Politik. Eines der größten Hindernisse, denen sich die Habsburger bei der Konsolidierung ihrer Macht in Österreich im Mittelalter gegenübersahen, war die immer wieder durchgeführte Besitzteilung unter den männlichen habsburgischen Erben. Erst unter Maximilian I. war das gesamte habsburgische Erbe in einer Hand vereinigt worden. Auch Karl V. war, wie wir gesehen haben, zu Anfang seiner Regierung bereit gewesen, die österreichischen Länder neuerlich zu teilen, entsprechend den Interessen Spaniens und des Reiches. Die Geschichtswissenschaft ist nun aber einmal keine spekulative Disziplin, und deshalb sollte man nicht in den Fehler verfallen, sich in Wenn-Fragen zu verlieren, etwa wie: Was wäre aus Österreich geworden, wenn Karl der einzige Sohn Philipps des Schönen und Johannas der Wahnsinnigen von Kastilien gewesen wäre? Fest steht jedoch, daß es Ferdinands Präsenz in Österreich zu verdanken ist, daß die habsburgischen deutschen Besitzungen nicht den spanischen Interessen geopfert wurden. Zwar sollte auch Ferdinand seinen Besitz unter seinen drei Söhnen aufteilen, aber doch so, daß die österreichischen Interessen gewahrt blieben. Außerdem waren sich die drei Söhne Ferdinands einig, daß die Aufgaben ihres Hauses in Mitteleuropa lagen.

Ferdinands Politik hatte bewirkt, daß die Bezeichnung „Haus Österreich" auch eine reale territoriale Bedeutung bekommen hatte und behalten sollte, sie hatte aber auch den betroffenen Ländern und Völkern eine bestimmte Vorstellung über den Platz überliefert, den sie in der Welt einnahmen. Ihre Involvierung in die osteuropäischen Angelegenheiten und ihre Bereitschaft, in der Verteidigung Europas gegen die Türken in der vordersten Linie zu stehen, gab den österreichischen Ländern einen besonderen Status. Nicht zufällig besaß die Hauptstadt Wien auch einen erzbischöflichen Stuhl von paneuropäischer

Bedeutung. Ähnliches läßt sich von Ferdinands Rolle als unermüdlicher Anwalt für die katholische Sache sagen. Er war zwar nicht der einzige deutsche Fürst, der diese Rolle wahrnahm, und in ihren eigenen Ländern waren die Herzöge von Bayern weit erfolgreicher in der Bewahrung der römischen Konfession als die österreichischen Habsburger – erst im 17. Jahrhundert waren die österreichischen Länder wieder zum überwiegenden Teil katholisch –, aber Ferdinands Anhänglichkeit an die orthodoxe Kirche war unerschütterlich und stark genug, um selbst einen so unsteten Geist wie seinen Sohn Maximilian wieder an Rom zu binden. Das Haus Österreich sollte katholisch bleiben, und als die Gegenreformation Einbrüche in Mittel- und Osteuropa erzielte, identifizierte sich der Hof in Wien mit ihren Erfolgen. Diese gegenreformatorische Bewegung prägte die Kultur der Hauptstadt und der österreichischen habsburgischen Länder wie keine anderen innerhalb Europas. Und es war Ferdinand, der die Grundlage für diese Entwicklung geschaffen hatte.

So muß uns Ferdinand zweifellos aus dem größeren Blickwinkel erscheinen. In seiner eigenen Zeit war er nur ein Herrscher wie alle anderen, die ihre dynastische Politik verfolgten. Von den anderen unterschied er sich nur durch seine Geschicklichkeit, nicht durch die Kühnheit seiner Konzepte. Denn er war ein Meister in der Beherrschung aller jener Techniken, mittels deren eine dynastische Regierung immer mehr Stärke gewann. Durch seine Heiratspolitik bekam er zum Beispiel den Zugang zu den wichtigsten Thronen Mittel- und Osteuropas und Italiens. Und durch die Heiraten innerhalb der Dynastie – es begann bei den Kindern Ferdinands und Karls – wurde der Zusammenhalt der Dynastie wirksam untermauert. Zumindest hielt es ihre Mitglieder davon ab, sich in wichtigen politischen Fragen als Gegner gegenüberzustehen. Dies sollte sich besonders im 17. Jahrhundert bewähren, aber auch schon zu Ferdinands Zeit. Daß es wegen der Nachfolgefrage zwischen ihm und Philipp nicht zum offenen Konflikt kam, lag zum großen Teil an ihren gemeinsamen Interessen und ihren charakterlichen Qualitäten, aber auch an ihrer gemeinsamen Abstammung, die ihnen Kanäle offenhielt, die normalerweise sofort verstopft gewesen wären. Wie wichtig dies war, zeigt die Tatsache, daß die deutschen katholischen Fürsten sicher sein wollten, daß Maximilian ein gutes Verhältnis zu seinem spanischen Vetter hatte, bevor sie ihn zum römischen König wählten.

Auf der Höhe seiner Macht ging es Ferdinand hauptsächlich darum, die Titel und Ämter, die er unter vielen Mühen erworben hatte, sich und seinen Nachkommen zu sichern. Zur Realisierung dieses Ziels aber waren die guten Beziehungen zu Spanien und Rom unerläßlich, und daher mußte er das Schlimmste befürchten, als sein ältester Sohn sich in diesen zwei wesentlichen Punkten querstellen wollte. Als gütliches Zureden nichts nutzte und Maximilian nicht begreifen wollte, wie sehr er bei der Verfolgung seiner eigenen Ziele von seinem Vater abhängig war, ließ Ferdinand alle Register des dynastischen

Systems spielen – das ja nicht nur Belohnungen, sondern auch Strafen in reichlichem Maß zu vergeben hatte – und drohte seinem Sohn, nichts für seine Nachfolge im Reich zu tun. Dies genügte, um den Erzherzog zur Vernunft zu bringen und sich der politischen und konfessionellen Linie seines Hauses anzupassen.

Wenn man beides abwägt, dann hat das dynastische System ebensoviel für Ferdinand I. getan wie er seinerseits für das System. Sein väterlicher Großvater hatte ihn von der Rolle des ewig jüngeren Bruders des spanischen Königs befreit und ihn zum Herrscher über mehrere Länder gemacht. Seine brüderliche Beziehung zu Karl half ihm, aus den vielen Bewerbern um die ungarische und böhmische Krone als Sieger hervorzugehen. Und diese starke Beziehung war es auch, die die Türken davon abgehalten hatte, sich allzu dreist nach Mitteleuropa vorzuwagen. So kann man sagen, daß das System zwar nicht immer hundertprozentig funktioniert hatte, aber in vielen entscheidenden Momenten immerhin auch nicht versagte. Mehr hatte sich Ferdinand wohl auch nie davon erwartet.

Anmerkungen

EINFÜHRUNG

1 Wolfgang Hilger, Ikonographie Kaiser Ferdinands I. (1503–1564), in: Veröffentlichungen der Kommission für neuere Geschichte Österreichs, 3 (1969), S. 124f und Tafel 25, Nr. 56; 26, Nr. 15; 27, Nr. 85.

2 Ebd., S. 125f; Karl Brandi, Kaiser Karl V. Werden und Schicksal einer Persönlichkeit und eines Weltreiches, 2 Bände, 3. Aufl., München 1948, S. 481.

3 August von Kluckhohn u. a. (Hrsg.), Deutsche Reichstagsakten, Jüngere Reihe, 5 Bände, Gotha 1893–1905, 4, S. 637; Ferdinand an Maximilian, 27. 12. 1557, Wien, Haus-, Hof- und Staatsarchiv, Familienkorrespondenz A, Karton 2, fol. 136; Ferdinand an Maria, 22. 2. 1530, in: Die Korrespondenz Ferdinands I., 3 Bände, Veröffentlichungen der Kommission für neuere Geschichte Österreichs, Band 11, 30f, 58, hrsg. von Wilhelm Bauer, Robert Lacroix, Christiane Thomas, Herwig Wolfram, Wien 1912–1977, 2², S. 606; Ferdinand an Philipp II., 7. 7. 1563, Archivo General de Simancas, Secretario de Estado, Negociación de Alemania, Legajo 652, fol. 30.

4 Wilhelm Bauer, Die Anfänge Ferdinands I., Wien–Leipzig 1907, S. 51, 103; James Broderick, SJ, Saint Peter Canisius SJ, 1521–1597, London 1935, S. 169.

5 Ferdinand an Karl, 13. 6. 1538, SA, Handschriften, Blau, 597/1, S. 103; Kurt Löcher, Jakob Seisenegger, Hofmaler Kaiser Ferdinands I., München 1962, S. 15; Alfred Stern, „Gabriel Salamanca Graf von Ortenburg", HZ 131 (1925), S. 33f.

6 Paula Sutter Fichtner, „Of Christian Virtue and a Practicing Prince", in: The Catholic Historical Review, 61 (1975), S. 413–416; Ferdinands Instruktionen an Chantonnay, 26. 7. 1549, Blau 597/2, fol. 311.

7 Ferdinands Instruktionen an Henri de Hemricourt und Martin de Salinas für Karl, November 1522, Korrespondenz, 1, S. 22f; Ferdinand an Karl, 7. 9. 1555, AG, Estado, Alemania, Legajo 649, fol. 43.

8 Ferdinand an Jan von Pernštejn und Jan Trck, 25. 10. 1546, in: Archiv český, 37 Bände, Prag 1840–1944, 20, S. 246.

9 Ferdinands Instruktionen an Charles de Bredam für Karl V., 13. 6. 1524, Korrespondenz, 1, S. 170; Ferdinands Instruktionen an Joachim de Rye für Karl V., 11. 3. 1552, in: Karl Lanz (Hrsg.), Correspondenz des Kaisers Karl V., 3 Bände, Leipzig 1844–1846, 3, S. 124; Ferdinand an Moritz von Sachsen, 12. 2. 1552, in: August von Druffel (Hrsg.), Beiträge zur Reichsgeschichte 1546–1551, Briefe und Akten zur Geschichte des 16. Jahrhunderts, 4 Bände, München 1873–1896, 2, S. 115.

10 Gerhard Rill, „Humanismus und Diplomatie: Zur Geschichte des Gesandtenwesens unter Ferdinand I.", MÖSTA, 25 (1972), S. 570f.

11 Berthold Sutter, Einleitung zu Franz Bernhard von Bucholtz, Geschichte der Regierung Ferdinands I., 9 Bände (Reprint), Graz 1971, 1, S. 58f.

12 Ferdinand an Maria, 27. 7. 1549, in: Druffel, Beiträge, 1, S. 268; Ferdinand an Karl, 27. 1. 1523, Korrespondenz, 1, S. 38; Ferdinand an Karl, 5. 11. 1524, ebd., S. 106.

13 Ferdinand an Karl, 7. 7. 1536, Blau, 597/1, S. 224; Ferdinand an Karl, 19. 10. 1544, ebd., 597/2 fol., S. 125f.

14 Ferdinand an Karl, 8. 6. 1552, in: Lanz, Correspondenz, 3, S. 257; Ferdinands Instruktionen an Joachim de Rye für Karl, 11. 3. 1552, ebd., S. 122.

15 Ferdinand an Karl, 20. 12. 1537, Blau, 597/1, S. 276; Ferdinand an Karl, 6. 2. 1538, ebd., S. 283; Ferdinand an Karl, 6. 4. 1538, ebd., S. 290.

16 Josef Strelka, Der burgundische Renaissancehof Margarethes von Österreich und seine literarhistorische Bedeutung, Wien 1957, S. 107, 119f, 123; Joseph von Aschbach, Geschichte der Wiener Universität, 3 Bände (Reprint Westmead, Farnborough Hunts, 1967), 3, S. 310f, 335–346; Paula Sutter Fichtner, „The Disobedience of the Obedient. Ferdinand I and the Papacy, 1555–1564", in: The Sixteenth Century Journal, 11 (1980), S. 26f.

17 William Bousma, Concordia Mundi: The Career and Thought of Guillaume Postel 1510–1581, Cambridge, Mass. 1957, S. 6f, 13ff, 20f; Jan Kvačala, „Wilhelm Postell, Seine Geistesart und Seine Reformgedanken", ARG, 9 (1911–1912), S. 224, 226 und 15 (1918), S. 157f; Peter Canisius an Ionnai de Polanco, SJ, 5. 1. 1554, in: Beati Petri Canisii to Ioanni de Polanco, SJ, 5. 1. 1554, hrsg. von Otto Braunsberger, 8 Bände, Freiburg i. Breisgau, 1896–1923, 1, S. 449f.

18 Ferdinand an Karl, 4. 11. 1531, Korrespondenz, 3^2, S. 361f.

19 J. H. Elliot, The Old World and the New 1492–1650, Cambridge 1970, S. 17; John M. Headley, „The Habsburg World Empire and the Revival of Ghibellinism", in: Medieval and Renaissance Studies, 7 (1978), S. 114.

20 Ferdinand an Karl, 26. 5. 1540, Blau, 597/1, S. 393f.

21 Alphons Lhotsky, Die Geschichte der Sammlungen, Festschriften des Kunsthistorischen Museums zur Feier des fünfzigjährigen Bestandes, 2 Bände, Wien 1941–1945, 2^1, S. 142, 154.

22 Helmut Goetz, „Die geheimen Ratgeber Ferdinands I. (1503–1564). Ihre Persönlichkeit im Urteil der Nuntien und Gesandten", in: QuF, 42/43 (1963), S. 462, 476, 483ff, 488.

23 Karl Brandi, „Berichte und Studien zur Geschichte Karls V.", Teil 2, in: Nachrichten von der Gesellschaft der Wissenschaften zu Göttingen, phil.-hist. Klasse, Nr. 3, 4 (1930), S. 272.

24 David Hunt, Parents and Children in History: The Psychology of Family Life in Early Modern France, New York 1972, S. 149, 154f.

25 Bucholtz, Regierung, 7, S. 198; Ferdinand an Karl, 27. 4. 1536, Blau, 597/1, S. 202f.

26 Ferdinand an Karl, 9. 11. 1546, Blau, 597/2, fol. 192; Ferdinand an Karl, 29. 11. 1546, ebd., fol. 194.

27 Ferdinand an Karl, 27. 6. 1552, in: Lanz, Correspondenz, 3, S. 303.

28 Paula Sutter Fichtner, „Dynastic Marriage in Sixteenth-Century Habsburg Diplomacy and Statecraft: an Interdisciplinary Approach", in: American Historical Review, 81 (1976), S. 243–265.

29 Alfons Huber, „Die Erwerbung Siebenbürgens durch Ferdinand I. im Jahre 1551 und Bruder Georgs Ende" in: AÖG, 75 (1889), S. 508f; Graf de Luna an Philipp II., 15. 11. 1560, in: Coleccion de documentos inéditos para la historia de españa, 112 Bände (Reprint Vaduz 1966), 98, S. 257f.

30 Ferdinand an Philipp II., 19. 11. 1562, Documentos inéditos, 98, S. 377.

KAPITEL I

1 Bauer, Anfänge, S. 11; Sutter, Einführung; Ludwig Pfandl, Johanna die Wahnsinnige, Freiburg i. Breisgau 1930, S. 59.

2 Bauer, Anfänge, S. 17, 50f; Hilger, Ikonographie, S. 124, 198.

3 Bauer, Anfänge, S. 45; Theodor B. Kassowitz, Die Reformvorschläge Kaiser Ferdinands I. auf dem Konzil von Trient, Wien–Leipzig 1906, S. 7f.

4 Bauer, Anfänge, S. 40, 69f.

5 Memorandum of the Bishop of Badajoz to the Cardinal (Cisneros) of Spain, 8. 3. 1516 (Kopie), in: AGR, Manuscrits divers, 175 Abis, fol. 12.

6 Brandi, Karl V., 1, S. 70; Sutter, Einführung.

7 Laurent Vital, „Premier voyage de Charles-Quint en Espagne de 1517 à 1518", in: Collection des voyages des souverains des Pays Bas, 4 Bände, Brüssel 1874–1882, 3, S. 272, 282.

8 Hermann Baumgarten, Geschichte Kaiser Karls V., 3 Bände, Stuttgart 1885, 1, S. 135 Anmerkung; Alfons Huber, Geschichte Österreichs, 5 Bände, Gotha 1885–1896, 3, S. 482; Georg Kirchmair, Georg Kirchmairs Denkwürdigkeiten 1519–1553, hrsg. von Theodor von Karajan, FRA, Scriptores, 1^1 (1855), S. 451.

9 Baumgarten, Karl V., 1, S. 135–139; Bauer, Anfänge, S. 75f; Headley, „Ghibbelinism", S. 97f.

10 Alphons Lhotsky, Das Zeitalter des Hauses Österreich. Die ersten Jahre der Regierung Ferdinands I. (1520–1527), Wien 1971, S. 72.

11 SA, Haus-Archiv, Familienakten, Karton 97, fol. 4.

12 Bauer, Anfänge, S. 46, 87ff, 113; Antonín Rezek, „Zur Kaiserwahl 1519", in: Forschungen zur deutschen Geschichte, 23 (1883), S. 342; X. Liske, „Der Congress zu Wien im Jahre 1515" ebd., 7 (1867), S. 503.

13 Lhotsky, Haus Österreich, S. 111.

14 Ebd., S. 117.

15 Baumgarten, Karl V., 2, S. 112; Gustav Turba, Geschichte des Thronfolgerechts in allen habsburgischen Ländern bis zur pragmatischen Sanktion Kaiser Karls VI., Wien –Leipzig 1903, S. 161.

16 Ferdinand an Karl, 28. 1. 1530, Korrespondenz, 2^2, S. 584f; Gerda Koller, „Die Hochzeit Ferdinands I. in Linz", in: Linz aktiv, 24 (1967), S. 21–25; Ferdinand an Margarete, 12. 7. 1526, Korrespondenz, 1, S. 399f; Ferdinand an Maria, 15. 10. 1529, ebd., 2^2, S. 521f; Ferdinand an Maria, 21. 1. 1530, ebd., S. 574.

17 Koller, „Hochzeit", S. 23f.

18 Karl Oberleitner, „Österreichische Finanzen und Kriegswesen unter Ferdinand I. 1522–1564", AÖG, 22 (1860), S. 13f. Die folgenden Münzen und Umrechnungskurse waren im 16. Jahrhundert in Mitteleuropa üblich:

5 Rheinische Gulden	=	5 $^1/_3$ Reichsgulden
4 Ungarische Gulden	=	5 $^1/_3$ Reichsgulden
1 Böhmischer Groschen	=	2 $^1/_2$ Reichsgulden
1 Dukaten	=	1 $^2/_3$ Reichsgulden

Das Pfund wurde in Wien mit dem gleichen Wert wie der Reichsgulden angenommen. Die „Böhmischen Groschen" wurden manchmal in Einheiten von 60 (Schock) gemessen. Siehe dazu Alfons Huber, „Studien über die finanziellen Verhältnisse Österreichs unter Ferdinand I.", in: MIÖG, Ergänzungsband 4 (1893), S. 188, Anm. 1, 199, 201, 212, 218.

19 Michael Mayr, „Der Generallandtag der österreichischen Erbländer zu Augsburg (Dezember 1525 bis März 1526)", in: Zeitschrift des Ferdinandeums, 38 (1893/94), S. 24; Kirchmair, Denkwürdigkeiten, S. 443.

20 Paul W. Roth, „Münzwesen und Türkennot", Die wirtschaftlichen Auswirkungen der Türkenkriege, hrsg. von Othmar Pickl, Grazer Forschungen zur Wirtschafts- und Sozialgeschichte, 1 (1971), S. 333, 337.

21 Friedrich Engel-Janosi, „Zur Geschichte der Wiener Kaufmannschaft von der Mitte des 15. bis zur Mitte des 16. Jahrhunderts", in: Mitteilungen des Vereins für Geschichte der Stadt Wien, 6 (1926), S. 42f; Otto Brunner, „Eine handelspolitische Denkschrift der Stadt Wien an König Ferdinand I.", in: MIÖG, Ergänzungsband 11 (1929), S. 483f; Lhotsky, Zeitalter, S. 83.

22 Baumgarten, Karl V., 2, S. 392; Theodor Wiedemann, Geschichte der Reformation und Gegenreformation im Lande unter der Enns, 5 Bände, Prag 1879–1886, 1, S. 41f; Ernst Tomek, Kirchengeschichte Österreichs, 2 Bände, Innsbruck 1935–1949, 2, S. 238; Johann Loserth, Die Reformation und Gegenreformation in den innerösterreichischen Ländern im 16. Jahrhundert, Stuttgart 1898, S. 22; Georg Loesche, Geschichte des Protestantismus in Österreich, Leipzig 1930, S. 30; Grete Mecenseffy, Geschichte des Protestantismus in Österreich, Graz 1946, S. 20.

23 Loesche, Protestantismus, S. 56.

24 Ferdinand an Andreas de Burgo, 7. 7. 1529 (Auszüge), AG, Estado, Alemania, Legajo 635, fol. 53.

25 Ferdinand an Karl, 14. 3. 1525, Korrespondenz, 1, S. 272; Ferdinand an Karl, 2. 4. 1525, ebd., S. 286; Bernhard von Cles an Ferdinand, 28. 8. 1525, SA, Große Korrespondenz, Fasc. 25/a, fol. 52.

26 Alexander Novotny, „Ein Ringen um ständische Autonomie zur Zeit des erstarkenden Absolutismus (1519–1522)“, in: MIÖG, 7 (1963), S. 355; Kirchmair, Denkwürdigkeiten, S. 441–444; Bauer, Anfänge, S. 83.

27 Lhotsky, Zeitalter, S. 94, 96.

28 Hans Ankwicz-Kleehoven, Der Wiener Humanist Johannes Cuspinian, Graz 1959, S. 204; Bucholtz, Regierung, 1, S. 182, 495f.

29 Siegmund von Herberstein, Selbstbiographie 1486–1553, hrsg. von Theodor von Karajan, FRA, 1 (1855), S. 257; Karl Eder, „Siegmund von Dietrichstein und die Anfänge Ferdinands I.“, in: Carinthia I, 146 (1956), S. 642; Victor von Kraus, „Zur Geschichte Österreichs unter Ferdinand I., 1519–1522“, in: Neunter Jahresbericht des Leopoldstädter Communal-, Real- und Obergymnasiums in Wien, Nr. 11 (1873), S. 78, und Anm. 1; Tomek, Kirchengeschichte, 2, S. 223; Ferdinand an Karl, 5. 11. 1522, Korrespondenz, 1, S. 31.

30 Baumgarten, Karl V., 1, S. 135–139.

KAPITEL II

1 Ferdinand an Karl, 24. 4. 1524, Korrespondenz, 1, S. 129.

2 Turba, Thronfolgerecht, S. 157, Anm. 1.

3 Oscar Mitis, „Vom burgundischen Hof Ferdinands I. in Österreich“, in: Jahrbuch für Landeskunde von Niederösterreich, Neue Reihe 21 (1928), S. 157ff; Reichstagsakten, Jüngere Reihe, 3, S. 111, 115.

4 Kraus, „Ferdinand I.“, XXVI, doc. 11; Bauer, Anfänge, S. 84, 131, 173; Stern, „Salamanca“, S. 28; Kirchmair, Denkwürdigkeiten, S. 461f.

5 Ferdinand an Margarete, Dezember 1523, Korrespondenz, 1, S. 77; Ferdinand an Karl, 18. 12. 1523, ebd., S. 92; Bauer, Anfänge, S. 204.

6 Gerhard Rill, „Die Hannart-Affäre. Eine Vertrauenskrise in der Casa de Austria 1524“, MÖSTA, 34 (1981), S. 89f, 93, 99, 120; Ferdinand an Maria, 18. 8. 1524, Korrespondenz, 1, S. 212f.

7 Ebd., S. 120f; Karl an Ferdinand, 4. 10. 1524, ebd., S. 223f; Karl an Ferdinand, 16. 12. 1524, ebd., S. 246f.

8 Ferdinand an Karl, 16. 10. 1525, Korrespondenz, 1, S. 334; Mayr, „Generallandtag“, S. 7ff.

9 Karl an Ferdinand, 30. 3. 1526, Korrespondenz, 1, S. 376f; Ferdinand an Karl, 30. 4. 1526, Korrespondenz, 1, S. 383.

10 Baumgarten, Karl V., 1, S. 135–139; Baumgarten, ebd., 2, S. 181f; Brandi, Karl V., 1, S. 162.

11 Leopold von Ranke, Deutsche Geschichte im Zeitalter der Reformation (Reprint), S. 263.

12 Ferdinand an Karl, ? 1524, in: Bucholtz, Regierung, 2, S. 52; Arwed Richter, Der Reichstag zu Nürnberg 1524, Leipzig 1888, Kap. 8; Karl Brandi, Deutsche Geschichte im Zeitalter der Reformation und Gegenreformation, München 1960.

13 Richter, Reichstag zu Nürnberg, S. 68f, 71, 79.

14 Bucholtz, Regierung, 2, S. 50f.

15 Richter, Reichstag zu Nürnberg, S. 68.

16 Bucholtz, Regierung, 2, S. 45ff; Brandi, Karl V., 1, S. 163; Ferdinand an Karl, 24. 4. 1524, Korrespondenz, 1, S. 126f; Ferdinand an Karl, 27. 4. 1524, ebd., S. 128.

17 Ernst Laubach, „Karl V., Ferdinand I. und die Nachfolge im Reich“, in: MIÖG, 29 (1976), S. 4f.

18 Ferdinands Instruktionen an Henri de Hemricourt und Martin de Salinas für Karl, November 1522, Korrespondenz, 1, S. 25–29; Ferdinands Instruktionen an Charles de Bredam für Karl, 13. 6. 1524, ebd., S. 152f, 158, 162, 169.

19 Johann von der Leiter an Herzog Wilhelm von Bayern, 20. 12. 1523, Reichstagsakten, Jüngere Reihe, 4, S. 629; Burchain von Isenhagen an die Herzöge Otto und Ernst von Lüneburg, 25. 12. 1523, ebd., S. 630; Richter, Reichstag zu Nürnberg, S. 48f; Hans von der Planitz an den Kurfürsten Friedrich von Sachsen, 16. 7. 1523 und November 1523, „Des kursächsischen Rathes Hans von der Planitz Berichte aus dem Reichsregiment in Nürnberg 1521–1523“, in: Königlich-sächsische Kommission für Geschichte-Schriften, Nr. 3 (1899), S. 582.

20 Ferdinand an Karl, 27. 1. 1523, Korrespondenz, 1, S. 37; Ferdinand an Karl, 12. 5. 1523, ebd., S. 59; Loserth, Reformation in Innerösterreich, S. 24; Karl Hofmann, „Die Konzilsfrage auf den deutschen Reichstagen von 1521–1524", Diss. Mannheim 1932, S. 33, 72.

21 Richter, Reichstag zu Nürnberg, S. 35f, 46, 49f, 93f, 101 Anm. 3, 130; Hannart an Karl, 13. 3. 1524, in: Lanz, Correspondenz, 1, S. 98.

22 Hannart an Karl, 13. 3. 1524, in: Lanz, Correspondenz, 1, S. 98; Hannart an Margarete, 18.–26. 2. 1524, Reichstagsakten, Jüngere Reihe, 4, S. 693f; Ferdinand an Karl, 27. 4. 1524, Korrespondenz, 1, S. 126f.

23 Stephen Fischer-Galati, Ottoman Imperialism and German Protestantism 1521–1555, Cambridge, Mass. 1959, S. 23; Richter, Reichstag zu Nürnberg, S. 110; Ferdinand an Karl, 27. 4. 1524, Korrespondenz, 1, S. 116; Ferdinand an Karl, 13. 6. 1524, ebd., S. 186; Karl an Ferdinand, 8. 7. 1524, ebd., S. 199ff.

24 Ferdinand an Karl, 1. 11. 1524, ebd., S. 231; Ferdinands Instruktionen an Charles de Bredam für Karl, 13. 6. 1524, ebd., S. 164f; Brandi, Karl V., 1, S. 164.

25 Karl an Ferdinand, 15. 4. 1524, ebd., S. 104f, 107.

26 Ferdinands Instruktionen an Charles de Bredam für Karl, 13. 6. 1524, ebd., S. 164f. Vgl. auch Ferdinands Instruktionen an Anton de Croy und Charles de Bredam für Margarete, 4. 6. 1529, Korrespondenz, 2^2, S. 424f.

27 Bernhard von Cles an Ferdinand, 19. 9. 1523, ebd., fol. 13; Gabriel Sanchez an Ferdinand, 24. 8. 1523, ebd., fol. 183f.

28 Ferdinands Instruktionen an Charles de Bredam für Karl, 13. 6. 1524, Korrespondenz, 1, S. 171f.

29 Ferdinand an Karl, 14. 3. 1525, Korrespondenz, 1, S. 275; Ferdinand an Karl, 1. 9. 1525, ebd., S. 324; Ferdinand an Karl, 2. 4. 1525, ebd., S. 289.

30 Ferdinand an Karl, 20. 5. 1525, ebd., S. 287; Ferdinands Instruktionen an Gabriel Salamanca für Karl, ebd., S. 360, 362.

31 Karl an Ferdinand, 26.–31. 3. 1525, ebd., S. 278, 280; Karl an Ferdinand, 25. 6. 1525, ebd., S. 308; Ferdinand an Karl, 1. 9. 1525, ebd., S. 324, 326; Ferdinand an Margarete, 12. 12. 1525, ebd., S. 353; Bucholtz, Regierung, 2, S. 296.

32 Karl an Ferdinand, 6. 2. 1525, Korrespondenz, 1, S. 254f; Bauer, Anfänge, S. 230f; Sutter, Einführung, S. 126.

33 Bauer, Anfänge, S. 234f; Karl an Ferdinand, 25. 6. 1525, Korrespondenz, 1, S. 307f; Baumgarten, Karl V., 2, S. 551.

34 Ferdinand an Karl, 1. 9. 1535 (1525?), Korrespondenz, 1, S. 325.

KAPITEL III

1 Gernot Heiss, „Politik und Ratgeber der Königin Maria von Ungarn in den Jahren 1521–1531", in: MIÖG, 82 (1974), S. 128f.

2 Ebd., S. 127, 135–138; Wilhelm Fraknói, Ungarn vor der Schlacht bei Mohács, 1524–1526, Budapest 1886, übersetzt von J. H. Schwicker, S. 15, 49, 122f, 211 Anm. 2, 212 Anm. 1; Bálint Homan und Gyula Szekfű, Magyar Történet, 8 Bände, Budapest ohne Datum, 2, S. 606; Huber, Geschichte Österreichs, 3, S. 525; Ferdinands Instruktionen an Charles de Bredam für Karl, 13. 6. 1524, Korrespondenz, 1, S. 165.

3 Josef Janáček, České dějiny: doba předbělohorská 1526–1527, Prag 1968, S. 262 Tafeln 10 und 11; Jan Heřman, „Zemské berni rejstřiky z 1. 1523 a 1529", in: Ceskoslovenský časopis historický, 10 (1962), S. 248, 253.

4 R. R. Betts, „Social and Constitutional Development in Bohemia", in: R. R. Betts, Essays in Czech History, London 1969, S. 45f.

5 Reichstagsakten, Jüngere Reihe, 3, S. 341f Amn. 1; Hans Übersberger, Österreich und Rußland seit dem Ende des 15. Jahrhunderts, Wien–Leipzig 1906, S. 181f.

6 Ferdinand an Karl, 2. 9. 1522, Korrespondenz, 1, S. 17.

7 Bauer, Anfänge, S. 177; Reichstagsakten, Jüngere Reihe, 3, S. 29

8 Ferdinands Instruktionen an Antonius von Padua, 6. 11. 1523, AG, Patronato Real, Legajo 57, fol. 171/1.

9 Andrea de Burgo an Ferdinand, 22. 3. 1523, SA, Große Korrespondenz, fol. 245; Andrea de Burgo an Ferdinand, 16. 4. 1523, ebd., fol. 301; Andrea de Burgo an Ferdinand, 30. 5. 1523, ebd., fol. 137. Vgl. auch Karl Stoegemann, „Über die Briefe des Andrea de Burgo, Gesandten König Ferdinands an den Cardinal und Bischof von Trient", in: Sitzungsberichte der Wiener Akademie der Wissenschaften, phil.-hist. Klasse, 14 (1857), S. 163f, 166.

10 Huber, Geschichte Österreichs, 3, S. 522; Richter, Reichstag zu Nürnberg, S. 112f; Ferdinand an Karl, 18. 12. 1523, Korrespondenz, 1, S. 89; Ferdinand an Margarete, 25. 5. 1523, ebd., S. 64ff; Ankwicz-Kleehoven, Cuspinian, S. 218; Ludwik Kolankowski, „Polityka ostatnich Jagiellonów", in: Kwartalnik historyczny, 25 (1911), S. 58; Janusz Panjewski, „Stosunki polskowęgierskie i niebezpieczeństwo tureckie w latach 1516–1526", in: Rozprawy historyczne towarzystwa naukowego Warszawskiego, 9 (1930), S. 40.

11 Siehe die Berichte von Schneidpöck an Ferdinand, Große Korrespondenz, fasc. 25/a, 1. 5. 1524, fol. 331f, und 5. 6. 1524, fol. 340–343. Vgl. auch den Bericht des päpstlichen Nuntius Campeggi an Jacobo Sadoleto, 22. 8. 1524, Monumenta Vaticana Hungariae. Relationes Oratorum Pontificorum 1524–1526, Budapest 1884, S. 28; Ludwig von Ungarn an Sigismund von Polen, 1525, Acta Tomiciana, 16 Bände, Poznań, 1852–1960, 7, S. 161.

12 Wolfgang Steglich, „Die Reichstürkenhilfe in der Zeit Karls V.", in: Militärgeschichtliche Mitteilungen, 11 (1972), S. 8, 19ff; Bauer, Anfänge, S. 185ff; vgl. auch Fischer-Galati, Ottoman Imperialism, S. 20.

13 Reichstagsakten, Jüngere Reihe, 3, S. 60f.

14 Ferdinand an Karl, 5. 11. 1522, Korrespondenz, 1, S. 32; Ferdinands Instruktionen an Henri de Hemricourt und Martin de Salinas für Karl, 22. 11. 1522, ebd., S. 26; Ferdinand an Karl, 27. 1. 1523, ebd., S. 36; Andrea de Burgo an Ferdinand, 3. 7. 1523, SA, Große Korrespondenz, 25/a, fol. 20; Andrea de Burgo an Ferdinand, 5. 5. 1523, ebd., fol. 5; Andrea de Burgo an Ferdinand, 12. 5. 1524, ebd., fol. 46; Ferdinand an Margarete, 12. 5. 1524, Korrespondenz, 1, S. 130f; Ferdinand an Karl, 10. 6. 1524, ebd., S. 144f; Ferdinand an Karl, 4. 12. 1525, ebd., S. 351.

15 Ferdinand an Karl, 2. 4. 1525, Korrespondenz, 1, S. 287; Karl an Ferdinand, 31. 10. 1525, ebd., S. 339, 341.

16 Fraknói, Ungarn vor Mohács, S. 55f, 269 Anm. 2, 270; Antonio Burgio an Jacobo Sadoleto, 18. 2. 1526, in: Monumenta Vaticana Hungariae, S. 324; ebd., 27. 3. 1526, S. 349.

17 Marino Sanuto, I Diarii, 58 Bände, Venedig 1894, 41, S. 298, 374; Ferdinand an Bernard Trumpić, 4. 8. 1526, in: Monumenta Spectantia Historiam Slavorum Meridionalium, 45 Bände, Zagreb 1868–1950, 35, S. 11; Ferdinand an Nicolas Jurisić, 4. 8. 1526, ebd., S. 13; Ludwig an Ferdinand, 6. 6. 1526, Korrespondenz, 1, S. 391.

18 Für eine detaillierte Diskussion über Ferdinands Verhalten kurz vor Mohács siehe Sutter Fichtner, „An Absence explained: Archduke Ferdinand of Austria and the Battle of Mohács", in: Austrian History Yearbook, 2 (1966), S. 11–17.

19 Karl an Ferdinand, 27. 7. 1526, Korrespondenz, 1, S. 419f.

20 Fichtner, „Absence", S. 16.

21 Lhotsky, Zeitalter, S. 180ff; László M. Alfödi, „The Battle of Mohács 1526", in: From Hunyadi to Rákoczi. War and Society in Late Medieval and Early Modern Hungary, hrsg. von János Bak und Béla Király, Eastern European Monographs, New York 1982, 104, S. 198.

22 Ferdinand an Ludwig, 7. 9. 1526, Urkunden und Actenstücke zur Geschichte der Verhältnisse zwischen Österreich, Ungarn (sic!) und der Pforte im XVI. und XVII. Jahrhundert, hrsg. von Anton von Gévay, 3 Bände, Wien 1840, 1^1, S. 2.

23 Ferdinand an Maria, 9. 9. 1526, Korrespondenz, 1, S. 446.

24 Ferdinand an Karl, 22. 9. 1526, ebd., S. 460f; Rezek, „Úmluvy", S. 390f; Lhotsky, Zeitalter, S. 203f.

25 W. F. A. Bernhauer (herausgegeben und übersetzt), Sulaiman des Gesetzgebers Tagebuch auf seinem Feldzuge nach Wien im Jahre $93^{5/6}$ d. h. J. 1529 n. Chr., Wien 1858, S. 1; Ferdinand an Karl, 22. 9. 1526, Korrespondenz, 1, S. 464f, 467.

26 Ferdinand an Maria, 9. 9. 1526, Korrespondenz, 1, S. 446; Ferdinand an Maria, 11. 9. 1526, ebd., S. 447f; Ferdinands Instruktionen an Johann von Lamberg, 17. 9. 1526, ebd., S. 450; Ferdinand an Margarete, 22. 9. 1526, ebd., S. 448.

27 Margarete an Ferdinand, 2. 10. 1526, ebd., S. 471f; Karl an Ferdinand, 23./30. 11. 1526, ebd., S. 488; Karls Instruktionen an Don Antonio Mendoza, Dezember 1526, AG, Patronato Real, Legajo 57, fol. 168.

KAPITEL IV

1 Antonín Rezek, Geschichte der Regierung Ferdinands I. in Böhmen, Prag 1878, S. 53f; Rezek, „Úmluvy", S. 400; Huber, Geschichte Österreichs, 3, S. 543.

2 Ferdinand an Adam von Hradec, 10. 9. 1526, in: Rezek, Regierung, S. 152; L. Kuppelwieser, Die Kämpfe Österreichs mit den Osmanen vom Jahre 1526 bis 1537, Wien–Leipzig 1899, S. 3; Ferdinands und Annas Instruktionen an ihre Gesandten, 24. 9. 1526, in: Die böhmischen Landtagsverhandlungen und Landtagsbeschlüsse vom Jahre 1526 bis auf die Neuzeit, 11 Bände, Prag 1877, 1, S. 67f, 87.

3 Karl an Ferdinand, 23.–30. 11. 1526, Korrespondenz, 1, S. 489.

4 Rezek, Regierung, S. 21f, 65f, 122; Stanislaus Smolka, „Ferdinand des Ersten Bemühungen um die Krone von Hungarn", in: AÖG, 57 (1878), S. 100.

5 Bertold Bretholz, Neuere Geschichte Böhmens, Gotha 1920, S. 7, 79f; Ranke, Deutsche Geschichte, S. 430; Ernest Denis, La Fin de l'indépendance bohême, 2 Bände, 2. Aufl., Paris 1930, 2, S. 20.

6 Lhotsky, Zeitalter, S. 198.

7 Rezek, Regierung, S. 135f.

8 Lhotsky, Zeitalter, S. 209f.

9 Ferdinand an Maria, 6. 3. 1527, Korrespondenz, 2^1, S. 26.

10 Ferdinand an den Mährischen Landtag, Archiv český, 37 Bände, Prag 1840–1944, 11, S. 403; Rudolf Dvořák, Dějiny Moravy, 5 Bände, Brno 1899–1905, 1, S. 385–400; František Kameníček, „Účastenství moravanù pří valkách tureckých r. 1526 d. r. 1568", in: Sbornik historický, 4 (1886), S. 16f.

11 Ferdo Šišić, Die Wahl Ferdinands I. von Österreich zum König von Kroatien, Zagreb 1917, S. 11; Smolka, „Bemühungen", S. 26f; Ignaz Fessler und Ernst Klein, Geschichte Ungarns, 10 Bände, Leipzig 1866–1883, 3, S. 401.

12 Liske, „Congress zu Wien", S. 508, 511, 513, 521, 524; Turba, Thronfolgerecht, S. 345.

13 Lhotsky, Zeitalter, S. 206.

14 Smolka, „Bemühungen", S. 40.

15 Otto Friedrich Winter, „Das Register Ferdinands I. als Quelle zu seiner ungarischen Politik", in: MÖSTA, 7 (1954), S. 559.

16 Šišić, Wahl, S. 21; Smolka, „Bemühungen", S. 48.

17 Šišić, Wahl, S. 23f; Ferdinand an Margarete, 24. 11. 1526, Korrespondenz, 1: S. 493f; Josef Rohrmoser, Diplomatische Verhandlungen zwischen Ferdinand I. und Johann Zápolya, Czernowitz 1862, S. 8ff.

18 Winter, „Register", S. 562–566 und 567 Anm. 54–60; Smolka, „Bemühungen", S. 48, 63f; Heiss, „Ratgeber", S. 150 Anm. 53; Hóman-Szekfű, Magyar történet, 3, S. 17, 68f; Monumenta Hungariae Historica: Monumenta Comitialia Regni Hungariae, 12 Bände, Budapest 1874–1917, 1, S. 61f.

19 Kiszling, Die Kroaten: Der Schicksalsweg eines Südslawenvolkes, Graz 1956, S. 25; F. Hauptmann, „Ungarn, Habsburg und die kroatische Staatsidee im 16. und 17. Jahrhundert", in: Südostdeutsches Archiv, 12 (1969), S. 67.

20 SA, Belgica? D. B., Fasc. 233, fol. 161.

21 Bucholtz, Regierung, 3, S. 197, 201.

22 Ferdinand an Maria, 21. 1. 1527, Korrespondenz, 2^1, S. 7f; Maria an Ferdinand, 9. 2. 1527, ebd., S. 17.

23 Smolka, „Bemühungen", S. 139, 149; Übersberger, Österreich und Rußland, S. 221.

24 Karl an Ferdinand, 26. 4. 1527, Korrespondenz, 1, S. 62.

25 Ferdinand an Maria, 7. 4. 1527, ebd., S. 50; Ferdinand an Maria, 14. 5. 1527, ebd., S. 70–73; Maria an Ferdinand, 20. 5. 1527, ebd., S. 75.

26 „... bons maris ne perdent volontiers temps, quant la oportunité la done ...", Ferdinand an Maria, 21. 9. 1527, ebd., S. 128; Lhotsky, Zeitalter, S. 211.

27 Ferdinand an Karl, 31. 5. 1527, Korrespondenz, 2^1, S. 86; Böhmische Landtagsverhandlungen, 1, S. 67f.

28 Ferdinand an Karl, 23. 11. 1527, Korrespondenz, 2^1, S. 155f; Baumgarten, „Differenzen", S. 1f; Maria an Ferdinand, 20. 5. 1527, ebd., S. 86.

KAPITEL V

1 Hans Voltelini, „Die Wiener Stadtgerichtsordnung Ferdinands I. von 1526", in: Mitteilungen des Vereins für Geschichte der Stadt Wien, 9/10 (1929–1930), S. 107f.

2 Eduard Rosenthal, „Die Behördenorganisation Kaiser Ferdinands I.", in: AÖG, 69 (1887), S. 68, 84, 155, 163f, 172; Sutter, Einführung, S. 66.

3 Hermann Bidermann, Geschichte der österreichischen Gesamt-Staatsidee 1526–1804, Innsbruck 1867, S. 3–6, 8ff; R. R. Betts, „Constitutional Development and Political Thought in Eastern Europe", in: The New Cambridge Modern History, 12 Bände, Cambridge 1957–1968, 2, S. 467.

4 Ferdinand an Karl, 13. 9. 1540, Blau, 597/1, S. 438.

5 Ferdinand an Karl, 5. 10. 1548, ebd., 597/2, fol. 272; Ferdinand an Karl, 12. 2. 1554, in: Druffel, Beiträge, 4, S. 373; Karl an Ferdinand, 8. 4. 1554, ebd., S. 449.

6 Ferdinand an Suleiman, 15. 7. 1529, Gévay, Urkunden, 1^3, S. 23; Ferdinand an Suleiman, 23. 7. 1529, ebd., S. 26; Ferdinands Instruktionen für Joseph von Lamberger und Nikolaus Jurischitsch, 27. 5. 1530, ebd., 1^4, S. 4.

7 Karl Oberleitner, „Die Finanzlage Niederösterreichs im 16. Jahrhundert", in: Archiv für Kunde österreichischer Geschichtsquellen, 30 (1864), S. 13.

8 Wilhelm Bauer, „Ein handelspolitisches Projekt Ferdinands I. aus dem Jahre 1527", in: Beiträge zur neueren Geschichte Österreichs, 1 (1906), S. 14–17; Pickl, „Auswirkungen", S. 87f, 91f.

9 Böhmische Landtagsverhandlungen, 1, S. 255; Rosenthal, „Behördenorganisation", S. 282f; Oberleitner, „Finanzlage", S. 13.

10 Ferdinand an Maria, 15. 7. 1528, Korrespondenz, 2^1, S. 267f; Bucholtz, Regierung, 9, S. 149.

11 Bucholtz, Regierung, 4, S. 497–508; Miloslav Volf, „Královský důchod a úvěr v XVI století", in: ČČh, 48/49 (1947–1948), S. 146ff; Kenneth Dillon, „Kings and Estates in the Bohemian Lands", in: Studies Presented to the International Commission for the History of Representative and Parliamentary Institutions, 57, Brüssel 1976, S. 43, 52.

12 Rezek, Regierung, S. 5; Volf, „Královský důchod", S. 129, 140.

13 Theodor Mayer, „Das Verhältnis der Hofkammer zur ungarischen Kammer bis zur Regierung Maria Theresias", in: MIÖG, Ergänzungsband, 9 (1915), S. 194.

14 Heiss, „Ratgeber", S. 152. Bornemisza starb 1527.

15 Franz Salamon, Ungarn im Zeitalter der Türkenherrschaft (übersetzt von Gustav Jurány), Leipzig 1887, S. 78, 80.

16 Korrespondenz, 2^1, S. 187, Anmerkung des Herausgebers; Ferdinand an Maria, 31. 5. 1528, ebd., S. 228f.

17 Salamon, Türkenherrschaft, S. 53f, 56; Hóman-Szekfü, Magyar Törtenet, 3, S. 159, 201.

18 Margaretes Instruktionen an Claude Vaytel für Ferdinand, 6. 6. 1528, Korrespondenz, 2^1, S. 233, 238.

19 Heiss, „Ratgeber", S. 146f.

20 Adalbert Hudak, „Der Hofprediger Johannes Henckel und seine Beziehungen zu Erasmus von Rotterdam", in: Kirche im Osten, 2 (1959), S. 107, 109f.

21 Maria an Ferdinand, 15. 4. 1527, Korrespondenz, 2^1, S. 58; Maria an Ferdinand, ebd., S. 214ff.

22 Ferdinand an Maria, 15. 7. 1528, ebd., S. 268ff; Maria an Ferdinand, 4. 8. 1528, ebd., S. 276; Heiss, „Ratgeber", S. 173.

23 Heiss, „Ratgeber", S. 153, 169; Smolka, „Bemühungen", S. 96, 98; Maria an Ferdinand, 11. 7. 1528, Korrespondenz, 2[1], S. 266; Ferdinand an Maria, 27. 7. 1528, ebd., S. 274.

24 Ferdinand an Karl, 10. 1. 1538, Blau, 597/1, S. 344; Günther Probszt-Obstorff, „Königin Maria und die niederungarischen Bergstädte", in: Zeitschrift für Ostforschung, 15 (1966), S. 626, 632f; Ferdinand an Karl, 2. 4. 1539, Blau, 597/1, S. 352.

25 Gernot Heiss, „Die ungarischen, böhmischen und österreichischen Besitzungen der Königin Maria (1503–1547) und ihre Verwaltung", Teil 1, in: MÖSTA, 27 (1974), S 71; Heiss, „Ratgeber", S. 168, 172.

26 Ferdinand an Maria, 3. 2. 1528, Korrespondenz, 2[1], S. 186ff; Ferdinands Instruktionen an Joseph Lamberger, 31. 5. 1528, ebd., S. 229f; Maria an Ferdinand, 5. 7. 1528, ebd., S. 257f; Maria an Ferdinand, 12. 6. 1528, ebd., S. 247.

27 Ferdinand an Maria, 28. 6. 1528, ebd., S. 250f; Ferdinand an Maria, 29. 6. 1528, ebd., 252f; Maria an Ferdinand, 9./10. 7. 1528, ebd., S. 261f. Heiss vermutet, daß Maria geglaubt haben könnte, daß sie unfruchtbar sei.

28 Heiss, „Ratgeber", S. 175f und „Besitzungen", S. 71.

29 Heiss, „Besitzungen", S. 93; Rezek, Regierung, S. 144; Probszt-Obstorff, „Königin Maria", S. 660ff, 678f, 681.

KAPITEL VI

1 Laubach, „Nachfolge", S. 16–19.

2 Übersberger, Österreich und Rußland, S. 239.

3 Roger B. Merriman, Suleiman the Magnificent 1520–1566, New York 1966, S. 103; Ferdinand an Maria, 5. 2. 1529, Korrespondenz, 2[2], S. 368.

4 Bucholtz, Regierung, 3, S. 257; Günther Stökl, „Siegmund Freiherr von Herberstein. Diplomat und Humanist", in: Ostdeutsche Wissenschaft. Jahrbuch des ostdeutschen Kulturrates, 7 (1960), S. 77; Margarete an Ferdinand, Mai 1529, Korrespondenz, 2[2], S. 406; Ferdinand an Karl. 28. 7. 1529, ebd., S. 458; V.-L. Bourilly, „Antonio Rincon et la politique orientale de François Ier (1522–1541)", in: Revue historique, 133 (1913), S. 77f.

5 Karls Instruktionen an Wilhelm von Montfort für Ferdinand, 3. 4. 1529, Korrespondenz, 2[2], S. 387f, 391; Ferdinand an Gattinara, 9. 2. 1529, Reichstagsakten, Jüngere Reihe, 4[1], S. 504 Anm. 2.

6 Ferdinand an Karl, 1. 7. 1529, Korrespondenz, 2[2], S. 445.

7 Ferdinand an Maria, 19. 2. 1529, ebd., S. 374.

8 Reichstagsakten, Jüngere Reihe, IV, Teil 1, S. 567.

9 Johannes Kühn, Die Geschichte des Speyerer Reichstags 1529, in: Schriften des Vereins für Reformationsgeschichte, 146 (1929), S. 148, 204f, 215; Fischer-Galati, Ottoman Imperialism, S. 34f.

10 Maria an Ferdinand, 17. 6. 1529, Korrespondenz, 2[2], S. 448f; Kuppelwieser, Kampf, S. 16; Huber, Geschichte Österreichs, 4, S. 20; Bucholtz, Regierung, 3, S. 263–266; Ferdinand an Klemens VII., SA, Belgien, PA 7, Fasc. 2, fol. 52; Gevay, Urkunden, I, Teil 3, S. 4.

11 Margarete an Ferdinand, 13./14. 6. 1529, Korrespondenz, 2[2], S. 432f.

12 Fischer-Galati, Ottoman Imperialism, S. 35; Karl an Ferdinand, 5. 9. 1529, Korrespondenz, 2[2], S. 485; Ferdinand an Karl, 18. 9. 1529, ebd., S. 497f; Steglich, „Reichstürkenhilfe", S. 37, 39.

13 Ferdinand an Karl, 28. 1. 1530, Korrespondenz, 2[2], S. 579–582.

14 Maria an Ferdinand, ebd., S. 599f; Brandi, Deutsche Reformation, S. 190f.

15 Karl an Ferdinand, 11. 1. 1530, Korrespondenz, 2[2], S. 555, 563; Ferdinand an Karl, 28. 1. 1530, ebd., S. 588f.

16 AGR, Allemande, Fasc. 766, fol. 435; vgl. auch Laubach, „Nachfolge", S. 28f; Baumgarten, Karl V. und die deutsche Reformation, S. 80f; Ascan Westermann, Die Türkenhilfe und die politisch-kirchlichen Parteien auf dem Reichstag zu Regensburg 1532, in: Heidelberger Abhandlungen zur mittleren und neueren Geschichte, Nr. 25 (1910), S. 11.

17 Christiane Thomas, „Moderación de Poder': zur Entstehung der geheimen Vollmacht für Ferdinand I. 1531", in: MÖSTA, 27 (1974), S. 132; Lanz, Correspondenz, 1, S. 412ff.

18 Otto Winckelmann, Der schmalkaldische Bund 1520–1532 und der Nürnberger Religionsfriede, Straßburg 1892, S. 12; Heinrich Lutz, „Karl V. und Bayern. Umrisse einer Entscheidung“, in: Zeitschrift für bayerische Landesgeschichte, 32 (1959), S. 21ff; Westermann, Türkenhilfe, S. 24; Kühn, Speyerer Reichstag, S. 22.
19 Götz Freiherr von Pölnitz, Anton Fugger, 2 Bände, Tübingen 1958–1963, S. 209f.
20 Thomas, „Moderación“, S. 125–130.
21 Karl an Ferdinand, 12. 2. 1531, Blau, 595, fol. 62; Thomas, „Moderación“, S. 16.
22 Helmut Neuhaus, „Ferdinands I. Reichstagsplan 1534/35. Politische Meinungsumfrage im Kampf um die Reichsverfassung“, in: MIÖG, 32 (1979), S. 27.
23 Ferdinand an Karl, 27. 4. 1531, Korrespondenz, 3[1], S. 114; Karl an Ferdinand, 13. 6. 1531, Lanz, Correspondenz, 1, S. 479.
24 Karl an die Grafen von Nassau und Nuenar, Juli 1531, Lanz, Correspondenz, 1, S. 515.

KAPITEL VII

1 Kopie eines Gesandtenberichtes an Ferdinand, 26. 2. 1531, AG, Estado, Alemania, Legajo 635, fol. 126.
2 Ferdinand an Karl, 27. 3. 1531, Korrespondenz, 3[1], S. 83; Ferdinand an Karl, 10. 12. 1531, ebd., 3[2], S. 436; Karl an Ferdinand, 2. 1. 1532, in: Lanz, Correspondenz, 1, S. 642.
3 Pickl, „Handel Wiens“, S. 334f; Ferdinand an Karl, 27. 4. 1531, Korrespondenz, 3[1], S. 482; Bucholtz, Regierung, 9, S. 157.
4 Bucholtz, Regierung, 4, S. 552.
5 Ebd., S. 559f; SA, Hungarica, Fasc. 20. fol. 12, 25.
6 SA, Hungarica, Fasc. 20, fol. 48; Bucholtz, Regierung, 4, S. 558f.
7 Monumenta Hungarica Historica: Comitialia, 1, S. 236f, 284, 399f; Acta Regni Croatiae, 1, S. 228; Gévay, Urkunden, 1[4], S. 7; Maria an Ferdinand, 5. 5. 1531, Korrespondenz, 3[1], S. 121.
8 Monumenta Hungarica Historica: Comitialia, 1, S. 432, 434, 451; Christine Turetschek, Die Türkenpolitik Ferdinands I. von 1529–1532, phil. Diss. Wien 1978, S. 221f.
9 Ferdinand an Karl, 28. 1. 1530, Korrespondenz, 2[2], S. 583–589; Bucholtz, Regierung, 4, S. 565; Fischer-Galati, Ottoman Imperialism, S. 44f.
10 Karl an Ferdinand, 3. 4. 1531, Korrespondenz, 3[1], S. 93–96; Ferdinand an Karl, 27. 4. 1531, ebd., S. 110– 113; Winckelmann, Schmalkaldischer Bund, S. 115.
11 Ferdinand an Maria, 24. 9. 1531, Korrespondenz, 3[2], S. 261ff.
12 Karl an Ferdinand, 26./28. 9. 1531, ebd., S. 271; Anna an den Bischof Bernhard von Cles, 28. 9. 1531, SA, Belgica, PA 13, fol. 38; Anna an den Bischof Bernhard von Cles, 29. 9. 1531, ebd., fol. 40.
13 Sanuto, Diarii, 55, S. 52; Karl an Ferdinand, 1. 10. 1531, Korrespondenz, 3[2], S. 549.
14 Ferdinand an Maria, 24. 11. 1531, ebd., S. 407; Sanuto, Diarii, 55, S. 257.
15 Peter Rassow, Die Kaiseridee Karls V., dargestellt an der Politik der Jahre 1528–1540, in: Historische Studien, Nr. 217, Berlin 1932, S. 85, 90f; Winckelmann, Schmalkaldischer Bund, S. 221, 286 Anm. 445, 254, 223.
16 Ferdinand an Maria, 22. 4. 1532, Gévay, Urkunden, 1[5], S. 76f; Fischer-Galati, Ottoman Imperialism, S. 53f.
17 Winckelmann, Schmalkaldischer Bund, S. 22.
18 Ferdinand an Maria, 8. 6. 1532, Gévay, Urkunden, 1[5], S. 78f; Ferdinand an Maria, 22. 6. 1532, ebd., S. 81–84; Ferdinand an Maria, 25. 6. 1532, ebd., S. 85; Anna an den Bischof Bernhard von Cles, 26. 8. 1532, SA, Belgica, PA 13, Konv. 5, fol. 68.
19 Karl an die Kaiserin Isabella, 26. 8. 1532, AG, Estado, Alemania, Legajo 636, fol. 67.
20 Alexis Thurzó an Ferdinand, 1. 10. 1532, SA, Hungarica, Fasc. 21, fol. 42; Alexis Thurzó an Ferdinand, 17. 10. 1532, ebd., fol. 48.
21 Ferdinand an Maria, 21. 10. 1532, Gévay, Urkunden, 2[1], S. 53; Ferdinand an Maria, 31. 10. 1532, ebda., S. 54; Ferdinand an Karl, 30. 10. 1532, in: Lanz, Correspondenz, 2, S. 19.

KAPITEL VIII

1 Viktor Bibl, Maximilian II. Der rätselhafte Kaiser, Hellerau bei Dresden 1929, S. 29.

2 Ebd.; Joseph Hirn, Erzherzog Ferdinand II. von Tirol, 2 Bände, Innsbruck 1885–1888, 1, S. 2.

3 Bericht von der Hochzeit zwischen Königin Elisabeth und dem König von Polen, 14.–19. 7. 1538, AGR, Allemande, Fasc. 538, fol. 76ff.

4 Robert Holtzmann, Kaiser Maximilian II. bis zu seiner Thronbesteigung 1527–1564, Berlin 1903, S. 28.

5 Ferdinand an Karl, 13. 7. 1538, Blau, 597/1, S. 313, 315f; Ferdinand an Karl, 23. 6. 1540, ebd., S. 408.

6 Hans von Lamberg an Ferdinand, 4. 4. 1532, SA, Hausarchiv, Familienakten, Karton 53, Konv. 1, fol. 1; Veit von Thurn an Ferdinand, 4. 5. 1546, ebd., fol. 8; A. V. Felgel, „Hofmeister-Instruktion Kaiser Ferdinands für die Erziehung des Edelknaben König Maximilians von Böhmen aus dem Jahre 1553", in: Mitteilungen der Gesellschaft für deutsche Erziehungs- und Schulgeschichte, 5 (1895), S. 290–298, und „Instruktion Kaiser Ferdinands für den Hochmeister Leonhard von Harrach zur Erziehung des Erzherzogs Karl aus dem Jahre 1550", ebd., S. 286–289.

7 Hirn, Ferdinand von Tirol, 1, S. 5, 7f.

8 Ferdinand an Karl, 20. 12. 1537, Blau, 597/1, S. 275.

9 Rosenthal, „Behördenorganisation", 8. 70; Ferdinand an Karl, 15. 11. 1539, Blau, 597/1, S. 382.

10 Ferdinand an Karl, 9. 4. 1535, Blau, 597/1, S. 162; Ferdinand an Karl, 12. 4. 1537, ebd., S. 252; Ferdinand an Karl, 3. 7. 1536, ebd., S. 223; Ferdinand an Karl, 24. 7. 1536, ebd., S. 229; Ferdinand an Karl, 6. 3. 1536, ebd., S. 194ff; Ferdinand an Karl, 17. 7. 1536, ebd., S. 227.

11 Ferdinand an Karl, 10. 7. 1534, Blau, 597/1, S. 133f; Ferdinand an Karl, 3. 8. 1534, ebd., S. 137; Ferdinand an Karl, 8. 8. 1534, ebd., S. 141; Ferdinand an Karl, 2. 10. 1534, ebd., S. 142; Ferdinand an Karl, 3. 11. 1534, ebd., S. 148; Bucholtz, Regierung, 4, S. 305.

12 Ferdinand an Karl, 9. 2. 1536, Blau, 597/1, S. 192; Ferdinand an Karl, 1. 5. 1536, ebd., S. 207; Ferdinand an Karl, 7. 7. 1536, ebd., S. 225f; O. Waltz, „Der Wiener Vertrag vom 22. November 1535", in: Forschungen zur deutschen Geschichte, 13 (1873), S. 376ff; N. N. Wille, „Zum Religionsartikel des Friedens von Kadan 1534", in: Zeitschrift für Kirchengeschichte, 8 (1885), S. 56 f; Otto Winckelmann, „Über die Bedeutung der Verträge von Kadan und Wien (1534–1535)", in: Zeitschrift für Kirchengeschichte, 11 (1890), S. 234ff.

13 Karl an Ferdinand, 9. 12. 1531, Korrespondenz, 3^2, S. 430f; Walter Fuchs, „Baiern und Habsburg, 1534–1536", in: ARG, 41 (1948), S. 6f; Bucholtz, Regierung, 4, S. 268f.

14 Rohrmoser, Diplomatische Verhandlungen, S. 16, 23f, 26; Fuchs, „Baiern und Habsburg", S. 10f; Ferdinand an Karl, 9. 4. 1535, Blau, 597/1, S. 161a; Ferdinand an Karl, 22. 10. 1535, ebd., S. 181f; Ferdinand an Karl, 13. 6. 1536, ebd., S. 215.

15 Ferdinand an Karl, 7. 3. 1536, ebd., S. 197f; Ferdinand an Karl, 9. 4. 1535, ebd., S. 165; Fuchs, „Baiern und Habsburg", S. 3f, 24, 27–30.

16 Ferdinand an Andrea de Burgo, 8. 7. 1529 (Auszug), AG, Estado, Alemania, Legajo 635, fol. 53.

17 Winckelmann, „Verträge", S. 221, 236f.

18 Karl Ausserer, „Kardinal Bernhard von Cles und die Papstwahl des Jahres 1534", in: MIÖG, 34 (1914), S. 116, 121.

19 Ferdinand an Karl, 3. 11. 1537, Blau, 597/1, S. 271; Ferdinand an Karl, 3. 6. 1538, ebd., S. 306f; Ferdinand an Karl, 28. 6. 1538, ebd., S. 310.

20 Walter Rosenberg, Der Kaiser und die Protestanten in den Jahren 1537–1539, Halle 1903/04, S. 29. Paul wies die Beleidigung zurück. Im Jahre 1537 verweigerte er Ferdinand die Unterstützung gegen die Türken und im Jahre 1539 bestätigte er Zápolyas Bistumsernennungen in Ungarn und leistete sogar finanzielle Unterstützung. Ferdinand an Karl, 12. 4. 1537, Blau, 597/1, S. 249; Ferdinand an Karl, 17. 4. 1538, ebd., S. 294; Ferdinand an Karl, 29. 4. 1538, ebd., S. 300; Bucholtz, Regierung, 4, S. 336.

21 Ferdinand an Karl, 6. 1. 1538, Blau, 597/1, S. 278; Rosenberg, Kaiser und Protestanten, S. 7f, 46, 49, 61.

22 Fischer-Galati, Ottoman Imperialism, S. 71, 73; Ferdinand an Karl, Ende Februar 1539, Blau, 597/1, S. 348; Ferdinand an Karl 3. 5. 1539, ebd., S. 357; Ferdinand an Karl, 9. 4. 1535, ebd., S. 165; Ferdinand an Karl, 27. 8. 1535, ebd., S. 174.

23 Rosenberg, Kaiser und Protestanten, S. 17f; Ferdinand an Karl, Mai 1536, Blau, 597/1, S. 210; Ferdinand an Karl, 12. 4. 1537, ebd., S. 246f.

24 Rosenberg, Kaiser und Protestanten, S. 16; Ferdinand an Karl, 15. 5. 1538, Blau, 597/1, S. 302; Ferdinand an Karl, 8. 7. 1537, ebd., S. 257ff; Ferdinand an Karl, 18. 8. 1537, ebd., S. 264.

25 Ferdinand an Karl, 17. 11. 1539, ebd., S. 384f; Ferdinand an Karl, 26. 1. 1540, ebd., S. 392; Ferdinand an Karl, 6. 9. 1540, ebd., S. 434.

26 Ferdinand an Karl, 21. 6. 1539, ebd., S. 363f; Ferdinand an Karl, 2. 6. 1540, ebd., S. 396f.

27 Ferdinand an Karl, 16. 6. 1540, ebd., S. 403; Ferdinand an Karl, 23. 6. 1540, ebd., S. 407ff; Ferdinand an Karl, 10. 7. 1540, ebd., S. 415; Ferdinand an Karl, 13. 9. 1540, ebda., S. 436.

KAPITEL IX

1 Holtzmann, Maximilian II., S. 30f; Ferdinand an Karl, 27. 8. 1535, Blau, 597/1, S. 172; Andreas Cornaro, „Eine Reise des Kardinals Bernhard von Cles zu Kaiser Karl V. nach Neapel im Jahre 1536 nach seinen Briefen an Ferdinand I.“, in: Römische historische Mitteilungen, 2 (1957), S. 56ff.

2 Ferdinand an Karl, 2. 10. 1534, Blau, 597/1, S. 145; Ferdinand an Karl, 3. 11. 1534, ebd., S. 147; Ferdinand an Karl, 27. 8. 1535, ebd., S. 173.

3 Ferdinand an Karl, 27. 4. 1536, ebd., S. 202; Ferdinand an Karl, Juni 1536, ebd., S. 221; Ferdinand an Karl, 7. 6. 1536, ebd., S. 166f; Ferdinand an Karl, 30. 4. 1536, ebd., S. 204.

4 Ferdinand an Karl, 15./16. 12. 1536, AG, Alemania, Legajo 637, fol. 23; Huber, Geschichte Österreichs, 4, S. 58f.

5 Thomas Nádasdy, Alexis Thurzó et al. an Karl, AGR, Allemande, Fasc. 766, fol. 593; Ferdinand an Karl, 12. 7. 1534, Blau, 597/1, S. 135f.

6 Memorandum von Karls Kanzler über den Bericht von Cornelius Scepperus von Konstantinopel, 1533, AGR, Allemande, Fasc. 755, fol. 228–232.

7 Ferdinand an Karl, 8. 7. 1537, Blau, 597/1, S. 256.

8 Ferdinand an Karl, 2. 3. 1538, Blau, 597/1, S. 285; Ognjeslav Utjesenović, Lebensgeschichte des Cardinals Georg Utiesenović (sic!), genannt Martinuzzi, Wien 1881, S. 45, Szekfű, Magyar Történet, 4, S. 37.

9 Ferdinand an Karl, 15. 2. 1539, Blau, 597/1, S. 345.

10 Ferdinand an Karl, 2. 4. 1539, ebd., S. 349ff; Ferdinand an Karl, 8. 8. 1539, ebd., S. 374f; Ferdinand an Karl, 4. 8. 1539, ebd., S. 370; Ferdinand an Karl, 10. 6. 1540, ebd., S. 412.

11 Ferdinand an Karl, 24. 8. 1540, ebd., S. 432; Ferdinand an Karl, 13. 9. 1540, ebd., S. 436.

12 Bucholtz, Regierung, 5, S. 143; Ferdinand an Karl, 6. 9. 1540, Blau, 597/1, S. 434; Ferdinand an Karl, 13. 9. 1540, ebd., S. 435.

13 Utjesenović, Utiesenović, S. 52; Alexander Gonfallenero an Kardinal Farnese, 4. 1. 1541, in: Monumenta Hungariae Historica: Diplomataria, 41 Bände, Budapest 1857–1919, 16, S. 25; Oberleitner, „Finanzwesen“, S. 76.

14 Ferdinand an Karl, 8. 11. 1540, Blau, 597/1, S. 442f, 446; Huber, Geschichte Österreichs, 4, S. 69.

15 Ferdinand an Karl, 7. 2. 1541, Blau, 597/1, S. 456f; Ferdinand an Karl, 24. 2. 1541, ebd., S. 460; Otto Zinkeisen, Geschichte des osmanischen Reiches in Europa, 7 Bände, Hamburg, 1840 bis 1863, 2, S. 841; Ferdinand an Maria, 15. 3. 1541, SA, Belgica, PA 12, fol. 5f; Árpád Károlyi, „A német birodalom nagy hadi vállalata Magyarországon 1542“, Századok, 16, S. 189f Anm. 1; Fischer-Galati, Ottoman Imperialism, S. 77.

16 Sanzio an Kardinal Farnese, 24. 6. 1541, Nuntiaturberichte aus Deutschland, hrsg. vom Preußischen Institut in Rom, Teil 1, 1534–1539, 12 Bände, Gotha 1892–1970, 7, S. 69f; Morone an Kardinal Farnese, 25. 6. 1541, ebd., S. 71.

17 Fischer-Galati, Ottoman Imperialism, S. 83f; Sir Charles Oman, The Art of War in the Sixteenth Century, New York 1927, S. 695; Ferdinand an Maria, 24. 9. 1541, SA, Belgica, PA 12, fol. 32f; Ferdinand an Maria, 24. 9. 1541, ebd., fol. 40; Ferdinand an Karl, 26. 8. 1541, Blau, 597/1, S. 469.

18 Die folgende Darstellung nach meinem Aufsatz „Dynasticism and its Limitations: the Habsburgs and Hungary, 1542", in: East European Quarterly, 4 (1971), S. 389–407.

19 Ferdinand an Karl, 3. 10. 1543, Blau, 597/2, fol. 101; Ferdinand an Karl, 18. 10. 1543, ebd., fol. 102.

20 Ferdinand an Karl, 14. 10. 1544, ebd., fol. 124; Ferdinand an Karl, 21. 11. 1545, ebd., fol. 149; Ferdinand an Karl, 22. 11. 1545, ebd., fol. 150; Ferdinand an Karl, 14. 4. 1546, ebd., fol. 166, 168; Karl an Ferdinand, September 1545, AG, Estado, Flandes, Legajo 502, fol. 149.

21 Ferdinand an Karl, 14. 2. 1545, Blau, 597/2, fol. 135; Ferdinand an Karl, 21. 12. 1545, ebd., fol. 159; Merriman, Suleiman, S. 269f.

22 Karlowitz an Ferdinand, November 1542, Károlyi, „Kiadatlan levelek", S. 539f; Moritz von Sachsen stimmte zu. Moritz an Ferdinand, November 1542, ebd., S. 538f.

23 Heiss, „Besitzungen", S. 92f; Ferdinand an Karl, 2. 12. 1548, Blau, 597/2, fol. 290; Helmut Götz, „Die Finalrelation des venezianischen Gesandten Michele Suriano, 1555", in: QuF, 41 (1961), S. 274f, 287ff.

24 Ferdinand an Karl, 19. 1. 1541, Blau, 597/1, S. 542; Ferdinand an Karl, 29. 12. 1542, ebd., fol. 84; Huber, „Erwerbung", S. 488.

25 Huber, „Erwerbung", S. 490.

26 Ebd., S. 502–505, 513–545, passim; Ferdinand an Karl, 2. 1. 1552, Blau, 597/3, fol. 64.

27 Alfons Huber, „Die Verhandlungen Ferdinands I. mit Isabella von Siebenbürgen 1551–1555", in: AÖG, 78 (1892), 5, S. 9f, 37 Anm. 2.

28 Ebd., S. 19; Heinrich II. an Sigismund August, 29. 12. 1552 (Kopie), AGR, Allemande, Fasc. 801, fol. 352; Ferdinand an Karl, 10. 12. 1552, Lanz, Correspondenz, 3, S. 523–525; Ferdinand an Karl, 26. 1. 1553, ebd., S. 357; Ferdinand an Karl, 29. 12. 1553, ebd., S. 603f.

29 Goetz, „Finalrelation", S. 315.

30 Huber, „Verhandlungen", S. 38f; Ferdinand an Karl, 29. 10. 1553, Blau, 597/3, fol. 238.

31 Győző Ember, „Ungarns Außenhandel mit dem Westen um die Mitte des XVI. Jahrhunderts", in: Außenhandel Ostmitteleuropas, S. 93, 95, 101ff; László Makkai, „Der ungarische Viehhandel 1550–1650", ebd., S. 490f, 499, 501; Pickl, „Auswirkungen", S. 93, 126.

32 Goetz, „Finalrelation", S. 274f, 287ff, 314 und Anm. 290.

33 Berthold Picard, Das Gesandtschaftswesen Ostmitteleuropas in der frühen Neuzeit, in: Wiener Archiv für Geschichte des Slawentums und Osteuropas, 6 (1967), S. 118.

KAPITEL X

1 Ferdinand an Vojtěch von Pernštejn, 24. 5. 1530, Archiv Český, 37 Bände, Prag 1840–1944, 20, S. 351; Ferdinand an Jan von Pernštejn, 5. 9. 1538, ebd., S. 418f; Ferdinand an Jan von Pernštejn, 6. 12. 1542, ebd., S. 464f, 468f.

2 J. K. Zeman, „The Rise of Religious Liberty in the Czech Reformation", in: Central European History, 6 (1973), S. 141f; Denis, Premiers Habsbourgs, S. 20, 70. Über Sekten in Mähren in der ersten Hälfte des 16. Jahrhunderts siehe Otakar Odložilík, „Jednota bratří Habrovanských", Ččh, 29 (1923), S. 15f.

3 Ferdinand an Jan von Pernštejn, 24. 2. 1545, Archiv Český, 20, S. 223; Hrejsa, Déjiny křest'anství, 5, S. 8; Otakar Odložilík, „A Church in a Hostile State: the Unity of Czech Brethren", in: Central European History, 6 (1973), S. 116.

4 Goetz, „Finalrelation", S. 280; Eduard Šimek, „Die Zusammenhänge zwischen Währung und Handel im Böhmen des 16. Jahrhunderts", in: Bog, Außenhandel, S. 242; Ferdinand an Maria, 21. 1. 1530, Korrespondenz, 2^2, S. 572; Ferdinand an Maria, 25. 3. 1530, ebd., S. 618f.

5 Zitiert nach Hans Sturmberger, „Türkengefahr und österreichische Staatlichkeit", in: Südostdeutsches Archiv, 10 (1967), S. 136.

6 Hirn, Ferdinand von Tirol, 1, S. 10; Hanns Leo Mikoletzky, „Der Haushalt des kaiserlichen Hofes zu Wien (vornehmlich im 18. Jahrhundert)", in: Carinthia I, 146 (1956), S. 668–670; Oberleitner, „Finanzen", S. 224–228. Vgl. Huber, „Finanzielle Verhältnisse", S. 20; Friedrich Firnhaber, „Der Hofstaat König Ferdinands im Jahre 1554", in: Archiv für Kunde österreichischer Geschichtsquellen, 26 (1861), S. 3.

7 Firnhaber, „Hofstaat", S. 1328; Oberleitner, „Finanzen", S. 90, 224–228; SA, Hausarchiv, Familienakten, Karton 97, fol. 50.

8 SA, Hausarchiv, Familienakten, Karton 97, fol. 6, 56f, 63ff.

9 Janáček, Doba předbělohorská, S. 249– 251, Tafeln 8a, 8b; Oberleitner, „Finanzen", S. 65f, 74f, 77, 89 und Anm. 75.

10 Alfons Huber und Alfons Dopsch, Österreichische Reichsgeschichte, Prag–Wien 1901, S. 210f; Bucholtz, Regierung, 4, S. 522f; Dillon, Kings and Estates, S. 41; Landtagsverhandlungen, 2, S. 14.

11 Johannes Loserth und Franz Freiherr von Mensi, „Die Prager Ländertagung von 1541/1542", in: AÖG, 103 (1913), S. 438ff, 522; Josef Polišenský, „Bohemia, the Turk and the Christian Commonwealth (1462–1520)", in: Byzantinoslavica, 14 (1953), S. 93.

12 Leonhard von Muralt (Hrsg.), Quellen zur Geschichte der Täufer in der Schweiz, Zürich. Band 1, Zürich 1952, S. 255; Manfred Krebs (Hrsg.), Quellen zur Geschichte der Täufer, IV: Baden und Pfalz, in: Quellen und Forschungen zur Reformationsgeschichte, 23, Gütersloh 1951, S. 395; Karl Schornbaum (Hrsg.), Quellen zur Geschichte der Täufer, II: Bayern, ebd., S. 547; Grete Mecenseffy, „Herkunft oberösterreichischer Täufer", in: ARG, 57 (1956), S. 252–258; Hrejsa, Dějiny křest-anství, 5, S. 123.

13 Ferdinand an Karl, 23. 9. 1544, Blau, 597/2, fol. 123; Bucholtz, Regierung, 6, S. 347.

14 Bucholtz, Regierung, 4, S. 456–460; Dillon, King and Estates, S. 85.

15 Ferdinand an Karl, 9. 11. 1541, Blau, 597/1, S. 479ff.

16 Ferdinand an Karl, 13. 8. 1544, Blau, 597/2, fol. 120; Ferdinand an Karl, 6. 12. 1543, ebd., fol. 110; Ferdinand an Karl, 26. 6. 1543, ebd., fol. 92; Ferdinand an Karl, 6. 7. 1543, ebd., fol. 93; Ferdinand an Karl, 11. 2. 1545, ebd., fol. 133.

17 Paul Heidrich, Karl V. und die deutschen Protestanten am Vorabend des Schmalkaldischen Krieges, 2 Teile, in: Frankfurter historische Forschungen, Nr. 5 und 6 (1911–1912), 1, S. 107; Brandi, Karl V., 1, S. 429.

18 Ferdinand an Karl, 8. 11. 1545, Blau, 597/1, fol. 148; Ferdinand an Karl, 16. 4. 1546, ebd., fol. 167; Ferdinand an Karl, 18. 2. 1546, ebd., 165f; Ferdinand an Karl, 14. 4. 1546, ebd., fol. 146; Ferdinand an Karl, 14. 4. 1546, ebd., fol. 167; Heidrich, Karl V. und die Protestanten, 2, S. 96f.

19 Bucholtz, Regierung, 5, S. 546f; Ferdinand an Karl, 14. 4. 1546, Blau, 597/2, fol. 148; Heidrich, Karl V. und die Protestanten, 2, S. 149.

20 Die folgende Darstellung basiert auf meinem Artikel „When Brothers Agree: Bohemia, the Habsburgs and the Schmalkaldic Wars, 1546–1547", in: Austrian History Yearbook, 11 (1975), S. 67–78.

21 Bretholz, Neuere Geschichte, S. 165; Ferdinand an Karl, 18. 11. 1542, Blau, 597/2, fol. 75; Ferdinand an Karl, 24. 8. 1543, ebd., fol. 100; Ferdinand an Karl, 16. 11. 1543, ebd., fol. 108.

22 Ferdinand an Karl, 24. 10. 1546, Blau, 597/2, fol. 188; Ferdinand an Karl, 28. 8. 1546, ebd., fol. 174f; Ferdinand an Karl, 24. 10. 1546, ebd., fol. 188.

23 Ferdinand an Karl, 8. 1. 1547, Blau, 597/2, fol. 206; Ferdinand an Karl, 18. 12. 1546, ebd., fol. 197.

24 Ferdinand an Karl, 30. 12. 1546, ebd., fol. 200.

25 Bavé an Maria, 7. 5. 1547, SA, Belgica, PA 74, fol. 126.

26 Sixtus von Ottersdorf, O Pokořeni stavů městského léta 1547, hrsg. von Josef Janáček, Prag 1950, S. 160.

27 Diese Zahlen (die Kriegskosten) stammen aus einem anonymen Dokument: „. . . Le roy avoit fait son compte . . .", Blau, 597/2, fol. 221.

28 W. W. Tomek, Dějepis města Prahy, 12 Bände, Prag 1855–1901, 11, S. 393 und Anm. 24; Anton Gindely, „Geschichte der böhmischen Finanzen von 1526–1618", in: Denkschriften der kaiserlichen Akademie der Wissenschaften: phil.-hist. Klasse, 7 (1868), S. 91, 94, Tafel 2;

Toman, Böhmisches Staatsrecht, S. 21f; Antonin Rezek, „Beiträge zur Geschichte der Confiscation vom Jahre 1547", in: Zprávy o zasedání královeské české společnosti nauk (1876), S. 140, 142.

29 Frantisek Kavka, „Die Habsburger und der böhmische Staat bis zur Mitte des 18. Jahrhunderts", in: Historica, 8 (1964), S. 48f; Volf, „Královský důchod", S. 129ff.

30 Michele Suriano in Goetz, „Finalrelation", S. 278; Hirn, Ferdinand von Tirol, 1, S. 23, 35–40.

31 Josef Janáček, „Zrušení čechů roku 1547", Ččh, 7 (1959), S. 231–242 passim und derselbe, Remeslná výroba v českých městech v 16. století, Prag 1961, S. 226ff; Polišenský, „Bohemia and the Turk", S. 94.

KAPITEL XI

1 Bericht von Tiepolo, Corner et al., 13. 6. 1538, Venetianische Depeschen, 1, S. 126; Ferdinand an Karl, 21. 10. 1545, Blau, 597/2, fol. 145.

2 Ferdinand an Karl, 6. 12. 1543, Blau, 597/2, fol. 109; Ferdinand an Karl, 18. 2. 1543, ebd., fol. 86.

3 Heidrich, Karl V. und die Protestanten, 2, S. 8, 55ff; Ferdinand an Karl, 11. 2. 1545, Blau, 597/2, fol. 130f, 133.

4 Ferdinand an Karl, 6. 1. 1549, in: Druffel, Beiträge, 4, S. 189f; Ferdinand an Karl, 6. 9. 1547, Blau, 597/2, fol. 267.

5 Maria an Ferdinand, 5. 5. 1551, in: Druffel, Beiträge, 1, S. 638; Arras an Maria, 26. 5. 1552, ebd., S. 647; Karl an Ferdinand, 15. 8. 1551, in: Lanz, Correspondenz, 3, S. 69 f.

6 Ferdinand an Karl, 21. 10. 1545, Blau, 597/2, fol. 145.

7 Holtzmann, Maximilian II., S. 45f; Ferdinand an Karl, 21. 10. 1545, Blau, 597/2, fol. 145f; Ferdinand an Karl, 18. 1. 1547, ebd., fol. 210f; Papiers d'état du cardinal de Granvelle, hrsg. von Charles Weiss, 9 Bände, Paris 1841–1852, 3, S. 313.

8 Papiers d'état de Granvelle, 3, S. 313f.

9 Ferdinand an Karl, 9. 8. 1548, Blau, 597/2, fol. 275 ff; Ferdinand an Karl, 15. 2. 1549, ebd., fol. 300; Ferdinand an Karl, 21. 2. 1549, ebd., fol. 300f.

10 Laubach, „Nachfolge", S. 34f; Bucholtz, Regierung, 5, S. 548ff; Ferdinand an Philipp, 2. 8. 1545, Blau, 597/2, fol. 165.

11 Karls Instruktionen für Chantonnay, 12. 7. 1549, in: Druffel, Beiträge, 1, S. 245f; Karls Instruktionen für Philipp, 18. 1. 1548, in: Papiers d'état de Granvelle, 3, S. 273f; Bartholomäus Sastrow, Lauf meines Lebens, hrsg. von Christfried Coler, Berlin 1956, S. 214ff.

12 Ferdinand an Maria, 27. 7. 1549, in: Druffel, Beiträge, 1, S. 268.

13 Karls Instruktionen für Chantonnay, 12. 7. 1549, ebd., S. 245; Peter Rassow, Forschungen zur Reichsidee im 16. und 17. Jahrhundert, in: Arbeitsgemeinschaft für Forschung des Landes Nordrhein-Westfalen, Geisteswissenschaft, 10 (1955), S. 11f.

14 Bibl, Maximilian II., S. 50; Walter Goetz, Maximilians II. Wahl zum römischen König 1562, Würzburg 1891, S. 16.

15 Bibl, Maximilian II., S. 51; Arras an Maria, 22. 7. 1550, in: Druffel, Beiträge, 1, S. 449.

16 Arras an Maria, 29. 7. 1550, ebd., S. 458; Bruno Thomas, „Kaiser Ferdinands I. Harnisch von Kunz Lochner", in: Jahrbuch der kunsthistorischen Sammlungen in Wien, 50 (1953), S. 136.

17 Karl an Maria, 16. 12. 1550, Lanz, Correspondenz, 3, S. 20.

18 Karls und Ferdinands Berichte von den Verhandlungen bis zur Dezembermitte stimmen weitgehend überein. Siehe Ferdinand an Karl, 14. 12. 1550, in: Lanz, Correspondenz, 3, S. 11–15; Karl an Maria, 16. 12. 1550, ebd., S. 15–20.

19 Laubach, „Nachfolge", S. 42–45; Arras' Entwurf für diesen Antrag befindet sich in SA, Belgica, PA 54, Konv. 5, fol. 210, 215.

20 Ferdinand an Maria, 14. 2. 1551, in: Druffel, Beiträge, 3^1, S. 162–165. Vgl. auch SA, Belgien, PA 85, Konv. 2 B, fol. 25; Laubach, „Nachfolge", S. 45f.

21 Karl an Ferdinand, Februar/März 1551, in: Druffel, Beiträge, 3^1, S. 180–183; vgl. auch Rassow, Forschungen, S. 12.

22 Über die Vorschläge Ferdinands über die Position Philipps in Italien siehe Druffel, Beiträge, 3^1, S. 197–200; Gustav Turba, „Beiträge zur Geschichte der Habsburger. I: Zur Reichs- und Hauspolitik der Jahre 1548–1558", in: AÖG, 90 (1901), S. 9f; Heinrich Lutz, Christianitas Afflicta, Europa, das Reich und die päpstliche Politik im Niedergang der Hegemonie Kaiser Karls V., Göttingen 1964, S. 204. Für den Text der Vereinbarung siehe Druffel, Beiträge, 3^1, S. 161–165, 176–207.

23 Laubach, „Nachfolge", S. 47f.

24 Maria an Ferdinand, März 1551, in: Druffel, Beiträge, 3^1, S. 203f; Marillac an Heinrich II., 3. 3. 1551, ebd., 1, S. 586; Marillac an Heinrich II., 10. 3. 1551, ebd., S. 591; Karl Brandi, „Passauer Vertrag und Augsburger Religionsfriede", in: HZ, 95 (1905), S. 237f.

25 Walter Friedenburg, „Karl V. und Maximilian II. (1551). Ein venetianischer Bericht über vertrauliche Äußerungen des Letzteren", in: QuF, 4 (1902), S. 72f, 77.

26 Rassow, Forschungen, S. 12; Ferdinand an Maria, SA, Belgien, PA 85, Konv. 2 B, fol. 30. Zusammenfassung in Druffel, Beiträge, 3^1, S. 204.

27 Lutz, Christianitas, S. 85; Ferdinand an Maria, o. D. 1551, in: Druffel, Beiträge, 3^1, S. 161.

28 Laubach, „Nachfolge", S. 33; Lutz, Christianitas, S. 85f; Memoiren des Arras in: Druffel, Beiträge, 3^1, S. 189; Ferdinand an Karl, 25. 11. 1549, Blau, 597/2, fol. 325; Bucholtz, Regierung, 5, S. 850.

29 Ferdinand an Karl, 3. 6. 1551, Blau, 597/3, fol. 44f, 47f; Ferdinand an Karl, 12. 8. 1551, ebd., fol. 49.

30 Ferdinand an Karl, 10. 8. 1552, in: Lanz, Correspondenz, 3, S. 447; Karls Instruktionen an Joachim de Rye für Ferdinand, 3. 3. 1552, ebd., S. 98f; Ferdinand an Karl, 26. 9. 1555, ebd., S. 687; Heinrich von Meissen an Karl, August 1552, AGR, Allemande, Fasc. 800, fol. 171.

31 Karl Brandi, „Passauer Vertrag", S. 226; Lutz, Christianitas, S. 134.

32 Zasius an Ferdinand, 24. 8. 1553, in: Druffel, Beiträge, 4, S. 248; S. Issleib, „Von Passau bis Sievershausen, 1552–1553", in: Neues Archiv für sächsische Geschichte, 8 (1887), S. 69; Zasius an Ilsunger, Crat und andere österreichische Geheimräte, Oktober 1552, in: Druffel, Beiträge, 2, S. 802.

33 Goetz, Maximilian II., S. 27; Zasius an Maximilian II., 4. 11. 1553, in: Druffel, Beiträge, 4, S. 316f; Zasius an Maximilian II., 26. 10. 1553, ebd., S. 311f; Bucholtz, Regierung, 7, S. 533.

34 Zasius an Maximilian, 4. 11. 1553, in: Druffel, Beiträge, 4, S. 316f.

35 Bucholtz, Regierung, 7, S. 533; Ferdinand an Gamez (sein Gesandter in Spanien), 10. 12. 1552, in: Druffel, Beiträge, 2, S. 830f; Ferdinand an Pedro Lasso, 24. 6. 1554, ebd., 4, S. 492; Ferdinand an Karl, 26. 4. 1554, SA, Belgien, PA 10, fol. 41f; Lutz, Christianitas, S. 231.

36 Ferdinand an Karl, 21. 10. 1545, Blau, 597/2, fol. 145f.

37 E. Harris Harbison, Rival Ambassadors at the Court of Queen Mary, Princeton 1940, S. 70f.

38 Turba, „Beiträge", S. 5–8; Lutz, Christianitas, S. 207f; Harbison, Rival Ambassadors, S. 58f und Anm. 4.

39 Lutz, Christianitas, S. 206f; Harbison, Rival Ambassadors, S. 71 und Anm. 29; Arras' Instruktionen für Simon Renard, 14. 8. 1553, in: Druffel, Beiträge, 4, S. 238f und Anm. 3; Ferdinands Instruktionen für Guzmán, 27. 7. 1553, ebd., S. 221.

40 Gamez an Ferdinand, 22. 10. 1553, in: Druffel, Beiträge, 4, S. 307f; Ferdinand an Karl, 29. 10. 1553, AGR, État et audience, Fasc. 46, fol. 95.

41 Maximilian an Albrecht von Bayern, 11. 12. 1553, in: Druffel, Beiträge, 4, S. 338; Maximilian an Albrecht von Bayern, 15. 2. 1554, ebd., S. 374; Zasius an Ferdinand, 17. 2. 1554, ebd., S. 375.

42 Maximilian an Albrecht von Bayern, 22. 2. 1554, ebd., S. 377.

43 Ferdinand an Karl, 26. 2. 1554, in: Druffel, Beiträge, 4, S. 379; Lutz, Christianitas, S. 211.

44 Hermann Wiesflecker, Kaiser Maximilian I. Das Reich, Österreich und Europa an der Wende zur Neuzeit, 5 Bände, Wien 1971 –1985, 2, S. 400.

45 Sutter, Einführung, S. 142f; Lutz, Christianitas, S. 137f.

46 Ferdinand an Karl, 19. 4. 1551, Blau, 597/3, fol. 42. Vgl. auch Ferdinand an Karl, 24. 10. 1531, Korrespondenz, 3^2, S. 336.

KAPITEL XII

1 Ferdinand an Karl, 24. 8. 1543, Blau, 597/2, fol. 99; Ferdinand an Karl, 16. 11. 1543, ebd., fol. 107; Ferdinand an Karl, 15. 6. 1547, ebd., fol. 250; Heidrich, Karl V. und die Protestanten, 2, S. 63.

2 Ferdinand an Karl, 11. 3. 1542, Blau, 597/2, fol. 21 f; Ferdinand an Karl, 8. 7. 1542, ebd., fol. 46.

3 Ferdinand an Karl, 13. 4. 1542, ebd., fol. 28f; Ferdinand an Karl, 24. 4. 1542, ebd., fol. 33; Ferdinand an Karl, 4. 6. 1542, ebd., fol. 44; Ferdinand an Karl, 24. 10. 1543, ebd., fol. 104f.

4 Ferdinand an Karl, 6. 3. 1541, ebd., 597/1, S. 462.

5 Ferdinand an Karl, 21. 10. 1545, ebd., 597/2, fol. 143f; Ferdinand an Karl, 16. 11. 1543, ebd., fol. 107.

6 Ferdinand an Karl, 1. 3. 1545, ebd., fol. 137f.

7 Ferdinand an Karl, 26. 8. 1542, ebd., fol. 55f; Ferdinand an Karl, 17. 6. 1547, ebd., fol. 251f; Ferdinand an Karl, 5. 6. 1547, ebd., fol. 248.

8 Ferdinand an Karl, 2. 3. 1545, ebd., fol. 138; Ferdinand an Karl, 9. 12. 1546, ebd., fol. 195; Gustav Turba, „Verhaftung und Gefangenschaft des Landgrafen Philipp von Hessen“, in: AÖG, 83 (1897), S. 111.

9 Karl an Ferdinand, 2. 2. 1547, Lanz, Correspondenz, 2, S. 529; Turba, „Verhaftung“, S. 11cf; S. Issleib, „Die Gefangennahme des Landgrafen Philipp von Hessen 1547“, in: Neues Archiv für sächsische Geschichte und Altertumskunde, 11 (1889), S. 180 –186.

10 Ferdinand an Karl, 9. 12. 1546, Blau, 597/2, fol. 195; Ferdinand an Karl, 30. 12. 1546, ebd., fol. 199; Ferdinand an Karl, 20. 2. 1547, ebd., fol. 225.

11 Ferdinand an Karl, 17. 6. 1547, ebd., fol. 251; vgl. auch Bucholtz, Regierung, 6, S. 63ff. Siehe auch Gerhard Bonwetsch, Geschichte des Passauischen Vertrages von 1552, Göttingen 1907, S. 23 und Anm. 4.

12 Ferdinands Instruktionen an Karl, 18. 8. 1547, Blau, 597/2, fol. 275; Ferdinand an Karl, 19. 2. 1547, ebd., fol. 223; Horst Rabe, Reichsbund und Interim. Die Verfassungs- und Religionspolitik Karls V. und der Reichstag von Augsburg, Köln/Wien 1971, S. 128f, 131, 135, 273–294, 432f.

13 Ferdinands Instruktionen an Chantonnay, 26. 7. 1549, Blau, 597/2, fol. 308; Ferdinand an Karl, 2. 1. 1549, in: Druffel, Beiträge, 1, S. 186f.

14 Ferdinand an Karl, 21. 6. 1549, ebd., S. 236; Ferdinand an Karl, 27. 9. 1547, Blau, 597/2, fol. 281; Ferdinand an Karl, 15. 10. 1548, ebd., fol. 273f; Ferdinand an Karl, 21. 6. 1548, in: Druffel, Beiträge, 4, S. 234f; Rabe, Reichsbund, S. 432ff.

15 Ferdinand an Karl, 5. 11. 1551, in: Druffel, Beiträge, 1, S. 791f.

16 Goetz, Maximilian II., S. 18; Karl Erich Born, „Moritz von Sachsen und die Fürstenverschwörung gegen Karl V.“, in: HZ 91 (1960), S. 43, 47, 56, 62f; Heinrich von Meissen an Ferdinand, 22. 3. 1552, in: Druffel, Beiträge, 2, S. 278 f.

17 Arras an Maria, 17. 11. 1551, in: Druffel, Beiträge, 1, S. 802; Karl an Ferdinand, 23. 11. 1551, ebd., S. 828f.

18 Karls geheime Instruktionen an Joachim de Rye, 3. 3. 1552, in: Lanz, Correspondenz, 3, S. 107; Arras an Maria, o. D. 1552, in: Druffel, Beiträge, 2, S. 164; Karl an Maria, 24. 2. 1552, ebd., S. 151f.

19 Maximilian an Gamez, 1. 3. 1552, in: Lanz, Correspondenz, 3, S. 97. Siehe auch Arras an Joachim de Rye, 4. 3. 1552, in: Druffel, Beiträge, 2, S. 193, und Karl an Maria, 21. 3. 1552, in: Lanz, Correspondenz, 3, S. 131.

20 Ferdinands Instruktionen an Joachim de Rye für Karl, 11. 3. 1552, in: Lanz, Correspondenz, 3, S. 124; Karl an Ferdinand, 3. 3. 1552, ebd., S. 100; Ferdinand an Maria, 2. 5. 1552, in: Druffel, Beiträge, 2, S. 448ff.

21 Maria an Arras, 8. 2. 1552, in: Druffel, Beiträge, 2, S. 106.

22 G. Fischer, „Ferdinand I. und Karl V. im Jahre 1552“, in: Jahrbücher der kgl. Akademie gemeinnütziger Wissenschaften zu Erfurt, NF 32 (1906), S. 190–193; Ferdinand an Moritz, 12. 2. 1552, in: Druffel, Beiträge, 2, S. 115–118.

23 Bonwetsch, Passauer Vertrag, S. 20f; Fischer, „Ferdinand I. und Karl V.“, S. 190.

24 Karls Instruktionen an Joachim de Rye für Ferdinand, 3. 3. 1552, in: Lanz, Correspondenz, 3, S. 100, 104; Karl an Ferdinand, 11. 3. 1552, in: Druffel, Beiträge, 2, S. 226f.

25 Karl an Ferdinand, 11. 3. 1552, ebd., S. 230ff; Ferdinand an Karl, 14. 3. 1552, ebd., S. 244; Ferdinands Memorandum an Lazarus Schwendi für Karl, 23. 4. 1552, ebd., S. 421; Ferdinands Instruktionen an Joachim de Rye für Karl, 11. 3. 1552, in: Lanz, Correspondenz, 3, S. 123; Karls Instruktionen an Joachim de Rye für Ferdinand, 22. 3. 1552, ebd., S. 140; Karl an Ferdinand, 25. 4. 1552, ebd., S. 185.

26 Ferdinands Instruktionen an Martin Guzmán für Karl, 13. 4. 1552, in: Lanz, Correspondenz, 3, S. 165ff; Heinrich von Meissen an Ferdinand, 10./11. 4. 1552, in: Druffel, Beiträge, 2, S. 364; Bonwetsch, Passauer Vertrag, S. 45.

27 Karl an Ferdinand, 4. 4. 1552, in: Bucholtz, Regierung, 7, S. 61–65; Ferdinand an Karl, 5. 4. 1552, in: Druffel, Beiträge, 2, S. 330f; Ferdinand an Karl, 9. 4. 1552, ebd., S. 344f; Ferdinands Instruktionen an Martin Guzmán, ebd., S. 273.

28 Fischer, „Ferdinand I. und Karl V.", S. 183f, 197, 199, 201f; Bonwetsch, Passauer Vertrag, S. 65f; Karls Instruktionen an Joachim de Rye für Ferdinand, 22. 3. 1552, in: Druffel, Beiträge, 2, S. 283; Der Gouverneur, die Regierung und die Räte von Österreich ob der Enns an Ferdinand, 9./10. 4. 1552, ebd., S. 358; Ferdinand an Karl, 1. 4. 1552, ebd., S. 507.

29 Karl an Joachim de Rye, 7. 6. 1552, in: Lanz, Correspondenz, 3, S. 247; Karl an Ferdinand, 8. 6. 1552, ebd., S. 252.

30 Ferdinand an Karl, 22. 6. 1552, ebd., S. 282.

31 Joachim de Rye an Karl, 15. 6. 1552, ebd., S. 269; Ferdinand an Karl, 30. 5. 1552, ebd., S. 210; Ferdinand an Karl, 3. 6. 1552, ebd., S. 219, 257; Ferdinand an Karl, 17. 6. 1552, ebd., S. 272; Ferdinand an Karl, 22. 6. 1552, ebd., S. 284f; Joachim von Brandenburgs Ratgeber an den Kurfürsten, 18. 6. 1552, in: Druffel, Beiträge, 2, S. 609.

32 Karl an Ferdinand, 2. 6. 1552, in: Lanz, Correspondenz, 3, S. 240f; Württembergisches Protokoll von Passau, 6. 6. 1552, in: Druffel, Beiträge, 3, S. 480.

33 Ferdinand an Karl, 22. 6. 1552, in: Lanz, Correspondenz, 3, S. 282f, 288f; Ferdinand an Karl, 10. 8. 1552, ebd., S. 441.

34 Ferdinand an Karl, 22. 6. 1552, ebd., S. 288; Ferdinand an Karl, 28. 6. 1552, ebd., S. 305f; Ferdinand an Maria, 26. 6. 1552, Blau, 597/3, fol. 158f.

35 Bonwetsch, Passauer Vertrag, S. 149ff; Protokoll von Wilhelm Hund (bayerisches Ratsmitglied in Passau), in: Druffel, Beiträge, 3, S. 468; Moritz von Sachsen an Mordeisen und Karlowitz, 12. 7. 1552, ebd., 2, S. 665.

36 Karl an Ferdinand, 30. 6. 1552, in: Lanz, Correspondenz, 3, S. 326f.

37 Ferdinands Instruktionen an Heinrich von Meissen, 15. 7. 1554, AGR, Allemande, Fasc. 801, fol. 7; Karl an Maria, 16. 7. 1552, in: Druffel, Beiträge, 2, S. 682ff; Karl an Joachim de Rye und Mattheus Seld, 11. 7. 1552, in: Lanz, Correspondenz, 3, S. 361.

38 Ferdinand an Karl, 15. 7. 1552, ebd., S. 370f; Ferdinand an Karl, 28. 7. 1552, ebd., S. 396–397; Ferdinand an Karl, 8. 8. 1552, ebd., S. 433; Moritz an Ferdinand, 1. 8. 1552, in: Druffel, Beiträge, 2, S. 714.

39 Karl an Ferdinand, 31. 7. 1552, in: Lanz, Correspondenz, 3, S. 456; Lazarus Schwendi an Karl, 22. 8. 1552, ebd., S. 470; Wolf, „Passauer Vertrag", S. 258f.

40 Karl an Ferdinand, 1. 9. 1552, in: Lanz, Correspondenz, 3, S. 483f; Ferdinand an Karl, 13. 9. 1552, ebd., S. 489.

41 Lutz, Christianitas, S. 81f.

42 Landgraf Wilhelm von Hessen an Moritz von Sachsen, 23. 8. 1552, in: Druffel, Beiträge, 2, S. 743f; Wilhelm von Hessen an Moritz von Sachsen, 5. 9. 1552, ebd., S. 753f.

KAPITEL XIII

1 Ferdinand an Karl, 26. 4. 1553, in: Druffel, Beiträge, 4, S. 130f; Markgraf Albrecht von Bayern an Moritz von Sachsen, 10. 6. 1553, ebd., S. 171f; Ferdinand an Karl, 17. 8. 1553, in: Lanz, Correspondenz, 3, S. 582f; Bernhard Sicken, „Der Heidelberger Verein (1553–1556)", in: Zeitschrift für württembergische Landesgeschichte, 32 (1973), S. 324.

2 Ferdinand an Karl, 27. 10. 1552, in: Lanz, Correspondenz, 3, S. 509; Ferdinand an Karl, 17. 8. 1553, ebd., S. 583.

3 Ferdinands Instruktionen an Martin Guzmán für Karl, 3. 3. 1553, ebd., S. 550; Ferdinand an Karl, 27. 10. 1552, ebd., S. 509; Ferdinand an Karl, 26. 1. 1553, ebd., S. 535 f.

4 Herzog Christoph von Württemberg an Albrecht von Bayern, 30. 8. 1551, Viktor Ernst (Hrsg.), Briefwechsel des Herzogs Christoph von Württemberg, 4 Bände, Stuttgart 1899–1907, 1, S. 269; Bischof von Arras an Christoph von Württemberg, 19. 11. 1550, ebd., S. 42; Eisslinger an Herzog Christoph, 29. 12. 1550, ebd., S. 103; Eisslinger an Herzog Christoph, 17. 12. 1550, S. 89; Eisslinger war ein Agent Herzog Christophs.

5 Johannes Fessler an Herzog Christoph, 2. 12. 1550, ebd., S. 70; Herzog Christophs Instruktionen an Kaspar Berg, 6. 7. 1551, ebd., S. 222; Ludwig von Frauenbergs Bericht an Herzog Christoph, 20. 3. 1551, ebd., S. 149; Eisslinger an Herzog Christoph, 17. 12. 1550, ebd., S. 88; Kaspar Berg an Herzog Christoph, 15. 7. 1551, ebd., S. 234 f; Bischof von Arras an Herzog Christoph, 18. 7. 1551, ebd., S. 237.

6 Ferdinand an Karl, 19. 12. 1552, in: Lanz, Correspondenz, 3, S. 518 f; Ferdinand an Karl, 10. 12. 1552, ebd., S. 529 ff.

7 Lutz, Christianitas, S. 186, 198; Gustav Wolf, „Der Passauer Vertrag und seine Bedeutung für die nächstfolgende Zeit“, in: Neues Archiv für sächsische Geschichte, 15 (1884), S. 269.

8 Issleib, „Von Passau“, S. 81 Anm. 129; Lutz, Christianitas, S. 201; Ferdinand an Karl, 12. 6. 1553, in: Druffel, Beiträge, 4, S. 176; Ferdinand an Karl, 14. 6. 1553, Blau, 597/3, fol. 220.

9 Lutz, Christianitas, S. 189.

10 Karl an Ferdinand, 15. 11. 1552, in: Lanz, Correspondenz, 3, S. 517.

11 Lutz, Christianitas, S. 193, 201 ff, 212; Karl an Ferdinand, 23. 7. 1553, in: Druffel, Beiträge, 4, S. 216 f.

12 Ferdinand an Karl, 26. 7. 1553, ebd., S. 221; Ferdinand an Albrecht von Bayern, 2. 8. 1553, ebd., S. 233; Lutz, Christianitas, S. 212.

13 Lutz, Christianitas, S. 187; Bucholtz, Regierung, 7, S. 135 f; Sicken, „Heidelberger Verein“, S. 328 ff, 333 f, 340 f.

14 Maximilian an Albrecht von Bayern, 4. 9. 1553, in: Druffel, Beiträge, 4, S. 253 f.

15 Karl an Ferdinand, 9. 12. 1553, ebd., S. 334; Karl an Ferdinand, 3. 2. 1554, in: Lanz, Correspondenz, 3, S. 606 f.

16 Ferdinand an Karl, 10. 9. 1553, in: Druffel, Beiträge, 4, S. 257; Ferdinand an Karl, 27. 8. 1553, Blau, 597/3, fol. 231; Ferdinand an Karl, 29. 12. 1553, in: Lanz, Correspondenz, 3, S. 598 f.

17 Maximilian an Albrecht von Bayern, 4. 9. 1553, in: Druffel, Beiträge, 4, S. 253 f.

18 Ferdinands Instruktionen an Martin Guzmán für Karl, 3. 3. 1553, in: Lanz, Correspondenz, 3, S. 554; Ferdinand an Karl, 29. 12. 1553, ebd., S. 600 f; Ferdinand an Karl, 15. 9. 1554, S. 644 f; Karl an Ferdinand, 23. 7. 1553, in: Druffel, Beiträge, 4, S. 217 f.

19 Ferdinand an Karl, 29. 12. 1553, in: Lanz, Correspondenz, 3, S. 602 f.

20 Lutz, Christianitas, S. 220; Ferdinand an Karl, 27. 10. 1552, in: Gustav Turba, „Beiträge zur Geschichte der Habsburger, III: Zur deutschen Reichs- und Hauspolitik der Jahre 1553 bis 1558“, in: AÖG, 90 (1901), S. 236, 241 f; Granvelle (Arras) an Pfintzing, 23. 11. 1568, AGR, Manuscrits divers, 187 A, fol. 221 (Kopie); Philipp II. an Granvelle, 12. 3. 1569, ebd., fol. 222 (Kopie); Granvelle an Philipp, 1569?, ebd., fol. 223 (Kopie).

21 Karl an Ferdinand, 3. 2. 1554, in: Lanz, Correspondenz, 3, S. 608; Karl an Ferdinand, 8. 6. 1554, ebd., S. 622 ff; Turba, „Beiträge“, S. 244, 247.

22 Druffel, Beiträge, 4, S. 546 Anm. 4; Ferdinand an Karl, 4. 1. 1555, ebd., S. 557.

23 Martin Guzmán an Ferdinand, 12. 10. 1555, ebd., S. 750.

24 Lutz, Christianitas, S. 360; Wilhelm Maurenbrecher, „Beiträge zur deutschen Geschichte 1555–1559“, in: HZ, 50 (1883), S. 9; Granvelle, Papiers d'état, 4, S. 429.

25 Turba, „Beiträge, III“, S. 248, 253.

26 Lutz, Christianitas, S. 233; Heinrich Lutz und Alfred Kohler (Hrsg.), Das Reichstagsprotokoll des kaiserlichen Kommissars Felix Hornung vom Augsburger Reichstag 1555, in: Österreichische Akademie der Wissenschaften, phil.-hist. Klasse, Denkschriften, 103, Wien 1971, S. 35 f.

27 Lutz und Kohler, Reichstagsprotokoll, S. 46 f, 49, 68, 77; Lutz, Christianitas, S. 363 ff.

28 Lutz, Christianitas, S. 425f.

29 Lutz und Kohler, Reichstagsprotokoll, S. 125, 152 Anm. 436, 162; Wilhelm von Münchingen und Hieronymus Gerard an Christoph von Württemberg, 24. 9. 1555, in: Ernst, Briefwechsel, 3, S. 337.

30 Karl an Ferdinand, 8. 4. 1555, in: Druffel, Beiträge, 4, S. 647; Karl an Ferdinand, 10. 4. 1555, in: Lanz, Correspondenz, 3, S. 649f. Vgl. auch Karl an Ferdinand, 7. 7. 1555, ebd., S. 695f.

31 Karl an Ferdinand, 19. 9. 1555, ebd., S. 681; Gamez an Ferdinand, 6. 10. 1555, in: Druffel, Beiträge, 4, S. 746; Turba, „Beiträge, III", S. 254.

32 Karl an Ferdinand, 15. 8. 1555, in: Lanz, Correspondenz, 3, S. 674f; Turba, „Beiträge, III", S. 250; Ferdinand an Maximilian, 24. 9. 1555, SA, Familienkorrespondenz A, Karton 2, fol. 118.

33 Ferdinand an Karl, 17. 4. 1555, in: Lanz, Correspondenz, 3, S. 650f; Ferdinand an Karl, 24. 9. 1555, ebd., S. 683 f.

34 Turba, „Beiträge, III", S. 251.

35 Ebda., S. 250, 252; Brandi, „Passauer Vertrag", S. 263 Anm. 3.

36 Ferdinand an Maximilian, 15. 9. 1555, SA, Familienkorrespondenz A, Karton 2, fol. 114f; Ferdinand an Maximilian, 27. 9. 1555, ebd., fol. 117; Lutz, Christianitas, S. 436.

37 Lutz, Christianitas, S. 191, 416f; Martin Guzmán an Ferdinand, 20. 9. 1555, in: Druffel, Beiträge, 4, S. 751.

KAPITEL XIV

1 Turba, „Beiträge, III", S. 256; Karl an Ferdinand, 18. 1. 1557, AGR, Manuscrits divers, 805 A/II, fol. 120; Ferdinand an Maximilian, 12. 4. 1556, SA, Familienkorrespondenz A, Karton 2, fol. 122.

2 Bruno Thomas, „Die Augsburger Funeralwaffen Kaiser Karls V.", in: Zeitschrift für historische Waffenkunde, 18 (1959), S. 29ff, 33.

3 Ferdinand an Karl, 21. 8. 1555, Blau, 597/3, fol. 316; Turba, „Beiträge , III", S. 264–267.

4 Ferdinand an Karl, 21. 8. 1555, Blau, 597/3, fol. 317; Karl an Ferdinand, 8. 8. 1556, in: Lanz, Correspondenz, 3, S. 708f; Philipp II. an Ruy Gomez de Silva, 11. 3. 1557 (Kopie), AGR, Manuscrits divers, 805 A/II, fol. 147 (172); Karl an Juan Vazquez de Molina, 3. 5. 1558, ebd., fol. 375 (434).

5 Turba, „Beiträge, III", S. 257.

6 Ferdinand an Maximilian, 4. 6. 1557, SA, Familienkorrespondenz A, Karton 2, fol. 131.

7 Ferdinands Instruktionen an Licenciado Gamez, 16. 10. 1556 (Kopie), AGR, Manuscrits divers, 805 A/II, fol. 122f (143f); Arras an Gonzalo Perez, 23. 11. 1561, AG, Estado Flandes, Leg. 521, fol. 45; Maurenbrecher, „Beiträge zur deutschen Geschichte", S. 23.

8 Wilhelm Maurenbrecher, „Beiträge zur Geschichte Maximilians II., 1548–1562", in: HZ, 32 (1874), S. 271; Granvelle, Papiers d'état, 3, S. 273f; Philipp an Ferdinand, 21. 11. 1557, Documentos inéditos, S. 506f.

9 Ferdinand an Maximilian, 15. 6. 1557, Hausarchiv, Familienakten, Karton 53, Konv. 1, fol. 46; Margarete von Parma an Philipp II., 4. 10. 1559, in: Correspondance de Marguerite d'Autriche, duchesse de Parme, avec Philippe II, hrsg. von L.-P. Gachard, 3 Bände, Brüssel 1867–1881, 1, S. 44ff; Granvelle an Philipp II., 12. 12. 1562, AG, Estado, Flandes, Legajo 424, fol. 32/1.

10 Ferdinand an Philipp, 25. 8. 1557, Documentos inéditos, 2, S. 491.

11 Ferdinand an Philipp, 14. 1. 1562, AG, Estado, Alemania, Legajo 651, fol. 1; Graf de Luna an Philipp, 4. 1. 1562, ebd., fol. 34; Ferdinands Instruktionen an Martin Guzmán für Philipp II., o. D. (1562?), ebd., fol. 104/1; Ferdinand an Martin Guzmán, 19. 8. 1563, ebd., Legajo 652, fol. 35; Graf de Luna an Philipp, 19. 1. 1563, Documentos inéditos, 98, S. 466.

12 Philipp an Ferdinand, 21. 7. 1563, Documentos inéditos, 98, S. 272.

13 Graf de Luna an Philipp, 8. 10. 1560, ebd., S. 174; Philipp an Ferdinand, März (April) 1563, ebd., S. 423; Graf de Luna an Philipp, 16. 8. 1562, ebd., S. 354, 357; Philipp an Graf de Luna, 4. 7. 1562, ebd., S. 345; Graf de Luna an Philipp, 29. 3. 1562, ebd., S. 310; Philipp unterhielt ein Agentennetz durchs ganze Reich.

14 Marvin R. O'Connell, The Counter Reformation, New York 1974, S. 35; Ferdinand an Philipp, 13. 3. 1558, SA, Belgien, PA 102a, fol. 12.

15 Ferdinand an Margarete von Parma, 4. 12. 1562, AGR, Allemande, Fasc. 102, fol. 31; Ferdinand an Margarete von Parma, 27. 2. 1562, ebd., Fasc. 92, fol. 59, 61f.

16 John Lynch, Spain under the Habsburgs, 2 Bände, Oxford 1965–1969, 1, S. 222; Philipp an Ferdinand, 4. 5. 1563, Documentos inéditos, 98, S. 431f; Ferdinand an Philipp, 27. 5. 1563, ebd., S. 441; Philipp an Georg Seld (Ferdinands Vizekanzler), 21. 7. 1563, ebd., S. 465f.

17 Maurenbrecher, „Beiträge zur deutschen Geschichte", S. 23, 28; Lutz, Christianitas, S. 419.

18 Der Bischof von Aquila an Philipp, 13. 6. 1558, Documentos inéditos, 98, S. 14f.

19 Maurenbrecher, „Beiträge zur deutschen Geschichte", S. 59f; Ferdinand an Philipp, 22. 7. 1558, Documentos inéditos, 98, S. 24ff.

20 Philipp an den Grafen de Luna, 28. 1. 1562, Documentos inéditos, 98, S. 284; Graf de Luna an Philipp, 25. 2. 1562, ebd., S. 293ff; Graf de Luna an Philipp, 29. 8. 1562, ebd., S. 362.

21 Philipp an den Grafen de Luna, September 1562, ebd., S. 365; Philipp an den Grafen de Luna, 4. 7. 1562, ebd., S. 344 f.

22 Graf de Luna an Philipp, 29. 3. 1562, ebd., S. 309; Graf de Luna an Philipp, 29. 8. 1562, ebd., S. 362.

23 Philipp an den Grafen de Luna, 17. 2. 1559, AG, Estado, Alemania, Legajo 650, fol. 128; Philipp an Ferdinand, 4. 9. 1560, ebd., fol. 158; Don Jorge Manriquez an Philipp, Januar 1560, ebd., fol. 73.

24 Eduard Reimann, „Der Streit zwischen Papstthum und Kaiserthum im Jahre 1558", in: Forschungen zur deutschen Geschichte 5 (1865), S. 299; Ferdinand an Maximilian, 21. 4. 1555, SA, Familienkorrespondenz A, Karton 2, fol. 83f.

25 Heinrich Lutz, „Bayern und der Laienkelch", in: QuF, 34 (1954), S. 214; Josef Grisar, „Die Stellung der Päpste zum Reichstag und Religionsfrieden von Augsburg 1555", in: Stimmen der Zeit, 156 (1954/55), S. 454; Hans Erich Feine, „Papst, erste Bitte und Regierungsantritt des Kaisers seit dem Ausgang des Mittelalters", in: Zeitschrift der Savigny-Stiftung für Rechtsgeschichte, 51, kanonistische Abt. 20 (1931), S. 46f; Joseph Schmid, „Die deutsche Kaiser- und Königswahl und die römische Curie in den Jahren 1558– 1620", in: Historisches Jahrbuch der Görres-Gesellschaft, 6 (1885), S. 14–55; Reimann, „Streit", S. 302.

26 Der Bischof von Aquila an ?, 13. 6. 1558, Documentos inéditos, 98, S. 16; Eduard Reimann, „Die römische Königswahl von 1562 und der Papst", in: Forschungen zur deutschen Geschichte, 8 (1868), S. 4.

27 Philipp II. an Ferdinand, 18. 5. 1557, Documentos inéditos, 98, S. 476f; Ferdinand an Philipp, 8. 6. 1557, ebd., S. 478–481.

28 Philipp an Ferdinand, 12. 5. 1559, Documentos inéditos, 2, S. 524f; Ferdinand an Philipp, 17. 5. 1559, ebd., S. 530.

29 Eduard Reimann, „Papst Paul IV. und das Kaisertum", in: Abhandlungen der schlesischen Gesellschaft für vaterländische Cultur, phil.-hist. Abt. (1871), S. 39.

30 Kassowitz, Reformvorschläge, S. 7f.

31 Delfino an Karl Borromeo, 18. 10. 1560, AG, Estado, Alemania, Legajo 650, fol. 217; Graf de Luna an Philipp, 19. 1. 1562, Documentos inéditos, 98, S. 275; Philipp an den Grafen de Luna, 11. 3. 1562, ebd., S. 301.

32 Hartmann Grisar, „Jakob Lainez und die Frage des Laienkelchs auf dem Concil von Trient", Teil 2, in: Zeitschrift für katholische Theologie, 6 (1882), S. 80; David P. Daniel, „The Influence of the Augsburg Confession in South-East Central Europe", in: Sixteenth Century Journal, 11 (1980), S. 102; Graf de Luna an Philipp, 18. 12. 1560, Documentos inéditos, 98, S. 190; Ferdinand an Martin Guzmán, AG, Estado, Alemania, Legajo 650, fol. 40; Pedro de Labitra an Philipp, 3. 2. 1561, ebd. Flandes, Legajo 521, fol. 88.

33 Rudolf Till, „Glaubensspaltung in Wien", in: Wiener Geschichtsblätter, 21 (1966), S. 5f; Grisar, „Lainez", Teil 2, S. 80; Ferdinand an Philipp, 27. 6. 1560, Documentos inéditos, 98, S. 561.

34 Ferdinand an Philipp, 27. 6. 1560, ebd.; Kassowitz, Reformvorschläge, S. 50; Ferdinand an Georg Gienger, 24. 2. 1562, in: Theodor von Sickel, „Das Reformationslibell des Kaisers Ferdinand I. vom Jahre 1562 bis zur Absendung nach Trient", in: AÖG, 45 (1871), S. 15.

35 Hubert Jedin, Geschichte des Konzils von Trient, 4 Bände, Freiburg 1949–1970, 4[1], S. 157f; Philipp Helle, Die Konferenzen Morones mit Kaiser Ferdinand I. (Mai 1563) und ihre Einwirkung auf den Gang des Trienter Konzils, Bonn 1911, S. 8f.

36 Ferdinand an Philipp, 30. 12. 1562, Documentos inéditos, 98, S. 576, 578f.

37 Graf de Luna an Philipp, 9. 3. 1563, ebd., S. 408; Ferdinand an den Grafen de Luna, o. D. 1563, ebda., S. 448–452; Graf de Luna an Philipp, 31. 3. 1563, ebda., S. 422.

38 Jedin, Trient, 4[1], S. 164; Philipp an Ferdinand, 23. 4. 1564, Documentos inéditos, 101, S. 71.

KAPITEL XV

1 Fichtner, „Dynastic Marriage", S. 261; Juan Vasquez de Molina an Karl, 26. 1. 1557, AGR, Manuscrits divers, 805 A/I (Kopie), fol. 165.f.

2 Walter Pillich, „Königin Katharina von Polen in Linz", in: Historisches Jahrbuch der Stadt Linz (1966), S. 169–198. Sigismund behauptete, daß Katharina eine Epileptikerin sei. Sie verließ Polen im Jahre 1567, ohne jemals wieder zurückzukehren, und verstarb 1570 in Linz.

3 Ferdinands Instruktionen an Georg von Helffenstein, SA, Familienakten, Karton 21, Fasc. 3, fol. 72f.

4 Fichtner, „Dynastic Marriage", S. 256; Ferdinands Instruktionen an Caspar Breuner, 1. 8. 1559, SA, Familienakten, Karton 21, Fasc. 3, fol. 1, 4; Ferdinand an Maximilian, 24. 6. 1559, ebd., Fasc. 2, fol. 162; Joel Hurstfield, „The Search for Compromise in England and France", in: Joel Hurstfield, The Reformation Crisis, New York 1966, S. 97.

5 Ferdinand an Philipp, 23. 6. 1559, Documentos inéditos, 2, S. 544f; Ferdinand an Caspar Breuner, 22. 6. 1559, SA, Familienakten, Karton 21, Fasc. 2, fol. 153.

6 Ferdinand an Maximilian, 21. 4. 1555?, SA, Familienkorrespondenz A, Karton 2, fol. 83; Ferdinand an Maximilian, 15. 6. 1559?, ebd., fol. 169; F. Hauptmann, „Ungarn, Habsburg und die kroatische Staatsidee", in: Südostdeutsches Archiv, 12 (1969), 8. 67f.

7 Oberleitner, „Finanzen", S. 97, 106.

8 Ebd., S. 218f Anm. 1, 229; Ferdinands Memorandum über Maximilian für Karl, Blau, 597/3, fol. 85.

9 Goetz, „Finalrelation", S. 282; Gerhard Müller, „Vincenzo Pimpinella am Hofe Ferdinands I. 1529, 1532", in: QuF, 40 (1960), S. 72f.

10 Goetz, „Ratgeber", S. 489; Goetz, „Finalrelation", S. 399f; Ferdinand an Karl, 12. 1. 1544, Blau, 597/2, fol. 114; Hilger, Ikonographie, S. 138.

11 Goetz, „Finalrelation", S. 293, 299f; Hilger, Ikonographie, S. 138.

12 Ferdinand an Karl, 13. 4. 1542, Blau, 597/2, fol. 32; Ferdinand an Karl, 18. 11. 1542, ebd., fol. 77.

13 Antonia Fraser, Mary Queen of Scots, London 1970, S. 257f.

14 Goetz, „Finalrelation", S. 297f; Huber, „Finanzziele", S. 186f.

15 Hirn, Ferdinand von Tirol, 1, S. 42f; Franz Ferdinand Schrötter, Abhandlungen aus dem österreichischen Staatsrecht und aus Freiheitsbriefen, 5 Bände, Wien 1762–1766, 5, S. 452–457, 468f, 483ff; Fichtner, „Christian Virtue", S. 412.

16 Ferdinands Antwort an den Bischof von Rennes, 2. 8. 1563, AG, Estado, Alemania, Legajo 652, fol. 18.

17 Goetz, „Finalrelation", S. 290, 292f.

18 Ferdinand an Maximilian, 12. 1. 1557, SA, Familienkorrespondenz A, Karton 2, fol. 126; Ferdinand an Maximilian, 2. 10. 1555, ebd., fol. 120; Ferdinand an Maximilian, 1. 2. 1559, ebd., fol. 60.

19 Gisela Üllenberg, „Augsburger Frauen. Agnes Bernauer und Philippine Welser", in: Augusta 955–1955. Forschungen und Studien zur Kultur- und Wirtschaftgeschichte Augsburgs, Augsburg 1955, S. 141f.

20 Brodrick, Peter Canisius, S. 169f.

21 „... qui asino e et cervo se crede/al saltar del fosco se vede ...", Ferdinand an Maximilian, Ferdinand und Karl, Februar 1547, in: Bucholtz, Regierung, 9, S. 468f; Holtzmann, Maximilian, S. 51–54.

22 Fichtner, „Christian Virtue", S. 412f.

23 Bibl, Maximilian II., S. 44f; Turba, „Beiträge, II", S. 69f; Goetz, „Finalrelation", S. 297, 304ff.

24 Goetz, „Finalrelation", S. 304; Lutz, Christianitas, S. 480, 499.

25 Goetz, Maximilian II., S. 116; Erwin Mayer-Löwenschwerdt, „Der Aufenthalt der Erzherzöge Rudolf und Ernst in Spanien 1564–1571", in: Sitzungsberichte der Akademie der Wissenschaften in Wien, phil.-hist. Klasse, 206 (1927), S. 8; Peter Rassow, „Karls V. Tochter als Eventual-Erbin des spanischen Reiches", ARG, 49 (1958), S. 167f.

26 Holtzmann, Maximilian, S. 56; Bucholtz, Regierung, 9, S. 466f. Es befinden sich drei Abschriften des Kodizils von 1555 in SA, Familienkorrespondenz, A, Karton 2. Die, die hier benutzt wurde – fol. 92 bis 97 –, trägt die Unterschrift Ferdinands.

27 Friedrich Heer, Die dritte Kraft. Der europäische Humanismus zwischen den Fronten des konfessionellen Zeitalters, Frankfurt 1959, S. 417, 428; Goetz, „Ratgeber", S. 468f, 472; Rafael de Hornedo, „Carlos V y Erasmo", in: Miscelánea Comillas, 30 (1958), S. 239 Anm. 138 und 240; Strelka, Renaissancehof, S. 124 f.

28 Ferdinand an Philipp, 1. 9. 1558 (Kopie), AGR, Allemande, Fasc. 102, fol. 5; Anton Gindely (Hrsg.), Quellen zur Geschichte der böhmischen Brüder, FRA, Diplomataria et Acta, 19 (1859), S. 144.

29 Über die Aktivitäten von Sympathisanten der Protestanten am Hofe Ferdinands siehe Andreas Burckhardt, Johannes Basilius Herold, Kaiser und Reich im protestantischen Schrifttum des Basler Buchdrucks um die Mitte des 16. Jahrhunderts, Basler Beiträge zur Geschichtswissenschaft, 104 (1967).

30 Gindely, Quelle, S. 147, 167.

31 Karl V. an Philipp, 16. 2. 1554, AG, Estado, Flandes, Legajo 508, fol. 37; Maurenbrecher, „Geschichte Maximilians", S. 263. Vgl. auch Joseph Schlecht, „Das geheime Dispensbreve Pius' V. für die römische Königskrönung Maximilians II.", in: Historisches Jahrbuch, 14 (1893), S. 5.

32 Bibl, Maximilian II., S. 75f; Gindely, Quellen, S. 141f, 145.

33 Ferdinand an Philipp, 1. 9. 1557, Documentos inéditos, 2, S. 497f; Bibl, Maximilian II., S. 72f; Maurenbrecher, „Geschichte Maximilians", S. 257; Gindely, Quellen, S. 131, 134.

34 Bibl, Maximilian II., S. 77; Goetz, Maximilian II., S. 117; Burckhardt, Herold, S. 30.

35 Bibl, Maximilian II., S. 83; Gindely, Quellen, S. 183f; Maurenbrecher, „Geschichte Maximilians", S. 264.

36 Goetz, „Finalrelation", S. 295; Gindely, Quellen, S. 172f.

37 Ferdinand an Maximilian, 29. 8. 1559, SA, Familienakten, A, Karton 2, fol. 144; Bibl, Maximilian II., S. 90–93; Maurenbrecher, „Geschichte Maximilians", S. 278.

38 Bucholtz, Regierung, 7, S. 502f. Pfauser verließ Wien endgültig im Jahre 1560.

39 Ferdinand an Philipp, 29. 8. 1558, SA, Belgica, PA, 102a, fol. 16.

40 Schlecht, „Dispensbreve", S. 6f; Bibl, Maximilian II., S. 95.

41 Schlecht, „Dispensbreve", S. 13; Graf de Luna an Philipp, 20. 8. 1561, Documentos inéditos, 98, S. 236f.

42 Schlecht, „Dispensbreve", S. 16f, 19, 34; Graf de Luna an Philipp, 15. 9. 1561, Documentos inéditos, 98, S. 245; Graf de Luna an Philipp, 19. 2. 1562, ebd., S. 290; Jedin, Trient, 4^1, S. 145; Bibl, Maximilian II., S. 101.

43 Eduard Reimann zitiert in Maurenbrecher, „Geschichte Maximilians", S. 222; Goetz, Maximilian II., S. 101, 104, 110, 117.

44 Ferdinands Erklärung zum Reichstag, April 1559 (Kopie), AGR, Allemande, Fasc. 806, fol. 22–25; Ferdinand an Philipp, 19. 11. 1562, Documentos inéditos, 98, S. 378.

45 Der Herzog von Arechot an ?, 3. 11. 1562, AG, Estado, Alemania, Legajo 651, fol. 217; Arras an Gonsalvo Perez, 3. 11. 1562, ebd., Flandes, Legajo 522, fol. 33; der Herzog von Arechot an Margarete von Parma, 3. 12. 1562, ebd., fol. 104; Goetz, Maximilian II., S. 183, 198.

46 Reimann, „Römische Königswahl", S. 8f, 13; Ferdinand an Philipp, 2. 7. 1563, AG, Estado, Alemania, Legajo 652, fol. 30.

47 Reimann, „Römische Königswahl", S. 15; Philipps Instruktionen an Martin Guzmán, 9. 12. 1562, AG, Estado, Alemania, Legajo 651, fol. 96, 102; Philipp an Martin Guzmán,

11. 12. 1562, Documentos inéditos, 98, S. 383; Philipp an Maximilian, 6. 4. 1563, ebd., S. 425; Ferdinand an Philipp, 10. 10. 1563, ebd. S. 514.

48 „Nuevas de augusta y praga“, 13. 9. 1562, AG, Estado, Alemania, Legajo 651, fol. 161; Friedrich Firnhaber, „Die Krönung Kaiser Maximilians II. zum König von Ungarn 1563“, in: AÖG, 22 (1860), S. 313, 317, 326f; Maximilian an Ferdinand, 11. 5. 1562, in: Heinrich Kretschmayer, „Maximilian II. an Ferdinand I., Linz, 11. 5. 1562“, in: MIÖG, 18 (1897), S. 622f.

SCHLUSSWORT

1 Goetz, „Finalrelation“, S. 297.

2 Königin Katharina von Polen an Ferdinand, 12. 12. 1563?, SA, Familienkorrespondenz A, Karton 1, fol. 153; Hilger, Ikonographie, S. 139; Sutter, Einführung, S. 157; Ferdinand an die Königin von Portugal, 16. 1. 1563, Documentos inéditos, 2, S. 585f; Graf de Luna an Philipp, 20. 8. 1561, ebd., 98, S. 237; der Vizekanzler Seld an Granvelle (Arras), 26. 5. 1563, AG, Estado, Flandes, Legajo 524, fol. 61.

3 Ferdinand an Philipp II., 23. 5. 1564, Documentos inéditos, 101, S. 75; Bibl, Maximilian II. S. 115.

4 Bibl, Maximilian II., S. 116f; M ... y Freiherr von, „Die letzten Lebenstage Kaiser Ferdinands I.“, in: Archiv für Geographie, Historie, Staats- und Kriegskunst, 8 (1817), S. 61f; Burckardt, Herold, S. 45 Anm. 68.

5 Hilger, Ikonographie, S. 114.

6 Kurfürst Friedrich an den Herzog Johann Wilhelm von Sachsen, 9. 2. 1564, Briefe, 1, S. 485f; Margarete von Parma an Philipp II., 13. 8. 1564, AG, Estado, Flandes, Legajo 525, fol. 169.

7 Philipps Instruktionen an den Grafen de Fuensalida, 4. 9. 1564, Documentos inéditos, 101, S. 85; Erzherzog Ferdinand an Philipp, 3. 12. 1564, ebd., S. 90; Philipp an den Herzog von Parma, AG, Estado, Flandes, Legajo 525, fol. 54.

Quellen und Literatur

I. UNVERÖFFENTLICHTE QUELLEN

Brüssel: Archives générales du royaume. Archives d'état. Allemande. Fasc. 92, 102, 138, 766, 800, 801, 802, 806, 839.
Manuscrits divers. Fasc. 175/Abis, 187A, 805A/I, 805A/II. Papiers d'état et l'audience. Fasc. 46.
Simancas: Archivo general de Simancas. Secretaria de estado. Negociación de Alemania. Legajos 635, 636, 637, 646, 649, 650, 651, 652.
Secretaria de estado. Negociación de Flandes. Legajos 496, 501, 504, 508, 521, 522, 524, 525.
Patronato real. Legajos 16, 44, 46, 53, 57.
Wien: Haus-, Hof- und Staatsarchiv. Belgien, D D. B. Fasc. 223.
Belgien, Politisches Archiv. Fasc. 4, 6, 7, 8, 9, 10, 12, 13, 41, 46, 54, 74, 75, 85, 102a.
Große Korrespondenz. Fasc. 25a.
Handschriften. Blau. 595, 597/1, 597/2, 597/3.
Haus-Archiv. Familienakten, Kartons 21, 53, 60, 97.
Haus-Archiv. Familienkorrespondenz A. Kartons 1, 2.
Hungarica. Fasc. 20, 21.

II. VERÖFFENTLICHTE QUELLEN

Acta Tomiciana, 16 Bände, Poznań 1852–1960.

E. Albèri (Hrsg.), Relazioni degli ambasciatori veneti al Senato. 15 Bände, Florenz 1839–1863.

Archiv česky, 37 Bände, Prag 1840–1944.

Avila y Zuñiga, Luis, Comentaria de la guerra de Alemania. Bibliotheca de autores españoles, 1, Madrid 1852.

Bauer, Wilhelm, Robert Lacroix, Christiane Thomas, Herwig Wolfram (Hrsg.), Die Korrespondenz Ferdinands I. Veröffentlichungen der Kommission für neuere Geschichte Österreichs. 11, 30–31, 58. Wien 1912–1977.

Bernhauer, W. F. A. (Hrsg.), Sulaiman des Gesetzgebers Tagebuch auf seinem Feldzuge nach Wien im Jahre 93 5/6 D. H. = J. 1529 n. Chr. Wien 1858.

Die böhmischen Landtagsverhandlungen und Landtagsbeschlüsse vom Jahre 1526 bis auf die Neuzeit. 11 Bände, Prag 1877–1941.

Brandenburg, Erich (Hrsg.), Politische Korrespondenz des Herzogs und Kurfürsten Moritz von Sachsen. 2 Bände, Leipzig 1900.

Canisius, Peter, Beati Petri Canisii Societatis Jesu, Epistolae et Acta. Hrsg. von Otto Braunsberger, 8 Bände, Freiburg i. Breisgau 1896–1923.

Colección de documentos inéditos para la historia de España. 112 Bände, 1842–1895; rpt. Vaduz 1966.

Collection des voyages des souverains des Pays Bas. 4 Bände, Brüssel 1874–1882.

Druffel, August von (Hrsg.), Beiträge zur Reichsgeschichte 1546–1555. 4 Bände, München 1873–1896.

Ernst, Viktor (Hrsg.), Briefwechsel des Herzogs Christoph von Württemberg. 4 Bände, Stuttgart 1899–1907.

Fiedler, Joseph (Hrsg.), Relationen venetianischer Botschafter über Deutschland und Österreich im sechzehnten Jahrhundert. Fontes Rerum Austriacarum, 30, Wien 1870.

Francolin, Hans von, Thurnier Buch Wahrhafftiger Ritterlicher Thaten so in dem Monat Junij des vergangnen LX Jars in und auserhalb der Statt Wienn und zu Roß und zu Fueß auff Wasser und Lannd gehalten werden. Wien 1561.

Gachard, L.-P. (Hrsg.), Correspondance de Marguerite d'Autriche, duchesse de Parme avec Philippe II. 3 Bände, Brüssel 1867–1881.

Gévay, Anton von (Hrsg.), Urkunden und Actenstücke zur Geschichte der Verhältnisse zwischen Österreich, Ungarn [sic!] und der Pforte im XVI. und XVII. Jahrhunderte. 3 Bände, Wien 1840.

le Glay, M. (Hrsg.), Correspondance de l'empereur Maximilien Ièr. et de Marguerite d'Autriche. 2 Bände, Paris 1839.

Gindely, Anton (Hrsg.), Quellen zur Geschichte der böhmischen Brüder. Fontes Rerum Austriacarum. 19, Wien 1859.

Goetz, Helmut (Hrsg.), „Die Finalrelation des venezianischen Gesandten Michele Suriano 1555", Quellen und Forschungen aus italienischen Archiven und Bibliotheken. 41 (1961), S. 235–322.

Heinemeyer, Walter (Hrsg.), Politisches Archiv des Landgrafen Philip des Großmütigen von Hessen. Veröffentlichungen der historischen Kommission für Hessen und Waldeck, 24^1, 24^2, Marburg 1954, 1959.

Herberstein, Siegmund von, Selbstbiographie. Hrsg. von Theodor von Karajan, Fontes Rerum Austriacarum, 1, Wien 1855.

Hortleder, Friedrich, Vom Anfang und Fortgang deß teutschen Krieges Keyser Carls deß Fünfften wider die Schmalkaldische Bundsoberste ... 3 Bände, Frankfurt a. M. 1618.

Károlyi, Árpád (Hrsg.), „Kiadatlan levelek a német birodalom magyarországi nagy hadi vállalatának történetéhez, 1542". Történelmi Tár (1880), S. 490–540.

Kirchmair, Georg, Georg Kirchmairs Denkwürdigkeiten 1519–1553. Hrsg. von Theodor von Karajan. Fontes Rerum Austriacarum, 1, Wien 1855.

Kluckhohn, August (Hrsg.), Briefe Friedrich des Frommen Kurfürsten von der Pfalz. 2 Bände in 3, Braunschweig 1868–1872.

Derselbe und A. Wrede (Hrsg.), Deutsche Reichstagsakten. Jüngere Reihe. 5 Bände, Gotha 1893–1905.

Könneritz, Julius T. J. (Hrsg.), „Erasmus von Könneritz in dem Kriegszuge gegen die Türken 1542". Archiv für die sächsische Geschichte, 8 (1870), S. 82–101.

Krebs, Manfred (Hrsg.), Quellen zur Geschichte der Täufer, IV: Baden und Pfalz. Quellen und Forschungen zur Reformationsgeschichte, 23, Gütersloh 1951.

Kretschmayr, Heinrich (Hrsg.), „Maximilian II. an Ferdinand I. Linz 11. May (1562)". Mitteilungen des Instituts für österreichische Geschichtsforschung, 18 (1897), S. 620–623.

Lanz, Karl (Hrsg.), Correspondenz des Kaisers Karl V. 3 Bände, Leipzig 1844–1846.

Lutz, Heinrich, und Alfred Kohler (Hrsg.), Das Reichstagsprotokoll des kaiserlichen Kommissars Felix Hornung vom Augsburger Reichstag 1555. Österreichische Akademie der Wissenschaften, phil.-hist. Klasse, Denkschriften, 103, Wien 1971.

Monumenta Hungariae Historica: Monumenta Comitialia Regni Hungariae. 12 Bände, Budapest 1874–1917.

Monumenta Hungariae Historica: Diplomataria. 41 Bände, Budapest 1857–1919.

Monumenta Spectantia Historiam Slavorum Meridionalium. 45 Bände, Zagreb 1868–1950.

Monumenta Vaticana Hungariae. Relationes Oratorum Pontificiorum 1524–1526. Budapest 1884.

Muralt, Leonhard von (Hrsg.), Quellen zur Geschichte der Täufer in der Schweiz. Zürich. Zürich 1952.

Nuntiaturberichte aus Deutschland. Hrsg. von der Preußischen Historischen Akademie in Rom, Teil 1, 12 Bände, Gotha 1892–1970.

Oberleitner, Karl (Hrsg.), „König Ferdinand's Instruction an Marx Treitssauerwein wegen Fortsetzung der Herausgabe des Weiss Kunigs, Theuerdanks, der Ehrenpforten, der Genealogie des österreichischen Kaiserhauses und der Schriften des Stabius". Beilage zum Archiv für Kunde österreichischer Geschichte. Notizenblatt, 8 (1858), S. 286–288.

Sanuto, Marino, I Diarii. 58 Bände, 1879–1902.

Sastrow, Bartholomäus, Lauf meines Lebens. Hrsg. von Christfied Coler, Berlin 1956.
Schornbaum, Karl (Hrsg.), Quellen zur Geschichte der Täufer, II: Bayern. Quellen und Forschungen zur Reformationsgeschichte, 23, Gütersloh 1951.
Schulze, Hermann (Hrsg.), Die Hausgesetze der regierenden deutschen Fürstenhäuser. 3 Bände, Jena 1862–1883.
Sixt z Ottersdorfu, O pokření stavů městského léta 1547. Hrsg. von Josef Janáček, Prag 1950.
Venetianische Depeschen vom Kaiserhofe. 4 Bände, Wien 1889.
Weiss, Charles (Hrsg.), Papiers d'état du cardinal de Granvelle. 9 Bände, Paris 1841–1852.
Wülcker, Ernst, und Hans Virck (Hrsg.), Des kursächsischen Rathes Hans von der Planitz Berichte aus dem Reichsregiment in Nürnberg 1521–1523. Leipzig 1899.

III. ALLGEMEINE LITERATUR

Ankwicz-Kleehoven, Hans, Der Wiener Humanist Johannes Cuspinian. Graz/Köln 1959.
Aschbach, Joseph von, Geschichte der Wiener Universität. 3 Bände, 1865–1888, Reprint, 1 Westmead, Farnborough Hunts 1967.
Augusta 955–1955, Forschungen und Studien zur Kultur- und Wirtschaftsgeschichte Augsburgs. Augsburg 1955.
Bak, János, und Béla Király (Hrsg.), From Hunyadi to Rákóczi. War and Society in Late Medieval and Early Modern Hungary. East European Monographs, No. 104. New York 1982.
Bauer, Wilhelm, Die Anfänge Ferdinands I. Wien/Leipzig 1907.
Baumgarten, Hermann, Geschichte Kaiser Karls V. 3 Bände, Stuttgart 1885.
Derselbe, Karl V. und die deutsche Reformation. Halle 1889.
Betts, R. R., Essays in Czech History. London 1969.
Bibl, Viktor, Maximilian II. Der rätselhafte Kaiser. Hellerau bei Dresden 1929.
Bidermann, Hermann, Geschichte der österreichischen Gesamt-Staatsidee 1526–1804. Innsbruck 1867.
Björkmann, Walther, Ofen zur Türkenzeit. Abhandlungen aus dem Gebiet der Auslandskunde. Hamburg 1920.
Böhl, D. Eduard, Beiträge zur Geschichte der Reformation in Österreich. Jena 1902.
Bog, Ingomar (Hrsg.), Der Außenhandel Ostmitteleuropas 1450– 1650. Wien/Köln 1971.
Bonwetsch, Gerhard, Geschichte des Passauischen Vertrages von 1552. Göttingen 1907.
Bousma, William, Concordia Mundi: the Career and Thought of Guillaume Postel (1510–1581). Cambridge, Mass. 1957.
Brandi, Karl, Deutsche Geschichte im Zeitalter der Reformation und Gegenreformation. 1927, Reprint München 1960.
Derselbe, Kaiser Karl V. Werden und Schicksal einer Persönlichkeit und eines Weltreiches. 2 Bände, 3. Auflage, München 1937.
Bretholz, Bertold, Neuere Geschichte Böhmens. Gotha 1920.
Brodrick, James, Saint Peter Canisius SJ 1521–1597. London 1935.
Bucholtz, Franz Bernhard von, Geschichte der Regierung Ferdinands I. 9 Bände, 1831–1838, Reprint mit einer Einleitung von Berthold Sutter, Graz 1971.
Burckhardt, Andreas, Johannes Basilius Herold. Kaiser und Reich im protestantischen Schrifttum des Basler Buchdrucks um die Mitte des 16. Jahrhunderts. Basler Beiträge zur Geschichtswissenschaft, Nr. 104. 1967.
Československá vlastívěda. 12 Bände, Prag 1929–1936.
Denis, Ernst, La Fin de l'indépendance bohême. 2 Bände, 2. Auflage, Paris 1930.
Dillon, Kenneth, Kings and Estates in the Bohemian Lands 1526–1564. Studies Presented to the International Commission for the History of Representative and Parliamentary Institutions. 57, Brüssel 1976.
Dvořák, Rudolf, Dějiny Moravy. 5 Bände in 1, Brno 1899–1905.
Eder, Karl, Das Land ob der Enns vor der Glaubensspaltung. 2 Bände, Linz 1932–1936.
Elliot, John H., The Old World and the New 1492–1650. Cambridge 1970.

Evans, R. J. W., Rudolf II. Zwischen Ohnmacht und Einsamkeit. Graz 1980.
Fellner, Thomas, und Heinrich Kretschmayr, Die österreichische Zentralverwaltung. Wien 1907.
Fessler, Ignaz, und Ernst Klein. Geschichte von Ungarn. 10 Bände, 2. Auflage, Leipzig 1866–1883.
Fischer-Galati, Stephen, Ottoman Imperialism and German Protestantism, 1521–1555. Cambridge 1959.
Fraknói, Wilhelm, Ungarn vor der Schlacht bei Mohács, 1524–1526. Übersetzt von J. H. Schwicker, Budapest 1886.
Fraser, Antonia, Mary Queen of Scots. London 1970.
Friedensberg, Walter, Der Reichstag zu Speier 1526. Historische Untersuchungen. 5, Berlin 1887.
Goetz, Walter, Maximilians II. Wahl zum römischen Könige 1562. Mit besonderer Berücksichtigung der Politik Kursachsens. Würzburg 1891.
Guldescu, Stanko, History of Medieval Croatia. Den Haag 1964.
Hamilton, Bernice, Political Thought in Sixteenth-Century Spain: a Study of the Political Ideas of Vitoria, Soto, Suárez, and Molina. Oxford 1963.
Hammer-Purgstall, Joseph von, Histoire de l'empire ottoman. Übersetzt von J.-J. Hellert, 12 Bände, Paris 1835–1838.
Hantsch, Hugo. Die Geschichte Österreichs. 2 Bände, Graz/Wien 1968/69 (4. bzw. 5. Auflage).
Harbison, E. Harris, Rival Ambassadors at the Court of Queen Mary. Princeton 1940.
Hasenclever, Adolf, Die Politik der Schmalkaldener vor dem Ausbruch des Schmalkaldischen Krieges. Diss. Berlin 1901.
Heer, Friedrich, Die dritte Kraft. Der europäische Humanismus zwischen den Fronten des konfessionellen Zeitalters. Frankfurt a. M. 1959.
Heidrich, Paul, Karl V. und die deutschen Protestanten am Vorabend des Schmalkaldischen Krieges. 2 Teile, Frankfurter historische Forschungen, Nr. 5 und 6 (1911–1912).
Hellbling, Ernst C., Österreichische Verfassungs- und Verwaltungsgeschichte. Wien 1956.
Helle, Philipp, Die Konferenzen Morones mit Kaiser Ferdinand I. (Mai 1563) und ihre Einwirkung auf den Gang des Trienter Konzils. Bonn 1911.
Hilger, Wolfgang, Ikonographie Kaiser Ferdinands I. (1503–1564). Veröffentlichung der Kommission für Geschichte Österreichs, 3, Wien 1969.
Hirn, Ferdinand, Geschichte der Tiroler Landtage von 1518 bis 1525. In: Erläuterungen und Ergänzungen zu Janssen's Geschichte des deutschen Volkes, 4 (1905).
Hirn, Joseph, Erzherzog Ferdinand II. von Tirol. 2 Bände, Innsbruck 1885–1888.
Hofmann, Karl, Die Konzilsfrage auf den deutschen Reichstagen von 1521–1524. Diss. Mannheim 1932.
Holborn, Hajo, A History of Modern Germany. 3 Bände, New York 1959–1969.
Holtzmann, Robert, Kaiser Maximilian II. bis zu seiner Thronbesteigung (1527–1564). Berlin 1903.
Hóman, Bálint, und Gyula Szekfü. Magyar történet. 8 Bände, Budapest o. D.
Hrejsa, Ferdinand, Dějiny křesťanství v Československu. 6, Prag 1947/48.
Huber, Alfons, Geschichte Österreichs. 5 Bände, 1885–1896, Band 6 und 7 von Oswald Redlich 1961/62.
Huber, Alfons, und Alfons Dopsch, Österreichische Reichsgeschichte. 2. Auflage, Prag/Wien 1901.
Hunt, David, Parents and Children in History: the Psychology of Family Life in Early Modern France. New York 1972.
Janáček, Josef, České dějiny: doba předbělohorská 1526–1547. Prag 1968.
Derselbe, Řemeslná výroba v českých městech v 16. století. Prag 1961.
Jedin, Hubert, Geschichte des Konzils von Trient. 4 Bände in 5, Freiburg i. B. 1949–1975.
Kaser, Kurt, Deutsche Geschichte im Ausgang des Mittelalters (1438–1519). 2 Bände, Stuttgart/Berlin 1912.
Kassowitz, Theodor, Die Reformvorschläge Kaiser Ferdinands I. auf dem Konzil von Trient. Wien/Leipzig 1906.
Kiszling, Rudolf, Die Kroaten: der Schicksalsweg eines Südslawenvolkes. Graz/Köln 1956.
Köchel, Ludwig von, Die kaiserliche Hof-musikkapelle in Wien von 1543 bis 1867. Wien 1869.
Korte, August, Die Konzilspolitik Karls V. in den Jahren 1538–1543. Halle 1905.
Krones, Franz von, Handbuch der Geschichte Österreichs. 4 Bände, Berlin 1876–1879.

Kühn, Johannes, Die Geschichte des Speyerer Reichstags 1529. Leipzig 1929.
Kupelwieser, L., Die Kämpfe Österreichs mit den Osmanen vom Jahre 1526 bis 1537. Wien/Leipzig 1899.
Lhotsky, Alphons, Die Geschichte der Sammlungen. 1. Hälfte: von den Anfängen bis zum Tode Kaiser Karls VI. 1740. Festschrift des kunsthistorischen Museums zur Feier des fünfzigjährigen Bestands, 2, Wien 1941–1945.
Derselbe, Das Zeitalter des Hauses Österreich. Die ersten Jahre der Regierung Ferdinands I. (1520–1527). Veröffentlichung der Kommission für Geschichte Österreichs, 4, Wien/Graz/Köln 1971.
Löscher, Kurt, Jakob Seisenegger, Hofmaler Kaiser Ferdinands I. München 1962.
Loesche, Georg, Geschichte des Protestantismus in Österreich. Leipzig 1930.
Loserth, Johann, Die Reformation und Gegenreformation in den innerösterreichischen Ländern im 16. Jahrhundert. Stuttgart 1898.
Lutz, Heinrich, Christianitas Afflicta. Europa, das Reich und die päpstliche Politik im Niedergang der Hegemonie Kaiser Karls V. (1552–1556). Göttingen 1964.
Lynch, John, Spain under the Habsburgs. 2 Bände, Oxford 1965–1969.
May, Jakob, Der Kurfürst, Cardinal und Erzbischof Albrecht II. von Mainz und Magdeburg. München 1865.
Mayer-Löwenschwerdt, Erwin, Der Aufenthalt der Erzherzoge Rudolf und Ernst in Spanien. Akademie der Wissenschaften in Wien, phil.-hist. Klasse, Sitzungsberichte, 206, Nr. 5 (1927).
Mecenseffy, Grete, Geschichte des Protestantismus in Österreich. Graz/Köln 1956.
Merriman, Roger B., Suleiman the Magnificent 1520–1566. 1944, Reprint New York 1966.
Miskimin, Harry A., The Economy of Later Renaissance Europe. Cambridge 1977.
Nehring, Karl, Matthias Corvinus, Kaiser Friedrich III. und das Reich. Zum hunyadisch-habsburgischen Gegensatz im Donauraum. München 1975.
The New Cambridge Modern History. 12 Bände, Cambridge 1957–1968.
O'Connell, Marvin R., The Counter-Reformation 1560–1610. New York 1974.
Oman, Sir Charles W. C., A History of the Art of War in the Sixteenth Century. New York 1927.
Pajewski, Janusz, Stosunki polsko-węgierskie i niebez-pieczństwo tureckie w latach 1516–1526. Rozprawy historyczne towarzystwa naukowego Warszawskiego, 9, Warschau 1930.
Pelzel, Franz Martin, Geschichte der Böhmen. 3. Auflage, 2 Bände, Prag/Wien 1782.
Petrie, Charles, Philipp II. von Spanien. Übersetzt von Ursula Gmelin, Stuttgart 1965.
Pfandl, Ludwig, Johanna die Wahnsinnige. Freiburg i. B. 1930.
Picard, Bertold, Das Gesandtschaftswesen Ostmitteleuropas in der frühen Neuzeit. Wiener Archiv für Geschichte des Slawentums und Osteuropas, 6, Graz/Wien/Köln 1967.
Pickl, Othmar (Hrsg.), Die wirtschaftlichen Auswirkungen der Türkenkriege. Grazer Forschungen zur Wirtschafts- und Sozialgeschichte, 1, Graz 1971.
Pierson, Peter, Philipp II. Vom Scheitern der Macht. Graz 1985.
Pirchegger, Hans, Geschichte und Kulturleben Deutsch-Österreichs von 1526 bis 1792. Wien/Leipzig 1931.
Pirenne, Henri, Histoire de Belgique. 7 Bände, Brüssel 1908–1932.
Pölnitz, Götz von, Anton Fugger. 2 Bände, Tübingen 1958–1963.
Rabe, Horst, Reichsbund und Interim. Die Verfassungs- und Religionspolitik Karls V. und der Reichstag von Augsburg 1547/1548. Köln/Wien 1971.
Ranke, Leopold von, Deutsche Geschichte im Zeitalter der Reformation. Köln o. D.
Derselbe, Über die Zeiten Ferdinands I. und Maximilians II. In: Sämmtliche Werke, 8, Leipzig 1868–1890.
Rassow, Peter, Forschungen zur Reichsidee im 16. und 17. Jahrhundert. Arbeitsgemeinschaft für Forschung des Landes Nordrhein-Westfalen, Geisteswissenschaften, 10, Köln 1955.
Derselbe, Die Kaiser-Idee Karls V., dargestellt an der Politik der Jahre 1528–1540. Historische Studien, 217, Berlin 1932.
Regele, Oskar, Der österreichische Hofkriegsrat 1556–1848. MIÖG, Ergänzungsband, 1 (1949).
Renaissance in Österreich. Schloß Schallaburg. Katalog des niederösterreichischen Landesmuseums, Neue Reihe 57, Wien 1974.

Rezek, Antonín, Geschichte der Regierung Ferdinands I. in Böhmen. Prag 1878.
Richter, Arwed, Der Reichstag zu Nürnberg 1524. Leipzig 1888.
Rohrmoser, Josef, Diplomatische Verhandlungen zwischen Ferdinand I. und Johann Zápolya. Czernowitz 1862.
Rosenberg, Walter, Der Kaiser und die Protestanten in den Jahren 1537–1539. Halle 1903/04.
Rothenberg, Gunther, The Austrian Military Border in Croatia 1522–1747. Urbana, Ill. 1960.
Salamon, Franz, Ungarn im Zeitalter der Türkenherrschaft. Übersetzt von Gustav Jurány. Leipzig 1887.
Schlesinger, Ludwig, Geschichte Böhmens. Prag/Leipzig 1869.
Schrötter, Ferdinand, Abhandlungen aus dem österreichischen Staatsrecht und aus Freiheitsbriefen. 5 Bände, Wien 1762–1766.
Schulze, Hermann, Das Recht der Erstgeburt in den deutschen Fürstenhäusern und seine Bedeutung für die deutsche Staatsentwicklung. Leipzig 1851.
Šišić, Ferdinand von, Die Wahl Ferdinands I. von Österreich zum König von Kroatien. Zagreb 1917.
Springer, Jaroslav, Beiträge zur Geschichte des Wormser Reichstags 1544 und 1545. Diss. Leipzig 1882.
Stälin, Christoph Friedrich von, Württembergische Geschichte. 4 Bände, Stuttgart 1873.
Stolz, Otto, Grundriß der österreichischen Verfassungs- und Verwaltungsgeschichte. Innsbruck/Wien 1951.
Strelka, Josef, Der burgundische Renaissancehof Margaretes von Österreich und seine literarhistorische Bedeutung. Wien 1957.
Thompson, James Westfall, The Wars of Religion in France 1559 bis 1576. 1909, Reprint New York o. D.
Tieftrunk, Karel, Odpor českých stavů proti Ferdinandovi I. r. 1547. Novočeská bibliotheka, 19, Prag 1872.
Tomek, Ernst, Kirchengeschichte Österreichs. 2 Bände, Innsbruck/Wien 1935–1949.
Tomek, Wácslaw Wladiwoj, Dějepis města Prahy. 12 Bände, Prag 1855–1901.
Traut, Hermann, Kurfürst Joachim II. von Brandenburg und der Türkenfeldzug vom Jahre 1542. Gummersbach 1892.
Turba, Gustav, Geschichte des Thronfolgerechts in allen habsburgischen Ländern bis zur pragmatischen Sanktion Kaiser Karls VI. Wien/Leipzig 1903.
Turetschek, Christine, Die Türkenpolitik Ferdinands I. von 1529–1532. Wien 1968.
Uebersberger, Hans, Österreich und Rußland seit dem Ende des 15. Jahrhunderts. Wien/Leipzig 1906.
Utjesenović, Ognjeslav, Lebensgeschichte des Cardinals Georg Utiesenović genannt Martinuzzi. Wien 1881.
Varrentrapp, Conrad, Hermann von Wied und sein Reformations-Versuch in Köln. Leipzig 1878.
Voigt, Georg, Moritz von Sachsen 1541–1547. Leipzig 1876.
Westermann, Ascan, Die Türkenhilfe und die politisch-kirchlichen Parteien auf dem Reichstag von Regensburg 1532. Heidelberger Abhandlungen zur mittleren und neueren Geschichte, 25, Heidelberg 1910.
Wiedemann, Theodor, Geschichte der Reformation und Gegenreformation im Lande unter der Enns. Prag 1879–1886.
Wiesflecker, Hermann, Kaiser Maximilian I. Das Reich, Österreich und Europa an der Wende zur Neuzeit. 5 Bände, Wien 1971–1985.
Winckelmann, Otto, Der Schmalkaldische Bund 1530–1532 und der Nürnberger Religionsfriede. Straßburg 1892.
Wolf, Gustav, Der Augsburger Religionsfriede. Stuttgart 1890.
Zinkeisen, Johann W., Geschichte des osmanischen Reiches in Europa. Hamburg 1840–1863.

IV. AUFSÄTZE

Ausserer, Karl, „Kardinal Bernhard von Cles und die Papstwahl des Jahres 1534". MIÖG, 35 (1914), S. 114–139.

Bauer, Wilhelm, „Ein handelspolitisches Projekt Ferdinands I. aus dem Jahre 1527". Beiträge zur neueren Geschichte Österreichs, 1 (1906), S. 14–17.

Baumgarten, Hermann, „Differenzen zwischen Karl V. und seinem Bruder Ferdinand im Jahre 1524". DZG, 2 (1889), S. 1–16.

Born, Karl Erich, „Moritz von Sachsen und die Fürstenverschwörung gegen Karl V.". HZ, 191 (1960), S. 18–66.

Bourilly, V.-L., „Antonio Rincon et la politique orientale de François Ier (1522–1541)". Revue historique, 113 (1913), S. 64–83, 268–308.

Brandi, Karl, „Berichte und Studien zur Geschichte Karls V.". Teile 1 und 2. Gesellschaft der Wissenschaft zu Göttingen. Philologisch-historische Klasse. Nachrichten (1930 –1933).

Derselbe, „Passauer Vertrag und Augsburger Religionsfriede". HZ, 95 (1905), S. 206–264.

Brunner, Otto, „Eine handelspolitische Denkschrift der Stadt Wien an König Ferdinand I.". MIÖG, Ergänzungsband 11 (1929), S. 474–496.

Clemen, Otto, „Zum Türkenfeldzug des Kurfürsten Joachim II. von Brandenburg". Jahrbuch für brandenburgische Kirchengeschichte, 34 (1939), S. 88–96.

Cornaro, Andreas, „Eine Reise des Kardinals Bernhard von Cles zu Kaiser Karl V. nach Neapel im Jahre 1536 nach seinen Briefen an Ferdinand I.". Römische Historische Mitteilungen, 2 (1957–1958), S. 51–71.

Daniel, David P., „The Influence of the Augsburg Confession in South-East Central Europe". The Sixteenth Century Journal, 11 (1980), S. 99–114.

Eder, Karl, „Siegmund von Dietrichstein und die Anfänge Ferdinands I.". Carinthia I, 146 (1956), S. 620–652.

Egg, Erich, „Der deutsche König und die neue Kunst. Ferdinand I., der Begründer der österreichischen Kultur". Alte und moderne Kunst, 6, Nr. 46 (1961), S. 16–20.

Ember, Gyözö, „Ungarns Außenhandel mit dem Westen um die Mitte des XVI. Jahrhunderts". In: Bog, Außenhandel, S. 86–104.

Engel-Janosi, Friedrich, „Zur Geschichte der Wiener Kaufmannschaft von der Mitte des 15. bis zur Mitte des 16. Jahrhunderts". Mitteilungen des Vereines für Geschichte der Stadt Wien, 6 (1926), S. 36–71.

Ernst, Viktor, „Eine kaiserliche Werbung, die Erneuerung des schwäbischen Bundes betreffend". Württembergische Vierteljahreshefte für Landesgeschichte, NS 8(1899), S. 214–223.

Feine, Hans Erich, „Papst, Erste Bitte u. Regierungsantritt des Kaisers seit dem Ausgang des Mittelalters". Zeitschrift der Savigny-Stiftung für Rechtsgeschichte 51, kanonistische Abteilung, Nr. 20 (1931), S. 1–101.

Felgel, A. V., „Instruktion Kaiser Ferdinands für den Hofmeister Grafen Leonhard von Harrach zur Erziehung des Erzherzogs Karl aus dem Jahre 1550". Mitteilungen der Gesellschaft für deutsche Erziehungs- und Schulgeschichte, 5 (1895), S. 286–289.

Derselbe, „Hofmeister-Instruktion Kaiser Ferdinands für die Erziehung der Edelknaben König Maximilians von Böhmen aus dem Jahre 1553", ebd., S. 290–298.

Fichtner, Paula Sutter, „An Absence Explained: Archduke Ferdinand of Austria and the Battle of Mohács". Austrian History Yearbook, 2 (1966), S. 11–17.

Dieselbe, „Of Christian Virtue and a Practicing Prince: Emperor Ferdinand I. and His Son Maximilian". The Catholic Historical Review, 61 (1975), S. 409–416.

Dieselbe, „The Disobedience of the Obedient: Ferdinand I and the Papacy, 1555–1564". The Sixteenth Century Journal, 11 (1980), S. 25–34.

Dieselbe, „Dynastic Marriage in Sixteenth-Century Habsburg Diplomacy and Statecraft: an Interdisciplinary Approach". American Historical Review, 81 (1976), S. 243–165.

Dieselbe, „Dynasticism and its Limitations: the Habsburgs and Hungary, 1542". East European Quarterly, 4 (1971), S. 389–407.

Dieselbe, „When Brothers Agree: Bohemia, the Habsburgs, and the Schmalkaldic Wars, 1546–1547". Austrian History Yearbook, 11 (1975), S. 67–78.
Firnhaber, Friedrich, „Zur Geschichte des österreichischen Militärwesens". Archiv für Kunde österreichischer Geschichtsquellen, 30 (1864), S. 91–178.
Derselbe, „Der Hofstaat König Ferdinands im Jahre 1554". Archiv für Kunde österreichischer Geschichtsquellen, 26 (1861), S. 3–28.
Derselbe, „Die Krönung Kaiser Maximilians II. zum Könige von Ungarn, 1563". AÖG, 22 (1860), S. 305–338.
Fischel, Alfred, „Kaiser Ferdinands I. Versuch zur Einführung einer rein landesfürstlichen Verwaltung in Mähren (1528)". Zeitschrift des deutschen Vereines für die Geschichte Mährens und Schlesiens, 17 (1913), S. 259–273.
Fischer, G., „Ferdinand I. und Karl V. im Jahre 1552". Jahrbücher der kg. Akademie gemeinnütziger Wissenschaften zu Erfurt, NS 32 (1906), S. 179–203.
Friedensburg, Walter, „Karl V. und Maximilian II. (1551). Ein venetianischer Bericht über vertrauliche Äußerungen der Letzteren". QuF, 4 (1902), S. 72–81.
Fuchs, Walther Peter, „Baiern und Habsburg 1534–1536". ARG, 41 (1948), S. 1–32.
Gindely, Anton, „Geschichte der böhmischen Finanzen von 1526 bis 1618". Denkschriften der kaiserlichen Akademie der Wissenschaften. Phil.-hist. Klasse, 7 (1868), S. 89–167.
Derselbe, „Ueber die Erbrechte des Hauses Habsburg auf die Krone von Ungarn in der Zeit von dem Jahre 1526–1687". AÖG, 51 (1873), S. 195–240.
Goetz, Helmut, „Die geheimen Ratgeber Ferdinands I. (1503–1564). Ihre Persönlichkeit im Urteil der Nuntien und Gesandten". QuF, 42–43 (1963), S. 453–494.
Grisar, Hartmann, „Jakob Lainez und die Frage des Laienkelches auf dem Concil von Trient". Teil 1, Zeitschrift für katholische Theologie, 5 (1881), S. 672–720; Teil 2, ebd., 6 (1882), S. 39–112.
Grisar, Josef, „Die Stellung der Päpste zum Reichstag und Religionsfrieden von Augsburg 1555". Stimmen der Zeit, 80 (1954/1955), S. 440–462.
Hasenclever, Adolf, „Johann von Naves aus Luxemburg, Reichsvizekanzler unter Kaiser Karl V.". MIÖG, 26 (1905), S. 280–328.
Hatzfeld, Lutz, „Staatsräson und Reputation bei Kaiser Karl V.". Zeitschrift für Religions- und Geistesgeschichte, 11 (1959), S. 32–58.
Hauptmann, Ferdo, „Ungarn, Habsburg und die kroatische Staatsidee im 16. und 17. Jahrhundert". Südostdeutsches Archiv, 12 (1969), S. 62–72.
Headley, John M., „The Habsburg World Empire and the Revival of Ghibellinism". Medieval and Renaissance Studies, 7 (1978), S. 93–127.
Heckel, Martin, „Autonomia und Pacis Compositio. Der Augsburger Religionsfriede in der Deutung der Gegenreformation". Zeitschrift der Savigny-Stiftung für Rechtsgeschichte. Kanonistische Abteilung, 45 (1959), S. 141–248.
Heiß, Gernot, „Politik und Ratgeber der Königin Maria von Ungarn in den Jahren 1521–1531". MIÖG, 82 (1974), S. 119–180.
Derselbe, „Die ungarischen, böhmischen und österreichischen Besitzungen der Königin Maria (1505–1558) und ihre Verwaltung". MÖSTA, 27 (1974), S. 61–100.
Heřman, Jan, „Zemské berni rejstříky z r. 1523 a 1529". Československý časopis historický, 10 (1962), S. 248–257.
Horawitz, Adalbert, „Johann Heigerlin (genannt Faber), Bischof von Wien bis zum Regensburger Convent". Sitzungsberichte der phil.-hist. Klasse der kaiserlichen Akademie der Wissenschaften zu Wien, 107 (1884), S. 83–220.
Hornedo, Rafael de, „Carlos V y Erasmo". Miscelánea comillas, 30 (1958), S. 201–247.
Huber, Alfons, „Die Erwerbung Siebenbürgens durch Ferdinand I. im Jahre 1551 u. Bruder Georgs Ende". AÖG, 75 (1889), S. 483–545.
Derselbe, „Studien über die finanziellen Verhältnisse Österreichs unter Ferdinand I.". MIÖG, Ergänzungsband, 4 (1893), S. 181–247.
Derselbe, „Die Verhandlungen Ferdinands I. mit Isabella v. Siebenbürgen 1551–1555". AÖG, 78 (1892), S. 1–39.

Hudak, Adalbert, „Der Hofprediger Johannes Heuchel und seine Beziehungen zu Erasmus von Rotterdam“. Kirche im Osten, 2 (1959), S. 106–113.
Hurstfield, Joel, „The Search for Compromise in England and France“. In: The Reformation Crisis, hrsg. von Joel Hurstfield, New York 1966, S. 95–106.
Ißleib, S., „Die Gefangennahme des Landgrafen Philipp von Hessen 1547“. Neues Archiv für sächsische Geschichte, 11 (1890), S. 177–244.
Derselbe, „Die Gefangenschaft Philipps von Hessen 1547 bis 1552“. Neues Archiv für sächsische Geschichte, 14 (1893), S. 211–266.
Derselbe, „Von Passau bis Sievershausen, 1552–1553“. Neues Archiv für sächsische Geschichte, 8 (1887), S. 41–103.
Janáček, Josef, „Zrušeni cechů roku 1547“. Ččh, 7 (1959), S. 231–242.
Kameniček, František, „Učastenství Moravanů při valkach tureckých r. 1526 d. r. 1568“. Sborník historický, 4 (1886), S. 15–19, 65–77, 157–175, 193–206, 271–284.
Károlyi, Árpád, „A német birodalom nagy hadi vállalata Magyarországon 1542“. Századok, 14 (1880), S. 265–299, 357–387, 445–465, 558–589, 621–655.
Kavka, František, „Die Habsburger und der böhmische Staat bis zur Mitte des 18. Jahrhunderts“. Historica, 8 (1964), S. 35–64.
König, Erich, „Zur Hauspolitik Maximilians I. in den Jahren 1516 und 1517“. In: Festgabe Hermann Grauert zur Vollendung des 60. Lebensjahres, Freiburg i. Br. 1910, S. 191–204.
Kolankowski, Ludwik, „Polityka ostatnich Jagiellonów“. Kwartalnik historyczny, 25 (1911), S. 55–63.
Koller, Gerda, „Die Hochzeit Ferdinands I. in Linz“. Linz aktiv 24 (1967), S. 19–26.
Kraus, Victor von, „Zur Geschichte Oesterreichs unter Ferdinand I. 1519–1522“. Neunter Jahresbericht des Leopoldstädter Communal- Real- und Obergymnasiums in Wien, Nr. 11 (1873), S. 1–114.
Kretschmayr, Heinrich, „Ludovico Gritti“. AÖG, 83 (1897), S. 1–106.
Kvačala, J., „Wilhelm Postell, seine Geistesart und seine Reformgedanken“. Teil 1, ARG, 9 (1911/12), S. 285–330; Teil 2, ebd., 11 (1914), S. 200–227; Teil 3, ebd., 15 (1918), S. 157–203.
Laubach, Ernst, „Karl V., Ferdinand I. und die Nachfolge im Reich“. MÖSTA, 29 (1976), S. 1–51.
Liske, X., „Der Congress zu Wien im Jahre 1515“. Forschungen zur deutschen Geschichte, 7 (1867), S. 463–558.
Loserth, Johann, „Ständische Beziehungen zwischen Böhmen und Innerösterreich im Zeitalter Ferdinands I.“. Mitteilungen des Vereines für Geschichte der Deutschen in Böhmen, 50 (1911/1912), S. 1–41.
Derselbe und Franz von Mensi, „Die Prager Ländertagung von 1541/1542“. AÖG, 103 (1913), S. 433–546.
Lutz, Heinrich, „Bayern und der Laienkelch 1548–1556“. QuF, 34 (1954), S. 203–235.
Derselbe, „Karl V. und Bayern. Umrisse einer Entscheidung“. Zeitschrift für bayerische Landesgeschichte, 22 (1959), S. 13–41.
Makkai, László, „Der ungarische Viehhandel 1550–1650“. In: Bog, Außenhandel, S. 483–506.
Maurenbrecher, Wilhelm, „Beiträge zur deutschen Geschichte 1555–1559“. HZ, 50 (1883), S. 1–83.
Derselbe, „Beiträge zur Geschichte Maximilians II. 1548–1562“. HZ, 32 (1874), S. 221–297.
Mayer, Theodor, „Das Verhältnis der Hofkammer zur ungarischen Kammer bis zur Regierung Maria Theresias“. MIÖG, Ergänzungsband, 9 (1915), S. 178–263.
Mayr, Michael, „Der Generallandtag der österreichischen Erbländer zu Augsburg (Dezember 1525 bis März 1526)“. Zeitschrift des Ferdinandeums. 3. Reihe, 38 (1893/1894), S. 1–154.
Mecenseffy, Grete, „Herkunft oberösterreichischer Täufer“. ARG, 47 (1956), S. 252–258.
Meyer, Christian, „Die Feldhauptmannschaft Joachims II. im Türkenkriege von 1542“. Zeitschrift für preussische Geschichte und Landeskunde, 16 (1879), S. 480–538.
Mikoletzky, Hanns Leo, „Der Haushalt des kaiserlichen Hofes zu Wien (vornehmlich im 18. Jahrhundert)“. Carinthia I, Nr. 146 (1956), S. 658–683.
Mitis, Oscar, „Vom burgundischen Hof Ferdinands I. in Österreich“. Jahrbuch für Landeskunde von Niederösterreich, NS 21 (1928), S. 153–163.

Müller, Gerhard, „Vincenzo Pimpinella am Hofe Ferdinands I. 1529–1532". QuF, 40 (1960), S. 65–88.
M . . . y, Freiherr von, „Die letzten Lebenstage Kaiser Ferdinands I.". Archiv für Geographie, Historie, Staats- und Kriegskunst, 8 (1817), S. 60–62.
Neuhaus, Helmut, „Ferdinands I. Reichstagsplan 1534/1535. Politische Meinungsumfrage im Kampf um die Reichsverfassung". MIÖG, 32 (1979), S. 24–47, und 33 (1980), S. 22–57.
Novotny, Alexander, „Ein Ringen um ständische Autonomie zur Zeit des erstarkenden Absolutismus (1519–1522)". MIÖG, 71 (1963), S. 354–359.
Oberleitner, Karl, „Die Finanzlage Niederösterreichs im 16. Jahrhundert". Archiv für Kunde österreichischer Geschichtsquellen, 30 (1864), S. 3–90.
Derselbe, „Österreichisches Finanzen- und Kriegswesen unter Ferdinand I.: 1522–1564". AÖG, 22 (1860), S. 1–231.
Odložilík, Otakar, „A Church in a Hostile State: the Unity of Czech Brethren". Central European History, 6 (1973), S. 111–127.
Derselbe, „Jednota bratří habrovanských". Ččh, 29 (1923), S. 1–70, 301–357.
Pickl, Othmar, „Die Auswirkungen der Türkenkriege auf den Handel zwischen Ungarn und Italien im 16. Jahrhundert". In: Pickl, Wirtschaftliche Auswirkungen, S. 71–130.
Derselbe, „Der Handel Wiens und Wiener Neustadts mit Böhmen, Mähren, Schlesien und Ungarn in der ersten Hälfte des 16. Jahrhunderts". In: Bog, Außenhandel, S. 320–341.
Pillich, Walter, „Königin Katharina von Polen in Linz". Historisches Jahrbuch der Stadt Linz (1966), S. 169–198.
Polišensky, Josef, „Bohemia, the Turk and the Christian Commonwealth (1462–1620)". Byzantinoslavica, 14 (1953), S. 82–108.
Probszt-Obstorff, Günther, „Königin Maria und die niederungarischen Bergstädte". Zeitschrift für Ostforschung, 15 (1966), S. 621–703.
Rachfall, Felix, „Die Trennung der Niederlande vom deutschen Reiche". Westdeutsche Zeitschrift für Geschichte und Kunst, 19 (1900), S. 79–119.
Rassow, Peter, „Karls V. Tochter Maria als Eventual-Erbin des spanischen Reichs". ARG, 49 (1958), S. 161–168.
Derselbe, „Die Reichstage zu Augsburg in der Reformationszeit". In: Augusta 955–1955, S. 273–282.
Redlich, Oswald, „Die Pläne einer Erhebung Österreichs zum Königreich". Zeitschrift des historischen Vereins für Steiermark, 26 (1931), S. 87–99.
Reimann, Eduard, „Papst Paul IV. und das Kaiserthum". Abhandlungen der schlesischen Gesellschaft für vaterländische Cultur. Phil.-hist. Abteilung (1871), S. 25–40.
Derselbe, „Die römische Königswahl von 1562 und der Papst". Forschungen zur deutschen Geschichte, 8 (1868), S. 1–19.
Derselbe, „Der Streit zwischen Papstthum und Kaiserthum im Jahre 1558". Forschungen zur deutschen Geschichte, 5 (1865), S. 291–335.
Rezek, Antonín, „Beiträge zur Geschichte der Confiscation vom Jahre 1547". Zprávy o zasedání královské české společnosti nauk (1876), S. 138–143.
Derselbe, „Úmluvy sjezdu vídeňského z 1. 1515 a jich význam pro volbu českou 1. 1526". Časopis českého musea, 55 (1881), S. 385–403.
Derselbe, „Zur Kaiserwahl 1519". Forschungen zur deutschen Geschichte, 23 (1883), S. 336–348.
Richter, Eduard, „Die Haltung der ungarischen Bergstädte nach der Doppelwahl von 1526". MIÖG, 32 (1911), S. 501–505.
Rill, Gerhard, „Die Hannart-Affäre. Eine Vertrauenskrise in der Casa de Austria 1524". MÖSTA, 34 (1981), S. 89–146
Derselbe, „Humanismus und Diplomatie. Zur Geschichte des Gesandtenwesens unter Ferdinand I.". MÖSTA, 25 (1972), S. 565–580.
Rosenthal, Eduard, „Die Behördenorganisation Kaiser Ferdinands I. Das Vorbild der Verwaltungsorganisation in den deutschen Territorien". AÖG, 69 (1887).
Roth, Paul, „Münzwesen und Türkennot". In: Pickl, Wirtschaftliche Auswirkungen, S. 333–337.

Schlecht, Joseph, „Der geheime Dispensbreve Pius' IV. für die römische Königskrönung Maximilians II.". Historisches Jahrbuch der Görres-Gesellschaft, 14 (1893), S. 1–38.
Schmid, Joseph, „Die deutsche Kaiser- und Königswahl und die römische Curie in den Jahren 1558–1620". Historisches Jahrbuch der Görres-Gesellschaft, 6 (1885), S. 3–41, 161–207.
Schmidt, Otto Eduard, „Wolfgang Lazius, ein Geschichtsschreiber des Schmalkaldischen Krieges". Neues Archiv für sächsische Geschichte und Altertumskunde, 24 (1903), S. 111–133.
Sicken, Bernhard, „Der Heidelberger Verein (1553–1556)". Zeitschrift für württembergische Landesgeschichte, 32 (1973), S. 320– 435.
Sickel, Theodor von, „Das Reformations-Libell des Kaisers Ferdinand I. vom Jahre 1562 bis zur Absendung nach Trient". AÖG, 45 (1871), S. 1–96.
Šimek, Eduard, „Die Zusammenhänge zwischen Währung und Handel in Böhmen des 16. Jahrhunderts". In: Bog, Außenhandel, S. 229–245.
Smijers, Albert, „Die kaiserliche Hofmusikkapelle von 1543– 1619". Studien zur Musikwissenschaft, Teil 1. 6 (1919), S. 139–186.
Smolka, Stanislaus, „Ferdinand des Ersten Bemühungen um die Krone von Hungarn". AÖG, 57 (1878), S. 1–172.
Spitz, Lewis, „Particularism and Peace. Augsburg 1555". Church History, 25 (1956), S. 110–126.
Steglich, Wolfgang, „Die Reichstürkenhilfe in der Zeit Karls V.". Militärgeschichtliche Mitteilungen, 11 (1972), S. 7–55.
Stern, Alfred, „Gabriel Salamanca Graf von Ortenburg". HZ, 131 (1925), S. 19–40.
Stoegmann, Karl, „Über die Briefe des Andrea da Burgo, Gesandten König Ferdinands an den Cardinal und Bischof von Trient". Sitzungsberichte der Wiener Akademie der Wissenschaften, 24 (1857), S. 159–252.
Stökl, Günther, „Kaiser Ferdinand I.". In: Gestalter der Geschicke Österreichs, hrsg. von Hugo Hantsch, Studien der Wiener katholischen Akademie, 2 (1962), S. 127–141.
Derselbe, „Siegmund von Herberstein. Diplomat und Humanist". Ostdeutsche Wissenschaft. Jahrbuch des ostdeutschen Kulturrates, 7 (1910), S. 69–80.
Sturmberger, Hans, „Türkengefahr und österreichische Staatlichkeit". Südostdeutsches Archiv, 10 (1967), S. 132–145.
Thomas, Bruno, „Die Augsburger Funeralwaffen Kaiser Karls V.". Zeitschrift für historische Waffenkunde, 18 (1959), S. 28–46.
Derselbe, „Harnischstudien. III. Stilgeschichte des deutschen Harnisches von 1530 bis 1560". Jahrbuch der kunsthistorischen Sammlungen in Wien, NS 12 (1938), S. 175–202.
Derselbe, „Kaiser Ferdinands I. Harnisch von Kunz Lochner". Jahrbuch der kunsthistorischen Sammlungen in Wien, NS 14 (1953), S. 131–136.
Thomas, Christiane, „'Moderación del Poder': Zur Entstehung der geheimen Vollmacht für Ferdinand I. 1531". MÖSTA, 27 (1974), S. 101–140.
Till, Rudolf, „Glaubensspaltung in Wien". Wiener Geschichtsblätter, 21 (1966), S. 1–14.
Turba, Gustav, Beiträge zur Geschichte der Habsburger. II: zur Reichs- und Hauspolitik der Jahre 1548 bis 1558". AÖG, 90 (1901), S. 1–76.
Derselbe, „Beiträge zur Geschichte der Habsburger. III: Zur deutschen Reichs- und Hauspolitik der Jahre 1553 bis 1558". AÖG, 90 (1901), S. 233–319.
Derselbe, „Verhaftung und Gefangenschaft des Landgrafen Philipp von Hessen, 1547–1550". AÖG, 83 (1897), S. 107–232.
Uellenberg, Gisela, „Augsburger Frauen. Agnes Bernauer und Philippine Welser". In: Augusta 955–1955, S. 137–143.
Volf, Miloslav, „Královský důchod a úvěr v XVI století". Ččh, 48–49 (1947/48), S. 110–171.
Voltelini, Hans, „Die Wiener Stadt- u. Stadtgerichtsordnung Ferdinands I. von 1526". Mitteilungen des Vereins für die Geschichte der Stadt Wien, 9–10 (1929/30), S. 105–129.
Waltz, O., „Der Wiener Vertrag vom 22. November 1535". Forschungen zur deutschen Geschichte, 13 (1873), S. 375–378.
Wille, ?, „Zum Religionsartikel des Friedens von Kadan 1534". Zeitschrift für Kirchengeschichte, 7 (1885), S. 50–60.

Winckelmann, Otto, „Über die Bedeutung der Verträge von Kadan und Wien (1534–1535) für die deutschen Protestanten". Zeitschrift für Kirchengeschichte, 11 (1890), S. 212–252.
Winter, Otto Friedrich, „Das Register Ferdinands I. als Quelle zu seiner ungarischen Politik". MÖSTA, 7 (1954), S. 551–582.
Wolf, Gustav, „Der Passauer Vertrag und seine Bedeutung für die nächstfolgende Zeit". Neues Archiv für sächsische Geschichte, 15 (1894), S. 237–282.
Zeman, J. K., „The Rise of Religious Liberty in the Czech Reformation". Central European History, 6 (1973), S. 128–147.
Žontar, Josef, „Michael Černović, Geheimagent Ferdinands I. und Maximilians II., und seine Berichterstattung" MÖSTA, 24 (1971), S. 169–222.

Register